蒋蓝·著

四川人民出版社

作者简介 蒋蓝

诗人，散文家，思想随笔作家，田野考察者。中国作家协会散文委员会委员，四川省作家协会副主席，四川省诗歌学会常务副会长，成都文学院终身特约作家，四川大学文新学院、四川文理学院特聘导师与客座教授。获得过朱自清散文奖、人民文学奖、《黄河》文学奖、中国报人散文奖、西部文学奖、中国新闻奖副刊金奖、四川文学奖、布老虎散文奖、万松浦文学奖、李劼人文学奖、川观文学奖等。已出版《成都传》《母仪若水润三苏：苏母传》（与邵永义合著）、《这样的苏轼》《蜀人记：当代四川奇人录》《太平天国第一王：石达开与雅安》《黄虎张献忠》《成都笔记》《蜀地笔记》《锦官城笔记》《踪迹史：唐友耕与石达开、丁宝桢、骆秉章、王闿运等交错的晚清西南》等文学、历史专著，逾500万字。曾任文学期刊主编，现供职于媒体。

【卷首推荐语】

蒋蓝之文，如怪石嶙峋、如藤萝缠绕，如石破天惊、如厉鬼夜哭，如被狼群般的思想所追迫，如被四面八方的狂风所撕扯，如此之文，正该写如此之人，这个名叫张献忠的人，这个人成为无数人的噩梦自己也深陷噩梦，这个人复杂、分裂、冲突，以至完全迷狂，这个人呈露了深黑的自然之力和历史之力，这个人还从未像这样被注视、被书写，蒋蓝新作《黄虎张献忠》不是一般的传记，这是一次风暴与深渊的体验……

李敬泽

2019年4月20日凌晨

明末，给中国人留下最沉痛、最纷乱的记忆；对四川，更是如此。同时，对这段几乎重塑了四川省和四川人的历史，我们又多么语焉不详。尤其是张献忠这位乱世枭雄，所作所为，改写了蜀国历史文化走向，早该引起四川作家的兴趣。现在，我们终于等到了这样一本严肃对待这段历史、这个人物的书。

这就是蒋蓝的《黄虎张献忠》。

——阿来

蒋蓝的历史类非虚构写作独步文坛，他的新作《黄虎张献忠》是对张献忠的一次更加精彩的文史结合的书写。在叙述语境中描绘真正存在的人或事，他能采取田野调查的笔力，采用深度透视的方法，拉开距离的审视，复原了真相，运用拉近推远的镜头语言，构建出一座与历史相向而行的宏大纸上建筑，在我看来，这是作家蒋蓝最为重要的特征。《黄虎张献忠》最大的难度不仅仅在于廓清真相，而在于如何演绎这一真相，并令我们成为历史的在场者，这部三十万言的作品实现了这一具体目标和长久的价值。

——邱华栋

《黄虎张献忠》无疑是2019年非虚构写作的重要收获。

本书不是一部以时间为链环系统的传记，作家蒋蓝精心选择了大西皇帝张献忠一生最为重要的十几个场景，将实地考察与史料进行对勘，他以一种奇立的悖论式笔法，展示了张献忠的诡谲人格和恩爱情仇，涉及大西国麾下的政治史、军事史、交往史和监控、杀戮、科举、人粮、虎患、语言控制、江口沉银、诗妖等事件。蒋蓝梳理的大西血史里有不少新发现，甚至考据出中国最早的军队"文工团"建制，即来自李自成、张献忠的部队。作为东方封建时代独裁者的标本，在主流学术中人的一片叫好与民间的一律叫骂之外，蒋蓝不做道德评价，深度还原了一个咆哮者的全部身体政治。

——梁平

明末清初的战争，四川丧失了绝大部分人口，至于他们是否为张献忠所杀，史学界仍然莫衷一是，不过"湖广填四川"则是无可否认的事实。对于张献忠在入川并建立大西政权的历史，史学界有不少研究。过去，由于要歌颂农民战争和农民起义，对其多是积极地评价。改革开放以后，史学界拨乱反正，研究者开始探索农民起义的消极方面，并把农民起义领袖请下了神坛。改革开放40年过去了，且无论张献忠是英雄还是屠夫，历史学家对张献忠都缺乏有血有肉的描

述,现在这个任务由记者兼作家、长期醉心于非虚构写作的蒋蓝先生完成了,令人耳目一新。他利用文献资料和实地考察,选择十几个重要的历史场景,采取一种作者称之为"悖论写作"的方法,展示了这个一代枭雄引人入胜的历史和传说。

——著名历史学家王笛

目录

· 黄虎张献忠 ·

自序：蜀江水碧蜀山青 / 〇〇一

张献忠身世及形象演变史 / 〇〇一
柳树涧堡地望 / 〇〇一
相貌非常之人，必有非常之事 / 〇〇五
黄虎的服装史 / 〇一七

大西政权的异端：狗皮道士与铁娘子 / 〇二〇

大西朝廷的"天学国师" / 〇三二
利类思、安文思与《圣教入川记》 / 〇三二
铸造术、天象与《天书》 / 〇三九
大西国的元宵节 / 〇五四

滔滔血海浮起了天地 / ○六○
关于老虎的喻体与本体 / ○六九

大西政权的科举考试 / ○七二
"文官还怕没人做吗？" / ○七二
武状元张大受的传奇 / ○七八
大西军在云贵地区举行的科举考试 / ○八三

《中国新史》记载的天全之战 / ○八六
48人的敢死队 / ○九二
女儿城遗址 / ○九六

黄虎的浓情快史 / 一○二
义气是一把双刃剑 / 一○二
攻襄阳找回面子 / 一○九
皇后的接力棒 / 一一三

乱世书生欧阳直 / 一二二
苦学与苦命之子 / 一二二
"人退虎豹进"的巴蜀 / 一三○
一卷《蜀乱》留千古 / 一四一
巴蜀与老虎有关的地名学分析 / 一四四

五马先生傅迪吉的痛史 / 一五○
改名为张奇的傅迪吉 / 一五一

"剁手"的精神分析 / 一六〇

张献忠与简州象猪的灵异事件 / 一六七

"诗妖"以及黄虎诗作风物分析 / 一七一

锦江的"诗妖" / 一七一

"诗妖"是一种特异文化 / 一八〇

黄虎顺口溜里的风物 / 一八五

大西国的老神仙 / 一九八

方亨咸其人 / 一九八

"塑匠"的"白水膏" / 二〇〇

皇帝的机要秘书"老脚" / 二〇五

传奇之外的传奇 / 二〇九

老神仙即陈士庆 / 二一三

老神仙啸傲王侯间 / 二一六

黄虎向虚无开炮的几次事件 / 二一九

"咱老子欲杀人,天不肯耶?" / 二二六

重庆的天,不是大西的天 / 二二八

三声炸雷还击三发炮弹 / 二三三

向巨钟猛烈开炮 / 二三四

围绕黄虎的三次刺杀 / 二三九

看戏正在要紧处…… / 二四一

黄虎的敏锐之力洞穿了酒色 / 二四七

美女许若琼 / 二五二

黄虎为何几度自杀？ / 二六〇

巍巍帝乡与张献忠家庙 / 二七二
七曲山历史溯源 / 二七二

太庙即是家庙 / 二八一

风洞楼兴衰 / 二九〇

彭山江口聚宝盆 / 二九七
龙盘虎踞江口镇 / 二九七

江口风云录 / 三〇六

沉银只是其中一个谜底 / 三一九

探访石龙与石虎 / 三三〇

黄虎在顺庆金山铺首鼠两端 / 三三四
黄虎大为狂喜 / 三三四

黄虎屠顺庆 / 三四四

韩国相的《流离传》 / 三四七

金山铺地望 / 三五一

黄虎纵横凤凰山 / 三六二
凤凰山地望 / 三六二

刘进忠的蜕变 / 三六九

铁骑奇袭凤凰山 / 三七二

黄虎的最后匿身处 / 三八四

沧桑肃王庙 / 三九一

大西军麾下的战象 / 三九六

李定国与战象结缘 / 三九七

战象东征之路的大战 / 四〇二

刘文秀与保宁大战 / 四〇四

大西政权的"新语效应" / 四〇九

捡院子 / 四二〇

虎　患 / 四二四

张打铁，李打铁 / 四二八

诇事小儿 / 四三一

敲竹杠 / 四三三

酒肉穿肠过 / 四三七

石牛对石鼓 / 四四一

挂陈艾 / 四四六

"圣谕碑"谱系学 / 四五〇

参考书目 / 四六〇

《黄虎张献忠》后记 / 四六五

自序：蜀江水碧蜀山青

近一时期的几个黎明，我一醒来眼前就会出现一个景致，有点儿像磨损过度的皮影，在不该漏光的地方，总是漏出了不该呈现的梦中细节，造成了那些梦中人物过早地露出了侠肝义胆，而烈焰红唇的美女敞开了丰乳下的森森白骨……这是一些本该彻底忘记的细节，问题是怎么也忘不掉，它们嚣张地生长，褴褛而坚强，并且在我眼前自说自话，成为嘲笑我的对手。好在它们坚持不了多久，光天化日，它们越来越淡，回到了梦的深处蛰伏，第二天继续演绎它们的故事章回。我辈平庸，尚且如此，对于那些天降大任者而言，梦中神启的大力简直不可方物。

因为写作《踪迹史——唐友耕与石达开、丁宝桢、骆秉章、王闿运等交错的晚清西南》一书，我走访过近百个村落，许多记忆都模糊了，但去探访广州市花都区大布乡官禄布村的情景，至今分外清晰。"天王"洪秀全的饮食起居与

悟道方式，在多年以后依然历历在目。

大大小小一共18座山丘呈半月形环抱村子，左边有天马河和大沙河交汇，右边有山峰拱卫，前面田畴广阔。青龙、白虎守护下，洪秀全故居和洪氏宗祠前有一口半月形的池塘，堪舆学称为"水聚明堂"。所谓"三年清知府，十万雪花银"，官禄布"施"形成一道窄门，洪秀全并无另外出路，只好在青灯苦读之中消磨生命。他不得不从众，在读书人必须搏击功名的焦虑症影响下，心力日益憔悴。那时，他还叫老老实实的乡野名字洪火秀。火秀第二次赴广州考秀才的时候遇见一个叫梁发的读书人，时间是1836年春天。梁发是传教士，他拿9本一套的《劝世良言》送给了洪火秀，但考试失败的火秀回家就扔在一边，迅疾被重重叠叠的孔孟之书压倒，多年不得翻身。

直到须发早早半白的他，1837年第三次应试而继续名落孙山，洪火秀才把这套宝书翻出来，一读，再读，醍醐灌顶，恰在豁然大悟来临之际，他突发高烧，玉山倾倒，轰然仆地，一睡就是四十多天……昏睡，成为他最后完成悟道的闭关时刻。

昏迷是表象，神速学习才是实质。据传，洪秀全做了一个悠长的、具有章回起伏的怪梦，文献里称之为"丁酉异梦"：他看见一龙一虎一雄鸡走进屋子，接着一群人吹吹打打，一队黄衣童子翩然入室，并用一乘华美的轿子将他抬起，不断升高飞入云端，最后来到一个光明璀璨之地。洪秀全见到了一个身材伟岸、衣着龙袍的长者，他将洪秀全的肚腹轻轻剖开，取出污秽的内脏并易之以新，伤口却倏然而愈，不留痕迹。洪秀全目眩神迷大感受用，留着金色胡须的威严长者自称是他的父亲，告诉他：人间正受到妖魔的祸害，他的任务就是下界前去斩杀妖魔，拯救人间于水火。为帮助他战斗打怪，威严长者给了他一把名叫"云中雪"的宝剑，并派他的兄长耶稣前去助阵。在炫目的光芒中，洪秀全挥舞宝剑，耶稣捧着发光的金印，神兄神弟飞过三十三层天界，投入斩妖除魔的战斗……昏迷中的洪秀全不断高呼正义口号："杀妖！杀妖！杀！杀！杀！杀！杀！杀！杀！"听起来有点像对虚无的"七杀碑"内容的填写，家人大为惊恐。

清醒过来时，这个人已经是洪秀全了。

秀全先生双眸秋水深潭，神情、语调、谈吐乃至声音，全变了。他挺身而立昂首天外。有人就发现，他脑后竟然有闪烁的光圈。类似情形，在康藏高原上称之为"巴仲"，意思是"天意神授的说书人"。

有人说，洪秀全是中国第一个把外国的思想、外国的意识形态嫁接到国内事功的伟人。

所以伟人强调说洪秀全是中国第一人，是全人，是第一次接受西方真理的人。

其说力透纸背，我辈自然无力置喙。

在研读明末史料过程中，我发现，大西王张献忠的种种言论与行为，似乎才是敢于与西方意识形态接轨的先行者。

1644年年末，在利类思、安文思两位"天学国师"的谆谆教诲下，大西王张献忠对他们奋力鼓噪的天主教义不以为然，你的主是你的主！他不喜欢政教合一，那孬得很！他喜欢武装到底，把长枪大炮扛到底。但他的思想如泥鳅拐弯迅

速"入巷",对于距离中土智慧极其遥远的天文学、算学、地理学等绝学,很快就登堂入室了。张献忠有时凝神端坐,虎目洞悉虚实,有时背手踱步,踏雪无痕……置身西蜀,放眼世界。每每听完洋人的学术讲演,他就转身与左右跟班辩论,反复学习深刻体会。他融会贯通舌绽莲花,忠实于将飘浮的学问如何落地开花结果。"驴日的,是骡子是马拉出来遛遛啊!"出天文进算学,手挥五弦,目送飞鸿,经过半年学习,他对"天学"已经颇有心得。孺子可教——不不不,是雄才可深造也!两位"天学国师"耳濡目染,不得不承认:"其智识宏深,决断过人。"他们暗暗称奇,进而忘情山呼万岁:皇帝"天姿英敏,足智多谋,其才足以治国"。这一评语,分明已是一代明主崛起西蜀之兆,足以支撑破碎山河。

张献忠在洋人铸造的天象仪、地球仪、日晷和提供的书籍之间来回穿梭,逐一对位,将堪舆学的天象分析以及《孙子兵法》的诡道,与西方科学进行了创造性的完美结合。这一空中对接的结果,造成了他必须在连续的形而上领域完成转换。

他的主业是统摄堂堂大西国,日理万机,"八小时之外"才是努力学习的唯一机会。他不得不废寝忘食,以至于用脑过度,又猛喝烧酒希望激发灵感,导致产生严重幻觉:光天化日之下,他看到了刀丛剑林自空中冉冉而降,又看到不少断肢残臂不断袭扰、抢夺自己的饭碗,无头女鬼还无耻地伸出了猩红的舌头……

要干啥子?!大西皇帝拍案而起。

他下令百官抬头齐齐仰视天空。大家按照圣旨的吩咐，仰望天空，小心翼翼地说什么也没有看见。黄虎公然说："今日天不晴朗，故尔等未能见之，且其中亦有天意存焉。天显奇异，只令天子独见，以便将来代天行之。"将百官看不透天机的原因归结为二，一是天气不好看不清，二是只有天子才能看见。尔等不是天子，怎么能看见？

这分明是他深度谵妄的症状。

为了获得身心的彻底解放，他抛弃了皇冠与龙袍，长袖飘飘，展开昔日铁匠游身熔炉间的身法，逡巡其间，体察幽微。他正敞开着箭衣，胸前露出一团浓黑的胸毛。

"皇冠落地类转蓬，空教胡马嘶北风。"眼下，明朝、南明、大顺、大西正在化为历史的烟尘，随风而起，随风而散。抓住时代机遇与天机合一，成为黄虎洞悉本质的捷径。功夫不负有心人，他不断接收着天神发来的高度绝密、只有他才能破译的最高指示，奋笔疾书，记录为一部从不示人的《天书》。他考虑让洋人着手翻译出版，向西方世界宣传大西国宏旨，自己一心向西，要向西方传播东方帝国的超迈文化……1647年元旦翌日，黄虎的神志还没有从天象仪的神启中彻底返回现实。那是一个恍惚而晦暗的早晨，早餐尚未结束，张献忠即在西充县凤凰山顶的荆棘林中殉难，这部记载大西国最高语录的《天书》就此失落，也许是被上天收回了。西南师范大学一位教授撰文指出："可惜这部书的详细内容没有流传下来，但可断言是一部别开生面、富于哲理性的著作。"（黎邦正著《浅析张献忠思想的双重性》，见《张献忠研究文集》，四川师范大学电子出版社2011年9月

第1版，第331页）教授已经"断言"了，让我怀疑教授已经得到了梦中神授。

这就意味着，张献忠敢于"拿来"，敢于在四川实现自己的宏图大业。天府之国成为他的试验田。呵呵，"天兄"在上！可是对于"天学"一窍不通的洪天王，显然只能当张献忠的学生。

天府之国的膏腴土地不必一味生长懵懂无知的农作物，也可以长出森林般壮阔的刀枪剑戟。那是一派多么激动人心的钢铁风景。

著名人生存论心理学家E·贝克尔认为，死亡恐惧是人类心理中最为普遍也最深刻而隐蔽的存在性不安，这是人类与生俱来的致命之伤。自幼形成的生存恐惧与粗粝的自然空间，占据着张献忠的全部生活，他对命运的安排从来就表现出强烈的反叛，总是下意识地规避一切可能产生顺从现实的矛盾性因素，肯定一方的同时又否定另一方，做出结论之后又将它推翻，使他的言行以分裂、变形的形态呈现在历史面前。张献忠、洪秀全之类的"克里斯玛型"领袖一般初期都反对个人崇拜，反道天上和地下，无非想自己主宰世界和历史。顺我者昌，逆我者亡，显然是小儿科级别的。顺我者亡，方显英雄本色。张献忠身上最为典型的特征之一，就是"克里斯玛型"领袖发展到极致之后，刀头倒转，自然而然出现的严重自我分裂，这是一种如影随形的权力伴生物。他的晚期性格中充满了令人不可思议的悖谬，甚至他从西方的天文、算学、地理学识中穿越到《孙子兵法》的诡谲，也常常体现为分裂的人格和分裂意识。

作为蜀人,我一直有研究、记录大西皇帝言行的愿望。置身蜀天与蜀地,我更有责任记录这一段促使天地翻覆、山河变赤的历史。

我发现,张口"论从史出"、闭口"以论带史"的学术中人,在针对一些历史人物研究中,可以发现他们严重的人格分裂。比如,在针对张献忠入川、建立大西国前后事态,史料就是这么多,涉及的书出自欧阳直、彭遵泗、傅迪吉、费密、沈荀蔚、李馥荣、毛奇龄、吴梅村、顾山贞、张烺、李昭治、利类思、安文思等人之手,或之口。这批学者苦心孤诣从中发现有利于巩固自己的论据,并一再强调材料的真实性以及无可替代的亲历性价值。当然,他们还没有放过田野考察——对民间里那些讴歌黄虎以及大西军的民谣、儿歌的苦心收集与向壁虚构……

而面对同样的一模一样同一批材料,凡是遇到对自己观点不利的描述,遭遇到那种可能"漫化、矮化、丑化、污化"大西朝的论据,则千方百计"论证"为道听途说以及后来柄权者授意篡改。实在没法了,就红着脸说,这是"手民误植"的结果。

凡此种种,就构成了一种"为我所用"的奇葩多重证据法:这些学者百计贬低的史料,恰恰又让他们火中取栗般挑选出可以"担此大任"者——他们不再红脸地说,这就是史料。时至今日,数风流人物还看昨天。他们皤然白发,嘴角白泡子直翻,骈四俪六地谈论着"能具史识者,必具史德"的历史观。长此以往下去,构筑出他们三寸薄土之上的巍然学术丰碑。

这就让我认定，他们中蛊了。他们唾面自干的修为还不够。

所以一个人不能迎风吐口水。我明显感觉到，采用以往人物传记、人物分析、历史小说等写作手法，处理张献忠现象必将面临巨大制约。

可见，我不得不采用的一种"悖论写作"，就是为了进一步贴近黄虎十分特殊的个人气质与那一个永难忘怀的破碎时代。

我姑且称之为"大词写作"，就是服从于制式思维的强力指引，采用习惯性行话、意识形态术语，叠加众多形容词、副词来增加"克里斯玛类型"人物的魅力，就像军事上的佯攻，是一种消灭多元、凸显个人，消灭细节、凸显乌托邦的写作；但悄然运行其中的反讽原则与理性精神，不断消解着初衷与初心，将矛盾的对立推到极致就成为佯谬，在意涵的相反向度上，让语象与语义互相冲突、互相排斥、互相抵消，最后过渡成一种终极意义上的"悖论写作"，由此我用一句俗话来指称："理想很丰满，现实很骨感。"

《黄虎张献忠》不是一部以时间为链环的系统传记，我选择了涉及黄虎张献忠最为重要的十几个场景，力图展示他的奇异禀赋以及大西国麾下的政治、军事、科举、文化、管理、民生、交往、沉银等方面的举措和事件，在主流学术中人的叫好与民间的叫骂之外，忠实记录下我的所见所闻。

马拉美则在散文《伊吉图》中有言："文学，或者说最初的文学，就是从如此等待之中诞生的。读书所开启的，不是一个人对于另一个人的等待，而是一片空无对另一片空无的等待,是一本书在等待另一本书,是一个孤独在等待另一个孤独。"在我看来,"想象很美好,现实很残酷",因为这极可能是一个与虎谋皮的写作策略,到了最后,也可能是老虎交出了一张狗皮,但在虎伥们的挟持下,谋皮者最后付出了生命的本钱。

我在锦江九眼桥畔居住了十几年。成都因水而成,缘水而兴。二江珥其市,九桥带其流,府河与南河宛如人体任督二脉,吐故纳新,使"江环城中"格局一直得到承袭和发展。

数千年以降,成都码头镌刻着深纵的城市记忆。三国之时,诸葛亮送费祎出使东吴,因有"万里之行,始于此桥"的感叹,万里桥就此成为锦江文化的地标。明末,黄虎张献忠在九眼桥从事着自诩"替天行道"的清扫工作,留下了无数天地为之色变的事件。进入民国,成都尚有12座码头,其中6座分布于锦江沿岸。无论是人头攒动的水东门货运码头,还是运送盐糖、布匹为主的合江亭码头,抑或因木柴而兴的九眼桥码头,浪涌人聚,千帆竞流,逐渐形成上起新南门、下达望江楼的庞大码头聚落。成都人名之:锦江码头。

马可·波罗、威廉·盖洛、大卫·妮尔、亨利·威尔逊、山川早水等域外学者进出成都均在锦江码头。1879年,一代大儒王闿运入主成都尊经书院,多次进出锦江。20世纪初叶,青年巴金、李劼人正是从这里出发,远渡重洋,负笈法国;郭沫若的"东渡"、艾芜的"南行"也是以此为起点……

成都"因水而兴,因水而荣,因水而困,因水而为",

成都城墙外的街景。美国地质学家张柏林1909年摄

春水明媚凝脂,烟光梦田含翠。置身锦江码头,思接千载,知锦江之高义;逝者如斯,念崇丽之无尽。

最后,我会在红壤遍布的巴山蜀水间,焚烧10本《黄虎张献忠》。青烟一缕,蜀江水碧蜀山青,鬼神明明,自思自量。

2018年11月25日　于成都九眼桥畔

张献忠身世及形象演变史

柳树涧堡地望

我一直坚信,一个人的才华或者异能,一定会从相貌上透露出来。即便是他静静地坐在一边,什么也不说,人们从他的相貌上仍能发现他的洞察力与诡谲之力。一旦把"才"变成"财"之后,我就轻而易举地发现,财与暴力、酒色是如何在一张脸庞上沉瀣一气的。

根据《隋书》记载,隋文帝杨坚"为人龙颔,额上有五柱入顶,目光外射,有文在手曰'王',长上短下,沉深严重"。大意是,杨坚的相貌跟常人差异甚大,额头突出峥嵘,上面有五个隆起的部分从额头直插到头顶上,下颌很长而且突出,目光四射,犀利骇人,手上有"王"字形的掌纹,下身短,上身长。这一副架势,自然是"当为天下君"。《隋书》中还记载:齐王宇文宪对当时的北周皇帝宇

文毓说:"杨坚相貌非常,臣每见之,不觉自失。恐非人下,请早除之。"

中国人历来相信,行非常大事之人,必有非常之相。身体不但是个人情欲的大本营,而且是意识形态的战场。在西方身体政治研究谱系里,权力中人的身体政治,已经超越了、放大了肉身,成为"魅力型统治"。对于具有特异相貌之人,西方不像东方人这般推崇。拿破仑曾经说过:如果你的身体先天就有缺陷,显示不出权力的那种力量,你就必须用强硬的态度、行动来弥补。就黄虎张献忠来说,他相貌奇特,绝非平庸之辈,但他没有仅仅仰仗其富含的力量与命运坐享其成,而是茹毛饮血、刀耕火种,上下其手地打拼出了一个大西国世界。至于是否属于"大人虎变,君子豹变"的类型,倒是供人评说。

大西国皇帝张献忠〔生于明万历三十四年(1606年9月18日)。死于顺治三年末十一月(1647年1月2日)〕,字秉吾,号敬轩,延安府柳树涧堡(今陕西省延安定边县)人。明崇祯三年(1630年)

位于陕西省定边县柳树涧堡大西王张献忠塑像 引自慕塞著《张献忠本传》

张献忠故里：明延安府柳树涧堡遗址（今定边县辖区） 引自慕塞著《张献忠本传》

在米脂响应王嘉胤起义，自号"八大王"。王死后改投高迎祥。据考，一开始"八大王"是贬义，"八"实际是"疤"或"巴"，指无赖的意思，即"无赖大王"。后来逐渐成为尊称，即"八门大王"。学者王纲自然不同意以上考证，他强力赋予了"八大"的伟大内涵："八"是"八方"，即敢"四方"（东、南、西、北）、"四隅"（东南、东北、西南、西北）之意。以此命名，表示起义战争将取得全面胜利，权力将遍及四面八方，将治理整个中国。（王纲著《张献忠大西军史》，湖南人民出版社1987年3月第1版，第51页）

在我看来，"八大"意义的变化，也表明"八大王"价值准则从量变到质变的飞跃。再看看他极不平凡的成长史，似乎可以进一步发现一个结论，经历可以"造就"一个人的相貌。

明万历三十四年（1606年）九月十日，这一天俗称"小

位于柳树涧堡的明朝长城遗址　引自慕塞著《张献忠本传》

重阳节",张献忠出身于陕西省延安府肤施县柳树涧堡一户农家。肤施县隶属延安府。也有学者指出,张献忠是榆林人。这话也对,因为到了清朝雍正九年,设榆林府。以定边、砖井、盐场、安边、柳树涧五堡之地设立定边县,定边县就划归榆林府。

柳树涧堡是明代逶迤长城区间的一个重要堡垒,始筑于明英宗天顺初年,宪宗成化九年(1473年)弃之。嘉靖三十七年(1558年),延绥巡抚董威复建,隆庆六年(1572年)增高,万历六年(1578年)砖砌。作为军事要塞,当时属延绥镇西路十四营堡之一。据清嘉庆《定边县志》记载:"柳树涧堡城……周围凡三里七分,楼铺一十八座,牌墙垛口边垣三十三里二百三十步,墩台四十八座,开东门、西门。"柳树涧因涧内多植柳树而得名。城堡雄踞于平缓的山坡上，三面临壑，只有北边与山相接。浑圆的山包上，长城直冲而下，到涧底又急转向上，气势恢宏。（慕塞著《张献忠本传》，陕西省定边县史志办公室2017年编印本，第2页）

清初抱阳生笔记《甲申朝事小纪》记载了"张快的儿子"的一桩小事——

> 张献忠，陕西肤施人，阴谋多狡。父快，屠沽而贱；母沈，并早死。献忠依丐徐大为沽，尝窃邻人鸡，偶见，詈之，献忠曰："吾得志，此地人亦如鸡焉！"其残忍之心，少年已萌。及长，益无赖。

屠沽之辈的出身并不低贱，倒是让人一再联想起"自古英雄出屠沽"的古训。但"此地人亦如鸡"的"一视同仁"法则，足以显示少年张献忠的卓尔不凡。明朝黄溥《闲中今古录》说："天高皇帝远，民少相公多。一日三遍打，不反待如何。"种子就此埋下，会长出怎样的荆棘刺丛呢？

相貌非常之人，必有非常之事

引人揣测的是，张献忠的相貌是什么样子呢？

清初无锡计六奇编纂《明季北略》和《明季南略》，两书详细记述多是作者本人亲历之事，被学术界很多人认定为无大误的史书。《明季北略》记载说：张献忠"幼有奇力，两眉竦竖而长，面有微麻，遍体生毛，天性好杀，不耐久静"。为了彰显其"天性好杀"，《明季北略》举的例证

是:"初从塾师,与同舍生讧,一拳扑杀之,家赀数千金,一时俱尽。父大怒,逐之,漂泊异乡。或异其貌,问之,知文而勇,收以为子,与之延师。复与同学者争,更殴死两生,逸去。"这就是说,张献忠连续两次的出手,就击杀了3位同学,初次展示了"黄虎"的本性。有这么"天性好杀"的典型吗?我以为,记录者有些夸张,但这也未始没有可能。在一个恶劣的环境里,"轻死易发"的性格不是本性,而是环境使然。

后来张献忠为混饭吃,去安定县(今子长县)县衙当捕快。他体格健硕,顺利被县衙录用。担当起安定县的治安大员了,张献忠威风凛凛,安定县真的就"安定"了吗?安定百姓经常可以看到脸色微黄、声若巨雷的张献忠在大街小巷出没,他们大老远就喊:"黄虎来了!"这是一种警示的提醒,可以制止小儿啼哭。"黄虎"正是当地人给他起的绰号。

有一个说法是,黄虎某天陷入了罕见的沉思,突然觉悟了,不禁拍案而起:"大丈夫生当鼎食,死亦封侯,立功疆场,拼个封妻荫子。岂能久居人下,碌碌无为至此!"立马就辞职走人。世界很大,我想去闯一闯。另外一种流传在当地的说法是,张献忠当捕快并不安分,居然与官府通缉的一名要犯的妻子勾搭成奸,事情败露,因触犯王法被开除。
(慕塞著《张献忠本传》,陕西省定边县史志办公室2017年编印本,第9页)

犯事被革职,黄虎只好跑去延绥镇投军。但他想不到的是,边兵受到了严重的欠饷拖累。鉴于欠饷日久,官府只好默许士兵抢劫民财来聊以度日。边地穷困，到了抢无可抢时，一些胆大妄为者就打起了榆林城的主意。有一次，他们竟然去抢劫库银。这还了得！库银可是官府的禁脔。参与掠抢的18个士兵全部被抓，其中就有张献忠。

延绥镇总兵王威怒不可遏，决定将这18人集体砍头示众。

嘉庆七年（1802年）刊本《延安府志》

王威下达了死刑令，就在行刑当天，一个贵人如同命中救星一般出现了！此人是靖边营城总兵陈洪范。

那天，陈洪范恰好来营房拜访王威。眼观六路耳听八方的张献忠，立即死马当成活马医，哀号不已，向陈洪范乞求一命。而这位陈大人一见身材高大的张献忠，天庭饱满地阁方圆，两道眉毛斜插入鬓，大感惊奇，认为此人骨骼清奇，英气逼人，"这是国家栋梁啊！"他转身便向王威请求赦免。陈洪范的请求立即产生了效果，但军法所在，死罪可免活罪难逃，张献忠被重打一百军棍予以除名，其他17个长相平庸的凡夫俗子都被砍掉脑袋……

张献忠从此便流落乡间。谁能料到历史的吊诡，这个陈

洪范，后来升格为将军了，还会和左良玉合作在湖北大破张献忠，届时张献忠还要向这位救命恩公乞降一次。异人有异相，异人更有异遇。所谓出人预料的狡黠，远不是寻常人等可以遭遇的。

这就可以发现，早年张献忠已是头角峥嵘，而且一望可知。加上后来穿行于腥风血雨，厚黑与狡黠相互缠绕，相貌向着极端化方向发展，变得不怒自威。

张献忠大约是崇祯二年（1629年）回到柳树涧堡的。刑场上刀光一闪、人头落地的场景一再闪现。他改弦易辙，想过安稳的日子。在柳树涧堡家里养伤期间，他请工匠用珍贵的檀木为陈洪范刻一雕像，供奉家中，每日上香行礼。他无限感念素昧平生的陈洪范。

从这个细节，可以看出张献忠的人性。人性总是多面的，在不得已之际，蛰伏在人性中的恶力会异军突起，成为一个人与世界较量的绝对力量。

陈洪范，字东溟，辽东人。万历四十六年（1618年）武举。授高台游击，后调到红水河升任参将。历任陕西行都司掌印。后因事获罪被降官为庆云参将，调赴开原，又因为胆小怕事、怯懦被罢免。陈洪范善于钻营，很快又当上了总兵镇守居庸关。我曾经阅读过崇祯十七年（1644年）八月陈洪范致吴三桂书，是南明弘光政权与清朝举行和谈的北使议和团成员陈洪范，致降清明将吴三桂的亲笔信。陈洪范在信中首先赞扬吴三桂"忠义动天，借兵破贼"，即借助清兵把李自成农民军赶出北京，是有功于明朝。同时感谢"清朝仗义助兵，复为先帝（崇祯皇帝）发丧成礼"。实际上，他是借此达到北上议和,延缓清兵南下,维护南明弘光政权的目的。陈洪范在信中还以"崇封"(许以高官厚禄)、"托谊葭莩"(亲戚的代名词)为饵,恳请吴三桂"鼎力主持",玉成此事。

由此可见,最后大清的陈洪范比起张献忠来,明显要灵活得多。

在后来的正史与稗官野史里,对于张献忠的相貌描述没有更为出格之处,有些不过是添油加醋,竭力渲染其靠近"兽"的一面。

历史文献《爝火录》描述说:张献忠"两眉竦望(竦音sǒng,同悚,可怕,毛骨悚然)面黄微麻,身长虎颔,遍体生毛,号黄虎"。

更有甚者,如查继佐的《罪惟录》,说黄虎"多须、毛身、齿长足俞咫(音zhǐ,古代称八寸为咫),圆锐如锥"。这就是说,张献忠是一个黄面獠牙、浑身长满毛的妖怪。而且獠牙的长度显然超过了猛虎……这类妖魔化的记载,作者冬烘,不足为据。

我的判断是,张献忠身体魁梧,脸形稍长,脸色微黄,脸颊和下巴有短须,眉目大体端正。《爝火录》上说他"两眉竦望"。"竦"的本意应含有"恭敬"之意。就是说,张献忠的眉目端正,说起话来是声若洪钟,如果他的胸廓再予以共鸣,即是"吼声如雷"。可见,嗓门粗豪者一般是阔口,两排好牙,长有狮子鼻,脖子绝不会细小,胸廓具备良好的共鸣箱功能,只有这样的体格,才可能升格为"胸怀天下"的王者境界。所以,黄虎是一个外形壮硕、体格剽悍的

高个子。

大型猫科动物里,狮子是吼,声音粗犷凶悍,可谓狮子一吼,地动山摇。老虎不同,老虎展示的是啸的威力,老虎叫声沉浑有力,声音浑厚。所谓"狮吼虎啸"就具有如此的分野。显然,西方对于王者总是希望他发出狮子吼,东方这渴望并权者具有虎啸的不二法门。比如《彼得前书》指出:"务要谨守,儆醒。因为你们的仇敌魔鬼,如同吼叫的狮子,遍地游行,寻找可吞吃的人。"

在一个朝纲解纽的松懈时代,鉴于体制的洪钟喑哑,气若游丝,继之者坛坛罐罐一阵乱响,古语"瓦釜雷鸣"是也。无师自通者,一旦接过强力声音的传声筒,自然就可以振臂一呼,应者云集。"有情无意东边日,已怒重惊忽地雷。"所以,武功如何暂且放在一边,继任者必须吼声如雷,这往往是三国英雄、瓦岗寨豪杰、水浒兄弟等一批批风云人物的看家本领。

我注意到,对于黄虎的大嗓门,对于这一发布生死之令的机关,古人描述尤其多。而且,百尺竿头更进一步,黄虎不仅仅嗓门粗犷,还有激流轰击礁石的滔滔气势。

佚名《纪事略》记载说他"魁梧骁黠(勇猛而狡猾),声若巨雷"。

查继佐《罪惟录》说,黄虎吼叫起来,"气势渚流"(渚音zhǔ,指的是置立在河间滩头的孤石)。惊涛与骇浪,黄虎囊括了打击与承受打击的声音,俨然是声音暴力的统一体。这是一句高度形象化的描述。

古洛东整理的《圣教入川记》记录了两位西方传教士的

亲历叙述："二人亲见献忠震怒，七窍生烟。"、"野心难化，喜怒无常，咆哮如虎，怒骂之声，远近皆闻。"

这种声浪的持续性发力冲击，就像从北方滚滚而来的沙暴冲刷脆弱的柳树涧堡的土墙建筑，一浪高过一浪，明显具有一种人间警报的性质。

无名氏撰《献贼纪事略》指出：（献）"忠怒气冲天，须发为竖，咆哮之声，彻于街衢。"

在一个没有麦克风的时代，"咆哮哥"依靠咆哮发布一系列国家大计与方针。可以想象，这种角质化嗓子发出的震撼力，让成都的小青瓦建筑与川西林盘摇摇欲坠，分崩离析。

尽管大海里的水从不咆哮，它的宽阔让那些敢于咆哮的东西自惭而低伏。李白感叹"黄河西来决昆仑，咆哮万里触龙门"。黄虎的鲜明个性，通过吼声得到了进一步强化。他在历史上留下的这一系列"声音政治"造像，晴空霹雳，历史将永远回荡他"最后的吼声"。

葛洪《抱朴子》指出："咆哮者不必勇，淳淡者不必怯。"鲁莽使然，急于求成，绝对不是有魄力；心境平和，从容周全也不应视为缺乏魄力。问题在于，这些理由无法阻止咆哮者的发音术。

快人快语，吼声连连，黄虎的吼叫宛如柳树的枝丫，发出刺破硬风的叫喊，让我们联想起黄虎幼年的铁匠生涯，这进一步暗示了柳树涧堡裹挟着黄沙的南冲风向，以及他急于实现虎蹈羊群的大欢喜。

难以想象，胡须乱如飞蓬的牙口里竟然会发出如此雄浑

的声音。但事实就是这样，使人们在习惯于聆听莺声燕语之余，还要有承受"铁锅炒沙子"的心理准备。声音的逐步放大或者"复原"，是跟一个人力量的衰退同步的。当初那些需要屏息聆听的促膝谈心，现在几十米开外就能一清二楚。仔细想想觉得也是合理的，别人克制了那么多年的怒火或装腔作势，终于可以扬眉吐气了。何况，这还只是声音的打击，并不是很当真的。科学已经证实，即使一个人不间断地暴喝60年，其花费的能量也烧不开一杯水！所以，这种并不消耗大量体力的运动是受人喜爱的。

大声吼叫的人有的并不是由于粗俗和无所谓，而是严峻的现实太不像话了。比如民不聊生，比如"路有冻死骨"，比如苛政猛于虎，气血充盈者往往已经使用过所有的柔媚招数，忍受、忍耐吃屎般的屈辱太多了，不但毫无成效，反而成为自己软弱的把柄。当他们首次以狮子吼的功夫给人民制造了空前的震惊以后，听众被当头棒喝，清醒了很多，说不定就有所收敛，准备万众一心加油干。一当取得初步成绩，狮子吼者就只能"宜将剩勇追穷寇"了，并希望声音的教化作用能够深入人心。

跟狮子吼相配合的东西比较多——持续的高分贝鸣响、辛辣的挖苦和揭发、骂街式的语言、地毯式的轰炸以及梳头一般的反反复复强调，直到对方被数落得头皮发麻，找不着北。为了进一步强调自己的理直气壮，演讲者往往双手叉腰，时不时地挥舞手臂，加大感染力度，但由于口干舌燥，嘴角白泡子直翻，五官也由于表情过度而挪位，看上去当事人显得生动、疲惫，但大义凛然。

每举行一次狮子吼,自然要消耗很大的精力,当事人觉得元气大伤,被痛骂者为息事宁人,只好担当起护理员的角色,使女人觉得,自己苦口婆心,就立竿见影了,还是值得的。这下好,等下次吧!

但在生活中,就我所接触的范围来看,狮子吼一般是无效的,这在于人们已经习惯了这种语言威胁,左耳进,右耳出,最多把自己的听觉当成是下水道罢了。之所以还有不少女人仍然乐此不疲,可能主要还是为了自说自话。

再看看古人对黄虎吼声之外的银钩铁画——

吴梅村《鹿樵纪闻·闯献发难》说,张献忠"黄面而长身而虎颔,号黄虎"。

同治《成都县志》卷六《纪闯发难》记载说,黄虎"貌魁梧,面长一尺六寸"。"面长"如此,就比传说中的苏东坡略逊一筹了,应该是包含了"须长"。

乾隆五十二年《遂宁县志》卷十二《政事部》说,黄虎"面黄、身长、虎颔"。

徐鼒的《小腆纪年附考》卷二上也说,黄虎"身长而瘦,面微黄,须长一尺六寸,嫖(音piào,敏捷)劲果侠,军中号'黄虎'"。黄虎其实不是军中才有的美称,而是张献忠在故乡依靠拳头和吼声,赢来的江湖声誉。

其他如《明史·流寇传·张献忠传》《明纪》卷五十八《福王始末》《平寇志》和《绥寇纪略》等文献上,所叙张献忠的相貌大都概同。他在大西宫廷金銮殿里独坐,两道一眼望去就能令人胆寒的竖眉之间,还有清晰可见的箭疤。

根据上叙史料记载,较为充分地描绘出了张献忠的相貌

轮廓。

根据英雄惺惺相惜的道理，张献忠的四大义子，孙可望、李定国、刘文秀、艾能奇，个个相貌堂堂，英武出众。反过来看看张献忠的老对手李自成，就有些意思了。

张献忠与李自成同为陕西人且同岁，均做过地方小卒，他们早年均又与"贩枣"有关，况且李自成的小字就是"枣儿"。彼此经过几次交往，榫方卯圆，黄虎早把对方视为眼中钉。

据《纪事略》载："崇祯十七年甲申，闻闯贼李自成陷燕都，改号尊称，先帝身殉社稷，自成传檄江左。献忠对北骂曰：'李自成米脂一乐户耳，市井无赖，乡闾不齿。向着领十万过延安，略榆林，一败于丁其锐，再败于贺疯子，见承畴而丧胆，闻左、祖则魂销。仅剩残骑一十八人，北遁沙

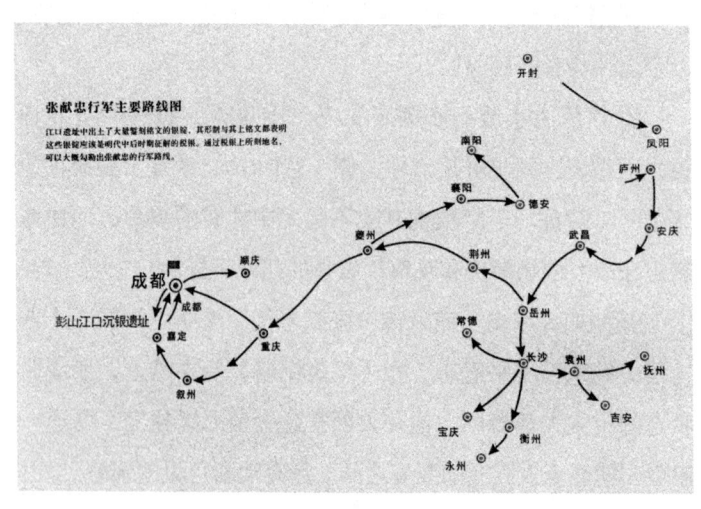

张献忠主要行军路线图　来源于四川省博物院资料，蒋蓝摄

漠。后奔回营，曹操绑正军法，非我解救，久已登鬼矣！我给予衣食鞍马，休息调养月余，竟饱扬而去。今一旦妄自尊大，传檄辱我。吾两雄并立之势，况我今带甲马百万、战将千员，何难飞渡长江，正位金陵，养威蓄锐，然后北伐，执子婴于咸阳，殪商辛于牧野，直反掌事耳。'"

这一番"直声天地"的谈话，可以看出黄虎的胸襟与此消彼长的力量比较。关于"乐户"的说法有些夸张，但对于风流倜傥的少年时代而言，也并非张献忠虚构。

在明朝通缉李自成的布告上，文字素描出来的李自成是"为人高颧深䪼（音dí），鸱目曷鼻。声如豺"。其实这不过是对古语"故啖食人，亦当为人所杀"的描红作业。《明史·李自成传》记载："李自成，米脂人，世居怀远堡李继迁寨。"在此，李继迁这位被西夏追认的皇帝不但使家乡米脂有了一个叫"李继迁寨"的地方，也顺理成章地与李自成有了某种族缘关系，甚至种种迹象表明他们之间是有血缘关系的，因此有史料说李自成是党项人，身材高大，膂力过人。李自成虽不是凶神恶煞，也一望即知绝非懵懂村夫。特别是李自成后来作战中一只眼睛中箭，彻底瞎了，相貌更是不怒自威。就像洪秀全一样，可以肯定都不是什么美男子，更不是后来宣传画、连环画、舞台上展示的浓眉大眼、英气逼人的模样。

尤其引人联想的是，中国历史上"声如豺"的帝王还有两位：秦始皇、越王勾践。

豺的叫声并不洪亮，而是一种拉长如牛筋一般坚韧的凄厉嗥叫，既有楔入对手身体的撕裂声，更有豺自己四肢被拉

断的嘎嘎之响，颤抖的弓弦弹破空气为柳絮，尘埃直往听众的头骨缝里钻。

多部笔记记载了李自成、张献忠的体格差异：黄虎"强健不及李自成，而狡毒过之"（柴小梵著《梵天庐丛录》，故宫出版社2013年11月第1版，卷十三，第371页）。"强健"这一点上，让黄虎非常在意，因此他十分鄙视李自成的相貌，两人后来分道扬镳，与张献忠恶心李自成长得丑陋有关。

崇祯十六年（1643年）夏，在湖广境内相继出现了两个农民政权，一是以李自成为首的襄阳政府，一是以张献忠为首的武昌政府。

李自成得知武昌政府成立，大为恼怒，立即发出通缉令："有能擒拿张献忠者，赏千金。"一再折辱之余，极度膨胀的李自成派人给张献忠送去一封威胁意味浓厚的祝贺信：

"老回回已降，曹操、革里眼、左金王皆为所杀，行将及汝矣。"张献忠一把将信撕得粉碎，指天发誓，七窍生烟。这时，明朝廷也与张献忠一样急火攻心，向天下颁布并提高擒斩李自成、张献忠的赏格：凡能擒斩李自成者，赏万金，世袭侯爵；擒斩张献忠者，官一品，世袭锦衣卫指挥，赏5000金。从官家悬赏的赏格标准看，李自成的身价比张献忠高出一倍。而李自成开出的身价，才区区"千金"！张献忠岂能不羡慕、嫉妒、恨。

官家两眼漆黑，而群众的眼睛是雪亮的。但这一赏格，让黄虎非常不舒服。

后来看到明朝通缉令上形容李自成相貌文绉绉的话，张献忠不禁哈哈大笑，他声若洪钟："什么鸟鸱目曷鼻？那李自成不就是一个蝙蝠头嘛，让人见了恶心三天……"张献忠私下就称呼李自成为"李蝙蝠头"。蝙蝠头，除了獐头鼠目的猥琐之外，还多了几分阴毒和诡诈。而张献忠，毕竟是堂堂黄虎啊。

这一幕，让我想起了诗人刘禹锡《壮士吟》的开头："阴风振寒郊，猛虎正咆哮。徐行出烧地，连吼入黄茆……"

黄虎的服装史

"克里斯玛型"的领袖一般都拒绝穿上他本人大力提倡的制服。制服具有强制性与束缚性，那是手下穿的，犹如铁的纪律一样。作为体制的规划者，他们必须棋高一着，直捣本质。

在我看来，思想深邃、行为诡谲之人一般都不大注意穿着，那是他们灵魂不堪重负的结果，只有发展到"皇帝的新衣"阶段，才能让他们稍稍喘一口气。所以，人们只记住了他们的思想；反观平庸之辈十分注重穿着，那是他们内部空空荡荡急需包装的原因。所以，人们只记住了他们的时装——这并没有什么坏处，也可以美化环境啊！

在黄虎看来，马屎和牛屎不一样。如果说牛屎像一摊稀糊糊，那么马屎则非常光鲜，且是一坨一坨的，非常硬扎，这才有"马屎外面光，里面是一把糠"的俗话。话粗理不糙，他是看重本质的。

关于黄虎的衣着，历史上也有记载，大体是穿着随意而

追求身体的快活和意气风发，这符合他的性格。注意，"快活"是黄虎多次提及的一个关键词，我也不妨视之为其身体政治的最高目标。

《明季北略》指出："献忠戴尖毡帽，服织锦胡桃花衣，软靴，布毯于地而坐。"这是关于黄虎衣着最为细腻的刻画，这一身行头并不低廉。至于他喜欢"碗酒大肉，席地传饮"，看起来酒碗盛满情义，江湖英雄的恩爱情仇，一碗足以盛天地。女人、孩子不过是衣服而已。

《绥寇纪略》卷十《盐亭诛》载：张献忠称帝后"厌苦朝会，掷所御冠，举足足尚其中，索大巾着之快"。《小腆纪年附考》载：（献忠）"厌苦朝会，掷所御冕，足踏之，索大帽着之乃快。"他显然承受不了"沐猴而冠"的服饰约束，黄虎拒绝"锦衣"，但并不拒绝"玉食"，他是以布衣的外表与民众打成一片。他身轻如燕，但责任更重了。

直捣本质的人就是手握真理的人。

黄虎看重什么本质？是权力本质，对于权力的符码则是鄙夷的。1647年元旦翌日，张献忠在西充县凤凰山下遭遇清军突袭时，当时为严寒时节，他正在吃早饭，故"衣飞蟒，半臂"。由此可以看出黄虎经风沐雨的强壮体格。多数史籍都是如此记载。1644年冬黄虎在成都称帝后，无论出行或集会，衣履都比较随便，御风塑圣魂，逍遥天地游，我没有见到记载黄虎穿大西官服的任何资料。

在御用、御衣、御风、御食、御女、御刀的谱系当中，耳濡目染，柄权者一旦入其彀被"御意识"改造了价值观，他立即就拥有了"御天下"的王者幻觉。张献忠并没有"抵御"这些，因为他的立足点是探寻从民间大地通达宫阙的捷径。他在谈话、圣旨中提到的御笔、御砚、御酒，不是在哀叹明王朝的无可奈何花落去，而是应该快马加鞭，开创一个快活的世界。

驾！——吁……

大西政权的异端：狗皮道士与铁娘子

至少从现实的立场来说，所谓的"哲学狗"比"哲学人"更有血肉，所以人们毫不怀疑目前接触到的世界物质的构成。如果说，古希腊的哲学家还在担心自己命运的话，那么与丧家狗的交流可以使他们轻松很多，并且可以进一步地远离被酒色、权欲掏空了内在向度的人群。虽然他们对狗的生理结构远没有什么兴趣。

自然了，犬儒必定会拒绝"狗眼看人低"、"狗摇尾巴讨人欢"、"狗仗人势"等对狗的"不义"之词，更是反感于"狗腿子"的"狗急跳墙"，他们仅仅着眼于狗的低贱与卑微。因此，把愤世嫉俗、行为乖张的人格行为称作"犬儒"源于古希腊。把"犬儒"奉为信仰并坚持一定的主张，持有一定的理想，实践一种生活方式，则成了一种道义。

我一直认为，犬儒带有更彻底的中土魏晋时代的佯狂精神，他们获得了从狗的立场观察人世的"低地角度"，从而使理性与自省获得了与大地更为紧密的接触。佯狂最早出自《史记·宋微子世家第二》：箕子谏纣不果，"乃披发佯狂而为奴，遂隐而鼓琴以自悲"，这不过是在被权力压抑下的反抗，故有"佯狂以忘忧"之古训，中国的魏晋风度是渴望以"狂"来逃避强权，以力图保持内心的尊严。犬儒更进一步，岂止权力，连人也没有进入他们的"狗眼"。

张道陵像。选自《仙佛偶踪》，明洪自诚撰。武进陶氏石印月旦堂刊本

佯狂是自保，犬儒是渴望以"自毁"的方式唤起理性与自省。可见两者泾渭分明，高下立判。

但是，横行于大西国麾下的一个狗皮道士，几乎是空手入白刃，则让我们看到了一线异光。

巴蜀是道教的重要发祥地。东汉后期，沛国丰人、传为西汉开国军师张良的八世孙的张陵，弃官学道，入大邑县鹤鸣山修炼，"得咒鬼之术书"，并感太上老君降临，授予三洞真经、金丹秘诀、雌雄二剑、符箓法印等，正式任命他为天师。据《仙鉴》记载，当时巴蜀地区人鬼杂混，巫妖横行，残害百姓，青城山为鬼魔盘踞的"六天鬼域"。张天师亲率弟子，扫荡鬼域，降伏"八部鬼帅"、"六天魔王"，"遂命五方八部六天鬼神，会盟于青城黄帝坛下，使人处阳

明，鬼行幽暗，使六天鬼王归于北丰，八部鬼帅领众窜于西域，五行之毒又戒而释之"。张陵运用道家黄老之学改造巴蜀的妖巫鬼道，于是巫鬼跃升变化为仙官，"鬼道"遂发展成为天师道。张陵便成为道教的创立人，从而受到历代信徒的尊重，被尊为"祖天师"。

清代张邦伸撰《锦里新编》里，收录了一则《狗皮道士》，文章不像传说中济公那样嬉笑怒骂，而是彰显狗皮道士针对大西权威的大胆冒犯，并展示出种种奇技异能。我以为，狗皮道士体现了蜀地道教文化反抗权威、相互救济的积极精神。学者李奉戬认为："这种反抗精神体现在两个方面：一个方面是凡人坚信'我命在我不在天'的理念，追求肉体成仙长生不老，这其实是对上天命运的反抗；另一方面是修道者以及仙人显示出做人应有的高贵与尊严，与权贵斗争，争得做人的权利，这是对社会压迫者的反抗。"（《论仙话的反抗精神》，见《山西大同大学学报》（社会科学版）2011年第8期）

也就是说，道教信奉的"我命在我不在天"的理念，与黄虎的"天命论"恰恰是背道而驰的。黄虎在成都大西宫廷曾经对两位西方传教士发表的高论是："四川人民未知天命，为天所弃。""今遣我为天子，剿灭此民，以惩其违天之罪。""违天之罪"的唯一理由，是四川人没有完全接受大西国皇帝的治国方针，如此高论相当于黄虎的杀戮大纲。

就像西汉著名隐士严君平一样，蜀地仙道往往都是来无影去无踪类型的，狗皮道士自然也不例外：

明末有一个狗皮道士在成都乞讨，没人知道他是谁，从哪里来。他平时披着狗皮，光脚，走到人家的大门口，也不说话，只是发出一串狗叫。被乞讨人家的看门狗以为有朋友来了，也对着他大叫。道士与狗一起狂吠，喋喋不休，陷入了循环往复的二重唱。看门狗体力不支，对峙不过，只好闭嘴。主人闻讯而来，往往会给一点赏钱打发他。经常会有一群走狗围着道士乱吼，进入到多声部合唱。道士有绝技，他一旦厌烦了准备冲出狗的包围圈，就发出一道老虎的长啸声，那群狗一听，吓得四散。

清空道路，世界为之一宽。狗皮道士赤脚行走在成都大街小巷。

多少年后，张献忠昂然入川。在万物肃杀的冬季某天，蜀犬吠日，狗皮道士突然现身，径直冲到了张献忠的军队里，大声做起了狗叫。张献忠循声一看，十分愤怒。他大吼："这个奸人是如何进来的？立即把这个狗道士杀了。"

长期处于敌明我暗的斗争环境，培养了黄虎坚持"锄奸"的意识，这种敏锐感觉累试不爽。他分明感到，这个道士如此猖狂，不像是奸细。奸细鬼鬼祟祟，哪里敢有如此做派呢？

可以想象一下那个场景：

道士缓缓悠悠地走，张献忠的士兵骑马却怎么也追不上。即使眼看追上了，道士突然学起了狗叫，咆哮连连，战马双耳一竖，就不敢再靠前了。张献忠一见更是怒不可遏，下令士兵向狗皮道士射箭，顿时箭如雨下，箭矢就像碰到一圈无形的罡气，纷纷弹回，狗皮道士毫发无损。

黄虎久走江湖，何曾见过这样的怪事！他不相信这些士兵，但他认定自己面临的是妖怪作祟。黄虎自信邪不压正，

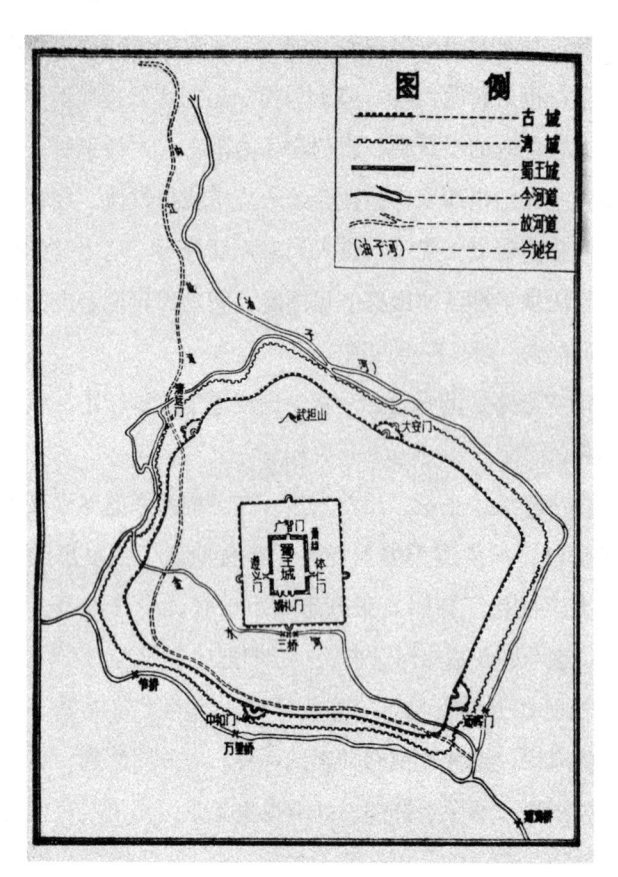

成都明代大城与蜀王府结构图。选自四川省文史研究馆《成都城坊古迹考》

亲身上马，张弓射之。黄虎的箭法不差，一箭正中道士的脑壳。不料箭矢反弹回来，还击中了黄虎的坐骑头部，西域良马倒毙而亡。黄虎大骇，只好悻悻而返。

大庭广众之下，黄虎自下台阶，只得叫狗皮道士快快离开。眼不见心不烦。

狗皮道士像一道蜀王宫拉长的影子一般，总是在大西国重要议程中准时出现。

明代蜀王府的布局规制宏大，方圆十余里，加上大西军的扩建，城墙"包砌以石，设四门如砖城制"。在城内中轴线上分布着棂星门、端礼门、承运门与承运殿、圆殿、存心殿。"其后为王宫门，红墙四周，内为蜀王寝宫。""端礼门前有水横带，甃月池为洞，铺平石其上。东西列直房。西南为山川社稷坛，又西为旗纛庙，东南隅为驾库。"

成都东门城墙遗址。蒋蓝2015年摄

成都东城墙局部。石头城墙为明朝遗物。蒋蓝2015年摄

崇祯十七年（1644年）十一月十六日，黄虎在成都称帝。这一天是大西国真正意义的"元旦"，黄虎在蜀王宫的宫殿前朝见百官。俯仰谈笑间，他突遇噩梦。他又看到狗皮道士身披脏兮兮的狗皮，竟然站在官员的队伍里。他手里还拿着一块上朝的玉板，嘴里不断发出狗叫。

真是可恶啊！张献忠命令侍卫，立即将狗皮道士绑出去杀掉。

可是，狗皮道士的犬吠声越来越大，飞越了高耸的宫墙，全城的狗也跟着叫起来，声震于天，低垂的蜀天厚云被犬吠堪堪撕破！现在，以至于吼声如雷的张献忠狮子口大开，下达命令"杀！杀！杀！杀！杀！"朝臣、侍卫也根本都听不到。往日吼声如雷，今天变成了细若蚊蚋，张献忠感到脊背发凉，就嗒然宣布退朝回宫。后来，狗皮道士也不知道去了哪里。（原文见张邦伸撰《锦里新编》卷八《异人·狗皮道士》，巴蜀书社1984年12月第1版，第498—500页）

张邦伸（1737—1803），汉州（今广汉市）人，乾隆二十四年（1759年）己卯科举人，会试大挑一等。年45岁回归故里后，助修文庙，赈济族中穷人。他好为诗，约四千余篇，现仅存《云谷诗钞》8篇于世。著有《全蜀诗汇》《唐诗正音》《绳乡纪略》《云栈纪程》《云谷文钞》《锦里新编》（原名《锦里新闻》，因与段成式的书同名，遂改定今名）等共17部95卷皇皇大著。"锦里"为成都别称，《锦里新编》所记蜀中人物，至清初为断，凡《明史》有载或系明朝科第者，概不收录。体例谨严，搜采广博，所录多为真实事件。

在我看来，在刀光剑影之间游身而走的狗皮道士，不但展示了玄奥的道门功法与口技功夫，还展示了一种凌厉的声音权力学，以犬吠震大西，以虎啸慑狗群，用以对抗吼声如雷的黄虎铁血政权，终于让中气十足的黄虎遭到了败绩，这是大西皇帝受到的空前侮辱。

对于这等异人，蜀地才子李调元一再咏叹，写过一首叙事长诗予以赞扬：

狗皮道士不知名，以皮为衣犬为声。
乞食成都偶一吠，城中百犬皆吠惊。
忽闻献贼鸣驺至，哭向马前做犬吠。
贼怒弯弓射不入，反中贼马马立毙。
是时献贼僭称王，百官称贺如朝堂。
忽见道士立班内，狗皮执笏随班行。
贼声如雷令缚至，一时吠声震天地。
贼退入宫吠亦息，道士以贼为儿戏。
嗟乎！
狗皮尚与贼为戏，岂有人皮反畏避。
君不见：
驱贼入蜀杨嗣昌，人皮不若狗皮良。

（张邦伸撰《锦里新编》卷八《异人·狗皮道士》，巴蜀书社1984年12月第1版，第499—500页）

这个结尾刻骨铭心。

著作等身的著名历史学家、旅行文学家陈鼎（1650—？），江苏江阴人，原名太夏，字定九，又字九符、子重，号鹤沙，晚号铁肩道人。曾撰《东林列传》载明末东林党人一百八十余人事迹，此外著有《留溪外传》《黄山志概》《竹谱》《蛇谱》《荔枝谱》等，他所作《狗皮道士传》中的狗皮道士比张邦伸的版本更为传神。清初大才子张潮将陈鼎的故事收入了《虞初新

志》卷十，特意加了一则跋语："外史氏曰，世之言神仙者比比。余则疑信相半。今观狗皮道士之所为，岂非神仙哉。不然，何侮弄献贼如襁褓小儿哉。张山来曰：'人皮者不能吠贼，狗皮者反能之，可以人而不如狗乎？！'"（张潮编撰《虞初新志》，上海书店1986年6月第1版，第155—156页）

无论是李调元还是张潮，他们的最后一句话，堪称诛心之语！但是恰恰切中了乱世的命门。

在我看来，狗皮也许就是谐音于"狗屁"，以此来隐喻大西政权以及所谓"正朔"的明朝、清朝等当权者，他们无一不草菅人命，贪生怕死，其披着人皮的所作所为，不过全是狗屁！远不如道士的狗皮来得珍贵。

清代吴郡李瑶纂《南疆绎史》之"绎史摭遗"卷十六，也针对"当大西军乱蜀时，成都世上之最著者曰'狗皮道人'"，而发了一通议论："国变后，有变服道士服，纵其嬉笑怒骂以舒其沉郁之气，而自全者得九人。惟于国事无系，故世或以'道人'呼，而'摭遗'合名之以'顽民'也。"

看起来，大西国的异端们穿上了道袍，伪装成道士，这9个异端竟然可以苟全性命于乱世，由此可见世外高人也必须介入红尘以扬人间正气。那么，谁才是"顽民"呢？！

这才是一个真正值得拷问的所在。

狗皮道士的故事并没有伴随大西国而灰飞烟灭。到了民国年间，署名"丹阳林慧如"编辑的《明代轶闻》卷五《异人录》里，收录的《狗皮道士》《铁娘子》就更生动化，并补充了一个前所不载的细节，暗示了狗皮道士并非行单只

影,而且还有女帮手:

>铁娘子。明末成都市上之乞食者,又有一女子,自称"铁娘子",腰缠铁,粗如碗,环数转,自西之东,疾走大呼曰:"铁娘子失去铁牛一头,报信者予钱十万贯。"贼以为妖,帅骑兵乱射之,矢如飞蝗,卒无一中。贼乃大怖,归而病,未几清兵至,即中创死。铁娘子后从狗皮道士仙去。[《明代轶闻》(全一册)卷五,中华书局民国八年(1919年)九月版]

两位异人,宛如端起两盆泼向黑暗历史的狗血,反而让屠夫们露出了原形。

从时间上看,铁娘子显然是狗皮道士的后来者,她显示异相应该是黄虎在成都的晚期了。最后铁娘子随狗皮道士仙去,十分符合成都的人文地缘。城西南的高攀桥(俗称高板桥)恰是仙道命名而来。城西的送仙桥、遇仙桥作为青羊宫附近的两大景点,其名字、来历在老成都是妇孺皆知的;司马相如赴京之时,妻卓文君送他到北门城外升仙桥,依依惜别。相如指天发誓:"不乘赤车驷马,不过汝下。"果然,他在长安受到皇帝的重用,被任命为中郎将,全权代表朝廷处理西南地区事务。他真的乘着4匹马拉着的大马车荣归故里了,此后升仙桥就改名为驷马桥。座座仙桥其实都是蜀地仙道文化进、出红尘都市的秘道与穿越点。成都之西乃青城山和岷山,本来就是仙道文化的大本营。

狗皮道士与铁娘子一再戏弄张献忠,张献忠宛如与影

子搏斗,这是让他最为丢脸的往事。据说,他住在蜀王府后宫里经常做梦,梦到一个人从悬崖飞坠而下。从闭目到睁开双眼,既是抗击风速的冲击,也是借此获得解脱的过程。但是,他惊讶地发现,有一片树叶竟然以铅块的力道,努力与自己同行。人与树叶,就像一个战壕的同志。他回头渴望看清楚:究竟是一片真实的树叶,还是一个伪装者的恒久跟踪。穿过云朵的丝绸,他进一步发现,叶片竟然比自己抢先一步抵达地面,就像一个裙裾委地的久远场景。他是落伍者,他从来就是一个落伍者。现在,落单的树叶,已经从他耳边加速而去了。他觉得自己真差劲,应该在口袋里加装几块石头。可问题是,天上没有石头啊。那就该带着雨水一起旅行,就像早年自己在故乡的田埂上走过,水里倒映着天上的云。现在,一种比预感到即将撞击地面更深的痛,半醒过来。

很可惜,这是张献忠输得最彻底的一次。

在古希腊,犬儒主义诗人克拉底和女犬儒主义者喜帕契亚,就是一对"看透一切"且语言凌厉的犬儒夫妇。如果把他们与狗皮道士、铁娘子相比较,看来后者冒的风险要大得多。不是以语言而是以行为来冒犯权威,展示了蜀地民间还有铮铮侠骨,没有被权力折断。

回顾人类的精神历史,每一种新生事物的出现,都意味着对传统的挑战甚至是亵渎。挑战者抛下的不一定是白手套,也可能,是一只狗爪子。

根据法国学者伊莎贝尔·布利卡在《名人死亡词典》

（陈良明、沈国华、宋维洲等译，漓江出版社，2001年1月版）里的说法，第根欧尼的死因众说纷纭，估计他与亚历山大同日而死。有人说第根欧尼死于与狗争夺食物，成为"哲学死于狗嘴"的范例，当主流文化的宠儿们听到饿极了的狗咬死并啃吃异端的传闻时，难免有些幸灾乐祸；有人说是因胆汁渗出而死；也有人说是他屏住呼吸窒息而亡。人们将他的坟墓修建在城门口，上面立了一座狗的雕像。

狗皮道士、铁娘子，一直活在蜀地文化的氤氲里。张潮说："古善啸者称孙登，嗣后寥寥，不见书传。迨至我朝，称善啸者，洛下王、昭阳李而已。"我以为，狗皮道士才是真正的善啸者。

汪汪汪……

彭山区江口崖墓里的獒犬，属中亚品种，记录了汉代与西域交往的历史

大西朝廷的"天学国师"

利类思、安文思与《圣教入川记》

关于大西皇帝张献忠的史料鱼龙混杂，所谓靠谱的史料，多取自稗官野史，其余多为道听途说，呈现良莠不齐、难以廓清面目的状态。因为绝大多数作者，并没有亲见过张献忠本人，更没有置身大西宫廷耳提面命，领教黄虎的喜怒无常与歇斯底里。因此，法国传教士古洛东整理印行的《圣教入川记》就凸显出无与伦比的价值。用现在的话说，这是第一部也是唯一的一部关于张献忠以及大西政权的非虚构之书，并不为过。

早年，作家李劼人在"菱窠"书斋就藏有一部当时非常罕见的《圣教入川记》，李劼人读过此书后，曾向朋友提起，等有时间了要为张献忠写一本小说。李劼人认为，因为张献忠其实并不如我们看到的历史记载那样"十恶不赦"。吊诡的是，自清代到民国，四川作家竟然没有一人完成这一夙愿，反而是历史学家任乃强拿出了一部皇皇史说巨著。但是，李劼人先生对张献忠有这样一段准确的分析，也可以看出他难以动笔的原因：（他）"到底没有政治头脑，虽然打了十几年的仗，却始终不懂得什

利类思（Ludovic Bugli, 1606—1682）像

么叫政治，以为能够随便杀人，便可使人生畏，便可镇压反抗，便可稳固既得地位。""总而言之，自有成都市以来，虽曾几经兴亡，几经兵火，即如元兵之残毒，也从未能像张献忠这样破坏得一干二净。"（李劼人《二千余年成都大城史的衍变》）。

《圣教入川记》记录了传教士利类思、安文思在四川的经历，尤以两人在张献忠阵营所待两年多时间的亲历为金贵，峭拔于一切转述史料之上。惊心动魄，冥河滔滔，九死一生。

利类思（1606—1682），原名Ludovic Bugli，天主教耶稣会传教士，意大利人，贵族出身。1635年4月13日起程赴澳门，1636年抵澳门，取名利类思，字再可。崇祯十年（1637年）来到内地，在江南传教两年后，赴北京助修历法，1640年入川传教，创建成都教堂。这是天主教进入巴蜀

的滥觞，异域的教堂也随之在天府之国相继建立。利类思也撰写有大量的传讲天主教的著作。在当时耶稣会会士中被公认为汉语造诣最高深者，所遗著作、译作达20余种。利类思于1682年10月7日卒于北京，赐葬滕公栅栏教堂墓地，位于利玛窦墓附近，墓碑上刻有康熙皇帝的谕旨。

安文思（1609—1677），字景明，原名Gabriel de Magalhaes，葡萄牙人。原名加布里埃尔·德·麦哲伦，意思是"平静的海洋"，在葡萄牙这是一个很特别的姓，代表着一个显赫的家族，安文思是16世纪著名航海探险家斐迪南·麦哲伦后裔。

安文思崇祯十三年（1640年）来华，先住杭州。他来四川是因受利类思的邀请。他于崇祯十五年（1642年）八月二十八日由杭州抵达成都。崇祯十七年（1644年）再度入川，张献忠起义军攻克成都，两位传教士于城陷前逃到山区避难，不久即为张献忠手下所获，遂在起义军中为大西政权制造天文仪器，并从事传教活动。清顺治三年（1646年）张献忠在西充县被一箭穿胸毙命，利、安二人又为清军所获，被肃王豪格留在军营，后随军到西安，顺治五年（1648年）到达北京，先后受到顺治、康熙皇帝的优遇，允许他们传教。豪格死后，利类思和安文思获得自由，参与天文台的工作，皇室赐给两人一座宅院，他们在此修建了一座教堂，被称为"东堂"，坐落在北京王府井大街76号。安文思具有一流工匠技艺，善于制造机械，先后曾为张献忠和清朝政府制造过许多天文仪器与自鸣钟，康熙帝称赞其"营造器具有孚上意，其后管理所造之物无不竭力"。除了制造机械，他还于1668年以葡萄牙文写成《中国的十二特点》一文称颂中国的历史与文化，后以《中国新志》为名于1688年刊行于巴黎，这是西方早期汉学发展史上的重要著作。何高济的汉译本作《中国新史》。

安文思在北京传教期间，著有《张献忠记》一书，叙述他和利类思在张献忠大西宫廷当中的经历和见闻。古洛东所说他在上海见到的耶稣会神父出示的抄本，当即与《张献忠记》有关。他对此加以摘录、编纂、注释，写成《圣教入川记》，从而保存了《张献忠记》的主要内容。由此可见《圣教入川记》的亲历价值。安文思于康熙十六年（1677年）四月去世，赐葬滕公栅栏教堂墓地。在北京市西城区北营房北街（马尾沟）教堂，保存有清康熙十六年四月六日树立的"安文思墓碑"。

两位罹难多厄的传教士，算是在九泉下相聚了。

四川省绵竹县天主教堂，其前身为四川地区最早建立的天主教堂之一，毁于2008年的"5·12"汶川特大地震

1640年意大利人耶稣会传教士利类思受东阁大学士刘宇亮之助，入川来到刘宇亮的老家绵竹县传教。刘宇亮为万历四十七年（1619年）进士，后迁吏部右侍郎。崇祯十年（1637年）八月，擢礼部尚书，与傅冠、薛国观同入阁。刘宇亮矮小精悍，善击剑。居翰林时，常与家僮角逐为乐。性不嗜书，馆中纂修、直讲、典试等事情，皆不得与。但刘宇亮结交广泛，性情直爽，造就了他极大的社会声望，加之他热心天主教，在他的影响下，利类思在他老家住了8个月。他的家院里，"为利君将中堂装饰一新，堂中悬救世主及圣母像，设祭台，上置黄蜡烛台及各花草，宛如圣堂然。利司铎常在此处，不独向各绅宦讲论圣教道理，而各等人民来游玩者亦为之讲道（成都人士从未见经堂，闻风来观者殊不乏人）。听者皆乐而忘倦。于是进教者实繁有徒。"（古洛东著《圣教入川记》，四川人民出版社1981年4月版，第4页）

"1640年，耶稣教会利类思和安文思神父在成都、保宁、重庆等地施洗了教徒，这也是天主教最早进入西南的记录。"［谭卫国《新时期少数民族地区政治文化建设》，载《湖北师范学院发展》（哲学社会科学版），2009年第1期］

一个被中土内陆省份视为"异物"的宗教，在尚未成为"异端"之前，人们总是报以稀奇、观望的态度。利类思随即在绵竹天官府讲经布道，受洗者达30余人，这应该是四川第一批正式受洗者。随后，利类思再到繁华的成都播撒上帝之爱。崇祯十四年（1641年），他在成都的达官显贵中挑选的30位天主教徒，成为四川一地的第二批教徒，其中就有蜀献王后裔、张献忠的岳父伯多禄（音译天主教名）等人，率领家眷受洗礼。1642年安文思从杭州来成都协助传教，保宁、顺庆等地也相继建立了传教经堂，四川逐渐成为重要的传教区。随着天主教在四川的传播，造型特异的教堂也随之在天府之国相继建立，让居住于山区、觊觎红尘动向的道观中人，大为不快。

《圣教入川记》屡屡提及为难天主教的"道党"，乃是道教教徒。当时成都道教盛行，从教者广泛，官绅较多。一见洋教吸引听众，他们立即采取了很多攻击措施。四川武官阎督系明蜀王府禁卫军统领，皈依天主教之后，奋力保护教众，还在自己家中设立圣母堂，可见当时天主教对于绝望世人的大光普照。

《圣教入川记》也显示出作者拘于教派之争的狭隘立场，远没有宽厚仁爱的立场："道党种种暴行，攻击圣教。后刑司暨官府查实，分别首从，将为首滋事三八严办；余皆薄责，充留省外多，其余附和之辈，亦受应得之罚。因张献忠占据蜀川，虐杀僧道，是其显报也。"（《圣教入川记》，四川人民出版社1981年4月版，第13页）最后一句，不应该是真正得道者说得出口的话。

崇祯十七年（1644年）八月一日，成都狂风大作，雷雨交加，夹杂冰雹而下，蜀王府的寝殿为雷击中起火……天示种种异象，城内兵民惊恐万状。第二天，大西军顺利翻越龙泉山到达距成都约70华里的大面铺。五日，黄虎集中20营的兵力围定成都。他事前利用沿途缴获明军的旗帜，选派侦察部队化装混入城内，又趁新任四川巡抚龙文光率队入城之际，鱼目混珠，守城士兵真假不辨。

八月九日一早，成都暴雨如注，这是成都城失守之日。

龙文光的最后一招，就是"水漫金山"。他派人到灌县将都江堰挖开，让江水注入锦江，溢满城壕，以此保住成都。但他未能料定，黄虎早已经派出部队直插灌县，捕杀了执行这一任务的县尉赵嘉炜。当时已挖掘了一半的堤堰，水量减弱，推迟了预定的放水时间。在岷江水还没有到达成都之前，大西军就里应外合夺取了成都。

清代张廷玉所著《明史》记载："黄虎……遂进陷成都。蜀王朱至澍率妃、夫人以下投于井。巡抚龙文光被杀。"

崇祯十七年八月九日，张献忠率军用数万斤炸药炸开西北城墙，打破成都城池（《圣教入川记》记录的张献忠进入成都城的时间为九月五日）。沈荀蔚《蜀难叙略》使用了一句惊心动魄的话来形容爆炸的情景："木石如飞，鸟蔽天者久之。守陴者皆走，贼遂入城。"城池与人心，简直就像涣散的煤渣。末代蜀王朱至澍走投无路，带妃、夫人自沉于蜀王府内的"菊井"（另外的记载是，蜀王朱至澍于当日中午与周贵妃在端礼殿自缢。我估计是太监再将其尸体填埋于井），此井就是"菊井秋香"所在地，被誉为成都八大景之一；朱至澍的四弟"太平王"朱至渌也前赴后继投了井；四川巡抚龙文光、巡按御史刘之渤、按察副使张继孟等明朝派驻四川的主要官员因拒不投降，均被大西军处死。张献忠分军四掠，迅速控制四川大部分地区的州县。

这一天，恰好也是一个很有深意的忌日，崇祯十六年清崇德八年八月九日，皇太极猝然病逝。

崇祯十七年十一月十六日，张献忠据蜀王府宣告建立大西政权，即是大西国。改元"大顺"称帝，以成都为西京。

年号非同小可，更不可儿戏。大西朝把年号定为"大顺"，并无渊源可查。这显然是张献忠故意以李自成的大顺国号作为自己的年号，他再次展示了"拿来主义"的勇气。对于张献忠这样的意图，姚雪垠在《李自成》第5卷第26章中，借王兆龄之口解释说："别看李自成占了西安，破了北京，可是他兴时不会多久，真正奉天承运的皇帝是我家万岁。万岁要举国臣民都明白这个道理，不要把李自成看得有多了不起，所以把他的国号用作我们大西国的年号。这是何等胸怀，何等睿智！"以张献忠之性情度之，这一解释不无道理。

此时，躲避在绵竹县刘宇亮老家的利类思与安文思，见到了从成都逃出来的教堂执事安当先生，听他讲成都屠杀惨状后，几乎是面无人色。估计绵竹县即将成为瓦砾，他们连夜坠城逃跑，来到几百华里之外的雅安天全县。

铸造术、天象与《天书》

《圣教入川记》没有交代清楚的是，两位传教士是如何返回成都的？他们之所以要返回成都，主要是风闻张献忠雄才大略，"有勇有为，能任国事"；其次，在于曾经担任成都县令的吴继善，已摇身一变，升任大西国的礼部尚书了。这个吴继善是何许人也？他为什么要推荐两位司铎？出

生江苏太仓的吴继善,乃是写《圆圆曲》和《绥寇纪略》的著名诗人和历史学家吴伟业(梅村)的族兄。崇祯十一年(1638年)进士,后在翰林院任庶吉士,认识被崇祯重用的德国传教士汤若望。吴继善奉命到成都做县令,离京前他与汤若望告别,汤请吴给利类思带了一封书信,吴到成都接印视事后即到圣堂拜谒利类思,"畅谈间,殊为相得",遂成为朋友。

吴继善向皇帝大力推举两位洋人是不可多得的人才。张献忠早已知道意大利传教士利玛窦与万历皇帝的交往,进呈自鸣钟、《圣经》、《万国图志》、西洋琴等贡品,加上崇祯皇帝重用教士汤若望,顺势而导之,奇技淫巧,令人脑洞大开。对此,张献忠也渴望一睹为快。他下令,派遣礼部尚书立即请两位洋人出山觐见。

见到大西国礼部来人,不敢敬酒不吃吃罚酒,他们星夜从天全县赶往成都。当日黄昏,入住成都内城的原光禄寺署,受到国宴款待。次日一早,他们忐忑不安来到修葺一新的蜀王府,见到了高高在上的皇帝。

当时,这两个人都还算年轻,毕恭毕敬,他们看上去精神很好,身材高大。两人穿着传教士的黑袍,胸挂十字架,一手捧西文版《圣经》,一手不断比画,上帝保佑!

张皇帝静静端详,并不发声,沉默可以酝酿铺排巨大的威仪,份儿必须拿捏到妙处。

一名传教士自我介绍道:"我是天主教的耶稣会士,中文名叫利类思,是意大利人。"

另一名传教士也自我介绍道:"我是葡萄牙人,中文名叫安文思。"

两人的汉语都说得不错,为了传教,他们下过很大的语言功夫。利类思道:"我们在澳门学了两年的汉语,风闻皇帝雄才大略,所以我们就来拜见……"

大西威仪已经让洋人拜服于脚下!那天大西皇帝心情很好,他希望给洋人留下深刻印象。再一想,这两人胆子够大,能够进入正在战乱的四川积极传教,可以说是明末时期最有冒险精神的两名传教士。他们对传教的那份执着,为了传教所能做到的牺牲精神,让久经沙场的黄虎暗暗称奇。

胸怀大西国的人,总是渴望放眼全世界。黄虎放低身段:"问泰西各国政事,二位司铎应对如流。献忠大悦,待以上宾之礼,请二位司铎驻成都,以便顾问。并令遵己命,同享国福。且许将来辅助教会,国家太平之后,由库给赀,建修华丽大堂,崇祀天地大主,使中国人民敬神者有所遵循云云。二司铎唯唯而退。"(古洛东著《圣教入川记》,四川人民出版社1981年4月版,第20页)

看起来黄虎并不反感天主教,至少口头上是如此,他的外交辞令毫无瑕疵。他抛出的乌托邦计划,要在"国家太平之后"才能付诸实施。他同时又是求立竿见影效果的人,不喜欢口惠而实不至。两位洋人前脚一回光禄寺署,他已经派人送来了各色点心、数匹绸缎、60两白银、大西朝袍各两件。两人受宠若惊,翌日上朝拜谢。一见洋人没有穿戴大西朝衣、朝冠觐见,黄虎有些不悦,洋人不要"狗坐箩箩不识抬举"啊。单刀直入发问:为什么?为什么?

洋人解释说,我们早已绝世俗荣华。黄虎锦心绣口,对

此发表了一通宏论："吾固知尔等是传教司铎,已绝世荣世爵。吾赐袍之意,是出自爱慕之诚,非有任官赐爵之心。然按中国风气,凡入朝见君者,非朝衣朝冠不能入朝,若用小帽素服入朝者,是亵渎至尊,乃有罪之人也。且尔等深通天文地理,又知各国政治,又是西国学士,吾当屡次请见。若衣素服在王前往来,与朝臣不同,令人诧异,非吾尊敬贤人之心,亦非顾问人员之所为也。尔等勿得推却。"

这是一番入情入理的话,思维严密,滴水不漏,藏匿着绵绵不绝的威胁,这也成为后来的学者们引之为张献忠"智识非凡"的铁证。

两位洋人理屈词穷,只得领受了大西国的重礼——朝服。张献忠一见,一箭双雕,目的已经达到,不禁龙心大悦,才宣布封洋人为"天学国师"。每人每月获得10两银子的俸禄。这就是说,他们已经是大西国的御用国师了。

自此,黄虎经常在金銮殿求学问道,天文地理,金属铸造,表达出了好学上进的君子势头。洋人老实,岂能探之水深。

转眼就到了1644年冬至日,在成都民间,传统意义上的春节是指从腊月初八的腊祭一直到请春酒的正月十七,其中以除夕和正月初一为高潮。费著《岁华纪丽谱》载,南宋的成都冬至,毫无例外的成为一个宴乐的由头,当时成都地方长官,在冬至日均要在大慈寺里设宴。

陕西有冬至吃饺子和羊羹的民俗,甚至更为隆重。张献忠决定不能一味追求花天酒地,而是要过一个"有意思"的冬至日。他在蜀王府大宴官僚与宾客,"列筵丰美,堪比王

在成都崇州市，有一座1∶30比例还原蜀王府原貌的模型，模型不仅外形考究气势宏伟，还可以拆卸、重组，结构精妙完善。该殿模型所使用的原材料是废报纸。这座模型的制作者是68岁的季国忠先生，耗时15年复原蜀王府原貌，被称为国内用废报纸做古建筑模型的第一人。《成都商报》提供图片

蜀王府明远楼复原模型《成都商报》提供图片

家,宾客众多,难以尽计";宴会设在"官内正厅,此厅广阔,有七十二柱分两行对立,足壮观瞻"。这表明此时明蜀王府官殿虽然经过政权易手,依是蔚为大观,宏丽雄伟。

张皇帝开了金口,请两位洋人国师升座。

皇帝首席,阁老次席,洋人竟然位列第三,黄虎的老丈人列第四,余下才是文武百官。

大西国的冬至日宴会,其实是一场不折不扣的思想盛宴。

酒席开始,张献忠嘘长问短,首先问及天主教以及传教事情。他关心的是"西学",问及算学之事甚多。更有意思的是,张献忠每每听完洋人的答复,转身就与左右辩论。除了"天学国师",大西国已经罗致了一批堪舆高人充作幕僚。皇帝舌灿莲花,出天文、进算学,手挥五弦,目送飞鸿,看起来他已经颇有心得。洋人耳濡目染,不得不承认:"其智识宏深,决断过人",他们暗暗称奇,进而忘情山呼万岁:皇帝"天姿英敏,足智多谋,其才足以治国"。这一评语,已是一代明主陡然崛起之兆。奇妙的是,恰在于紧接此句之后的一句话:"然有神经病,残害生灵,不足以为人主。"看起来,反而让我疑心,国师写作此书时饱受刺激太巨了,头脑已不大正常。

张献忠重用传教士的动机,首先在于铸造天象仪、地球仪和日晷。能够将虚无的天象、地球予以具象的科学,这满足了他极大的好奇心。

西汉时,蜀地奇才落下闳就提出了"浑天说",是极富想象力的天文理论,他认为整个天体浑圆如一个巨大的蛋,天如同蛋壳，而地就像蛋黄。天上的日月星辰，每天都绕着南北两极不停地旋转。其可贵之处在于承认宇宙是运动变化的，而且这种运动和变化是有规律的。他发明制作了浑天仪，用来证明"浑天说"。那是一架巨大的天文仪器，是当时世界上最精密的天体观测仪，肉眼能看到的星座，都被精确地标刻在他的仪器上，仪器的转动，能演示出它们在天空运行的轨迹。在落下闳提出"浑天说"之后一千六百年间，世界上一直没有其他理论比他的想象说更为正统，地是中心，宇宙围绕地球转动。

对此，以斗争为职业的张献忠并非一窍不通。他渴望上知天文，下知地理。何况，他已有前车之鉴。因为劲敌李自

1669年—1674年，南怀仁为北京观象台主持设计制造了黄道经纬仪、赤道经纬仪、地平经仪、象限仪、纪限仪和天体仪各1架。此为天体仪。仪重3850千克，仪高2.735米。此仪用一个直径为6尺的铜球代表天球，球面上布列着大小不等的镀金铜星1876颗，并把它们分为282个星官。球面上刻有赤道圈，与钢轴垂直。铜球外边南北直立的是子午圈，其上最高点代表天顶的铜制火球。球面外与地平平行的是地平圈，四根立柱托着地平圈立于底座上。该仪用途有60多项，但它主要用于黄道、赤道和地平三个坐标系的相互换算以及演示日、月、星辰在天球上的位置等。该仪曾于1900年被德国侵略者掠至柏林，1921年才重新安放在北京古观象台上，至今球面上还留有侵略者打下的弹痕。

南怀仁像

成之所以称帝，就是获得了天象启示。

宋献策为河南永城人，学识渊博，尤精"术数"，云游为人占卜吉凶。由于身材矮小，简直是武大郎，因而被呼为"宋矮子"或"宋孩儿"。他初见李自成时，李攻汴梁刚被射伤眼睛在宁陵逻岗李庄疗养，正处于伤感颓废时刻。宋献策见到李自成，纵论天下大势，指出明王朝政治腐败，"国运将终"（《明季北略》卷二十三），并神秘地对李自成说："夜观天象，通过对古代典籍中各种预言的考证，接下来便是'十八子，主神器'的时代了。"十八子即李，神器即社稷，即李自成当成帝王而主宰天下意。《明史·李自成传》指出："金星又荐卜者宋献策，长三尺余，上谶记云：'十八子，主神器。'"

李自成能够在宋献策那里得到天机，张献忠为什么不能在洋人国师的智慧中获得玄机？

1645年新春，张献忠给两位天学国师下令：制造天象仪与地球仪。二司铎接旨，立即绘制设计图并指挥数十名工匠，加班加点，仪器用红铜铸成，另造日晷配合。成都周边彭州以及荥经县、洪雅县瓦屋山历来产铜，那是邓通铸钱留

南怀仁制品，陈列于比利时鲁汶大学欧中研究院的天体仪复制品

下的遗址，但大西国使用的铜应该不是来自铜矿，而是直接用抢劫而来的铜器皿、佛像熔铸而成，这与大西国铸造"大顺通宝"和"西王赏功"钱币近似。

经历8个多月的连夜奋战，两个机器怪兽一般的铜质仪器终于完工。

"按二球之大，须二人围之。天球有各星宿及其部位，七政星官环列其上，配以中国天文家所演各畜类；又分二十八宿，以合中国天文家之天图。而地球分五大部洲，国

名、省名、城名及名山大川历历可数;经线、纬线、南北两极与黄道、赤道、南北温道无不具备。至于日晷,列有黄道午线及十二星官与各度数,日月轨道如何而明,岁时因何而定,了如指掌。"完成后,"见者莫不称奇,献忠尤为称羡,视若异宝。饬令将天、地球仪排列官中大殿上,以壮观瞻。又令厚赏司铎"。"献忠深赞二司铎之才能,尤加敬重。不独厚爱司铎,即司铎之用人亦均赏赐。"(《圣教入川记》,四川人民出版社1981年4月版,第23—24页)

在黄虎的大欢喜里,罕见地出现了一人得道、鸡犬升天之境遇。

这一段叙述里,出现了"日晷"一词。汉代的日晷,学名叫"地平日晷",即以太阳投射在地平面的石盘上来显示刻度,其石盘上的刻度并不均匀。取而代之的是"赤道日晷"。清代学者梅文鼎记载,最早的"赤道日晷",应该出现在唐朝,并历经唐宋元明几个朝代的演变,故宫太和殿汉白玉基座上,那斜立着的圆形石盘,就是古代中国最精确的"赤道日晷"。

蜀王府主殿为承运殿,这是一座工坚料实的大殿,气象雄伟。堂前楼后的空地,皆铺以青砖,其间嵌以红彩天花,可谓富丽堂皇。皇帝一心向"天",早改承运门为"承天门",改承运殿为"承天殿"。张皇帝独坐承天殿上,与这些仪器对视,相看两不厌,犹如李白之于敬亭山。张献忠由此成为中国帝王里,率先实现中土堪舆学与西方天文学予以空中对接之人。

西蜀之地,毕竟见识西洋的"奇技淫巧"太少了。这让我注意到，在重庆作家潘传学、潘传孝合著的历史长篇《张献忠》里叙述："张献忠在东园，先是李绶将李丽华、许若琼献上，紧接吴继善又献上一架西洋自鸣钟，都很讨张献忠欢喜，也因此对降官的乖巧留下了深刻印象。"（潘传学、潘传孝著《张献忠》，中国三峡出版社2006年7月版，第656页）

这一段叙述不可能成立的主要原因在于，明末时节，成都知县吴继善不可能在成都找得到极其稀罕的西洋自鸣钟。当时蜀王以及利类思、安文思为大西政权制作的应该是"赤道日晷"。如果张献忠拥有西洋自鸣钟的话，《圣教入川记》里绝不可能不提及这一舶来品。何况，安文思本就是机械制造专家，后来他专门为康熙皇帝制造过好几架自鸣钟。

古人认为天上星辰代表神灵。司马迁《史记·天官书》是中国最早最为完整记录星象的著作，一共记录了783颗

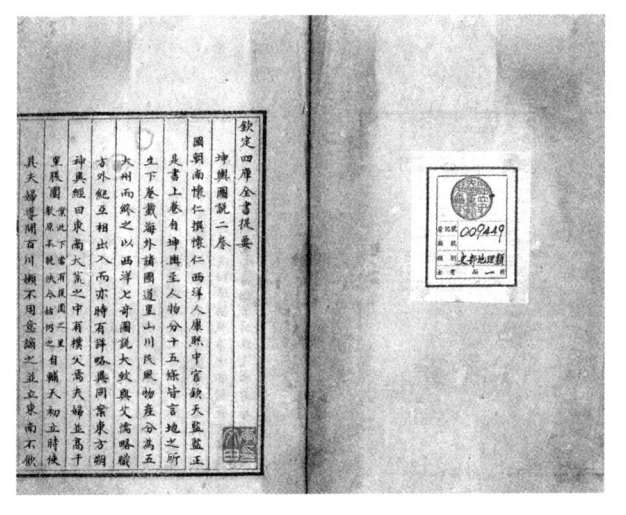

南怀仁编著的《坤舆图说》

星。其中记载："中宫天极星，其一明者，太乙常居也；旁三星、三公，或曰子属。后句四星，末大星正妃，余三星后宫之属也。环之匡卫十二星，藩臣。皆曰紫宫。"一共78颗星。二十八宿分属于东西南北四宫。北极星附近的星辰为中宫、紫宫。北极星恒定不动，其他星辰都是围绕它而转动，北极星就是天帝星、太乙星。在北极星旁边，还有很多星星代表了天帝的后妃、内宫、三公、警卫官以及藩臣。东宫为苍龙，有94颗星；南宫为朱雀，有134颗星；西宫为咸池，有117颗星；北宫为玄武，共134颗星。西汉刘向《淮南子·天文训》也指出："太微者，太一之庭也。紫宫者，太一之居也。咸辕者，帝妃之舍也。咸池者，水衡之囿也。天河者，群神之阙也。"

面对这一璀璨的、可与天地同辉的权力谱系，张献忠知道终南山就是太一山，那是太一神的居所。

他自认，自己就是恒定的北极星。

现在，张献忠不但睁眼看清了世界，而且还可以伸手抚摸宇宙。他终于发现"老天"的权力构造了。那是可以触及的绝密"指掌图"。那么，剩下的事情，就是寻找上天入地的路径了。

既然自己拥有了地球与宇宙，已经是"天子"，那么天子的言论，就是"天言"，汇而成书，就是"天书"。他立即下令把自己的语录编为《天书》一册，"谓此书所言无人得知，惟天子独知，因天子奉天之命，独能解释故也"。此书多隐语，乃献忠伪作。《天书》的本质是预言之书，预示大西国未来诸事。任乃强先生指出张献忠"初通文墨"，举他的几首顺口溜为证，其实，他有意回避了《天书》的公开写作，"张献忠语录"才是其本体论到方法论的集成。张献忠死后，《天书》下落成谜。为此，一位学者侃侃而谈："可惜这部书的详细内容没有流传下来，但可断言是一部别开生面、富于哲理性的著作。"（黎邦正著《浅析张献忠思想的双重性》西南师范大学出版社，1987年版）

真是"张道不孤"也。你凭什么能"断言"呢？这些学者啊，都是《天书》的超级粉丝，简称"张迷"。

张献忠迷信甚深。在我看来，他热衷"天文"，主要是渴望在"天象"的星图里，看到对于大西国运、个人气数的预兆。他经常围绕铜球逡巡，忽然背手狂笑，忽然又陷入忧思。他反复摩搓铜球，红铜越来越红，突然间，发出冲天血光。

自从拥有了天象仪与地球仪，张献忠经常站在大西府中心空旷的坝子里（现在的天府广场以北）独立向天，这分明是屈原"天问"的函授弟子。这对于习惯以声音政治来统摄三军的黄虎而言，是十分难得的静默时刻。

某一天，他似有所悟，发出一道圣旨：自己亲眼在天上看到了弓、看到了箭、看到了刀、看到了矛。"自己奉上天之命，不特为中国之皇，且将为普世之帝。随令百官仰视天空，百官等一无所见。献忠谓今日天不晴朗，故尔等未能见之，且其中亦有天意存焉。天显奇异，只令天子独见，以便将来代天行之。"

由此可见，张献忠这番话并非向天虚构，他极可能与晚期的洪秀全一样，陷入了对"天"的极度痴迷与虔信。

天象仪、地球仪存列于皇宫大厅，宛如天外来客，凡人

〇五一

不可靠近。矛与盾一直围绕着它们旋转，跳起了急促的狐步舞。某天，引起了一场"何以天圆地方"的形而上讨论。忧思多日的张献忠向两位国师提出了这个终极问题。

洋人详细阐释地方天圆之理，并引多方证据："地球非方形也。"

久走山路的张献忠心目里的"地理"，就是江湖的草蛇灰线与山林的羊肠小道所组构的世界。他显然不能在洋人的学理面前露怯，非常诡诈地回答："地球浑圆之说，吾亦信之。然据中国天文家之理想，地系方形，中国在中央，四方为外国，故名中国，其坚稳可知。当有八百年之久长。"这段话，表明张献忠并非一无所知，他承认西方的科学知识，但又要维护国粹，问题在于，中国的稳固如何是八百年呢？所以有学者说，大西皇帝是坚定的爱国主义者，东方文化为世界中心的大力提倡者，"中学为体，西学为用"的最早实践者。

呵呵，各位看官同意吗？

张献忠雄心万丈，决定举行一场辩论大会。他命令宫廷太监与洋人进行学理驳难。他相信：真理，越辩越明嘛。

他耳听八方。突然插话："外国有无菩萨？"

太监们揣测旨意，大肆诋毁天主教。但张献忠显然更为宏阔，他不以亵渎天主之言为本意，反而颂扬起天主真神，他站起身，放声高祷："天主命我到川剪除道党，以救二位司铎，因司铎所传之教律大而且圣。不幸中华人民固执于恶，未能守之。"张献忠怅然，向司铎云："我今亦在教，谨守圣律，若将尔等之长须让生我之额下，必能成一善教友,与尔等无异。"这个话,让洋人大惊。其实是他们没听懂。头发长,见识短;老龙王,胡子长。张献忠的意思是洋人见识多,学问渊博,如果他获得了洋人的智慧,那么就彼此彼此,都是教友。

张献忠重用传教士的动机,其次在于铸造大炮。如果说天象仪、地球仪满足了张献忠的玄学向往,那么铸造大炮则极大地满足了他的实用性。毕竟,他是最大的实用主义者。铸造大炮的原始材料,记载并不见于《圣教入川记》,也不见于《中国新史》,我估计实有其事,是在于传教士根本不敢与人阐述这伤天害理之举。铸造大炮出自佚名之作二卷本《大西通纪》,任乃强认为这是"作者自记亲身经历,实见实闻的原始资料",他认为"是献忠战友逃死遁世后所写的私史。原叫《劫余传信》"。

张献忠从两个铜球的制作工艺上,看到了洋人的工匠精神,他又命二位司铎铸造一尊红夷大铜炮。所谓红夷大炮,乃是荷兰人发明,原名叫"荷兰雷",因中国人称荷兰为红毛国,故称为红夷大炮。

利类思说:"这种大炮的优点是炮管长、管壁厚,而且从炮口到炮尾逐渐加粗,符合火药燃烧时膛压由高到低的原理。在炮身的重心处两侧有圆形的炮耳,火炮以此为轴可以调整射角,配合火药量改变射程。没有准星和照门,依照抛物线来计算弹道,精度很高,威力巨大,一发炮弹可伤人无数。西洋人的海军横行海上全靠此炮,我虽多次见过,但未学过制造之法。安文思是葡萄牙人,精习算术物理,或许可以帮助你们制造。"

安文思承认："本人没有学过制造军火之术。但军火也是根据物理学原理制造出来的，要认真研究的话应该可以找到其方法。承蒙皇帝准许我们传教，为了大西国的国运昌盛，我愿助一臂之力。"

当时成都尚有遗存的明军火炮，两位洋人依葫芦画瓢，摸索出红夷大炮的原理，绘出了图纸。原来那帮协助铸造天象仪、地球仪的工人已经熟门熟路，按图施工，先铸炮管，再造炮弹，最后将炮身装载在炮车上。两个月内，红夷大炮铸造成功。

事有巧合。彭县（今彭州）传来急报：彭县民众造反，叛民与南明残军聚结于关口（丹景山）、海窝子一带的山寨，抗税抗粮，抵抗大西军。张献忠决定牛刀小试，让红夷大炮大展神威。炮车轮子大，加上车轴宽，一般道路根本无法通行。张献忠命令沿途的乡镇修运车道，与成都街面同宽，直达彭县。但两位洋人毕竟不是军人，由于没有造好炮架子，发射时要把沉重的大炮抬到地面操作，操作费时费力。他们来到了一处地主山寨之前，那是对抗大西政权的一处山坡上的坚固堡垒。因需要仰射，操作更为困难。最终是连炮带骡子滚落下山沟，这是一次颇为丢脸的科学实验。但张献忠没有重责洋人，他自有他的金算盘。

大西国的元宵节

安文思于1648年到达京城后，一住29年，中国成为他名副其实的第二故乡。他以葡萄牙文写成了《中国新史》，原名《中国的十二特点》，为西方早期汉学的奠基作之一。本书写完，没有刊印。时值中国教团总监柏应理神父要去罗马教廷复命，晋见红衣主教德斯特列。主教询问有关中国特别是北京的情况，柏应理神父遂将携带的手抄本《中国的十二特点》交给主教阅读，主教交伯农译为法文，予以刊布。全书共分21章，记述了中国的历史与明末清初时的社会状况，特别对中国社会的礼仪风俗、城镇特点、官僚贵族体制和皇城建筑等作了较为详尽的记述。安文思以独特的视角、思维方式、价值观去认识，去感知与他的祖国完全不同的东方国度，在生活、传统、习俗、信仰等方面无从避免的冲突与默契、真知与谬误、失望与敬仰……《中国新史》里充满细节呈现，文笔与《圣教入川记》的简略干涩相比，真是云泥立判。

顺治二年（1645年）元旦前后，李自成率领大顺军正在艰难地向河南湖广转移，黄虎与大西军政官员在成都欢度新春佳节。元月三日，他在成都举行迎新春佳节宴请百官，发表一番重要讲话：三国以来，汉中原属四川，而今我定都于川，不取汉中，能免他人得陇望蜀乎？听说闯王已退出西安，遣马科守汉中，马科是个庸才，若不及早夺取汉中，日后换作能人来守，那就难办了。我再三考虑，因四川新定，士民尚需治理，故迟迟未做决断。现在春和日丽，可遣平东、虎威二将军北行，平定汉南。至于川南杨展、王祥何足介意？唯川东曾英宜从速消灭，重庆为楚、蜀要冲，不可为人所控制。都督张广才遐迩咸服，可早剿灭曾英，以便东下，可无忧虑。众官应诺。

这一"元旦讲话"高屋建瓴，清楚地表明了张献忠及其大西政权的政治立场与态度，可以看出防范李自成大顺军入川与控制内部叛乱一直是他着力思考的两大问题，所以两手都要抓，他立即进行了相应部署。

《中国新史》里，安文思描述了在成都大西国官廷，与张献忠等一同度过元宵节的盛况：

在中国人的节日中，他们感到最欢乐且隆重庆祝的是新年头一个月的第十五日。这一天，他们点上许多烛火，燃亮许多灯笼，如果当时从高山之顶去看全国，你会认为它在一片烟火的光辉之中。无论城镇还是乡村，无论海岸还是河畔，到处都装点着各种形状的彩灯，或者鸣放烟花爆竹，在天空发出亮光，似舟、似塔、似鱼、似龙、似虎、似象，一般有上千种令人惊奇的烟火。这使我有机会谈谈我在1644年的亲眼所见。我和利类思在四川省被暴君张献忠拘留时，他邀请我们观看他命令在正月十五日那天晚上燃放的烟火，确实有无数奇异新颖和美妙的表演，但最令我惊奇的是下述的装置：这是一株覆盖着红葡萄藤的树，它的各个连接部分一直在放光，而在另一边，葡萄藤的干、枝、叶及葡萄的光亮逐渐熄灭。然而仅如此，你还可以辨别葡萄串的红色、树叶的青葱、藤干的褐色，栩栩如生，以致你会坚信那是天然的东西而非仿造。但更令我惊异的是，作为一种元素的火，非常活跃，可以吞噬一切，此时却如此徐徐行动，看来它抛弃了自身本性，服从艺术的指挥和安排，只表现树的生命力而不烧毁它。（安文思著、何高济译，《中国新史》，大象出版社2016

年9月第1版，第72页）

　　这是一段《圣教入川记》完全不载的都市生活记录。需要指出的是，安文思在成都参与的元宵节盛况，时间应该是1645年的正月，而不是1644年。也可以看出，张献忠进入成都的第一年，也渴望萧规曹随，只要当地百姓拥护新政权，俯首称臣，照章纳税，日子也就过下去了。从安文思的描述里，我们可以发现，成都的工匠以及灯作艺人仍然在新政权下继续展示着自己的手艺，因为这些巧夺天工的花灯、走马灯，绝不可能是出自大西士兵之手。

　　元宵节在成都也称灯节，元宵燃灯的风俗起自汉朝，到了唐代，赏灯活动更加兴盛，王宫里、街道上处处挂灯，还要建立高大的灯轮、灯楼和灯树。于是满城皆灯，大红灯笼

成都少城。美国地质学家张柏林1909年摄

高高挂,那就必须要有赏灯的人。所以观众不可能只有张献忠一个。

明朝的成都过年,彩灯挂满街头,狮子龙灯竹马全。尤其是元宵节这天晚上,成都城内华灯万盏,热闹非凡,有诗云:"楼台上下火照火,车马往来灯照人。灯如火树披银花,星群灿烂到仙家。"这是对成都元宵灯会最贴切的赞美。以前,成都的公馆门口都要在过年期间高悬红灯笼,初九开始就要上灯了。灯笼是方形的,用白油纸糊,外面套上红绸纸,里面点上蜡烛。

明朝杨慎的《鹧鸪天·元宵后独酌》:"千点寒梅晓角中,一番春信画楼东。收灯庭院迟迟月,落索秋千蓊蓊风。鱼雁杳,水云重,异乡节序恨匆匆。当歌幸有金陵子,翠斝清尊莫放空。"还有清朝李调元的《元宵》:"元宵争看采莲船,宝马香车拾翠钿。风雨夜深人散尽,孤灯犹唤卖汤圆。"《锦城年景竹枝词》:"花灯大放闹喧天,狮子龙灯竹马全。看过锦城春不夜,爱人唯有采莲船。"

有一首竹枝词《春节游竹枝词》描写成都元宵猜灯谜的情况:"春灯迷子递相猜,惹得过迂学子来。露下二更人影散,可怜灯下尚徘徊。"游人都走完了,这些迂夫子还在猜,哎呀,这个灯谜出得是太精巧了,就是猜不出来……引人联想的是,置身五光十色花灯下的张献忠,是否也被摇曳的灯盏,勾起了一番值得铭记的回忆呢?!

元宵节这一时间节点,对于张献忠难以忘怀。

崇祯十七年(1644年)正月元宵节之前,已进入西安的"闯王"李自成志得意满、建国称尊。此时,偏处湖南一隅的"大西王"张献忠,则在长沙城内召开了一次名为"长沙决策"的重要会议。会议议题是,"八大王"从哪里来?应该到哪里去?

军师汪兆麟毕竟是靠智慧吃饭的,建议非同凡响:明军重兵沿长江两岸防守,且武昌被明军将领左良玉攻占,南京黄得功、刘良佐之部皆为劲敌。当下李自成正在北方与明军将领孙传庭激战,我军不如趁此时机,效法武侯诸葛亮之策,夺取天府之国,至少也可像刘备一样,三足鼎立,雄视天下。汪兆麟的提议,深得张献忠首肯。但张献忠迷信甚深,处于理智无法说服感情的心境,他决定占卜问鬼神。众人屏声静气,由神的二传手汪兆麟进行占卜。他首先以下江南事进行占卜,不吉;继以上西蜀事占卜,大吉。

汪军师说:"人心固合天意也。请大王不要再怀疑了。"

鬼神冥冥,明崇祯十七年元宵节后的第二天,即正月十六,张献忠率三十万水陆大军、木船万余只,离开长沙,经荆州,对四川实施饿虎扑食。

……

大西国的安稳日子并不是走马灯,也不可能只是火树银花而不烧到自己的奇妙花灯。皇帝突然发现,映照在宽刃大刀上的灯火,一旦有血的加盟,似乎有一种惊心动魄的美。川北重镇南充的元宵节,情况就与成都完全相反。

南充至今有元宵节举行蚌蟆(四川方言,指青蛙)节习俗,就起源于张献忠。相传张献忠据守川北,遭官兵围剿,死伤无数,血流成河,无数将卒死于五洞桥后山,常年战乱,

导致瘟疫横流……百姓纷纷烧香拜佛，祈求赶走瘟疫，但无济于事。后经云游道士点化，说是战乱浊血，污染河水，触犯河神，降下"蛴蟆瘟"祸害人间。于是百姓们纷纷组织起来，在农历正月十四的晚上，吃罢团圆饭，扎蛴蟆灯就成了最重要的活动，家里有多少人就要做多少个，必须人手一个。有的从一大早开始，就动手自制蛴蟆灯。晚上他们高举自制的蛴蟆灯，挥舞火把、抬着彩龙，敲锣打鼓举行隆重的仪式，祈求河神赶走蛴蟆瘟神。年复一年，这祈求幸福健康，拜祭河神的习俗一代代传承下来。当地方圆数十里的乡亲举着蛴蟆灯，唱着"十四夜，送蛴蟆，蛴蟆公，蛴蟆婆，把你蛴蟆送下河；十四夜，摇嫩竹，嫩竹高，我也高，我和嫩竹一样高……"的民谣，一起将蛴蟆送到河边，祭奠酒神，送走瘟神，祈福平安。

这一习俗，应该是张献忠下令而得到贯彻执行的。

滔滔血海浮起了天地

在铸造之外，张献忠得陇望蜀，更希望洋人把他平时讲述的"箴言"翻译为西文，寄望在西方传播，以扬其聪慧。洋人认为这是"谚语"，而且狂悖荒诞。他们不知道的是，中国自古有"语录"传统，圣者之言，方为"语录"。

张献忠的这一番比热烈拥抱地球仪还要狂悖的念头，是依靠如下言论支撑的——

张献忠说："天造万物为人，而人受造非为天。"

张献忠又说："造天之神，即造地之神也。"

张献忠还随口吟诵："高山有青松，黄花生谷中。一日冰雹下，黄花不如松。"

……

张献忠口述完毕，"请洋人速寄欧洲，使文人学士先睹为快。"注意，张献忠使用了"请"字。这就是说，笛卡尔死于1650年，弥尔顿尚在奋力写作史诗，如果真的把张献忠的作品翻译为西文，他们就是第一批西方读者。再假设一下，如果当时有诺贝尔文学奖，说不定张献忠依靠"语录"与《天书》两本著作，就将首开华人问鼎之先河。

热衷于天文研究与发表作品的大西皇帝，毕竟不是意气书生。突然之间，张献忠虎目圆睁。

"脸，突然就黄了。"

他怒不可遏，七窍生烟，人神皆不能当。簇新的宫殿开始摇晃。受到战事不利消息影响，皇帝愤怒指出：两个洋人均为奸细。

他们是谁的奸细？李自成的？还是清军的？或是明军的呢？

张皇帝目光如炬："借传教为名，暗行其私意，侦探中国底蕴，报知外国。"

这就是说，张献忠提出了"国际间谍"的严重问题。这的确体现出张献忠的国际视野，非同寻常。两个洋人双股战战，叩头作揖，毫无效果。最后沉默了，只得听天由命。突然间，皇帝又和颜悦色，一派风和日丽，伸出巨手扶他们起身。

张献忠的岳父，根据传教士转述，原是南京的一个老儒生，他从洋人处得到一本利玛窦所著的《畸人十篇》后，一

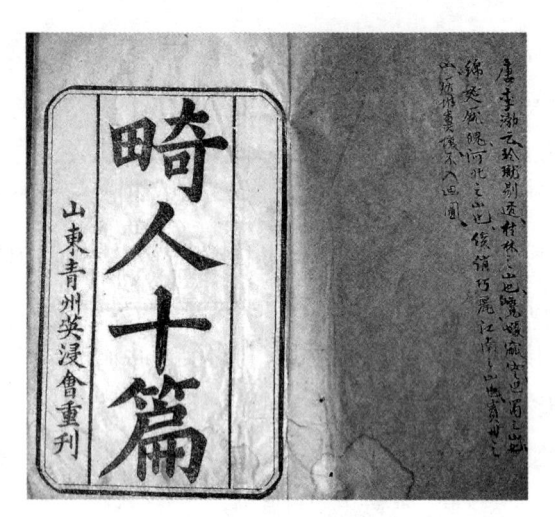

1885年山东青州英浸会重刊利玛窦撰《畸人十篇》

读狂喜，再三索书，他们又把《天学实义》给了他，也是利玛窦所著。张献忠岳父一读再读，竟然产生了皈依之心。但张献忠耳听八面，知道洋人竟然还藏匿了自己不知道的"天书"，疑心大起，"锄奸"的神经立刻绷紧了。他以为司铎尚有天文、算学诸书匿而未献出，遂命令将各书悉数交出，以便检阅。张献忠检阅各书，其中见有巨书一册，书之第一篇有二赤身儿童像，童背有二羽翼，如天神模样。就问：这是为何？

洋人回答："此乃西国风气使然，凡学问之书多用图画，以醒眉目。献忠见之，即询其故。司铎答以此书所言各事均以图画详明，使人易为理会云云。"

张献忠闻之，狂吼云："真正野蛮！"言完，又索要天文书。

"野蛮"一词出自黄虎之口,足见他良知未泯。历史就是如此妙不可言。

他为什么一而再、再而三地屠杀四川人?张献忠对洋人讲述了一番至理名言,也可以收入《天书》:"四川人民未知天命,为天所弃。因天前生孔圣宣传圣道,早知川人弗从,故生孔圣于东省。而东省人民爱圣人、遵圣道,而川人反是。故天厌之,并屡降灾殃以罚之。今遣我为天子,剿灭此民,以惩其违天之罪。又遣尔等司铎航海东来,到此四川传扬圣道,力挽人心,而人民亦弗之听。若辈之罪,擢发难数,故天震怒,遣我天子以罚之。"(古洛东著《圣教入川记》,四川人民出版社1981年4月版,第34页)

这是一番绝对虚构不了的话,恰在于其滔滔雄辩的杀人逻辑。替天行道,吊罪伐恶。反过来看,张献忠坚持认为,自己与孔圣人是"同一个战壕"的战友。

某一天,张献忠正在对科考学子大开杀戒之际,成都一共有3座文庙,其中一文庙突然起火。张献忠感到疑虑,就问左丞相汪兆麟:"孔圣人是不是不愿意咱们杀这些读书人哪?"

汪兆麟是一踩九头翘之辈:"不!这是孔圣人告诉我们,四川的文运走到尽头了。"

张献忠哦哦几声,抚掌大笑,看来真理在大西一边的。

张献忠曾经缴获有一面宝镜,名曰"千里镜"。他仰视天象,俯察四方,常用千里镜予以照射。大西国官员对此宝镜的威力深信不疑:"能闻此异事者乃有福之人,而未能闻者乃无福人也。"我估计,张献忠应该也使用千里镜"独

照"过两个洋人，显然，他的"X光"设备透射出了"赤胆忠心"，否则，洋人早早就被拉去喂皇宫里的獒犬了。

张献忠对各类天文书具有一种病态的痴迷，尤其是汤若望的著作，大西皇帝起早贪黑诵读不已。

大顺三年（1646年）七月，为了北上陕西抗击南下的清军，张献忠决定放弃成都，"尽杀其妻妾，一子尚幼，亦扑杀之"。他对孙可望说："我亦一英雄，不可留幼子为人所擒，汝终为世子矣。明朝三百年正统，未必遽绝，亦天意也。我死，尔急归明，毋为不义。大西军兵分四路，并命令四位义子将军，各率兵十余万人马向川北进发。"八月六日，张献忠率部离开了化作焦土的成都。由于沉重物件无法带走，他下令把皇宫里存立的开明时期雕刻的石犀等掀翻下埋。我估计，那两个红铜天文仪器也一并埋入了地下。

大西军经广汉、金堂、什邡、绵竹抵达顺庆，人马辎重，绵延数十里。农历九月七日在南充军营驻扎下来之后，这一带尚有明朝残余部队，张献忠指挥大军横扫荡涤明将雄应瑞、冯友庆和知府史觐震的部队，九日正式占领顺庆。大西军60万兵马在此停留24天，于十月三日开始移居西充县之南的金山堡。金山堡又名金山铺，即现在西充县金山乡，当时此地为顺庆通往西充县的一个驿站。

金山铺的凤凰山一线旌旗遮空，营垒随山势而绵延，木城、战壕逐一安排妥当，战船也开始伐木制造，海拔不高的凤凰山成为大西军的大本营。稍事安稳，张献忠似乎并没有如史家们所鼓吹的那样，全力准备"抗清"。他念念不忘的是大西官廷中的天象仪等，思念就是最大的心魔。他实在忍不住了，鉴于地球仪、日晷等一并制造费时费力，他必须具备鉴别主次的辩证法。他下令："劳役二位司铎，令造天球仪一具，与前日在成都宫中所造稍为较小，凡各经星部位须按次排列，赶急造作，不分昼夜，不得有误。"铜材、制造设备、人工，一时间就调度妥当。在我看来，天象仪的重要性之所以超越了一切，是张献忠急于从中窥视自己的劫数与宿命，一旦窥破天机，就可以找到破解之道。毕竟，狡黠的黄虎，已经多次成功执行顿开枷锁走蛟龙。

但这一次"出川抗清"，他似乎有了非常诡异的预感。

插图选自德国耶稣会学者基歇尔的《中国图说》，《中国图说》是推动欧洲"中国热"的最重要、最有影响的著作之一

位于北京王府井的天主堂，即东堂，又名圣若瑟堂

两位传教士采取的办法是，一人在帐篷里读经，一人去作坊铸造赶工，轮流工作。好不容易赶制出来，张献忠叫来了一位中土的堪舆先生，他以老江湖的眼光，严厉审视这一作品。堪舆先生必须显示自己的门道与精湛法力，他指出，这个天象仪制作完全不对路，甚至没有显示太阳赤道，这是故意淆乱国家大运所为。天象仪预示着大西朗朗国运，而大西国眼下出现这么多乱子，显然是这两个洋人予以加害昌盛国运呐……张献忠一听，怒不可遏，吼声如雷，但显然已经不能声震屋瓦，至多是声撼帐篷。他终于认定，洋人故意胡乱制作，闹乱国运，犯此滔天大罪，不唯害国，且害己身。判决：将两个洋司铎处以极刑。回到杀人上，他的思维是严密的，考虑的是如下几道身体工艺：时而欲活剐司铎；时而欲鞭死司铎；或以炮烙全身，不使流血出外；或以毒刑致死，以致肉尽骨销……洋人呆在巨大的恐惧里，双股战战，闪电雷霆加身，气都不敢出了。

但张献忠大喊："且慢。姑且留下尔等狗命。"

我估计，张献忠还是看在天象仪、地球仪的分上，也许他真希望大西军占领西半球，重振河山之际，再让两个洋人国师来制造他心仪的宝贝。

这些事情，一直到二位司铎随军到达西充县大营也未消散。皇帝令二人就住在献忠凤凰山的老营（司令部）附近，说是以便"顾问"，实是监督。这是因为二司铎从成都开始就在上层人物中发展信徒，张献忠的老岳丈及其夫人，劝化了全家老幼32人悉奉圣教，还有些宫女和军官等数十人领洗入教。人在困境里，很容易回忆起鲜衣怒马时候忽略的细节，现在一旦回想起来，张献忠陡生疑心。他的老营附近天天杀人，二司铎"饱受惊惶，坐卧不安"，决定上书陈情，请求让他们离开部队，返回澳门。"献忠阅书，疑为讽己"，他决定找一个出气筒。他认定这些上书之举，出自仆人之计和老岳丈支持，下令将其岳丈还有川籍仆人6名一起逮捕处死，只留下澳门人安当未杀，但须受鞭刑一百……由此足见张献忠的心智蜕变。极度焦虑，转为出离的滔滔愤怒，愤怒的趾爪撕扯自己，到了不堪承受之痛的程度，他必然要把这剧痛，转移到他人身上。一句话，皇帝要泻火，众人必须为之排忧解难。性命，就成为最为直接的靶子。

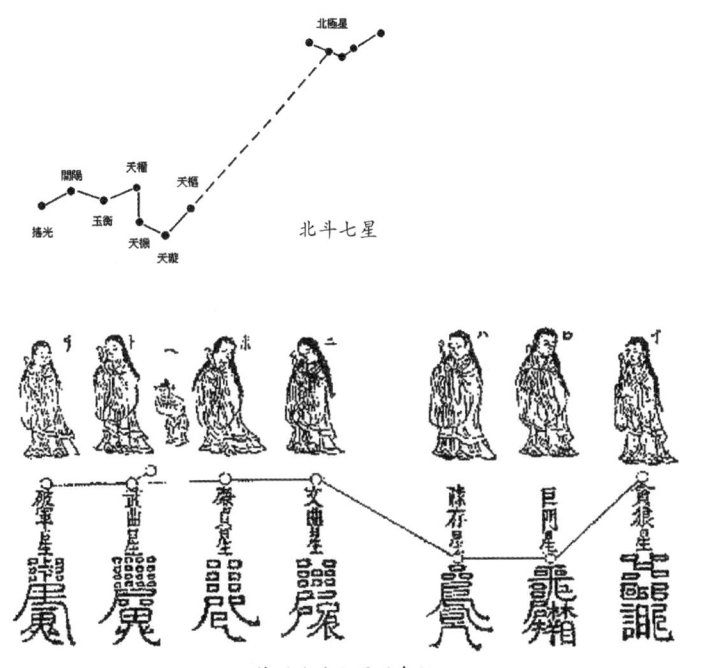

北斗七星

佛说北斗七星延命经

农历十一月十五日，张献忠举行大朝仪式，他对双股战战的军士们朗声宣布："自十七日起，朕一人也不杀了。尔等要团结一直向前看，赤心报国，勿怀二心，相互猜忌。"

到底是谁在猜忌？他真的金盆洗手了吗？

凤凰山的铸造工坊里炉火熊熊，换人不熄火。很显然，两位洋人国师的主要职责是在此铸造天象仪与地球仪。但张献忠还有一些金属嗜好，另外的工匠们也铸造了一批精美铜器。现在藏于重庆中国三峡博物馆的两面铜镜，铜镜的钮上清楚地铸有"大顺三年孟秋月造"八字楷书铭文，据此，这两面铜镜的铸造时间完全可以确定。大顺三年为1646年，孟秋月即夏历七月（公历9月）。同年冬月末张献忠即猝然被杀身亡，这两面铜镜是据张献忠死亡之前3个月所铸。而类似的铜镜，在国内其他地方也有发现。

这一铜镜也暗示我们，张献忠显然在天象里得到了一些对他紧迫性的缓解暗示，他并不以为大西气数已尽，不然，铸造这些铜镜来干什么？

《老子》有箴言："天欲其亡，必令其狂。"古希腊历史学家希罗多德说过："神欲使之灭亡，必先使之疯狂。"这个道理，曾读中外典籍的张献忠，应该懂吧。

时间过得特别慢，就像被粘接弓胎的牛胶黏着了。

1647年1月2日清晨。

这一切，距离满族人的弯弓弹射而出的利箭，像归巢的雨燕那样飞扑皇帝胸口，仅有几个时辰了。他是活到死、学到死的榜样。

好了，列位看官，我们就让那一支利箭，多飞一会儿吧。

关于老虎的喻体与本体

《圣教入川记》绝非关于张献忠言行的"伪经"。其一言一行，铸就了一根屹立中土语境的"谤木"；一本书注定不会把大西皇帝钉上十字架，只能是耻辱柱。

本书里有三处涉及老虎。

"黄虎"是屡屡出现的词语，大西王张献忠也。黄虎是他的本体，抑或喻体？或者我们承认，他可能才是合二为一的典范。

而率军南下征伐大西国的肃武亲王豪格，全名爱新觉罗·豪格，生于明万历三十七年（1609年），作为清太宗皇太极的长子，骁勇善战，可谓虎父无犬子。豪格在满语里有"耳垂"的意思，朝鲜人又尊称他为"虎口"或"虎口

"皇城"是明蜀王朱椿的王府，中轴线上，自南向北的建筑是：正门端礼门、龙门、明远楼、石牌坊、致公堂、清白堂、文昌宫和后子门。美国人那爱德摄

王"，这一尊称伴随豪格的征途一路播撒。豪格率清军进入四川后，"黄虎"终于落入了"虎口"，成为一种绝大的历史巧合。

《圣教入川记》里斜插一笔，黄虎被一箭贯胸、大西军四散而逃之后，在两位传教士随豪格部队抵达西安府之后的记载里，提到了著名的西安司铎方德望，某次畏艰难翻越大岭去传播福音，但有老虎纵横山岭。没有武松的哨棒与胆略，方德望决定以滔滔雄辩征服老虎。

> 走到顶上，一群老虎来了。司铎向老虎说："你们害人性命，实在不好，如今我以全能天主的名字，命你们以后不再害人了。"老虎听得这话，立刻走了。从此以后，那个山上再没有老虎为患。（古洛东著《圣教入川记》，四川人民出版社1981年4月版，第60页）

与虎谋皮，与虎促膝对谈，这样的话语水准，臻于全能之神感天动地，完全达到了"活死人、肉白骨"之境。如果方德望是对"黄虎"说出这一番宏论，结果会如何呢？！这一推论，引我浮想……

1648年，安文思、利类思二神父历经劫难回到京城以后，一场反对汤若望的风暴就在耶稣会内刮起，这场风暴直到汤若望逝世后才趋于平息。一波暂平一波又起，汤若望的追随者南怀仁又遭到了猛烈攻击。这场风暴的主要制造者就是安文思神父。

安文思与汤若望的矛盾起源于两点：一是汤若望曾经

指责安、利二神父不应该在张献忠属下当官；二是安文思认为汤若望在北京对于营救他们二人没有尽力。关于第一点，根据邓恩（George H.Dunne）公布的资料："（汤若望）第一次得知，利类思和安文思因为曾经在张献忠政权里做过官，而被视为是强盗和反叛者，这类人通常是要被处死的……汤若望将这些事实报告给傅汎际（当时中国传教区北方传教会长），他以他坦率的个性清楚地表达了他的观点，即利类思、安文思的行为是愚蠢的，一旦落到暴君手中，他们应该宁死也不接受官职。"

大西政权的科举考试

"文官还怕没人做吗？"

张献忠初属王自用麾下，后自成一军。崇祯九年（1636年），低一辈分的李自成继高迎祥后称"闯王"，浴血转战，威名大震，向北京进发。张献忠则于崇祯十一年（1638年）一度在谷城接受明廷招抚。养精蓄锐于翌年再举逆天大旗，势力迅速扩大。崇祯十六年（1643年）攻下武昌，在湖北、湖南一带夺得地盘，六月改称"大西王"，以武昌为京城；权力中央设六部、五府；京城设五城兵马司等，并开科取士。（顾诚著《明末农民战争史》，光明日报出版社2012年2月第1版，第187页）

从"八大王"到"大西王"的变化，不仅仅是名称的变化，其实明显表达了他由江湖草莽向帝王尊位的身份演变。他慢慢做大了。

既然做大了，就得按照"大"的思路来做事。科举考试，也是可以举行的。

大西国首次考试以监军李时华为主考，录取进士20人，均授知州或县令。钦点的状元为60岁的汉阳人陈珏。可见黄虎看重的是一心造福大西江山的真才实学，有志无所谓年高。

黄虎势力扩张、摧枯拉朽，九月间其势力发展到长沙，又在长沙搞过一次开科取士，其主考、取士数及状元未见记载。十月，进入江西袁州、吉安等地，也搞了一次科举考试（同上，第193页），吉安人吴侯原在明朝体制下多次参试均落第，这次被取为三甲进士，被任命为龙泉县（今江西遂川县）的知县。

崇祯十三年（1640年）八月二十五日，张献忠破安徽霍山县城。打破了守军的堡垒金字砦，俘虏了贡生彭大年、生员金大莱、金大烈以及新近考取的22名生员。军中缺乏人才，张献忠"求贤若渴"，显示出一番热心肠："老子要考考你们。恐有奸人混在中间。你们若真是书呆子，我留下你们何用！考后便叫你们回去。"

这与其说是"择优录取"，不如说是对阶级敌人的一次甄别行动。次日巳时，知识分子济济一堂，张献忠亲自主持，发给纸墨笔砚，考试题目是《邻国之民不加少，寡人之民不加多》。语出《孟子·梁惠王上》，直译就是："邻国的人民没有更少，我的人民没有更多。"这是梁惠王对孟子说的。

一个时辰后，张献忠箭步回到考场，发现很多人还在

埋头写字，他觉得游戏可以收场了。大声说："诸兄不必全做，随意写些，不必那么认真。"于是有的写出一半，有的则仅写了一个开头。余紫瑞等三人先后交卷。张献忠下令，让他们回去等候发落。末了，张献忠耐心听取了考生的意见：某人如何好，故居首位；某人如何不好，故居末尾。据说，张献忠对他们三人的意见十分重视，吩咐左右逐一记录在案。

他宣布考试结束！面对有些懵懂的考生，张献忠虎目圆睁，侃侃而谈，对每一份试卷逐一点评。但是，口若悬河的张献忠过了一把老师瘾之后，他没有兑现事前的承诺，将这些知识分子放还。他讲完课，即宣布杀人。

次年初，李自成攻入北京，建立了"大顺"政权。张献忠只能一头向西，挥师入川，于同年十月建立"大西"政权，因为已经正式建国，也可以称之为"大西国"。张即皇帝位，改年号为"大顺"，并立即举行科举考试。他在位两年零一个月时间里，此间又举行过两次乡、会联试和一次制科考试。时间是大西大顺元年（甲申年，1644年）、大顺二年（乙酉年，1645年）、大顺三年（丙戌年，1646年）。

历史的视线，聚焦于在成都举行的大西国第二次乡、会联试及制科考试，皆因考生不肯配合，而遭到了灭顶之灾。这是学术道德家的理由，没有"考生不肯配合"的事情，既来之则考之，何来"不肯配合"？一次集体性灭绝，仅仅是有一个考生的言行，触犯了皇上威严。另外一次集体性灭绝，则来自黄虎"锄奸"酝酿而起的头脑风暴。

这个屠杀书生的契机，来自颜天汉，大大启动了黄虎

"锄奸"的神经。

1644年底，成都生员颜天汉对现实强烈不满，欲北至陕西请李自成入蜀。他途经广元嘉陵江上游的明月峡（明月峡就是朝天峡，因朝天岭、朝天镇而得名。在安史之乱时，蜀地的地方官在此觐见入蜀避乱的唐明皇而更名），为大西军巡逻兵逮捕，关键在于，从他身上搜查出一封通敌李自成的书信，他立即被押往成都。黄虎一看大怒，他发现暗中推进的"锄奸"行动根本没有取得实质性成就。他"以为阖境俱反"，势必来一场急风暴雨般的大镇压，方能平息蠢蠢欲动的暴乱。颜天汉被审讯后处以凌迟。历史上著名的大西政权"杀士子"的事件，由此而生。

《滟滪囊》卷之三里，进一步记录了其中曲折：颜天汉并非投敌而是拜见了驻守广元的定北将军艾能奇，呈递了一份进张献忠的表，有"请培养士子，抚恤百姓，宽刑罚以修帝业"的建议，黄虎看后，一方面认为有一定道理，转过头却私语："此辈盖有反意，假修表以愚我耳。"

在"正朔"者看来，被大西提名科举的人，以及提交"建言献策"意见书的人，都是士林败类。当时"广元有吴宇英、阆中有周建鲁者，谒献忠求仕，献忠即授宇英四川巡抚、建鲁监军……随宇英至保宁，士民争唾骂之。建鲁诣巴州黄城，以招降贼首遵天王袁韬。建鲁方回保宁，随从俱被乡民截杀；只身走通江，杨秉胤斩之"。

《滟滪囊》卷之三为此总结："最可耻者，吴宇英、周建鲁、颜天汉之徒，甘同毛遂之自献，真乃井底蛙尔，不亦死有余辜邪？"

可见，生员颜天汉卡在历史的门缝里，不是青蛙，而是甲虫，因为他被左右合拢之门彻底夹扁了。

"锄奸"一旦启动，就没有任何忠言可以阻止了。

据《蜀碧》《平寇志》《寄园寄所寄》等书记载，这两次杀戮考生，一次就在2万人以上，另一次在5000人左右。

有人苦劝皇帝息怒，不再杀人了，黄虎一笑："文官还怕没人做吗？"

顶蜀天立蜀地，所谓"是蜀人负皇上，非皇上负蜀人"，是黄虎常说的一句话。

广安州人欧阳直的笔记《蜀乱》（亦名《蜀警录》《欧阳遗书》）记黄虎事较为详细，当时他被迫在大西政权任职，其记载的具体情况并不复杂。

张献忠发诏举办"特科"，所谓"特科"，是张献忠在顺治二年举行乡会两科之后开设的。根据张献忠下达的"特科诏"规定："凡有前朝在籍乡绅及未仕两榜举贡，监生、吏农、新旧生员、童生、民间俊秀子弟，下至医卜僧道，与夫深山穷谷隐逸硕士，凡有抱一长、挟一技，堪为帝王师佐、鹰根帷幄者，着地方官敦崇礼请，汇册起送来京。候朕临轩策试……或礼请举报有名，而本人规避高蹈，将本人以观望重遣。"［佚名《纪事略》载《甲申纪事》（外三种），中华书局1959年版，第52—53页］

这段话，软硬兼施。一方面求贤若渴，另外一方面有清晰的威胁："军法严催上路，不至者杀，比坐邻里教官。"学子既然来到成都，但并非情愿，张献忠很快发现了问题：各地的士子"多半观望，间有一二赴选者，又皆庸碌，非老即幼,且浮夸不实,无一真才。到京数日,即谋不轨,杀监兵数百,夤夜夥逃。幸督臣王尚礼察觉,擒缚首逆一百五十九人正法外,方移诸逆入城内大慈寺居住,以候考选。〔佚名《纪事略》载《甲申纪事》(外三种),中华书局1959年版,第54—55页〕

一百年前的青羊宫。美国人那爱德拍摄

这批被张献忠称为"诸逆"、囚禁在大慈寺的士子,懵懂之中,于顺治二年十二月十五日一早遭到了集体性灭绝。

欧阳直记录:"献忠调远近乡绅赴成都尽杀之。调各学生员听考,到则禁之大慈寺。齐集之日,自寺门两旁各站甲士三层。至南城献忠坐南城验发。如发过,前一人执高竿悬白纸旗一副,上书'某府某州县生员',教官在前,士子各领仆从行李在后,鱼贯而行。至城门口,打落行李,剥去衣服,出一人,甲士即拿一人,牵至南门桥上斫入水中。师生主仆悉赴清流,河水尽赤,尸积流阻,十余日方漂荡散去。"这一记载的问题也较多,大开杀戒肯定存在,是谁统计的死亡数据呢?

这两次突然性地对巴蜀读书人的灭绝,结果是"弃笔堆积成冢",可谓血腥气笼罩了科举试场,两千年巴蜀文脉

彻底断绝，滚滚血海淹没了墨砚。在张献忠短暂的据川过程里，真正有效的科举，只有大顺元年（1644年）十月举行的那一次，产生的武状元为张大受，文状元为汉州人（今广汉）龚济民。

当然，对此次科考也有不同记载，比如鲁威著《科举奇闻》（辽宁教育出版社）认为状元姓樊，为汉州（今四川广汉县）人；徐鼒著《小腆纪年附考》则云"状元姓刘"；顾诚的《明末农民战争史》说"以汉川樊某为状元"，可是汉川在湖北，士子不可能追随张献忠到四川应考，显然应是汉州；《明末农民战争史》又说"状元、榜眼同出一州"，但是未指出姓名；彭遵泗的《蜀碧》卷二正文云：张献忠"开科取士，中乡试者八十人，中会试者五十人，以汉州樊姓为状元"。此处注曰："一云姓刘。"接下正文又说："榜、探皆具……所取状元后随川北，不知所终。"其卷三则又引《寄园寄所寄》云："会试得进士一百二十人，状元张大受。"这些记载，多为道听途说，显然是将大西国科举设立的文、武二科混为一谈了。

武状元张大受的传奇

清代赵吉士的笔记《寄园寄所寄》说，张献忠随意杀戮，但姓张的往往获免；捣毁神佛塑像是大西军的习惯，但在梓潼县七曲山大庙，听说供奉的文昌帝君俗名张亚子，张献忠便下令不毁；点状元也特意选个姓张的……这符合张献忠的价值伦理。

张大受（？—1644年）成都华阳县（1952年撤销县治归入双流县）人，字号、生年未详。大顺元年（1644年）十月，张献忠称帝后的首次贡举，张献忠亲自拟题，强令士子就试。首先进行乡试，然后举行会试，取进士120人（《科举奇闻》说此次录取进士50名。但《寄园寄所寄》引《张献忠乱蜀始末》和《蜀碧》卷三、《平寇志》及萧源锦的《状元史话》等都说是120人）。

对于较场上把戏，黄虎熟门熟路，决定芝麻开花节节高。要考出水平，考出实效。

大西国武科考试武生时，采取特地挑选狞劣马数百匹，使应考者骑上劣马，同时命鸣放巨炮、营内士兵大声喧噪，往往马惊人。这一幕，虽然不同于古罗马大斗兽场，但滑稽出丑的效果很好，而且比戏剧演出更胜一筹。看得张献忠意气风发，大呼过瘾。

他喊：好。很好。再来一个。

看起来，戏弄读书人，历来是泥腿杆子的嗜好。

但张大受经受住了严峻考验。他当年尚不到30岁，腰力十足，身长七尺，仪表丰伟，器宇轩昂，诗词书画兼通，亦颇善弓马。最最关键在于，他姓张。而根据荥阳大会前后，在农民军的四百多支、名号多达六百多个的庞大队伍里，有一个起义军头目，就叫"张大受"。（王纲《张献忠大西军史》，湖南人民出版社1987年3月版，第61页）

尽管此张大受非彼张大受，也许此人勾起了黄虎的回忆，他一见"老乡"非常欢喜，似乎看到了另外一个叱咤疆场的自己。他决定，这个大西武状元，就归张大受。

成都郊区的一座文昌宫

　　张大受到设立在蜀王府内的金銮殿谢恩，大西皇帝沐猴而冠。眼前张大受玉山倾倒，他很受用，请起请起。谆谆教诲一番后，首先赐金币刀马十余事，接着赐御宴，赏同坐。这是非同小可的礼遇。

　　当日事毕，又将席间金银器皿尽数赏赐给张大受，这显然是张献忠喜欢得有点失措了。再过一天，张大受又进殿谢赏赐之恩，张献忠又命御用画家为之精描肖像，这是朝廷"绘图紫光阁"的无上待遇啊，传之远方与后世；并再赐美女10人、甲第1区、家丁20人。

　　一时间，张大受荣华富贵，可谓登峰造极。大西国列位"臣工"见此纷纷祝贺张皇上，称颂"陛下今得奇士，实天赐贤人，辅佐圣朝"，祝贺大西国得了一位奇才，不日必将荡涤天下，光耀大西。张献忠听罢，踌躇满志。

张献忠赏赐武状元张大受的"金币",或指其他金钱,但多半是指"西王赏功"金钱。此金钱十分稀少,仅限四川。

张大受还得进殿谢恩,所谓"礼多人不怪",但礼节太多了,历来反对繁文缛节的黄虎受得了吗?正传呼间,张献忠却对左右说,老子太喜欢这个状元了,喜欢得一刻也离不得,见了又要给赏,老子简直不敢再见其面了,怎么办呢?

他桌子一拍突然下令:干脆将他收拾掉!

结果张大受一家老小以及赏赐的美女、家丁全部遇害,赏赐的物品还没有焐热,就全部收缴了。这个当了3天的状元,不如不当反而好得多啊,但也成就了一项历史的吉尼斯纪录:中国武举史上最短命的状元。

大西国文状元龚济民则很少被提及。毛佩琦主编的《中国状元大典》里,对大西政权的科举倒是有记录,提到的唯一文状元就是龚济民。(毛佩琦主编《中国状元大典》,云南人民出版社1999年6月版,第200页)

据俞忠良《流贼张献忠祸蜀记》记载,有个叫龚济民的儒生,被人蔑视,称之为"汉州劣生",那就是如今的德阳广汉市人。人品学品如何个"劣"法呢?原来,他在应试策上热情歌颂张献忠品德超越尧舜,武功盖过汤武,张献忠不大识字,听人一说,立即心花怒放;更觉得他的名字"济民"是好兆头,大西国必将济世安邦。便将他第一个"抓举"为状元及第。来自什邡县的老童生熊炳,中了探花,自然也是功成名就了。在廷试策论中,他有点得意忘形了,好心进谏,委婉劝说张皇帝不要局限于蜀中、做井底之蛙,要胸怀祖国放眼世界,富有四海。张献忠怒不可遏,认为这是

讽刺自己鼠肚鸡肠，立即将熊炳凌迟处死，将其女眷打入娼门。看起来，熊炳死得比张大受更为悲惨。

需要注意的是，暨南大学文学院汪绪慧在《张大受考》一文里指出，"在明朝末年，张献忠建立的大西政权，还有一个叫张大受的为大西国武状元，字君可，号鸿漾。明朝常熟人。不过此张大受生年不可考，卒于1644年，张献忠因喜怒不定的性格，杀了在当时曾红极一时的张大受。1996年江苏人民出版社出版的《江苏艺文志·苏州卷》，曾将明武状元张大受与清朝常熟张大受混淆……明朝武状元张大受和清朝张大受二人除了生活年代不同，著述、科第、字号均不相同，由于二人均生活于常熟，所以也容易引起人们混淆。在此论述，希望引起注意。"（《时代文学》2012年第12期下半月刊，第160页）

这一考据，显然对出自成都华阳县的张大受身世进行了一些引申。但是我认为，武状元张大受，也可能祖籍就是江苏常熟的，不然，何以成都一地从无其家族的半点传说呢？！

后来，张献忠认为这些考试"未得真才，仍复设科，是一年而两科也"。这个结果是真实的，在明末风雨飘摇之际，崇祯求贤若渴，于明崇祯十四年（1641年）辛巳本年，特开"奇谋异勇科"，诏下，可惜无应试者。这样的"特招"，大概也只有李自成、张献忠之类枭雄，才能够在"奇谋异勇科"中胜出。只可惜，历史是不能假设的。

大西国如昙花一现，科举更是白驹过隙。从张大受一人得道鸡犬升天，再到全家无辜被杀，以及大西国在四川举行的第二次乡、会联试与最后的制科考试均以大屠杀告终来看，张献忠的科举考试，初衷只是萧规曹随，并无通过科举考试选拔人才以重用之的打算。其称帝前在不到半年的时间内接连举行3次考试，虽有急需用人的现实要求，却也说明他对科举考试之事并不是很慎重，无所谓章法。其实，张献忠需要的人才，与绝境中的崇祯皇帝的需求——奇谋异勇，不过是五十步与百步的关系而已。

大西军在云贵地区举行的科举考试

李定国是张献忠手下四名勇将之一，又是他的义子。四人中年龄最大的是孙可望，李定国是老二。张献忠殉难凤凰山以后，大西军四面溃散，后有近十万起义军再次集中由孙可望、李定国率领，南下贵州、云南。他们派人向永历帝建议，愿意和他们联合抗清。经过一番艰难的考虑，近乎是光杆司令的永历帝明白形势危急，只好依靠大西军，封孙可望为"秦王"，李定国为"晋王"。

1656年，永历帝朱由榔在李定国的护卫靳统武、总兵张建带领的军队保护下进入昆明。有明一代，云南被视为偏远之地，真所谓天高皇帝远，真龙天子现身偏僻地域，昆明百姓欢呼雀跃，"遮道相迎，至有望之泣下者"。朱由榔非常感动，让随从传旨："朕到，勿分军民老幼，听其仰首观觇，巡视官兵不许乱打。"整个昆明城沉浸在一片欢乐的气氛里。李定国和刘文秀决定暂时把云南贡院（大西军入滇后这里曾经是定北将军艾能奇的住所）作为永历帝的行宫，视

朝听政。

　　置身云南的李定国，准备好好经营这块根据地。为了"联明抗清"，继续实行政治和经济改革，减轻百姓的负担，使滇南在较短时间内出现了"外则土司敛迹，内则物阜民安"的大好局面。他终日操练兵马，制造盔甲，招募傣族人参与训练战象，一年内练就精兵3万。

　　为了把愿意抗清的知识分子团结到抗清队伍中来，大西军在贵州、云南先后举行开科取士，录用知识分子。在贵州举行开科取士时，还号召四川的士子前往应试。"孙可望令全蜀乡试于贵州。两省合取中试者40人、拔贡20人。"

　　这些士子，似乎已经忘记了张献忠在成都对前辈士子的杀戮。用四川民间的话来说，叫"读书读到牛屁股里去了"。然而，"学成文武艺，货与帝王家"。读书人的价值逻辑就是如此功利。既然明朝这个买主已经不在了，大清这个新买主尚未到来，谁看得起我，我就跟了他！读书人还有更强的现实逻辑，怎么才对得起自己的十载寒窗苦读？何以才对得起家中父母妻儿？！

　　吴伟业撰《绥寇纪略》记载孙可望在昆明开科取士情况："甲午岁，孙可望自贵州还兵，就食要道，日加操练，听候调拨。晋王（李定国）守南宁，蜀王（刘文秀）守云南……是岁春，命学道孙顺考滇南士子，随即开科。以西寺作贡院，命监税司史文为监临。减三场为二场，减七篇作五篇，头场三书二经，二场策论、表并诗二首，其题：'官柳连雪，滇南纪胜。'取解元高应雷等32名，照给头巾，青袍，与明例埒。自是，士子书声不辍。"

这表面是南明朝廷举行的科举考试,其实均是大西军操办的。

为了更广泛地笼络当地读书人,把他们吸收到抗清队伍中来,又规定"凡科目居家者,胥以官"的政策。昆明诸生高应雷应试被录取后,还参加了大西军。"应雷应举授官,从军赴黔楚",直接参加了抗清战争。

永历四年、清顺治七年(1650年),滇南应试被录取的部分生童,集体前往李定国府致谢。李定国不仅奖给了每人三百串钱,而且鼓励生童们,"用心读书"。如此语重心长,听起来倒是让人浮想联翩。高应雷是云南名人,也是一个值得分析的个案。

高应雷出生在昆明一个富裕之家,据说长得修长俊美,仪表堂堂。他读书也有天分,博闻强记,擅长作文,广交天下朋友。1659年,他所在的部队惨败于湖南辰州。高应雷死里逃生,捡回一条性命,从此隐居于湖南溆浦,把身世感想寄托在诗歌写作中。人们称赞他的诗有荆轲刺秦王一般的悲壮气质,有屈原投江一般的忧郁失意。(《滇南碑传集》卷十)

高应雷后半生过着近乎隐士一般的生活,这不能不说是缘于他参加了南明的科举考试,从此踏上了一条不归之路。反过来再看"学而优则仕"的现实性逻辑——"学成文武艺,货与帝王家",首先得弄清楚这"帝王"到底是谁,显然比考得好不好更为重要。

《中国新史》记载的天全之战

1647年春,安文思随肃王豪格到达北京之后,除了与利类思合著有后来整理出来的《圣教入川记》以外,他还

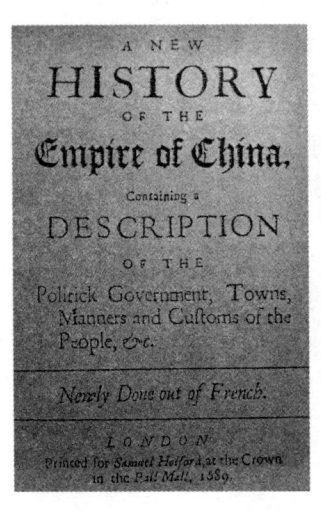

安文思《中国新史》英文版封面　　安文思《中国新史》何高济汉译本封面

安文思《中国新史》，1671年伦敦版。约翰·奥格尔比译著，硬皮精装插图本

安文思的墓碑

邛崃市天台山上的"万人坑"里，历经数百年后，至今白骨累累。照片是邛崃市平乐镇熊永龄先生在20世纪80年代所拍摄

〇八七

著有《中国新史》，以葡萄牙文写成，原名《中国的十二特点》，是西方早期汉学的奠基作品之一。全书共分为21章，记述了中国的历史与明末清初时的社会状况，特别对中国社会的礼仪风俗、城镇特点、官僚贵族体制和皇城建筑等作了较为详尽的记述。本书文笔生动而传神，有不少是《圣教入川记》完全不载的内容。

书中一段叙述，我反复比对正史与方志，确定为大西军与川西天全高、杨土司之间的一场重要战争：

暴君张献忠在自立为王后，宣布在他已奠定帝国基础的省份中，不允许有人拒绝臣服于他。他派遣一名将官去见其中一位王公，其公国与他的宫廷邻近，他要王公亲自前去承认张的君主地位，并向张缴纳贡赋。这位王公遣回使者答复说，无论他还是他的先人，都未曾向中国皇帝进贡。这个回答使暴君极为恼火，立即派一支军队去强迫这位王公归顺。但他的军队很快被打败。于是张献忠率领一支人数更多的队伍前往，亲自进入这个王公的领地。这位王公是个勇敢的人，倚仗熟悉的地形，向暴君开战，打败了他，迫使他撤退。这次失利使张献忠大怒，从而更激起了他的复仇之念。因此他召集第三支军队，派他的大义子孙可望（Sum Co Vam）指挥。关于此人，我在年度传教书简中时有提及。他是个有教养、有勇气、行事稳重的人，而且温和、天性善良，以至于有许多次他父亲用武力和残暴手段办不到的事，他却采用持重和怀柔的手法做到了。他确实深知如何控制这位顽固王公傲慢的思想，最后他不仅使这位王公承认他父亲为宗主,还使他提供人马和金钱去协助张征服中国。他陪同这位王公到宫廷去,由王公的四万名军士随同,他们都是精选的年轻人,穿一色服装,披戴胸甲和填塞棉絮的头罩。在到达时,这位王公在中国每个城市都有的操练场集合他的队伍。那个暴君在对面接待他,用特殊的关怀和礼仪表达他的友善和诚意,并公开邀请他第二天赴一个盛大宴会。这位王公受邀前往。但在宴席的乐声和欢乐声当中,那个毫无信义的凶残暴君叫人把一种最毒且速效的毒药放进酒杯中给王公喝,很快就将他毒死。这时张献忠命令他事先安排好的军队从四面包围,把不幸的王公的军士全部杀光,不让一人逃掉。这很容易做到,因为可怜的军士们不怀疑有阴谋,没有领袖、没有武装,在一片混乱中被消灭。这次事件我是目击者。我在这里叙述此事,是要表明这个帝国的庞大。(安文思著,何高济译《中国新史》,大象出版社2016年9月版,第37—38页)

　　这一段记述,在如今关于《圣教入川记》的研究论文里,均对此历史事件不置一词。在于不少学者,未必知道这一段文字的主角,正是天全的高、杨土司。在我看来,这是黄虎荡涤巴蜀过程中,遭到的天全高、杨土司政权的强力反击。根据行文可以断定,这恰是对这一场战争的较为细致的描述,并且成为一个转折点。

　　天全为地名始于元代。据《天全州志》载:境内有天全山,且自来多雨,在古大小漏天之间,而飞仙关入口处,旧名"漏阁",古称"漏天",俗称"天漏",易漏为全,故名天全。但历史地理学家、藏学家任乃强并不认同这个看

法，他认为："天全二字，为土司初投诚时所上地名之译字，不能以汉文意义解释之。且此地名，出于氐语，非藏语。氐语今日保存不多，其义已无从寻绎，正可以不解解之耳。"此段文字见于《民国川边游踪之天全小志》。任乃强先生最大的贡献还在于，对天全高、杨二土司世系进行了重新校正，纠正了不少谬误。

天全州古为西夷徙都地。商为氐羌地。周为巴蜀边邑。秦因之，又为斯榆地，亦曰徙榆。汉置徙县，属蜀郡。至东汉，属蜀国都尉。徙阳县，属汉嘉郡。宋、齐、梁、陈，土豪迭相雄长，属益州。西魏废帝二年（553年），置始阳县，地属蒙山郡。隋初即废，属雅州。唐置和川镇，为羁縻州，属雅州都督府。唐末时，高卜锡从征西路有功，留镇边邑，为第一代高土司。五代属王建、孟知祥。高卜锡后人高曩阁藏率众归附，置碉门、黎、雅、长河西、鱼通、宁远六军民安抚司，属雅州。宋改碉门寨，隶雅州。元初置碉门，黎、雅等处安抚司，仍五代制，属脱思麻路。至元二年（1265年），授高国英为安抚使，另置六安抚司，属吐蕃等处宣慰司。又改招讨司，又分置天全抚绥六番招讨司。明洪武初，高国英率众归，仍授天全招讨使司，统属六番部落，曰：木坪、鱼通、岩州、筰道、筰里、大坝凡六路，隶四川都司，设经历一员。清朝顺治九年，土司高跻泰归顺，仍因旧制，以高氏为正招讨使司。雍正七年，废弃土司制，改用流官，设置天全州。

后来高氏一支搬到江南临江府（今南京）。大约于唐贞元十六年（800年），身为禁军军校的江南临安府人高卜锡兄弟和身为皇帝侍卫的太原人杨端随军护驾,为惊慌失措的唐僖宗护驾,经古秦蜀道进入四川。这件历史上被称为"僖宗幸蜀"的事件,高卜锡、杨端为此得到了朝廷封赏。他们奉命先后率部西进雅州,在天全一带拥兵自重,称雄一方。由此天全进入高、杨二土司长达790多年的治理时期。高、杨二土司分置碉门(今天全县城厢镇)和始阳。

当时天全地区相当于现在的雅安市,地处南诏(现云南全境和四川的凉山州及贵州和缅甸部分)、吐蕃(现西藏)到成都平原的锁钥之地,是历代王朝守卫西部的第一道屏障。高氏就扮演着防守边关的重要角色。因年代久远,当地人一直称之为高土司,或以为高氏为土人(羌人),其实不然,高氏是正宗汉人。

二郎山下的紫石关与禁门关、飞仙关,在历史上成为天全河流域内的"三关",它们一度在经济上和军事上都具有重要的地位,是历代兵家必争之地。土司统治时期,曾在紫石关设紫碉百护所,后为官兵戍守驻地。唐末至清雍正以前,紫石关一直是重要关隘,关隘总面积达八千多平方米,有重兵把守,常与雕门(禁门关)相提并论,称为"紫雕"。

正因地缘特殊,大西军横扫四川时节,不少难民性命得以保全。

1644年,安文思、利类思风闻大西军已经一举攻破重庆,他们随逃难人流进入到川西雅州天全。他们不但知道高、杨土司,而且对土司制度还有一定的了解。安文思指出:"在这个帝国的城镇中,有一些在云南、贵州、广西和

四川省，我认为它们不向皇帝纳贡，也不归顺他，而是由特别独立的王公统治。这些城镇大部分有高山悬崖环绕，好像是大自然格外赐予它们的防御工事。山岭之间是几天旅程的田地和平原，从那里可以看见第一等和第二等的城市及许多乡镇村落。中国人把这些王公叫作土司（Tu Su），即土官（Tu Quon），即是说当地的曼达林。"（安文思著，何高济译《中国新史》，大象出版社2016年9月版，第36页）

48人的敢死队

《天全州志》简略记载：土司首领高跻泰，崇祯九年袭父职。崇祯十七年，张献忠据成都，以兵来降，跻泰固守不服。后闻大兵将进，跻泰不忍民残家破，自诣贼营乞降。因患病，跻泰惧辱祖母，乃使弟登泰赴成都伪降，求还祖母。跻泰既得祖母，简兵练甲，率众攻贼。登泰骂贼而亡，贼亦寻败。清朝顺治九年，王师临川，跻泰率领阖属贡臣酋长，投诚归命。顺治十六年，流贼高承恩盘踞雅州，潜师入州。跻泰拒贼于飞仙关商道，飞奏请兵讨贼，以收川南，贼乃败走。恩加跻泰督都金事天全正招讨使，兼镇抚诸路西番。高一柱，跻泰子，字梅坡，康熙十一年袭职。临政以宽，遇人以礼。颇尚儒雅，善草书，有《漫吟诗集》。康熙十九年，征取小关山建昌立功，赏赉有加。

明天启元年（1621年），彝族首领、四川永宁（地今叙永县）宣慰使奢崇明，以援边赴辽为借口，遣部属樊龙、樊虎率土兵三万占据重庆，杀四川巡抚徐可求。以重庆为"东京",号"大梁",改元"瑞应",又分兵控扼夔州水口,截断西川栈道,焚掠川东、川南十余州县,进逼成都,全川震动。时四川布政使朱燮元率兵守城,飞书紧急调征天全土司所属土兵。天全六番招讨使高基(字醒麓),率兵开赴成都,奋勇向前,与奢崇明部展开激战,仅高基属下千总王朝聘就"斩获八十级"。奢崇明的军队围攻省城成都,朱燮元又命令天全土司部队守护西门。奢崇明部将樊龙"竖云梯攻城",高基"与麾下高玫、高经奋力击退,贼不敢近"。天启五年(1625年),钦赐诰命,"授高基武德将军"。

可见,高、杨土司家族骁勇而善战。

对比《中国新史》里的记述,再与《天全州志》的记载相比对,可以发现前者的很多细节是后者完全缺失的。《中国新史》里提到的那个被毒杀的王公,应该是土司高跻泰的弟弟高登泰。

大西军之所以一再讨伐高、杨土司,在于当时从成都逃往邛州、天全的明朝宗室成员与富豪甚多,天全全境成了大西国权力的"真空"。张献忠部下大将李定国亦传令雅州附近的邛州,宣布"降者鸡犬不惊,不降荇剿尽杀绝"。刘文秀显然要激进得多,《滟滪囊》指出,他领兵进驻邛州时"取遗民万余家尽屠之;又杀僧道千人"。大概怀疑他们之中会有间谍,立"搜山"、"望烟"等头目,"纵越高山大谷。有匿崖洞者,举火熏之。邛、蒲二百里,尽为血肉之场"。由此可以发现,黄虎的四大义子,屠杀四川老百姓的刀锋一个比一个锋利。何来半丝仁慈?

近年在邛崃市天台山发现藏数百僧人骨殖的"万人

坑"，佐证了这一记载。大西军攻天台山，遭到数百僧人的拼死抵抗。大西军从后山攻入，将全山僧众屠灭。"万人坑"呈墓室结构，外表像"井台"，有宝顶、石门，口小肚大，面积约有十几平方米。天台山景区管委会职工高叔先告诉我，他在20世纪90年代专门用竹竿去插量过坑内的累累白骨，寒气森森，呈絮状的白骨和粉状的骨灰厚达1米左右。

大西军刀锋转向邛州，城内百姓惊恐万状，为此跪求当地官员，希望他们献出官印以保全地方。雅州知州王国臣准备投降大西，逮捕了从邛州逃跑过来的官员胡恒、阮士奇，获他们携带的3方官印。高跻泰闻讯，立即发兵二千，进攻雅州的王国臣。雅州城被攻破，王国臣败逃，后来转到了成都，受张献忠封为"茶马御史"。高、杨二土司将胡恒等官员迎入始阳镇暂住。这就是大西国语境里的"雅州兵变"。

后来黄虎以兵来招降，高跻泰固守不服，抵抗大西军艾能奇部进攻雅州，艾能奇兵败退出雅州，大西政权在芦山县建立基层政权，"以（李）国杰来知芦山"，高跻泰得知后，又率兵进攻芦山，诛杀"伪政府"知县李国杰。

表象之下，另有隐情。

当时高跻泰和部下徐汉卿得到密报：张献忠义子艾能奇部李国杰受命到芦山，带来一笔金银财宝，他们是来秘密藏宝的。高跻泰得到的藏宝线索是"石刀对石斧，黄金万万五。谁能猜得破，买下成都府"。徐汉卿得到的线索却是："石锣对石鼓，黄金万万数。谁能识得破，买个成都府。"蜀地方言里，往往把"钱"称为"数数儿"，发音为去声。也由此，拉开了大戏连场的寻宝帷幕。

在与大西军对峙中，天全六番招讨司副使杨之明乃是一位决绝之人，他全权主持军事，大西政权遣使送金印前来谈判，他竟然"立斩其使"。旋即带领48人出兵攻打大西军，"统部将陈国富而下四十八人，扫境出师"。杨之明自觉兵力单薄，便又联络成都朱俸伊、阆州郑延爵部，合兵一处，在飞仙关、总冈山、邛崃南桥等处与大西军作战。"之明与贼遇于总冈，陈国富而下四十八人，大呼陷阵，贼势稍挫。洪氏率诸婢横贯而击之，贼乃败溃。贼以之明兵不易敌，益发精锐来战，再遇于南桥，自昼鏖战至夜分，贼骑愈多，遂不得脱，然亦无肯脱者。与陈国富而下四十八人，洪氏及诸婢皆死之。"杨之明死后，被"弃其尸锦江"。这说明他是被解押到成都后处死的。《蜀碧》提到了一些细节，与杨之明并肩作战的，还有成都进士朱俸尹、川北举人郑延爵等人，"俱擒，为贼剐于省城南门外。延爵逃至总冈山，收兵再战，没于阵"。直到乾隆四十一年（1776年）杨之明才获得朝廷封赏："赐谥烈愍。"

由此可见，相较于一波又一波的大西军，当时土司的兵力严重不足，远不是安文思眼中的数万兵马。别说大西军一次屠杀土司4万兵力，就是有4000人就不错了。

在这征讨过程里，大西军自荥经县过峡口而来。时任土司帐下文职官吏的胡家第七代传人胡升龙，率领乡勇于前阳坚壁清野，成功击退大西军。不久，土司强力反攻，保卫天全免遭屠戮之祸。胡升龙英勇善战，土司高跻泰奖其"保境绥靖"匾额，以励其行。

女儿城遗址

天全县的女儿城与石头寨（城）、寨子顶、白君庙、西湖胜景石牌坊、金盆照月石、望月桥等，构成了土司文化遗址群落。

位于始阳镇破磷村的石头寨，又名石头城。何谓"破磷"？当地史料无一字解释，我估计也是记音而来。经过羌族诗人羊子代我征询羌族老人，才得知"破磷"是"衣袖"或"衣袖里面"的意思；附近的"荡村"应为"宕村"，西晋永嘉元年（307年），羌人始建宕昌国。陕西省即有"宕羌"，这些地名体现了唐宋时期青衣羌在这一带生活的历史踪迹。石头城是修建于明朝土司官寨，具有中原的八卦风

石头寨位于天全县始阳镇318国道旁的破磷村，北靠青衣江，方圆2000多平方米。寨子四周绿草茵茵，树木森森，风景独好。寨子外围靠江，一座明代建造的白君庙保存尚好。与庙遥遥相对的是高土司因朝廷赐封而建成的一座石碑坊。

位于天全县破磷村的石头寨。图片由李存刚提供

格。城墙由石头砌成，墙中有墙，人行走其间，几个转向就头晕了，犹如走进迷宫。寨内的门窗镂空雕花，昭示主人曾经的风光与荣耀。如今却只能与满山寂寥的山风与丽雨对望，迎送晨曦黄昏。那个横卧田野上宽下窄重达百吨的巨石"金盆照月"，如今已委身于地，不见踪影。寨子入口处是高土司的家庙，青砖红瓦、雕梁画栋，名曰"白君庙"。阳光在萧瑟的山风中似乎过滤了阳光的热力，显得苍白而柔和，这座家庙已无力保护曾经辉煌过的宅院。

出庙前行30米有大石坊，这个名为"西湖胜景"的石牌坊，始建于明嘉靖二十三年（1544年），牌坊面向东北。中门前刻有楷书"西湖胜景"，后背刻楷书"父子忠良"，横额上下为双龙双凤图案。这是天全六番招讨司正招讨将军高继光书立，为雅安市唯一保存完整的明代石牌坊。

明朝"西湖胜景"石牌坊。图片由李存刚提供

值得一说的是，天全土司自古只许土官子女习武弄文，土民则世代为奴。天全大平山至毛山一带古称鳌山，有独占鳌头之意，为历代土司女儿跑马习武的练兵场，也就是著名的女儿城旧址。

据《天全州志》载："女儿城遗址在大平乡大平村。相传宋元间杨招讨在此垒石为城，派女将女兵驻守。"女儿城又名女成山、城头子、卧龙山、大寨山。在距离毛山村不远处的大平村，有一座高不过百米的小山，山顶有一片平缓的坝子，名为"女儿田"。女儿田处还有段长约30米、高约3米的土夯城墙赫然入眼。专家曾从城墙遗址上取土分析为：黄褐色黏土，土质板结，结构紧密、黏度大，其中夹有页岩和石片。当地人讲，20世纪五六十年代，这块田地四面还围有土城墙，形成了一座占地约12000平方米的土城。

昔日"女儿城"所在地。图片由李存刚提供

女儿城东北上方曹家湾山上的寨子顶，这里曾经是女兵们站岗放哨的瞭望塔，据说塔顶用马桑树盖成，传说马桑树有趋吉避邪的作用。站在塔楼上，东西南北尽收眼底。

相传，高土司生有二男三女，其中三女儿名叫高英，从小练就一身武艺。每当其父出巡，高英便随其左右，为父保驾，因此威名远扬。看到家兄及家族男人皆随父征讨，高英便叫上两位姐姐组织族中年轻女孩训练，短短半年时间，一支近80人的女兵队伍便在寨中诞生。高英挑了10位心细精明的女兵由姐姐带着留守村寨，其余几十名全随她屯扎在进可攻、退可守的大平梁上。这是村寨与外界的唯一通道，居高俯视可将村寨看得清清楚楚，一旦村寨遭遇事故，兵将即刻可飞马杀到。

天全副司杨之明夫人洪氏，是雅州洪千户之后，懂武艺，平时以石柱土司女英雄秦良玉自命，也有说是南宋梁红玉转世，还被尊称为"桃花夫人"，她组织了一队由婢妾组

成的女队。她后来与高英等人结为姊妹，一起训练女兵。她们在大平山顶安营扎寨后，成天操练，远近歹人闻风远走。在土司外出与匪徒对垒的日子，高英带着她的女兵好几次打退了雅州、名山、荥经等地意欲破寨打劫的土匪。尤其在高、杨土司与大西军之战中，正招讨高跻泰女儿、副招讨杨之明之妻率兵相随，奇袭飞仙关与多营平。女儿营连同女儿城一并毁于大西军刀锋下，这一带还流传着她们的传奇……

2018年5月，我到天全县走访土司的石头寨时，在村民家里，见到了一具竹藤编制的铠甲，时光久远，被使用、磨砺出的痕迹宛然。遥想三百余年前的腥风血雨，这具铠甲当是无声的证据。

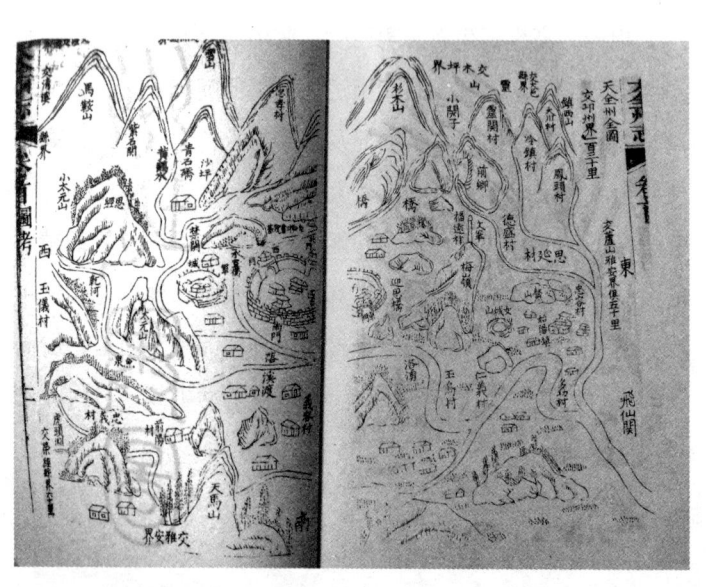

天全州全图。选自陈松龄编清咸丰八年《天全州志》

傍晚细雨淅沥，我沿着天全河的栈道散步。天全河古称徙水、和川，俗称始阳河。因它的长度略短于荥经河，屈居青衣江第二支流。道路边芭茅草密布，举起如戟似枪的银穗，让人联想起"芭茅生虎"的出典。古意盎然的天全河水奔流，泛着红色的浊流，那是昨天一场大雨的结果。河水湍急拍石的哗哗声，通过两山的共震，使山野里日夜笼罩在虎啸龙吟的氛围间……

黄虎的浓情快史

义气是一把双刃剑

　　起心动念是情，符合天地之道，就是情义；如果在情之中掺和了太多的一己私欲，那就是情欲。正人君子力图"割情欲之欢，罢宴私之好"；做不了正人君子的人，就被情欲牵着鼻子走，刀山火海在所不惜。滴水之恩，当涌泉相报；但你当初不仁，就休怪我今日无义。尤其是赳赳草莽，被"去女色"的英雄主义传统施以大灌顶之术后，他们的情义与情欲，往往是纠缠不清的。

　　这就意味着，传统男权文化哺育出来的情（性）妄想，偏偏要加诸貌美如花的女性，让她背负起简直不堪负载的道德重量，来匡扶男权秩序的建筑大梁，使得庙堂中人以及大量的在野观众，获得了空前的感官性快感。这样的心态，在《聊斋志异》里同样大量存在，那些自荐枕席、出钱置地、委曲求全、亲自洒扫、不图回报、只求真情交流的狐媚女子，不但成为小男人们仇恨社会、图谋不轨的安抚剂，而且也让他们的形而下之欲得到了合理排泄。这样的男权版婚恋神话，以女性樱桃之口娓娓道来，既获得了更广大民众的首肯，又暗合了男权情欲逻辑，更推卸掉了"万恶淫为首"的责任。然后，他们对着孔庙与牌坊，隔着衮衮华服，行拱手礼，突然打了一串响屁……

这是道貌岸然者的情欲做派。对于流民、江湖中人而言，他们戎马倥偬，脑后长眼，根本没有时间去与巍巍然的伦理扭捏作态。他们右手紧握刀柄，左手揽住细腰，喷着烧酒味道的阔口靠上去，疾风一般吹灭红烛与青灯，明月星辰做证，构成了他们的浓情快史。

洞悉人性不是把对方想得最坏，但也不是那么好，而首先在于确定对方"不是坏人"。然后，就去交往吧，可以付出，但记着别指望得到什么。

黄虎早期对待朋友很耿直，肝胆相照，眼里不揉沙子，不然他就不能统领一帮乌合之众，去伪存真，将之打造为收割脑袋的一把把长刀利剑。到了成都定都后，黄虎开始反刍友情，觉得友情可以拆开来进行实质考量。在这种奇怪的心态作祟下，他手持解剖刀一探究竟，开始戏弄友情，最后发展到游戏天地的程度。但他对待女人的态度却是更为奇怪的，并非全如史料里叙述的那般喜好醇酒妇人、贪色好淫。他到生命后期对于女人大开杀戒，也是有迹可循。

那个在延绥镇刑场上大喊"刀下留人"的明朝总兵陈洪范，并不知道他救下的抢劫官府库银的张献忠，多年后会成

为一方豪强并在湖北谷城接受朝廷招安。在黄虎居住于谷城老街方岳宗家里期间，有一段值得一书的兄弟情义。

黄虎闻听松江（今属上海）知府方岳贡的弟弟方岳宗在谷城，他把方岳宗拘禁起来，要榨出"浮财"，但结果出乎黄虎意外，方岳宗家除有不少书籍外，别无他物。这一结果，激发了黄虎良知，原来真有清官，让其顿生敬意。

方岳宗本为地方豪强，为人很讲义气，喜欢大碗喝酒。据说他有醉后发酒疯的毛病，所以他一再央求"张敬轩将军"不要灌醉自己。张献忠笑着说："此何妨？直当痛饮为乐耳！"有一回两人喝得酩酊大醉，方岳宗竟然手舞足蹈，拳击张献忠的后背。哪个敢摸老虎屁股？！彼此撕扯起来，黄虎竟然不是方岳宗的对手，而且衣服也被撕破了！但黄虎并不以为意，还夸赞道："真壮士也。"都是英雄嘛，要有度量。"大肚能容，容天下难容之事；开口常笑，笑天下可笑之人"的古训，黄虎是熟知的。

崇祯十一年（1638年）冬季，李自成并不明白黄虎接受招安的真假，冒生命危险，潜入谷城动员张献忠重新起义，并约定来年端午节前后同时起事。"双雄"相聚后，眼观天下的张献忠，果不食言，在第二年农历五月六日重树逆天大旗。

黄虎在谷城接受招抚，却没有驻扎在谷城而是驻扎在谷城的石花镇，这一驻就是4年。此地是黄虎恢复元气的天然宝地，他屯兵于此，觊觎天下。谷城背靠武当山，与李自成藏身的商洛山相连；面临汉江，既是天然屏障，又可水陆并进。谷城又与李自成首次称王的所在地襄京（即现在的襄阳）仅隔150里。

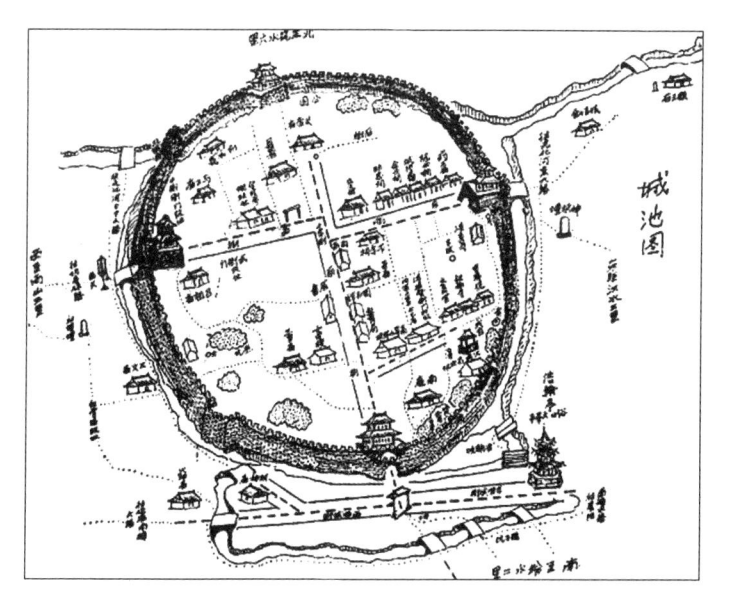

谷城城池图。原载民国版《谷城县志》

黄虎大军顺利占领了谷城县，他坐在城头上驱赶百姓，看着百姓跌跌撞撞像胡同里的羊，徒劳地来回逃跑，牧羊人黄虎心花怒放，他下令关闭城门。这时，方岳宗才慌慌张张地跑出来，远远大喊："张敬轩将军救我！"

黄虎连忙招手说：你怎么还没出城？再迟就来不及啦！于是吩咐赶快打开西门，放他全家老小一起逃走。由此可见，黄虎是耿直的，身上还奔流着情义的热血。

方岳贡是谷城历史上最高级别的官员。计六奇《明季北略》说：方家的方岳贡，任松江知府，算得上是一个清官。张献忠曾经写信争取过他："使为官者人人皆如我公，百姓不受朘削之苦，献忠何能起事？"敬重之情溢于言表。然而就是这样一位曾官居户、兵二部尚书兼大学士（宰相）清廉

之臣，最终还是惨死于李自成大顺军刀下。方岳贡著有《国纬集》61卷、《经世文篇》《是政篇》等。《明史》有传。

黄虎成为"老皇上"之后，他的恩重义气，似乎还在。但他强烈的自尊，与神经质肃反意识，已经明显压倒一切了。他就像一架天平，处于严重不平衡状态。他拼命想扭转态势，可是越是努力，天平就越发歪斜。

古人曰："盖有非常之功，必待非常之人。"如果把这话作为一个字谜，就暗示了一个极端的字：彻。彻底、决绝，不留余地。

但黄虎显然又高出一着，他的思维故意绕了一个弯。当局者就被迷惑，现出了原形。

处死蜀王后，黄虎"尝封蜀世子为'太平公'，以一艳妾为赐，戒之曰：'人苟不喜淫，勿蹶也。'未数日，公与妾同朝于张，向之微笑，缚公及妾并杀之"（柴小梵著《梵天庐丛录》，故宫出版社2013年11月第1版，卷十三，第371页）。

世子开始的时候只是一个称谓，儿子都是世子，后来演变成封号，也就是后来说的亲王嗣子，一般为嫡长子。保留蜀王长子之命，显然是黄虎出于希望蜀地长治久安的声望考虑。

黄虎给予太平公的待遇其实并不低了。他的谆谆告诫更是一语双关：要懂得礼数，还要注意身体哟。

现在，在威严的大西宫廷，他眼睁睁看到自己熟悉的女人丽花怒放，美得陌生了，美得不可方物，美得一塌糊涂，连同这个面首一般的文弱俘虏，他们竟然琴瑟和谐，秋波互荡，真是不知廉耻！两人敢于以微笑来挑战"老皇上"的神经！这不是找死吗？

黄虎黯然，因黯然而绝望，因绝望而勃然。

他吩咐：立即动手，把这两个狗男女砍了。

嬲，读niǎo，有纠缠、搅扰的意思。在黄虎的语境里，他与太平公之间，夹着一个以往平常、现在突然美丽的女人。他，感到了无边的嬲。

但试想一下，没有纠缠、搅扰，不嬲的话，又如何有江湖恩怨和引人入胜的传奇呢？很多人毕生都不认识"嬲"字。他们从没料到：打铁的锤子是拿来出头的，镰刀是用来收割脖子的。

黄虎根本不喜欢"嬲"的世界，一嬲即动杀机。

他其实喜欢"嫐"。

嫐，读nǎo，嫐比嬲多一层意思。《康熙字典》："娆，嫐也。"说明嫐另外还有娇媚、柔弱、妖娆、妩媚的意思。

黄虎一直深爱朋友，在成都也一直爱着哥们。一日不见如隔三秋，酒的好处是可以把自己独自带回往昔，一窥铁马金戈的峥嵘岁月。友情激荡汹涌起来倒灌喉头，发出一股泔水的馊味道，怎么回事啊，黄虎发现友情比酒更醉人。

我们再看一段记载：

张酷好朋友，遇相知，彻夜欢饮不懈。及去，厚赠之。而预遣人伏中途，斩其首归，椟载之以随。军中独饮不乐，令启椟曰："请吾好友来。"取头遍列席间，持盏劝酹，欢

洽若生人,名曰"聚头欢宴"。(柴小梵著《梵天庐丛录》,故宫出版社2013年11月第1版,卷十三,第367—368页)

这些细节不见于学术中人倾心的宏大叙事,但如此细微的事情也被文人们予以记录,是可以看出一些端倪的。这与黄虎击杀大西国的武状元张大受一幕,何其相似!简直像一个剧本的两次成功演出,一次比一次更注重细腻情感的表达。从聚义演变为聚头,他把斟满烈酒的玉杯亲手奉到头颅跟前,嘘寒问暖,把酒言欢,附耳交流。他要把某种一直为他供暖的情感,保持下去。他绝对不容许这种纯洁的情感受到任何玷污。

在我看来,黄虎并不完全清楚自己在做什么。他只是在充分利用一切机会,显示绝对权力并自我放纵。生与死之隔,就像刀锋一般薄,甚至就是一回事。

但活着的情义永记心中就可以了,情义是多么可贵啊。

来来来,饮尽这杯再说。足够人生浮一大白。

黄虎把桌上的酒统统一饮而尽。

我至今以为,黄虎仍然是喜欢朋友的,他一直有义薄云天之概。一切的一切,大西大西,都是为了明天的大西,抛头颅洒热血合情合理,各位臣公必须竭尽每一滴血。只是,他不喜欢孬的人以及孬的恶世界。勿孬!他喜欢独自面对沉默的情义,比如死人脑袋,安静如学堂里学生,痴望着功名利禄的明天。他唶然长叹,美丽新世界是自己动手打拼出来的。举杯邀明月或者虚无对饮,就够了。

因为,他不放心有一双他者的眼睛,注视自己的酒杯。

攻襄阳找回面子

追随在女人的石榴裙左右，将她们的德性与追逐者自己的人生目标合一，一直是文弱书生的狂想曲。女人可以激发男人的雄心壮志，最棒的女人却可以平息男人的野心。她们把男人的灵魂提升到距离躯壳很远的地方，再让男人们成功地独自返回，成为完整的自我。这些浅陋之论，对于扬刀立马者来说，娘娘腔，耶！

黄虎妻妾们的命运是殊途同归的：屡杀屡易。

崇祯十四年（1641年）六月，明军大将左良玉在位于川楚秦豫交界的玛瑙山，与黄虎打了一场恶战，黄虎损失惨重：年仅8岁的儿子被俘后自刎（这一结局让人非常怀疑。如果是真实的话，足以看出虎父无犬子）；黄虎一共有妻妾9人，一是丁氏，二是敖氏，三是高氏，四是白氏，五是刘氏（潮广蕲州荆王元妃），六是老脚。在这场恶战里，妻子敖氏、高氏与养子惠二（儿）等7人被俘，另一位妻子被俘后拒不受辱遭到杀戮，军师徐以显、潘独鳌亦被官军俘获。更为丢脸的是，张献忠自用的篆有"天赐飞刀"四字的镂金刀，以及篆有"西营八大王承天澄清川岳"的虎符，也在这一役中丢失。对于胸怀天下的大西王而言，这非常丢人现眼。

潘独鳌为人机警，化名"刘若愚"希望蒙混过关，"若愚"是渴望鱼目混珠，"若智"才是本质写照。但是，官军已从俘虏中得知真相，还从他身上搜出了他写的两首"反诗"为证，其中一首题为《白土关阻雨》："秋风白雨声，战客听偏惊。漠漠山云合，漫漫涧水平。前筹频共画，借箸

侍专争。为问彼苍者，明朝何是晴？"白土关位于竹溪县境内。此诗大概写于崇祯十二年（1639年）秋季，张献忠与罗汝才联合攻打竹溪之时。

擒获了黄虎的妻妾，连同张献忠的心腹徐以显、潘独鳌等人，官军兴奋，立即押送到防范森严的襄阳城监狱。襄阳知府王承曾年少轻狂，沉湎酒色，见到押送来的张献忠妻妾各个"体健貌端"，袅娜多姿，顿时精神焕发，验证了他萦绕心间的绮丽怀想。因为他早就"悦敖氏、高氏之艳。托以问贼中事，笑语颇洽"。王承曾的拿手节目是"每晚囚簿呼名"，在高声点名的吁求下，美女们燕语莺声自唱芳名，王承曾事必躬亲，但如沐春风。假公济私，温言软语，眼睛喷火，种种迹象表明，王承曾不愧为风流少年，而黄虎的妻妾，显然也是一问一答，秋波横溢。他不仅没有因张献忠妻妾的到来而加强防范，反而以为天下很快平定，对襄阳的防范不以为意。

玛瑙山之战是黄虎一生里十分罕见的大败仗。自己的女人被俘，就像头上顶着一坨屎。他岂能咽得下这口恶气！

几个月后，黄虎与罗汝才逃到郧阳，郧阳巡抚袁继咸集中兵力予以阻击，最终迫使黄虎败走宜城。黄虎熟悉兵法，率军逃亡途中，侦察得知襄阳城势力薄弱，决定出其不意，予以致命一击。他派出12名骑兵，半路截杀明军的传令兵，伪装成公差。二月初二的半夜，霜雪茫茫，农民军假扮成明军传令兵，来到襄阳城下叩门。守城官员草草看过农民军拿出的诏令，便放其入城。

12人的先遣队，立即挥刀斩杀守门官军，同时预先渗透到城中的几百农民军也随之起事，一时间襄阳城门失去控制。襄阳城里还有一部分因被污蔑而投入监狱的书生，也随之杀出响应。这些书生家里有钱但比较吝啬，襄阳县令贪图他们家中的财富，便派人造假证据，污蔑其不守法律，将他们投入监狱。结果这些书生十分激愤，便投降农民军，并将官署里的机密资料全部搜索并献出。当时，城内农民军纵火烧城，火光漫天，后面的大部队疾驰赶到，各处城门都被打开。

初五早上，农民军已成功突入城内。倾情于黄虎妻妾的王承曾突围逃走了。三月，王承曾等人"以失城"解京提问。南明刑部于1644年的结论是，王承曾"应绞拟赎"，即"无大咎也"。后为荆州知府，其人生结局竟然是峰回路转。从王承曾的转折里，不难得出明末江山倾颓、人心崩坏的恶兆。

比起王承曾来，襄阳城内的官员，运气就太差了。

驻守襄阳的将领李天觉城破时向北磕头礼毕，将官印放到案堂上后从容自尽。农民军焚烧城内的襄王府，并活捉襄王朱翊铭，这位襄王可是与万历皇帝平辈的堂兄弟，也是当朝皇帝崇祯的叔爷爷。

这个面子就大了，足可以抵消埋在心头的鬼火。

次日一早黄虎入城，他大大咧咧坐在高堂，年过七旬的襄王跪在堂下，屁滚尿流，高喊千岁爷饶命。黄虎一听，反讽起来："你是千岁，倒叫我千岁。我不要你别的，只借你头一用。"襄王说："宫中金银宝玩，任千岁爷搬用。"献忠道："你有什么办法能禁止我不搬呢？只有一件事，你不

杨嗣昌像

给我头,那杨嗣昌就不得死。"因为襄阳属于杨嗣昌的防区,而在明朝"失陷藩王"肯定要被杀头,张献忠只要杀了襄王,杨嗣昌就难逃一死。

在黄虎雷鸣电闪的唾骂下,襄王萎顿倒地,全然没有皇家风度了。黄虎暴跳起身,连砍三刀。襄王身首异处,尸体也随即被焚烧。黄虎下令,襄王家眷及其第三子贵阳王朱常法等43人也被杀于西城门外。

在城楼冒起的冲天火光中,福清王朱常澄运气较好,竟然趁乱逃走。后来派人悄悄前来收拾襄王尸骨,结果只捡到数寸头颅骨。

黄虎的妻妾们,在襄阳监狱里几乎为他戴上了绿帽子。当然,为了活命,这一切暂且记下。他派人去监狱,迎出了妻妾以及潘独鳌等。由此可见,黄虎的情义。

义军收缴了官军大量的军饷和军用物资,补充了自己的装备和给养,拿出白银15万两救济穷苦百姓和各地饥民。

闻报,崇祯皇帝大怒,逮捕了一批懦弱官员。襄阳城是杨嗣昌围剿农民军的军府,城内军资器械堆积如山,结果被农民军掠夺一空,这是杨嗣昌的全部家当,由此注定了杨嗣昌的结局。

襄阳战役提高了张献忠的威望。有论者认为：襄阳战役之后，"献忠自诩威名远出自成右"，张献忠部进入了极盛时期。

次年湖北襄阳、郧阳大旱，蝗虫蔽日，野无寸草。左良玉军队二三万人入城，洗劫早已经历大劫的百姓。"士民相见，无不痛哭流涕！不恨贼而恨兵，真惨极矣。"［高大枢著《守郧纪略》，见《虎口余生记》（外十一种），北京古籍出版社2002年9月版，第8页］

湖北谷城高速公路入口处的李自成张献忠塑像

最后一句，堪称画龙点睛。

皇后的接力棒

黄虎在河南作战时，曾娶丁举人之妹为妾。（见光绪《黄州府志》卷二十二）

这是怎么"娶"到手的呢？

姚雪垠《李自成》当中是有描述的：张献忠在南阳，闻听新野丁举人之妹甚美，正要远嫁唐县。于是在丁举人的妹

妹出嫁途中，花轿被张献忠劫走，成了张献忠的妾。当妹妹刚被抢走的三四个月时间内，饱读诗书的丁举人认为简直是奇耻大辱，痛恨妹妹不能大义殉节，并且责备母亲不该为此事哭哭啼啼，他指天画地，愤怒怪罪母亲的家教不严。可是从张献忠接受了官府的招抚之后，丁家妹儿派人带了厚礼来家探亲。哇塞！"压寨夫人"扬眉吐气，轰动乡野。丁举人一看，一度念念有词的礼教瞬间轰毁，人生观为此大变。从此后，他以是张献忠的亲戚为荣，吹嘘妹妹的八字好生得尤其好。丁举人除了经常去妹妹处打秋风外，还依仗和张献忠的关系，寻求仕途晋升的机会……

丁举人意气风发，足可以浮一大白。

丁举人并不可耻，文弱书生不能不顺势而导、水到渠成，坦然接受璀璨命运。

当然，黄虎的确正儿八经"娶"过一个女人。

崇祯十一年（1638年），黄虎在谷城期间，聘娶敖生员之妹（见徐鼒著《小腆纪年附考》卷二）。具体情况是，四月八日，明政府宣布张献忠受抚。受抚仪式在距离谷城县城十里的王家河举行，张大经代表朝廷授予黄虎副总兵的官衔，按照协议规定，受抚后的张献忠屯驻谷城。张献忠将受抚地点王家河改名太平镇，以示休兵，共享太平，又娶敖生员之妹为妻，并将家一度安在当地绅士方岳宗家里。黄虎后来在谷城修建了一所大宅院，院内有牡丹，竟在冬月盛开。有人恭贺道："老爷必有天日之分，从未见有牡丹花开此时的。"

美女妻子、大宅院，加上冬月牡丹怒放，一系列不平常的诡谲之事，看得黄虎心花怒放。这些都是一层层的迷彩，情义也是迷彩。他是一副解甲归田的样子，顺民的样子，呵呵呵。本来可以学学姜太公钓鱼，可惜无鱼可钓，只好成天喝酒，好像在消磨意志。

黄虎的岳父，一直跟着女婿勇闯天下，辗转来到成都。他本名不详，因为皈依天主教，传教士赐名"伯多禄"。根据以上记载判断，可以推测他应该是丁氏或敖氏的父亲，是丁氏父亲的可能性更大。我想，传教士赐名伯多禄（拉丁语：Petrus），此为罗曼语系的姓氏，是天主教的圣名。伯多禄意为"坚如磐石者"，中文意为"年长者的福音"。老人"坚如磐石"地挨到了西充县老营，终于被狂躁不已的黄虎一刀砍作两段。

可以看出为了心中的"天条"与"大义"，黄虎六亲不认的决绝。

黄虎在蜀，"有一妻七妾，皆有殊色，然性不好淫，一妾兴发，强龘之，张引刀立斩其首"（柴小梵著《梵天庐丛录》，故宫出版社2013年11月第1版，卷十三，第371页）。

这一段话较为罕见，但较为合理地解释了长期行军的黄虎，朝不保夕状态下形成的身体机警。需要注意，此处出现的"龘"，已经让黄虎的审美从丝绸滑向了刀锋——尽管这两者具有情欲的美学通感。

经过一系列宫室扩建，崇祯十七年（1644年）十一月十六日，黄虎张献忠在成都宣布登极称帝，建立大西政权，既是建国，所以也称大西国。这是中国大地上继朱由崧、李自成之后出现的又一个皇帝。这样，华夏版图上出现了四大

权力集团的柄权者：福临、李自成、朱由崧、张献忠。

依蜀王府旧址基础上改造为大西皇宫，张献忠黄袍加身，文武百官磕头如捣蒜，齐声高呼"万岁万岁万万岁"。此时，身披黄袍的张献忠俨然黄虎也，龙盘虎踞，红光满面，挥舞巨手，健步登上金銮殿……

既然天子出临，不能没有皇后。黄虎喜欢的刘氏出身高贵，但毕竟是荆王的女人，可以担此大任吗？

天命二年（1643年）正月间，张献忠率军冒雪攻克蕲州，数百万皇宫宝物、美女悉归己有，这当中还包括传奇的宫女"大脚"。明宗室荆王朱慈烟被张献忠装入囚笼沉入长江溺死。荆王元妃刘氏仪容出众，号"荆州妃"，张献忠一见，惊为天人。美女由此横移床榻，跟随起义军跋山涉水入川。井研县陈演女儿出任大西皇后才九日即被黄虎诛杀，刘美女好不容易熬到出头，终于成了"大西皇后"。

张献忠攻克成都后，大西宫廷后苑凑不够三千佳丽，那就只好来一个"弱水三千，只取一瓢饮"。还是拥有300名嫔妃以及原蜀王府的太监，他先后封有4位"皇后"，分别是丁氏、白氏、刘氏、陈氏。皇后陈氏的命运却散见于各种正史野史，显得尤为触目惊心。

明末崇祯帝的内阁首辅中，四川井研县井研乡人陈演被《明史》称之为人"既庸且刻"。《明史》对他的评价，简直可以说就是一个负面形象。

陈演（？—1644），字发圣，号赞皇。天启二年（1622年），陈演考中进士，改为庶吉士，进入翰林院出任编修职务。崇祯帝即位后，陈演升任翰林院掌院（翰林院的主官，总领侍读学士以下的翰林院各大官员）。崇祯十三年（1640年），陈演又升任礼部右侍郎，协理詹事府。由此，他也成为井研县历史上官职最大的名人。

无能之辈，最大的能力是善于揣摩上级意图，当然这是他们过五关斩六将的看家本领。陈演同样善于"揣摩圣意"，甚至无所不用其极。崇祯十三年四月的某天，陈演得知，翌日崇祯要召见群臣。当崇祯帝问起国政之时，陈演对答如流。崇祯认为陈演忧国忧民，宣布：升任陈演为礼部左侍郎兼东阁大学士，进入内阁。陈演的私欲由此得到了制度化的疏导。

二月八日，李自成攻陷太原，京师震动。蓟辽总督王永吉、顺天巡抚杨鹗建议紧急征调吴三桂进京"勤王"。崇祯召开紧急御前会议，最终达成决议：征调吴三桂。但陈演、魏藻德等内阁大臣接到圣旨后，迟迟不动，导致此事一拖再拖，延误战机。陈演后来也意识到了问题的严重性，上疏引咎辞职。激起群臣公愤，表示要追究陈演的罪责。

陈演对崇祯帝说："我判断失当，罪当死。"气得崇祯帝大骂："汝一死不足蔽辜。"把他轰出了大殿。

陈演虽然丢人现眼，但他解脱了，可是大明王朝的劫难由此铸定。三月四日，崇祯帝决定放弃宁远，征调吴三桂、王永吉、唐通、刘泽清等"勤王"……"勤王"军队尚未赶到，李自成的刀锋已经砍破了北京城门。

陈演想逃离北京，但他为官多年积累的财产实在太多，又舍不得丢下。犹豫之际，他只是让长子陈士楷、女儿九姑娘等抢在大顺军围城之前，动身回到四川井研县老家。儿女

带回家乡的这一批财宝，数百年间引得无数窃贼接踵而至，以致井研县不少豪门大户的墓穴难逃厄运……

陈演不得已，主动向义军将领刘宗敏献出4万两白银，希望活命。不料，家仆对陈演恨之入骨，告发说陈演家里还藏着很多金银财富。

义军一挖，果然如此，刘宗敏大怒。对陈演严刑拷打，陈演又献出数百两黄金，珍珠数斛，古玩无数。

此时，李自成在山海关被吴三桂和清军接连打败，被迫撤离京城，为防止明朝旧臣"作乱"，把陈演为首的一百多位明朝大臣，押往平则门外斩首。

陈演做首辅10个月，政绩上，可以用崇祯帝在罢免他前一天说的话做总结："朕不要做，先生偏要做；朕要做，先生偏不要做。"

黄虎娶井研县陈氏九姑娘为皇后，是右丞相严锡命出的主意。《明季南略》："乙酉春，（大西军）夺取井研县。"这就是说，出自名门的九姑娘是被大西士兵发现、上报的。与陈演一样，严锡命很善于揣摩圣意。张献忠身边美女如云，但均出生卑微，或来路不正。因此想找一位出身高贵、气质高雅、相貌出众的女子做皇后。

九姑娘系名门闺秀，相貌出众，其父为大名鼎鼎的陈演。严锡命与陈演都是四川人，曾打过交道，知道陈家儿女回到了老家。如今世道大变，陈演已死，严锡命为了苟延残喘，便不顾与陈演的交情，干起了伤天害理之事，把陈氏送进了宫。

礼部写了一个冗长的方案，张献忠生气地说："皇后何必仪注？只要咱老子球头硬，养得他快活，便是一块皇后矣，要许多仪注何用！"

说归说，仪式还是照常进行。

这个迎接皇后的议程之所以铺张，一方面在于博得黄虎高兴，另外一方面在于向世人宣告，大西国的确立。

自成都南门五里外架桥高十数丈，逾城直达蜀王府的大道上，左右装上五彩栏栅，搭结锦棚，做成明珠像星辰造型，首尾悬水晶灯笼像日月，望之如长虹亘天，迷离夺目。

清朝到民国，成都民间一直视南门为"喜门"。来历是否与这一次迎接皇后入城有关，是值得考究的。

皇后入宫，黄虎慷慨地封其兄陈士楷为国戚。

顾山贞记载了一桩逸闻：

（黄虎）一日下令云："陈娘娘欲斋僧，大僧银十两、小僧银六两。"以黄封封银柜，舁入寺中，诸僧皆喜。更有小儿求僧曰："我愿削发做沙弥，得六金，当以半谢！"僧唯唯。及期，大小僧几万人入寺领银，贼闭寺门，每十僧贯以一绳，尽杀之。[边大绶著《虎口余生记》（外十一种），北京古籍出版社2002年9月版，第96页]

这种游戏心态，与黄虎"喜好朋友"的故事一模一样，足以体现其心性的诡异。

陈氏自幼锦衣玉食，教养很好，被迎进大西皇宫后，十分厌恶这位粗俗不堪的草寇皇帝，因而成天悲悲切切、寻死觅活。夜里，张献忠要她伺寝，她总是冷若冰霜，不愿迎

奉。见自己的热脸贴了冷屁股，张献忠大为不悦，于是来个霸王硬上弓，这使得陈氏更加憎恨张献忠。

陈氏进宫的第9天，张献忠喝完酒后照例回宫要她侍寝。陈氏见他喝得大醉，不愿伺候。张献忠勃然大怒，命人把陈氏勒死。可怜一代川中美女陈氏就此香消玉殒，陈演一家从此灭门！

"宜正坤位"的九姑娘，仅仅做了9天皇后。"荆王元妃"升格为皇后。

稗官野史对皇后九姑娘还有一些记载，比如说："献忠既亡，孙可旺等乃奉伪皇后陈演女为主，驻遵义桃源洞；可旺等诸贼每早必往朝贼后，凡事奉请而行，伪宰相汪某辅之……"这些记载是张冠李戴，这里说的是刘皇后的结局。大西大顺三年（1647年）正月，张可望率大西军主力出川，摆脱了清军，转兵贵州，"所过民皆安堵"。途中，于遵义桃源洞处决了在大西政权主政四川3年中，犯有严重错误并负有重要责任的左丞相汪兆麟，同时处死了对张可望等主政军中起实际掣肘作用的张献忠皇后，整饬了内部纪律。

历史学家任乃强在甄别《逸民氏·蜀记》一书时，认为此书"通篇夸言杀人"，但仍有不少可取之处："……献忠被清兵射死后，'伪皇后丁氏、白氏、刘氏、陈氏拼命逃出'。丁氏系在谷城所娶，陈氏是称帝后娶井研陈演女，皆确有实证。峨眉山金顶就藏有陈皇后献珍珠散，余曾亲见。白、刘二女不详。且其叙次先后，未乱，亦足见其确有依据。"（任乃强著《关于张献忠史料的鉴别》，刊《张献忠在四川》，《社会科学研究丛刊》第二期，1981年2月版，第206页）

任乃强先生这一考据也有瑕疵。其《关于张献忠史料的鉴别》认为："献忠建国称帝后，立井研陈演女为皇后，迎娶之礼甚隆，《蜀碧》记之颇详。唯云'不七日，皇后赐死，其兄亦受极刑'则误。利、安二教士所记，屡言'献忠之岳丈'未著其名。大顺元年冬至日大宴，其人与献忠、汪阁老及二教士同席。后遂以全家皈依天主教。至大顺三年时，因二教士谏献忠残杀，迁怒受诛，非十日，即刑死也。"

他显然混淆了陈皇后、刘皇后，而且没有厘清黄虎岳父伯多禄的情况。

清顺治三年（1646年）七月，张献忠决定放弃成都。鉴于女人是斗争的腐蚀剂，他率先垂范，并"尽杀其妻妾，一子尚幼，亦扑杀之"。放下屠刀，他对义子孙可望说了一段话："我亦一英雄，不可留幼子为人所擒，汝终为世子矣。明朝三百年正统，未必遽绝，亦天意也。我死，尔急归明，毋为不义。"

有情有义，存天理灭私欲。其实，他最爱的是无休无止的斗争，是斗争中的自己。

乱世书生欧阳直

苦学与苦命之子

欧阳直（1620—1698），原名欧阳睿年，字公卫，号淇竹，行十，广安州（今广安市区花桥乡）人。花桥乡素有"广安北大门"之称，位于渠江以西、广安市主城北部，其东北面与达州市渠县接壤，西北面与南充市的蓬安县、营山县交界。明太祖洪武四年（1371年），将其纳入版图，同年广安府改名为广安州，明思宗崇祯十七年（1644年）后，先后为李自成、姚黄（姚天动、黄龙）武装团伙及明将甘良臣等部轮番占领，为历经劫难之地。顺治四年（1647年），清军灭大西政权，花桥归入清朝版图，隶川北道顺庆府。至今仍有欧阳家族繁衍。

明万历四十八年（1620年），欧阳睿年出身于广安州花桥乡一个略有薄产的耕读之家。他的经历较为悲催，4岁丧

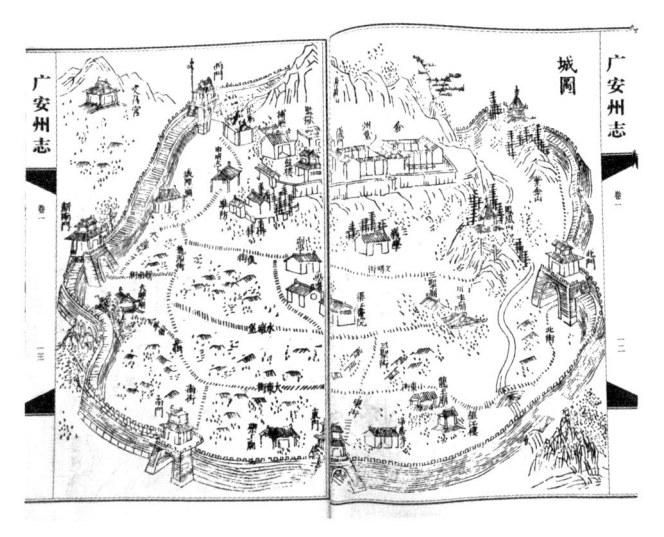

广安城全图。选自清咸丰版《广安州志》

父，7岁丧母，10岁时他的3个哥哥相继去世。嫂嫂傅氏为渠县世家出身，带他回到娘家生活。孤贫让一个人懂事很早，他发奋力学，读书不已。嫂嫂的哥哥傅维吉十分怜悯欧阳睿年身世，希望他有出息，每每资助笔墨费，还为桑梓好学子弟组织了一个"梅社"。欧阳睿年尤喜韩愈、苏轼文章，曾经在一个大雪乱飞的夜晚孤灯相伴，读至天明。

欧阳睿年14岁时参加州试，被知州马乾慧眼看中选为头名，进入州学，算是庠生。17岁娶亲，均由嫂嫂提供一切聘礼。他成家后奉迎嫂嫂到自己家里生活，供养如母。崇祯十五年（1642年）22岁补博士。在儿子诞生后不久，夫人刘氏突然病故，欧阳睿年当年又续弦于乡里，功不成名不就，他只能继续攻读，一条路走到黑。

崇祯十五年（1642年）八月，黄虎大西军攻占成都，建大西政权，张献忠开始也欲萧规曹随，在全川四道设立学院"取士察吏"。

鉴于人才不丰，求贤若渴的黄虎下令，四川的读书人必须参加大西会试。欧阳睿年于该岁秋季赶赴蓉城，参加了大西科举会试。才华如锥，锥处囊中，大西皇帝目光如炬，立即钦点欧阳睿年为大西国大顺元年（1644年）甲申科榜眼进士。由此，欧阳睿年就像进入到一个锋刃与血肉相交汇的绞肉机内部，他只能在缝隙里苟延残喘。

欧阳睿年先是奉旨发光禄寺给养，这是一个礼仪性的虚职，不久调东平王孙可望部任监军，再后来转骁骑营刘进忠部任职。大顺二年（1645年）三月开始，黄虎大开杀戒，甚至对自己军队里的四川人也不放过，刘进忠十分畏惧，背着张献忠欲联络清军，由此火花四溅，内讧峰起。利用军队乱哄哄之际，欧阳睿年乘乱逃出，返回数百里之外的广安府老家，由于害怕大西国按图索骥捉拿逃犯，他改名"欧阳直"，立即处理房产收拾细软，购舟携眷，准备远遁贵州永宁一带山区。在许多四川人的眼中，当时属四川管辖的遵义府以及贵州山区，仍是一方可以安身立命躲避战祸的偏壤静土。

由于携家带口必须走水路，而由广安南下的渠江水路，从永兴场到重庆府，有"内槽"和"外槽"之分：内槽路线是永兴—双河—古桥—阳和—高兴—观音—溪口—三汇—北碚—重庆，这一条路线紧贴华蓥山麓而行，路线相对较近，但常常遭遇山匪抢劫，故走的人相对较少；外槽路线虽远，

位于广安市渠江边䇯子滩侧的白塔。南宋淳熙至嘉定（1174—1224年）年间建。四方形，通高36.7米。塔身为砖石结构，仿木楼阁式建筑，共9层

但较安全，其路线是永兴场—清溪口—明月场，在代家嘴（老渡口）过渠江，经沙湾至罗渡，再依次经打铁口、丹溪口、云门镇、合川县城，直达重庆。分析起来，欧阳直一家应该走的是外槽路线。不妙的是，船至渠江边的明月渡，他们遭遇了浩劫。

老渡口是岳池县罗渡、石垭片区群众前往明月场、双河场、永兴场的必经之地。兵荒马乱时节，交通要冲更是成为强人横行的所在。从陕西入川、纵横于川北的姚黄，俨然成为鱼肉百姓的第一把利刃。

在张献忠纵横西南前后，除明官军和地主、土豪的武装残害百姓以外，还有一股从陕西流入四川北部的土匪势力，俗称"摇黄"，杀戮百姓最为凶残。这帮乌合之众很是

复杂，既有暴民、流氓、土匪，也有破落地主与土豪。后来成为明官军并曾投降过杨展的袁韬、武大定，便是地主、土豪出身，他们曾经就是"摇黄"的大头领。费密《荒书》记载"武大定，贺人龙旧部曲也"。当时，也称之为"土暴子"。

在明月渡，遇到"摇黄"团伙突然拦船，他们不由分说上船横刀就砍……欧阳直妻儿一见求生无望，被迫投江溺亡，奴仆被杀或被掳。欧阳直最后被俘，没有被一刀毙命，在于"摇黄"认为他是逃亡的财主，必是一头"肥猪"，除了船上细软之外，肯定还藏匿有大量浮财，于是对其施以鞭打炮烙，渴望榨出最后的油水。欧阳直百口难辩，被打得死去活来……

刀锋之下，高喊"我是读书人"听起来有些可笑，但却是具有起死回生之功。一位"摇黄"的小头目一直在拷掠欧阳直，其身边依附他活命的，有不少抢来的民女。一位赵姓女子向小头目代为哀求，留下吧，留下一条命吧！小头目喜欢这个赵美女，心一软，就决定刀下留人。杀人固然可以为乐，但杀人为乐之余，也许土匪们知道"读书人"可以做一些辅助杀人的基础性工作。

欧阳直被押解到"摇黄"营地，见到了匪首"镇西行十万"。

欧阳直后来在《蜀乱》里描述说：

"乙酉（清顺治二年），……'摇黄'贼屠巴州、通江、东乡、太平、达州、梁山、新宁、开县各地方，人烟俱绝。""'摇黄'贼攻破长寿、邻水、大竹、广安、岳池、西充、营山、渠县、定远各州县，城野俱焚掠。炮烙吊烤后，尽杀绅士及军民老弱男妇，掳其少妇幼子女入营。所获壮丁，用湿牛皮条绳之，文其面背粮，无人得脱。积尸遍地，臭闻千里。张献忠设监纪通判，驻防参将同有司官赴广安，'摇黄'贼攻围杀之。"

"丙戌（清顺治三年），'摇黄'贼行十万，争天王，夺世王、争食王、马朝（即马超），俱移大营屯于广安州之河东。顺江棋布而居，上抵达州、下抵合阳，连营千余里。数日内，草木根俱为采薪挖尽，采粮至月余路而后返。"

"大清肃王班师，由秦北旋，因蜀中粮绝也，明宗室朱容藩自夔东而南上，招安'摇黄'贼。封争天王袁韬定西伯，行十万呼九思镇西伯，联络王祥、李鹞子、余大海等，恢复重庆。未几，官兵不和，各散去。城无人烟，草木荒塞……"

看起来，作为"摇黄十三家"之一的"行十万"，强人巨膂，但绝非省油的灯。他一见欧阳直细皮嫩肉，估计油水"大大的有"，立即下达了凌迟之令，他就是要看看文人一触即溃的抵抗力，与财宝提供的动力，谁主沉浮。突然，一个女人在大堂跪下来，向"行十万"磕头几十个，苦苦哀求。对此，"行十万"大为受用，这个代欧阳直求情的美女，也是他的新宠，美人落泪，玉树千枝花带雨，金菊万朵月含羞。他吩咐"且慢"，莫哭了莫哭了，将欧阳直收监再说。

一会儿，有一女佣来探视欧阳直，自称是"行十万"爱宠向夫人的丫鬟，向夫人原为通江县绅士的侄女，被掳来做

了压寨夫人，但身在曹营心系大明正朔，要救书生于水火。女人的心，不好揣度，此为一证。

向夫人怜悯欧阳直是同乡且是读书人，一番耳鬓厮磨，加上嘤咛几声，总算得到"行十万"首肯，并委任欧阳直为一小头目，并大度地送给他两个女人充为妻子。这就是说，都是自己人，都是兄弟，亲如一家。欧阳直承认，"衣食起居悉加亲人礼"，足以显示出向夫人在土匪窝里的"英雌"身份。欧阳直依靠向夫人的大力庇护，写写算算，身体康复，越发唇红齿白，在"摇黄"营地扎根下来，而且生活得有滋有味。

欧阳直与向夫人到底发生了何等交往，我们不得而知。年少俊美的欧阳直明显受到了优待，遭到了周围人的嫉恨，欧阳直感到了越来越强烈的敌意。谣言四起，直捣男人的自尊。可是"行十万"心怀宽广，并未有吃醋之酸，一直相信他……两年之后，熟悉周围一切情况的欧阳直，与"摇黄"团伙混得厮熟。有一天，他突然丢下两位妻子，孤身从"摇黄"营地奋力逃亡，上演了一回书生千里走单骑。

从欧阳直前后两次获得美女搭救的经历而言，这就决定了他不是一般人，总有贵人相助，具有一种幸运儿的奇特命势。

他一路来到定远县（今武胜县），经过驻军反复甄别后，抚镇曾英置之为幕僚。

抚镇曾英与巡抚马乾会师于合阳镇，巡抚马乾曾经任广安刺史时点欧阳直为童试第一，鉴于混乱时节急需人才，不久马乾委任欧阳直做安居县县令。

欧阳直记录道："'摇黄'贼破长寿、邻水、大竹、广安、岳池、西充、营山、渠县、定远各州县，城野俱焚掠，炮烙吊拷后，尽杀绅士及军民老弱男妇，掳其少妇幼子女入营，所获壮丁用湿牛皮条绳之，纹其面背粮，无人得脱，积尸遍地，臭闻千里。"

清顺治四年（1647年），由于连续干旱与土匪趁火打劫，饥荒面积越来越大，一些地方逐渐发生人吃人的传闻。起初欧阳直并不相信。身为安居县令，还没当几天官，有人忽然晚上来到县衙拜谒欧阳直，告诉他："这里因为久无粮食，经常吃人。现在他们见你年少丰腴，准备对您下手了，请您还是赶紧跑吧。"看起来漂亮的男人尤其危险。欧阳直大惊，带着这个报信人连夜逃往内江县马乾抚军营帐，痛说虎口余生记。从此依附马乾，双股战战，简直再不敢离开半步。

在内江避祸期间，当地乡绅范文英的弟弟因为战乱缺粮，无力奉养母亲，来向马乾求助。马乾送了几升米给他，谁知当天晚上就被他的邻居抢走，而且还把他杀了当菜吃，因杀人者嫌其母太夫人又老又瘦，没有使用价值，故而留下一条老命。太夫人跑到马乾军前哭告，马乾发兵将恶邻抓获。经检验，在其住所还发现了腌制的人肉，人肉就像腊羊肉，但皮上细毛森森如簇，让人不寒而栗。

不久清军南下，攻占内江，马乾殉国。战火中，欧阳直躲在荆棘里捡回一条命，随后同溃兵一起四散。他急不择路来到了丘林起伏的威远县地界。路边上，见到十多个吃人肉的饿夫，眼冒幽幽绿光，一直死死盯着欧阳直一行，似乎眼

光已经剥光了他们的褴褛衣衫，直接把这群人进行了条分细缕，提前进行了肉与骨的分类……鉴于欧阳直一行人较多，眼冒绿光者不敢贸然上前动手，但犹自大声喊道："如果有走不动的，丢下几个给我们做粮饭吧！"

而欧阳直自己也开始吃人了，他承认：后来穿过威远县后，我们继续前行来到一个村子，见一家屋里有一锅冷肉，大家立即争吃一空。等进厨房看时，才看见烹熟一个无发小儿，人头及人皮和内脏都在一边，原来大家所吃的，是人肉……

这是被饥饿折磨到怎样一种境地的呼喊啊！

欧阳直一行人里有人渐渐分路而去，人数越来越少。欧阳直和几个人同路而行。在山路上，月亮洒下的银光，似乎是一层骨灰粉。磷火闪烁，不断游走。又有濒临疯狂的饥饿者眼冒绿光，埋伏在路草丛，伺机抓住行人就啃……行人并没有力气，既无力快跑，也无力反抗，同行的3人都陆续被突然伸来的手拖入草丛，欧阳直见此，奋然跳崖而逃脱。

欧阳直生命力极强，路上饮水食蒿，连续8天没有吃到粮食，却奇迹般活了下来。

"人退虎豹进"的巴蜀

巴蜀地区的言语禁忌，最早见于汉代记载，比如扬雄《方言》卷二："月襄，盛也，梁益之间凡人言盛，及其所爱，伟（讳）其肥谓之。"《说文肉部》指出："益州鄙人盛，讳其肥，谓之月襄。"人们希望改凶为吉，通过语言上的变通、调整，来实现一种命运的变通。

巴蜀俗语说："清早起来三道快，猴子、老虎与妖怪。"四川方言暗含了诸多历史信息，比如迷信的人特别忌讳说凶猛的动物和鬼怪，尤其是在清晨。旧时巴蜀人尤其忌讳说到老虎，主要原因与清初巴蜀地区大面积暴发的虎患有关，只要沾了与虎同音的字，往往改说成"猫儿"。比如四川方言里，表达一个人凶猛、剽悍，用的词语是"猫煞"。"猫煞"不是指猫儿冒火了，"发猫儿毛疯"，而是说老虎要发威，别以为是病猫。

清初时节一支杨姓后人，从山西迁移到湖北麻城孝感一带。先后二次插占，最后落业至川西温江县西区一甲全节乡（今成都温江区寿安镇）。当时，本地有一座禅院，禅院山门前立有一对石虎，故此地又名"猫坝"。"猫坝"杨氏家族之名因此得来。

南部县五灵乡岐山坝村，现在村里共有1800多人。当地有两个小地名，分别为猫（虎）家湾、猫（虎）家垭。猫家湾24户人家86名村民是姓罕见的"虎"姓，尽管他们一直读作"猫"。由此可见这一避讳的悠久习俗。

山区老虎，明末纵横巴蜀，成了人民挥之不去的集体苦难记忆。

欧阳直一再目睹了四处游走的大量虎群，从一个侧面也反映出当时巴蜀的生态以及生物的变异。

就当时巴蜀实际情况而言，成都平原沃野千里屡经战乱后业已渺无人烟，社会生产几乎完全停顿，泸州、宜宾、重庆的长江一带也大致相似。在清军控制下的川北保宁地区

和明军控制的川西南、川东地区之间早已形成一片广阔的无人区，军队解决不了粮饷问题，与其占领无粮的平原空地，不如进剿西南未被兵火相扰的偏僻山区。所以，深山虎豹受到兵燹惊扰，它们退无可退，只能采取不退反进的冒险策略……

太平时期的西南以及巴蜀地区，山林丰沛，猛兽众多，偶然也袭击居民区，虽然没有虎患之说，但虎豹吃人事件也时有发生。明朝中叶，明王朝呈现出安定升平的景象，然而云南诗人张含诗歌中"虎豹"的频繁出现，向人们揭示了一个逐渐变得混乱的社会背景。

且看张含的七古长诗《永昌城中有猛虎行》：

山中猛虎食不饱，群集欲餐狐兔少。号风蹴日无奈何，不避人烟东渡河。万家城郭河边起，一虎横行入城里。夜餐犬豕昼啮人，只图饱腹不顾身。不知城市不可住，忘却山中在何处？顿令城郭生野烟，伤心日夕呼苍天。一人被啮万人畏，数月城中无稳睡。繁华市井转凄凉，阴云惨淡空肠断。一薪一米贵如玉，忍见儿啼并女哭。壮夫群走空怒号，时时弓箭各在腰。昔年州虎久辟易，未若此虎生双翮。层垣固牖惊且防，败壁颓檐那可当。人心益忧虎益恶，策杖寒江倚高阁。一声长啸惊白龙，我欲从之诉天公。东海黄公耳目蔽，无怪横行恣吞噬。虎兮虎兮肉已肥，山中饥虎望尔归。（光绪《永昌府志》卷66，第3页）

诗人张含的描述，并非纯粹的"苛政猛于虎"的隐喻，而是着眼"山中猛虎食不饱"。与其说是对明朝云南一地的虎患描述，不如说是对明末巴蜀虎豹生态变异的预言。

唐宋时代，虎迹主要分布在川北大巴山一带的山区和川南沿江丘陵地带的密林之中。此外，川东南的涪州也是华南虎的主要栖息地，渝州也时常有华南虎出没。其余丘陵地带，也间或可以发现华南虎的踪迹。在五代和宋初，在成都城和永康军（今都江堰市），甚至出现过华南虎入城之事。可见在四川历来就有虎患，只不过还不至于谈虎色变，远未上升为一个足以引起社会普遍关注的问题。

在战乱饥荒期间，猛兽从兵燹刀锋之间旁逸斜出，竟然遍地是虎踪豹迹，的确是生物的一种突变。猛虎有一二十只成群的，有七八只同路的，它们竟然上屋爬楼、凫水登船，简直无所不能，如虎添翼；加上三入市虎的坊间传闻，无疑进一步加剧了虎患的威力，诚为巴蜀大地千年未见的奇观。清初巴蜀虎患具有数量多、分布广、成群出没、活动频繁、对人的危害甚大等特点。

虎字从几，从虍（hū），虍一声。"虍"意为武力；"几"指"食案"，转指"享用"。"虍"与"几"联合起来，表示的意思是"以武力享用食物"。《本草纲目》曰："虎，象其声也"，认为虎的读音来源于虎啸时发出的强烈之声。《说文》也有"唬"（释曰"虎声也"）、"虪"（释曰"虎鸣也，从虎九声"）、"虖"（释曰"哮虖也，从虍乎声"）、"號"（释曰"呼也，从号从虎"），都是由"虎"衍生出来的词。"虎，山兽之君也。楚呼为'於菟'，陈魏之间谓之'李父'，关东西谓之'伯晰'，北人

讳而呼之，谓之'狸儿'，即犹南人呼虎为'猫及大虫'也，虎因其声以得名，其字则像其蹲踞之形以会义。南郡李公化虎，故称虎为'李'，而虎食物则弃耳，故又以'李耳'称之。即郭璞所谓虎食至耳即止也。"（高奣映著《鸡足山志》卷9，第345页）

古人认为猛虎吃人从来不会吃得干干净净，欧阳直的观察似乎也是准确的。

欧阳直经过资阳和简阳的边界时，月夜之下，在那一层骨灰粉似的月色之间，猛然有四只老虎相互追逐、嬉闹，就从他旁边经过，他躲在草丛中，幸而没有被发现。"直困卧荒草中，侥幸脱虎口。过涤溪，遇暴水，漂汹涛间，因浪附桤树岸获免死。"桤木竟然可以救命，由此可见，桤树在明末川中一以贯之的恒久木性。这一记载颇为神奇，华南虎的嗅觉非常出众，陌生人能够潜伏身边而不被发觉，莫非猛虎吃人太多，嗅觉已经退化？

他星夜赶往川南泸州，舟行沱江之上，欧阳直还看到江岸之上竟有几十只老虎逍遥漫步，鱼贯而行，犹如牧羊一般自由自在。为首的一只猛虎浑身纯白，脸上长毛，颈上披须，长约逾尺……此时的巴山蜀水，已非人界，成了猛兽的乐园。

在川南一线，关于猛虎的纹理还有不少传闻记载。比如："大虫，南诏所披皮，赤黑文深，炳然可爱。云大虫在高山穷谷者则佳，如在平川，文浅不任用。"（《云南志补注》卷7，第108页）尽管白虎"文浅不任用"，但并不妨碍白虎成为一地的领袖。

这些描述可以让我们进一步发现，每当发生大规模战争，瘟疫猖狂，兵燹之灾的结果就是人退虎豹进，凶相、凶险、凶恶、凶残，竞相成为生存的通行证。对于张献忠大西政权在成都建立直到这批杀人狂魔撤离成都，情况尤为明显。

1647年1月3日，张献忠被一箭穿心暴死于四川西充县，一直到康熙二十年（1681年）开始向四川大规模移民，这三十多年里，横行交错在巴山蜀水间的虎痕豹迹达到了空前绝后的程度，兵役、瘟疫进一步激发了兽性。按理说，老虎与豹子并不会见面，但因为城市、乡村的空前荒芜，尸横遍野，赤地千里，反而改变了虎豹的彼此禁忌，它们在默契之中横行无忌。鉴于人肉太多，成都平原的虎豹吃人方式已经升级了，吃几口辄弃之而去，已无须吃干净了，这又为四处游走的豺狼、野狗留下了丰富的口粮。在向仅存的人类发起的进攻中，老虎总是正面强攻；豹子逡巡，风一般奇袭弱者的咽喉。

当时成都城内虎豹白日随意出没，清军入成都城时为了防范野兽，只好夜宿高而路窄的城墙之上，并在四周加筑栅栏。待到后来张献忠兵败被诛，清军收复四川，发现成都城内绝人迹已经13年：瓦砾颓垣，不识街巷，林木丛杂，走兽野犬游走其间，两万余口水井，被尸骨人头填满与地齐平……《明史》提到："城内杂树成拱，狗食人肉若猛兽虎豹……民逃深山中，草衣木食，遍体皆生毛……"

如此毛骨悚然的记载，并非个案。

吴梅村《绥寇纪略》卷十记载："蜀乱久，城中杂树皆

成拱，狗食人肉，多锯牙若猛兽，聚为寨，利刃不能攻。虎豹形如魑魅饕餮，穿屋逾颠，逾重楼而下，搜其人，必重伤且毙，即弃去，又不尽食也。荒城遗民几百家，日必报为虎所害，有经数十日，而一县之民俱食尽者。其灾如此。叙州人逃入深山，草衣木食久，与麋鹿无异。见官军以为献忠复至也，惊走上山，步如飞，追者莫及，其身皆有毛云。"在凶事之秋，孑遗的活人已经成了"白毛女"，野狗吃起人肉就像虎豹那样的凶猛，看来不是奇怪的事情。

欧阳直的《蜀乱》记载四川虎豹之患："蜀中升平时从无虎患，自献贼起营后三四年间，遍地皆虎，或一二十成群，或七八只同路，逾墙上屋，浮水登船爬楼，此皆古所未闻，人所不信者。"彭遵泗《蜀碧》卷四载：顺治初年四川"遭乱既久，城中杂树荟郁成林……多虎豹，形如魑魅饕餮。然穿屋顶逾城楼而下，搜其人必重伤，毙即弃去，不尽食也。白昼入城市，遗民数十家，日报为虎所害，有经数日，而一县之人俱尽残者"。

张献忠撤离成都15年后的顺治十六年（1659年），成都"城中草木蔽寒，麋鹿豺虎，纵横民舍。官署不可复识，各官栖于城西，兵则射猎于城内。蜀王府野兽聚集，二三年捕获未尽。兵士初集，往往于废宅掘藏金，盈千累百，或数十金，亦二三年不绝"（王培荀著《听雨楼随笔》，巴蜀书社1987年10月版，第59页）。昔日堂皇富丽的蜀王府，竟然成了猛兽的渊薮。成都附近的汉州、温江、双流、新津、新都等县，也都遍现虎迹。其中汉州、新都一带"虎迹遍街"，新津"虎迹纵横"，虎患也是相当酷烈。内阁中书、顺天乡试同考官方象瑛在康熙二十二年（1682年）奉命典试四川，他"抵新都县，皆名区。乱后中衢茅屋数十家，余皆茂草，虎迹遍街巷，讯杨升庵宅已为按察司署，今亦荡然矣"（《使蜀日记》）。

1682年，荣昌县吏张懋率8人去川渝大道上的荣昌县赴任。在走进荣昌县城时，城内竟然不见一个人。张懋好生诧异，令军士敲门询问。敲了半天无人应声，只好推门而入，立即冲出来的竟然是一群老虎。经过一番仓促的拼杀，张县令4人逃出，其余5人全部丧身虎口。此等惊心动魄的往事，只是虎患的一个小插曲。史籍当中，有老虎常大白天蹿入重庆巴县的城内，直接拖走活人的记录……

川北地区是明末清初最重要的战场，也是虎患较为触目惊心的地区。

清人赵彪诏在《谈虎》一文中谈道："蜀雨后山行，虎迹去来可数，有伤及犬牛者，不闻噬人……屏山人遇虎，詈之即去，以为常……"也就是说，以前的老虎"知礼"，尚不敢随意吃人。自从黄虎张献忠践踏巴蜀之后，老虎也跳踉而起了。据赵彪诏估计，仅在顺庆、保宁二府，虎群出没，数量约有一千只："蜀顺（庆）、保（宁）二府多山，遭献贼乱后，烟火萧条，自春徂夏，忽群虎自山中出，约千计，相率至郭，居人趋避，被噬者甚众。县治学官俱为虎窝，数百里无人迹，南充县尤甚。"这个对老虎数量的估计自然无法精确。但老虎吃掉的人，却是历历可数。

顺治七年（1650年）四川地方官员向朝廷奏称，顺庆府"查报户口，业已百无二、三矣！方图培养生聚渐望安康。

这是著名收藏家樊建川珍藏的一张照片，1999年他在成都古玩市场淘书时，无意中在一份卷宗里发现的。照片上有说明文字："仁寿县第六区满井乡于三十年二月四日乡警队暨民众击毙猛虎一只特此摄影。"这只老虎咬死乡民闵子云，并咬伤2人。1941年的四川盆地还有野生老虎，出人意料。这明显是一只尚未成年的虎，也极可能是龙泉山脉最后的野生华南虎。

奈频年以来，城市鞠为茂草，村疃尽变丛林，虎种滋生，日肆吞噬。……据顺庆府附廓南充县知县黄梦卜申称：原报招徕户口人丁506名，虎噬228名，病死55名，现存223名。新招人丁74名，虎噬42名，现存32名"（《明清史料·甲编·六本》）。

从记载史料看，川南的虎患情况略平缓一些，但清初虎患首先从川南发难，然后遍及全川。所谓虎患"始于川南，至于川西北而川东，下南尤甚"，这一描述勾画出清初四川虎患的发生发展趋势。

沈荀蔚《蜀难叙略》也记载：顺治八年（1651年）春，

"川南虎豹大为民害，殆无虚日。乃闻川东、下南尤甚。自戊子（顺治五年）已然，民数十家聚于高楼，外列大木栅，极其坚厚。而虎亦入之或自屋顶穿重楼而下，啮人以尽为度，亦不食。若取水，则悉众持兵杖多火鼓而出，然亦终有死者。如某州县民已食尽之报，往往见之。遗民之得免于刀兵饥馑疫疠者，又尽于虎矣。虽营阵中亦不能免其一二"。

乾隆版《富顺县志》卷五记载：清初"数年断绝人烟，虎豹生殖转盛，昼夜群游城郭村圩之内，不见一人驰逐之。其胆亦张，遇人即攫，甚至突墙排户，人不能御焉。残黎之多死于虎"。

这种战乱对四川破坏空前绝后，康熙年间官成都府督捕通判的陈祥裔《竹枝词》指出："芳树烟笼闻豹啼，汉家陵寝草萋萋。"反映战乱后的环境状况，故有进一步描述："崖悬青石接猫坪，一片荒山虎豹生。"历史学者郑光路认为，张献忠死后大约50年内，构成四川最可怕的虎豹横行时期。

啸谷风生，惊心触目。从整体上看，明代四川地区生态环境仍然比较良好。明末清初的四川战乱酷烈，人口千不存一，城市淹为草莱，"自巴、阆走成都至眉，千余里名都大邑，鞠为茂草"固然虎患严重，以至于欧阳直在《蜀乱》中记载四川"遍地皆虎"。据学者蓝勇的考据，清初成都平原的灌木丛和次生林的覆盖率达到50%左右，川中丘陵地区的林木覆盖率达到50%以上，四川盆地边缘地区的森林覆盖率则在80%左右。云南在明末清初，也经历了历时50年的战乱，导致清初云南人口锐减，田地荒芜，经济残破，这也客观上使得云南的生态环境有所恢复，天然植被覆盖率提高；

贵州地区清初生态环境与明代相差不大，即使战火消散过后的几十年，虎豹成了西南区域一个挥之不去的梦魇。（蓝勇著《古代交通生态研究与实地考察》，四川人民出版社1999年8月版）

　　清初在成都以东低矮绵长的龙泉山脉也是虎豹时有出没。几十年后的康熙年间，各省移民到来，人口急增，林木迅速减少。清初大移民来到龙泉山的客家人对老虎则无四川人那样的讳称。可见四川虎患最严重时是出现在顺治、康熙年间，其后有所缓解。成都龙泉驿区黄土镇大同村《陈氏族谱》记载其来川始祖宁相公"生于粤"之嘉应州长乐县（今梅州五华县），"雍正甲寅（1734年），置业于黄土场老鸦林。公居山时多猛虎，日入则闭户，虽畜犬不听其宿于外，不然则为所噬，其出耕也，所过皆长林丰草，时亲见猛虎卧道旁，偶一鸣声震地，疾走吓汗，其惊险如是"。较之清初新都县城的"虎迹遍街"，成都东山乡野一带的老虎无论在数量还是在破坏性上，都大为下降了。移民开始大量捕杀虎豹，龙泉山脉深处成为虎豹孑遗的所在，但至迟在1950年大跃进时期，老虎彻底绝迹……

　　1930年，时任川军32师师长的唐式遵在重庆的郊外公馆（在歌乐山）内宴请宾客，席间一只老虎突然越墙而入，唐急取步枪射击，击毙了老虎。及至1940年，老虎几乎绝迹，但有极少金钱豹出没，还有独狼出现，山民称之为"毛狗"。每年冬令时节，都有几拨打猎队伍上山捕猎，到1970年，包括成都以南的二峨山区，这些苟延残喘的野兽终于被捕杀殆尽。

　　从这些有些言过其实的记载里可以发现，"虎豹"并称乃是汉语双音词语构成的普遍现象，而虎豹分布与其所食动物分布有绝大关系，野猪、牛羊生息之处，就为虎豹出没之地。但人间兵疫、瘟疫反而成为"虎豹生殖转盛"的绝佳条件，由此可见兽性的勃发，实为人间所引发的。

一卷《蜀乱》留千古

我们继续打量欧阳直的逃亡生涯。逃亡，成为书生奔走乱世的唯一方式。

经过九死一生，欧阳直逃到嘉定，投奔割据嘉定的杨展。他甚至又一次、即第三次娶妻成家，足以看得出欧阳直强悍的生命力。安稳时光倏忽而逝，他三次逃亡又三次娶妻成家，宿命的劫波远远没有度尽，颠沛流离的命运等待他再次上路。

明末各派势力在四川争斗不休。杨展在对抗张献忠大西军时已经名扬天下，后来却被李乾德等人诱杀；李乾德得势不久，又被统摄云南的刘文秀杀死。于是，就像缴获的战利品一样，欧阳直又落入刘文秀之手，被裹挟到云南充作大西军的幕僚。刘文秀为人横暴独断，伴之如虎，欧阳直趁他与清军交战时曾经两度逃走，由于急不择路，携妻亡命深山……

清顺治八年（1651年），清廷"命平西王吴三桂与墨尔根、侍卫李国翰率师征四川"，混乱中俘获欧阳直。"见直通文墨"，招纳他在中书科任职。顺治十年（1653年），刘文秀率部自滇入川，被封为"蜀王"，刘文秀再次任命欧

阳直担任礼部司务。顺治十三年（1656年）五月，朝廷评定蜀地功劳，他被授予礼部主事。第二年，清军大败孙可望，欧阳直被升为兵部郎中。顺治十六年（1659年）秋季，清军大举入滇，欧阳直随世子到达永昌，匿于草木荒野间6日，未被清军抓住。到了康熙初年（1662年），欧阳直见全蜀大定，滇事告终，遂复出仕于清。不久在云南腾冲楚雄安家，自此，他的劫波终于完结，免去了永在路上的逃亡。

康熙三十七年（1698年），欧阳直于云南腾越山中茅舍遥望故土，一望，就长泪沾襟。他终于平静下来，回溯自己穿越兵燹血海的歪斜踪迹，将身经目击四川、云南的狼奔豕突，写成《欧阳氏遗书》。

《欧阳氏遗书》是当事人身历目击的亲历记，具有头等史料的价值，尽管有一些道听途说造成的错讹，但丝毫不影响其求真向度，史实的保真度要高于《蜀难叙略》。可惜在他的后人于道光年间首次刊刻时，也有过一定的删改。他的后人欧阳鼎（晴峰）在《欧阳氏遗书跋》指出："先人遗书……昔岁久残蚀数纸，心常于悒不释。……偶与张玉泉先生闲谈明末逸事。先生云：'有所藏抄本，纪蜀难事甚详，题名杨老人记。……乃求其书读之，与家藏本竟一字不爽。……一旦缮而辑之，曷胜快然。……兹因同好怂恿，取其记事三篇，付之剞劂。"据此，则《蜀乱》原稿，不但有了"缮……辑"，并且付刊的不是全稿，仅只3篇。（孙次舟著《张献忠在蜀事迹考察》）

1898年某天，四川军署衙门中的一位叫温遐龄（梦锡）的浙江东阳籍官员，从朋友手中收集到一本四川广安籍文人欧阳直著作《欧阳氏遗书》文稿，他从中剪辑出一篇《蜀乱》的章节，易名《蜀警录》出版。不久后，这本经过温遐龄编辑的7000余字的《蜀警录》，就广泛流传于世。孙殿起编《贩书偶记》，其卷五云："《㳝㵽囊》五卷，通江李馥荣编。《欧阳氏遗书》一卷，广安欧阳直公卫记。光绪六年梅花书屋刊，又名《献匪纪略》。"

《欧阳氏遗书》中最为经典的一句话是"天下未乱蜀先乱，天下既治蜀后治"，成了千古名言，后来不但被国人所熟知，更成为对四川历史宿命的高度概括。反观之，则体现了四川之于中国的特殊重要意义。

"乱"，不一定全是郭沫若以为的"造反"，

民国元年重刊本《蜀警录》封面

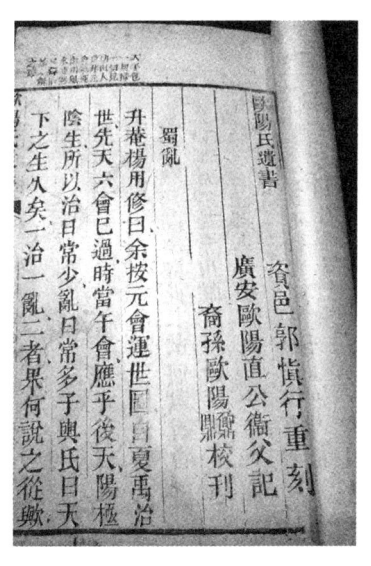

《欧阳氏遗书》内文

更有政权更迭之间各个阶级的暴力大狂欢。辛亥革命的先声在四川，当地的反洋教运动和保路运动，先天下而乱；两汉之间、五代十国、明末清初等历代王朝统一过程中，四川也均是后来才平定的地区，此后天下而治。而这一名言里充满的辛酸与苦难，又有几人明白呢？

光绪二十八年（1902年），时任四川盐茶使的赵藩游览武侯祠，书写下著名的对联："能攻心则反侧自消，从古知兵非好战；不审势即宽严皆误，后来治蜀要深思。"他从"攻心"、"审势"的视角思考"治蜀"的问题，然而治蜀最应该思考的是"蜀"与"天下"的关系，是从国家大局看四川的功能定位。在此基础上，明确哪些是应该指望于四川的，哪些是不应指望于四川的。

"乱"与"治"的循环往复，俨然成为蜀地的谜面与谜底。

欧阳直一生辗转于残明、大西、清朝所属诸将领之间，历官数十，倾家多次，流转数千里……晚定居云南楚雄，后卒于此。欧阳直死后到康熙二十五年（1686年）三月，他的儿子欧阳侣范、欧阳侣韩才回到四川，卜居于彭县。

刘景伯在《蜀龟鉴》最后特意写了《明兵部郎中欧阳直传》，文章结尾指出："欧阳万死一生，非其智力之能出险也，天也。"天意固然是一大原因，欧阳直超拔群伦的体能与"年少丰腴"，恰是他逢凶化吉的另一本钱。

巴蜀与老虎有关的地名学分析

吊诡的事情在于，竭力否认张献忠大西军杀人或杀人甚少的学者们，都一股脑儿地肯定：虎豹在明末清初纵横西南，尤其是在巴蜀城乡，猛虎吞噬了很多生灵。我们需要注意的是，无论是张献忠屠川、"摇黄"肆意乱杀，还是猛兽食人，来源几乎是一模一样的稗官野史。也就是说，"否认屠川"的史料，与"肯定老虎吃人"的史料均是同一种。老虎能否"僭越"前者而成为"替罪虎"呢？这些学者的史识与史才，由此可见一斑。

按照《中国大百科全书》的定义，地名是指人们赋予某一特定空间位置上自然或人文地理实体的专有之名；地名学则是研究地名的由来、语词构成、含义、演变、分布规律、读写标准化和功能，以及地名与自然和社会环境之间关系的学科。

一个地名的形成，与该区域历史空间中发生的一系列重大事件具有直接关联，地名传递着认同感或者被迫认同感，地名充满了历史沧桑。在我看来，一个地区的地望固然可以带来正常性的命名，但一些特殊事件，往往也是地名孕生的一个重要契机。张献忠多次进入巴蜀地区，比如成都龙泉山、青城山一度成为大西国的重要根据地之一，直至今日，龙泉驿区、青城山一带仍有许多与张献忠阵营相关的地名，如：止马村、观斗村、跑马坪、杀人槽、旗杆石、碓窝坪、撮箕窝、五匮沱，等等。有关学者指出，"明清战乱地名很多，笔者统计与张献忠有关地名161个，其分布全在张献忠大西军主要活动的区域，重庆直辖市现有43个与之相关地名，成都平原及周边有40余个，南充地区7县就有35个，县均最高。"（黄权生、杨光华著《四川移民地名与"湖广填四

川"——四川移民地名空间分布和移民的省籍比例探讨》,《西南师范大学学报》(人文社会科学版)2005年第31卷第3期)

杀人总有森森白骨为证。老虎纵横成都平原,肯定也不会毫无踪迹。老虎在巴蜀大地上的踪迹,自然而然带来了一系列地名。

《后汉书》指出:"虎豹在山,鼋鼍在水,各有所托……今为民害,咎在残吏。"这是历史的常态。问题在于,历史往往以非常态展示它的巨大变数。

在成都市区版图上,至少有两条街道与老虎密切相关,名为"老古巷"与"存古巷"。

老古巷位于现在学道街与金河之间,是一条半边街。老古巷原名"猫猫巷",百姓称之为"老虎巷",因"虎"与"古"谐音,因此在清宣统元年(1909年)定名为老古巷。

成都市锦江区靠近锦江的存古巷。蒋蓝摄

原来在老古巷附近的学道街之前，还有一座老虎庙，庙中立有一座泥塑的下山猛虎，两尺多长。虽然不太大，据说却很灵验。生病的人哪里痛就摸哪里，久而久之，老虎周边的花纹都被摸掉了，只有无人摸的虎尾还有依稀可见的斑斓虎纹。在民国时，陕西街陕西会馆中有一座药王庙，内有尊黄铜铸造的虎像，铜铃大眼，血盆大口，据说也十分威风灵验，与老古巷附近的老虎庙类似，这尊虎的塑像也被信众摸得光溜溜的，只有尾巴锈迹斑斑。

而存古巷位于锦江边的水井街附近，以前它可以一直通到锦江边，是与大同巷东邻的一条平行小巷，弯曲度较小，宽约三四米，长约100米，北面是元明清三代的川酒老烧坊酿酒遗址。在北槐树街与金泉街交会处，南临锦官驿街。近年改造后的水井街两侧建起了雕花的石墙，绕过围墙就能看到存古巷，以及巷子里尚未拆除的民居院落。相传过去此处曾出现过成群的老虎，故而在清代也称"猫猫巷"，1936年改为现名。

存古巷靠近锦江码头以及古廊桥，自古就是商贾云集、热闹非凡的繁华场所。巷子里12号开有一家"垃圾面"，小面馆子闻名遐迩，绍子味道够香辣，棍棍面条够劲道。食客盈门。巷子古树撑天，蜀风浓郁。

存古巷的得名也有一番传说。相传到了清朝初年，巷中有几头老虎居住过很长时间，却又不伤人，只见它天热时时常跑到河边洗澡、戏水，居民们对它又是敬又是恨……老虎不伤人是假话，老虎不可能吃素喝水度日吧。到了民国时期，市政方面于是将这条小巷定名为"存古巷"，就是"存

虎巷"的由来。

成都满城里还有一条小巷子，本是满城中的永安胡同，也名为"猫猫巷"，自是和老虎密不可分。在巷口有一根石柱，上刻有虎头。后来军阀杨森居住在此，其人下巴稍尖，门牙突出，时人送了个称谓"老鼠精"。老百姓逐渐在背后议论："老鼠"住在"猫猫巷"，不大吉利呀！坊间流言渐渐传进杨森的耳朵，他心里很不痛快，更怕影响了自己的仕途，更怕晦气，遂下令将"猫猫巷"更名为"将军巷"。值得一提的是，1919年著名实业家董竹君与夏之时迁居到猫猫巷里一座小独院居住过一段时光。

在成都城外东南方向的锦江南岸，致民路与十一街交会之处，曾经有一座猫猫庙，这是成都保留得最好的明代道教庙宇，鼎盛时期面积逾10亩。在明朝天启年间的成都地图上，这一区域被标注为"老鬼庙"，以后在清代成都的几种地图上，又被标为"老虎庙"、"老古庙"、"猫猫庙"等。

成都西门（清远门）城楼（江原楼）。美国地质学家张柏林拍摄于1910年

"猫猫庙"坐南向北，正对着老安顺桥南桥头。在山门前曾有两根粗大的石头桅杆，石桅杆是用花岗岩石条凿成方形、圆状石柱，柱上雕刻花卉图案，分若干层竖起，貌似船上的桅樯，故名"石桅杆"，又因像一支笔亦称"石笔"，约三四丈高。石桅杆顶部为一瓜状石雕，从下到上三分之二处，有一斗形石雕，顶端还有一个小斗形石雕，民间叫作"天灯"，很远的地方都能看见，成为锦江南岸的地标。

入口处有一家成都已经不多见的露天茶馆，一排与现代建筑迥异的老房子，暗示巷子深处别有洞天。猫猫庙的后殿有一座泥塑老虎，额头还有一个王字，无比威风。明末张献忠在成都建立大西国之后，老成都差不多被战火损毁殆尽，唯独这座猫猫庙幸免于难。相传，当时张献忠居住在万里桥的"中园"一带，每次进城必要经过猫猫庙。一日黄虎经过此地，兴致忽起，走进庙中一看，发现除了老子塑像外，还供奉有文昌帝君的神位，而文昌帝君姓张。张献忠龙心大悦，吩咐左右："有张家屋头的人在这，这庙可要保护好。"

经历四百多年的沧桑，到2016年还仅残剩一株有约700年历史的皂荚树，龙曲虬枝，成为历史的见证。2016年以后，这棵皂荚树也被伐除了，成为一个住宅区。

另外，在四川其他与虎有关的地名，当推通江县的一个叫"猫儿垭"的地方，现仍存有石虎遗像，而且其本地居民多为明朝时期移民至此，当地的最早记载为明万历三十九年（1611年），那时此地便叫"石虎垭"。

五马先生傅迪吉的痛史

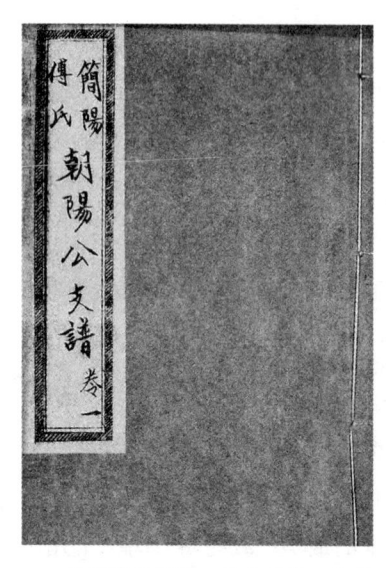

简阳傅氏家谱。五本五卷,民国二十四年(1935年)版

傅迪吉,字格非,号石公,别号"五马先生"。历史学家任乃强认为他经历了庚午、壬午、甲午、丙午、戊午五个马年,所以号"五马先生",恐非。因为他住在成都市简阳五马桥,故以为号。简阳傅迪吉家族,始迁祖傅说岩,明洪武二年(1369年)由湖广麻城县孝感乡,迁到简州傅家坪高滩口(今简阳市清风镇五马桥村)。

改名为张奇的傅迪吉

　　傅迪吉生于明熹宗天启七年（1627年），卒于清康熙三十五年（1696年），他出生在简州西乡五马桥。顺治九年（1652年）壬辰入学（秀才）。康熙九年（1670年）出贡（岁贡，乾隆"简州志"上记为"恩贡"）。康熙十一年（1672年）赴京廷试不中。本州岁贡按例应授儒学训导之职。"因吴逆（吴三桂）叛拒遂落职。"以后在乡间教书，并去荥经县贸易。晚年在简阳龙云寺设馆训蒙，学馆地望位于如今的三岔湖畔，风光静美。

　　《五马先生纪年》共计约2万字，为迪吉晚年所著编年体自传，直抒胸臆，文笔朴实而生动，叙事不尚雕饰。生动到什么程度？看看五马先生写自己即将逃离张献忠军队时的心情："当时将逃未逃之际，景状千万，难以尽述。但其心足跳有二三寸高，两手紧按不住。其声正如窑功将成，余焰正炽，沸沸之声可闻数步外。又喊了一声，即如兔脱，飞跑一岗……"这等生动传神之笔，拉近了作者与我们的时空距离。鉴于本书是针对大量真实事件、人名、地名、道路的亲历记录，成为研究明末清初简州及四川历史的珍贵史料，这无愧于汉语传统中的非虚构文本。现存本子为傅迪吉四世孙傅锦涛于道光二年（1822年）转抄。抄本共54页，分上下两卷。现藏于四川省图书馆。另一抄本是光绪三年（1877年）傅春霖据道光二年本的抄本，曾为胡忠阀收藏。

　　我所采用的简体字本，为《圣教入川记附五马先生纪年》，四川人民出版社1981年版。

一个平凡者，裹挟进入到亘古未见的历史洪流之中，摧枯拉朽之下，尚能反思、记录这一场浩劫的点点滴滴，他就不再是平凡者。他于生命之痛的峰巅发出的呼叫，冷雨一般浸透了成都平原的千里沃野。

据《五马先生纪年》记载，张献忠军入蜀前，傅迪吉在州里读书，日与"奇社"诸友唱和往来。对于这一团体的来历，我估计少年人总是心雄万丈，追新颖求奇崛，渴望成为奇士。他与同社9人到岐山寺歃血结盟，束性而不用其血，每人将左手中指缠紧，各扎一针，滴在杯中，和酒饮之。这是傅迪吉的"兄弟伙"，均为简州一地的"有名小友"。在张献忠的刀锋骑士进逼之下，"奇社"没能扬名立万，反而迅速土崩瓦解了，金仲朋等9名简州"奇士"，仅有傅迪吉与李又玄2人逃出。

崇祯十七年（1644年），傅迪吉18岁。五月三日传来张军入川的消息，一时间，人心惶惶。"州城妇女逃尽"。七月份，重庆城破，镇远兵逃回，"尽剁右手"。

九月十二日，成都城破；张献忠麾下一支部队由仁寿奔向简州。五马桥附近一千余人闻讯仓皇出逃。迅速被追兵追上，不得已空手与敌军相抗，被"尽杀于黑痣湾喜儿潭，水中岸上，无一隙地"。喜儿潭即喜儿滩，距离镇金场镇以北约8里，现在属董家埂乡。

十月四日，张献忠再次发兵，"谓之打招安"，命令简州民众归顺，随后即派伪都司吴冬婆、伪吏目田姓者，下乡招安。"每人给'西朝顺民'四字，载于背上，兵不敢乱"。乡绅百姓在伪官带领下至水军营前投降。左右都督和总镇三帅"将昨日掳回男妇尽剁手，（被剁之人）号呼之声，胜如雷吼"。

3位军官命伪知州安抚百姓："自此以后即不杀人，兵不甚扰民，民亦入营贸易。"

"胜如雷吼"的老百姓啊，听了官人的宣告后，只能乖乖伸出自己颤抖不已的右臂，平放在砧板上，等候那砍手的一刀。这又是活命的一刀！

1644年张献忠在成都建立大西国后，一如既往，要开科取士。

科举开始一般要考八股文。八股文只是俗称，正式名称叫"制艺"或"制义"。启功先生的解释是："科举考试是皇帝命令'士子'的事，皇帝的命令称为'制'，皇帝命作的文艺便叫作'制艺'，考试的内容是要士子讲明所学的某种经书中的某项道理，讲解经书中道理的文章叫作'义'，今天教科书、教材还叫'讲义'，讲解经书中道理的文章叫作'经义'。"

所以说，八股文不能表达学子们自己的思想。考试真正有意义的文章是策论。所谓策论，是"策问"和"论"，论包括时务和史论。策问又称"试策"，皇帝将所问之事写于诏策，以询问臣下或应试者称为"策问"；就诏策所问而进行回答，称为"对策"。

黄虎尽管竭力反对一切封建文化，但他不能不择善而从。他肯定是一个考试的改良者，首先提出考试必须"变八股为策论"。

"变八股为策论。吾州入学若干，仍复设科，一年两科

举也。一时举人、进士固多，状元、榜眼同出一州。此诚不能流芳百世，亦可遗臭万年也。"简州五马先生的认识，虽然是事后，但也是目光犀利。

鉴于报名者并不踊跃，张献忠发令：读书人都得参加考试，若逃避，本人正法，邻里连坐。他认为"秀才在乡造谣生事，并家眷尽驱入城中，十人一结，一家有事，连坐九家。虽父子、夫妇私居，不敢轻出一尘"。傅迪吉父亲见状，命儿子放弃读书，学习贸易，不参加科考。这一决定，让傅迪吉逃过一劫。

清顺治二年（1645年）冬月，大西军在汉中连连失利，清军节节推进，川南为南明军队攻占。张献忠决定剿灭所辖川内各地城乡人口，以彻底消除内应。先剿成都，后洗简州。

简州本已暂时安定。弃学经商的傅迪吉，他的堂弟傅可吉恰在简州起义军中当"里兵"，接受其建议，从乡村购得一批绸缎，准备卖给驻扎在州的起义军赚一笔钱。这个近乎与虎谋皮的计划，立即遭遇到了老虎的暴怒。十一月三日，傅迪吉刚入城就赶上张献忠军围攻简州城，"贼兵入城中，无分男女尽锁"。傅迪吉与诸姑母等人被搜出。所有居民被押解到城门外河边空地。"举号三声，只闻刀响人倒，方知是开刀也……"其时，天色已晚，墙上河边塘火齐起，胜如白日。人挤太紧，无容足之地，幸喜正在当中，四面围千层得免其苦。外围之人，被张军用棍棒劈头盖脸乱打，犹不致死。坐在墙下者，被张军推倒城墙垛子打烂。众恶贼遂拍掌大笑，以为取乐。

接着张军考虑补充兵员，挑选男丁。傅迪吉因年轻俊秀，又认得诡异的草书，被张军中一基层军官张洪宇收为"义子"。因为傅迪吉编造自己的名字叫胡奇（"胡"乃胡编，"奇"乃"奇社"），于是干爹赐名"张奇"。个中周折，峰回路转，堪称人生传奇。通过一个戏子李联枝的大力引荐，都司张洪宇一见就非常喜欢傅迪吉，视之为金不换。张洪宇已经在简州娶了"新妇"，义父即就要赏赐美女给他做老婆，足见张洪宇的确是把傅迪吉当作自家人了。而且，张洪宇发现傅迪吉乃文弱书生，军中的体力劳作等均予以免除了。他需要的，就是一个写写算算、出点主意的读书人。

为什么傅迪吉被"慧眼"选中？傅迪吉未具体说明，仅透露出张洪宇对傅迪吉说"你原说认得字"，大概这是很重要的一点。从另一件事也可证明，张洪宇向傅迪吉出示在州衙所获元宝两个、字扇一柄，叫傅立即辨认。面对性命攸关的考题，傅迪吉的回答是："余原认得草字，一见即知是李状元送彭知州者。知州，江（井）研人，壬午科举人。认与彼（张洪宇）听。彼大喜曰：'好，好，明日招安了他！'"看起来，纵使是儒生甚至官吏，起义军认为可用的人，也要加以"招安"，只要他们归顺，为我所用，暂且留尔一条狗命。

看起来，傅迪吉没有忘记当初的"奇社"的精神旨归，不但具有与欧阳直一样"刀下留人"的好运气，而且他总能奇迹般逃脱"刽手"才能活命的厄运。列位看官，自此以后谁还敢说漂亮不能当饭吃？！而且还不是"吃软饭"。而起

义军中认"义子"，分明是一大江湖传统，而这个张洪宇，也应该是"转拜"张献忠的大义子后，改姓张的。所以不像现在，多为美女认有权势的老头为"干爹"。

干爹张洪宇对外称都司，对内叫掌家。掌家、老掌家，为河南方言。估计张洪宇是河南人。

惊魂稍定的干儿子与干爹夫妇可以一起吃饭了，后逐渐习以为常。傅迪吉还发现，张军中的一个都督很喜欢下象棋，打粮之余，"在桥头之下雨前二书生对弈，余偷目视之，二人并无谦逊之意，竟不知二人为何人也"。刀头下的弱者，棋道上却是异乎寻常的较真，可见古人的性情。仅仅第二天，张军就将剩余的老百姓从下棋的那座桥面，赶至河中淹死⋯⋯

"为我所用"的人才挑选完备后，大西军对选剩的老弱病残大开杀戒。看看傅迪吉的记述："复闻举号三声毕，大叫各营传兵杀人。顿时只闻刀响，大杀逾时。与昨日不同，久之，尸满大坝，无人可杀。随拖死人下河，河面不知堆积几层。"

傅迪吉心思细密，总是在干爹跟前一副喜笑颜开的样子，以消除其防备之心。七日，傅迪吉随张献忠部往仁寿县进发，路过家乡附近洪汉寺寻机逃逸。"又几日，前同去两人逃回，只是头发尽剪。又传流贼起营回州，将前留妇女尽杀。"

傅迪吉虽然逃回了家，但并没有脱离危险。顺治三年（1646年）正月，傅迪吉听说有兵来杀人，只好携家带口逃往龙泉山中野庙暂避。"正月十六日半夜，闻林口喟喟，

丹景山位于简阳丹景乡，三岔湖西北，龙泉山脉中段，与成都市双流县和眉山市仁寿县接壤，海拔974米，是成都东西屏障龙泉山脉第二高峰。当年五马先生避祸而躲到这一带山中。杨小愿供图

速起问皆大山人，亦有山外来者，约数千（被反复清剿驱赶至此）。天明，流贼赶到，我岳母、小姨俱被害。伤哉，伤哉！"傅迪吉一口气逃到资中县任家沟，在任进士家住20余日，"贼退方回"。"及至回到地方，荡然一空，只见尸横遍野，河下不见一人。湾中只有一两手俱刹者（因没有手砍去报功），故流贼不杀。至家，房屋尽烧，和尚尽杀，吾家众人即在寺庐共居矣。"

尤为可贵的是，《五马先生纪年》还记录下不少兵祸及简州的民生现状。任乃强在《关于张献忠史料的鉴别》里指出："《五马先生纪年》，简州傅迪吉撰。为近年新发现记载明末四川社会实况最佳的一部资料。凡记述献忠文籍，只《大西通记》与此书说到农村生产破坏情形。"

尽管处在"处处皆官头、人人皆兵"的混乱时节，战争

的间隙，老老实实的勤耕者仍然回到田野间继续劳作，"懒人"们在干什么呢？傅迪吉愤怒地描述道：

此等懒人，乘此机会每日寻人打刀枪、缝旗号，整顿兵衣兵帽，红红绿绿，沿山斗技，以杀狗为能，间有连胡麦也收不完的。吾家至栽秧，米麦尽多，人工尽多，何也？众人无秧，俱来应用，极易为力，未几告罄。秋成时，大有丰收。吾家因一告示，无斗石之损，收割顺利亦如前。收完，谷价渐渐昂贵，且无甚卖的。此班懒人，胡麦完了，已束手无策，惟卖田、卖房、卖妻而已，所值几何？所活几日？真不堪言者。这两、三月间，余犹在楼上，自相师友，朝夕读书。除近处外，因刘姐丈至朱家庄寻书，几陷一险。（古洛东著《圣教入川记附五马先生纪年》，四川人民出版社1981年版，第116页）

文中的"懒人"，为地方自治武装，也含有大量不劳而获者，逐渐成为地方上的"干滚龙"。他们以"杀狗为能"的勇气，在张献忠的刀锋面前望风披靡，迎风而倒，由此可见战乱造成的社会浮躁与人心凋敝。

五马先生提到逃难经过的"杨梅河"，该河就在简阳老龙乡灯杆村境内。

顺治四年（1647年），"肃王（豪格）入川，成都、简州地方大荒。谷一石值银四十两，糙米一斗值银七两。"傅迪吉至成都办事，亲眼得见吃人，人肉"一两银五斤"。二是兵祸连绵。"肃王兵马与杨侯府一战大败，大营由正路径走,步兵皆川北人,在我地方不分昼夜要粮,将人吊烧,有粮即放,无粮烧死。"被"过墙靴子将彭玉峰烧得叫唤,竟烧死"。

这一条记载,成为讴歌者们十分青睐的证据,在于为张献忠"洗刷"了屠川罪证,杀人的事情一股脑推到了清军头上。而事实并非这般简单。

极度混乱、饥馑的市道上,伦理轰毁,父子为争夺一碗饭可以刀剑相击,一般民众更是六亲不认。民众因争食,开始了大规模自相残杀。为了采集再生米豆,简州镇金镇千余民众到"仁寿鸭子池、石板河、白土镇等地方购种",又遭仁寿地方武装"北斗营"冲杀。

顺治五年(1648年),"米价更贵,一升值银三两,河东(沱江以东)值银六两。栽秧完,突遭姚、黄贼自河东来。其贼,马步兵俱有,因无粮,杀人以为食!"此后,瘟疫、虎患不断。尸体遍地之际,野狗增多,老虎繁殖力突然增长百十倍。傅迪吉的幼妹就死于虎口。

经历5年兵燹,傅迪吉家的"三四十人,仅余三人"。

傅迪吉不得已,选择迁徙之路求生。顺治五年(1648年)十月,22岁的傅迪吉携家迁至蒲江县。当地有一位儒生汤某,夫妇俩被流贼将手各剁一只,堪为独臂夫妇。"至蒲江董家山,闻鸡鸣声,不觉欢欣之,怀豁然顿开。其地人民极其富庶,朝朝请酒,日日邀宾。男女穿红穿绿,骑马往来者不可胜数,且鼓乐喧天,酒后欢呼之声彻于道路。又有修造之家,斧凿之声相闻不绝。吾地与此相隔不过数日之程,全然天堂、地狱之别。"偏僻的蒲江县,反而成为战争杀戮中的一块乐

土。这一段记载，构成了全书中唯一的舒缓段落。

傅迪吉在蒲江、眉州居住了5年，经营商贸之暇，继续攻读。顺治七年（1650年）担任刑部郎中的陈卓擢升为四川按察使司佥事，俱提调学政，顺治九年（1652年）傅迪吉回简省亲时，遇宗师陈卓补行顺治八年（1651年）科考，终于得以"入学"成为秀才。次年搬回简州。

为了纪念在眉州的难忘日子，他将长子取名为梅。"梅"、"眉"同音，以志久远不忘。颠沛流离的经历，造成傅迪吉学业并不理想。他也曾到保宁（现在阆中）参加科考，也未考上。顺治九年的科考，简阳中举者仅李逢时一人而已。

康熙元年（1662年），傅迪吉在大足店设馆训蒙。傅迪吉专心于"训蒙"，子、侄多入学。

康熙二十三年（1684年），州牧杨公到任。"一心以修文庙为事，卜地兴工。知吾州钱粮有限，随同诸生往成都募化。"文庙建成后，傅迪吉与杨公交往深笃，杨公遂将本经《春秋》留给简州士子。康熙二十九年（1690年）傅迪吉64岁，第三子傅霖中举。次年长孙傅炯文入学。看起来，子孙完成了自己的未竟事业。

康熙三十五年（1696年），傅迪吉病逝，享年70岁。后来族人在简阳市清风乡五马铺建有傅迪吉祠，以供后人缅怀。

"剁手"的精神分析

明末开始进入川东、川北的在野军事团伙势力，最大的是来自陕西的"摇天动"和"黄龙"两支，民间称为"摇黄"贼。他们扩充自我力量的办法显然受到了《水浒传》的反向启示，《水浒传》是官方对犯人脸颊烙以官印，"摇黄"则是针对抓住的男丁又想方设法逃跑的，便罚以脸上刺字，刺上"天王"、"大王"等字样后，即使逃脱，也会被官府捉住以盗匪论处，所以那些男丁只好留下来跟随队伍闯天下。应该说，"摇黄"对民间的肉刑还算文明。

但高人就是高人，张献忠显然要另辟蹊径。

肉刑是史上最不人道的酷刑，大体包括黥（刺面并着墨）、劓（割鼻）、刖（斩足）、宫（割势）、大辟（死刑）等5种刑罚。肉刑滥觞于夏朝，秦汉时期也大肆沿用。据史书记载，崔光远带兵讨伐段子章，将士到处抢掠，见到妇女，砍下手臂，取走臂钏，可见当时戴臂钏的女子并非少数（江口沉银里，发现数量众多的女性饰品，正是来自剁手后的集敛）。中国历史上"剁手"渊源广有基础，络绎不绝。明朝白愚撰《汴围湿襟录》记载，李自成围困开封，城中缺粮，百姓饥饿难耐，守城者不忍坐视，打开水门，纵放百姓出城采挖青菜，其实是放他们一条生路逃走。明朝李光壂撰《守汴日志》记载，崇祯十五年七月二十七日，黄河北岸的官兵组织了五百壮士，每人背上三四斗麦子，乘船渡过黄河，在开封以西的青孤堆上岸，在夜色掩护之下，沿黄河大堤外侧前行。可惜在经过李自成老营时，他们被发现了。李自成的惩罚相当残酷，下令斩去他们的双手，再把他们赶到开封的西门外。

李自成和罗汝才都使用过剁手之刑，但有一点区别：李

自成是真把整个手掌完全剁掉；罗汝才比他"仁慈"，一般只是剁去手指的一半，或者象征性地剁掉几个指尖，不把手臂全部废掉。

比较起来，张献忠无疑是把"剁手"发挥到极致的第一人。

李馥荣《滟滪囊》刻本前面，有雍正元年（1723年）嘉川刘承莆的序文，谈到"曾见二三父老聚饮一堂，述其乱离之况，闻者莫不心胆堕地；或老而劓刖者，曾遭摇黄劫者也；或老而缺左右手者，曾遭张献忠劫者也。呜呼亦惨矣！"亲见割掉鼻子、耳朵，残缺左、右手的老者们，讲述其遭受到的浩劫毫无疑问是历史的真实。由此可见，"摇黄"的肉刑是割去耳鼻，而张献忠则发展到剁手。从身体角度而言，割掉耳鼻固然破坏相貌、侮辱人格，无法回归"正朔"集团，但没有直接让人丧失生存能力；而剁掉一只手，尤其是剁掉右臂，便丧失了当事人的战斗力与生存力。

谷应泰《明史纪事本末》载，张献忠攻占襄阳后，又攻打郧阳，"献忠以所擒郧兵人断一手，纵归以辱官军"。这大概是张献忠剁手肉刑的起始。次年，张献忠攻占六安"将州民尽断一臂，男左女右"。这一著名的肉刑，由俘虏扩大到了民众层面。余瑞紫《张献忠陷庐州纪》记其亲历，说得比较详细："午后将六安人尽剁其手。先伸左手者，砍去不算，复剁其右手。""各营皆有掳去者，如左右营之头目，又吩咐在左营者去左手，右营者去右手。"从这里得知，剁手之刑已发展成为胜利者的一种集体狂欢了。

进入巴蜀之后，剁手再次成为张献忠扬威立名的重要手段。

崇祯十七年（1644年）六月二十一日，重庆通远门外的坝子上，三万七千名明军聚集。他们被编成百十个长队，鱼贯向前，通往队伍之前的木案处。每个人伸出右手，主动放在案上。

农民军的传统武器——大砍刀，充分地使用于刀对手臂的硬度较量。其可单手或双手操持的功能性，结合了重量前倾的刀刃所带来的极大杀伤力。木案前的士兵挥舞大刀，运斤成风，手臂从手肘部应声而断，案上的手指还在兀自抖动，寻找着自己的臂膀……血如山洪一样从断臂处喷出。

士兵高喊："下一个！"

这是张献忠部第五次入川，他怒火中烧地开始处理被俘的守城明军。6月20日，张献忠一举攻破重庆城，是他入川之后的第一个大胜仗。张献忠特别指示，虽然明军曾经顽抗，但老子此次宽大为怀，俘虏一个不杀，仅"剁手为戒"。这一条史料，也成为后世张献忠的讴歌者十分青睐的证据，以此来证明张献忠没有"屠川"。更有个别论者，甚至认为张献忠"砍手三十余万"的记载，也是对张献忠的污蔑。"砍手三十余万"固然夸张了，但南明四川按察使佥事张一申的一份奏折称，张献忠不但诛杀重庆府官吏，还砍掉一万多俘虏的明军、市民的手臂，无疑是可靠的。

这些俘虏没有理由不庆幸。但还有人希图得陇望蜀。农民军明令所有俘虏一律伸出右手，有人却故意伸出了左手。刀被忽悠了，但行刑者目光如电，"右手！右手！"

于是，这个忽悠大西政权的忽悠者脸如死灰，两只手都

废掉了。

彭遵泗《蜀碧》则根据传闻记述说：贼每屠一方，标记所杀人数。贮竹围中，人头几大堆，人手足几大堆，人耳鼻几大堆，所过处皆有记。"记"就是登记造册，想来我们的书生欧阳直、傅迪吉，在大西军与摇黄团伙里，就是依靠这一"秉笔直书"的工作而活下来的。

欧阳直在《蜀乱》描述了他所见到的大西军记功方式："每官兵回营，以所剁手掌验功。掌一双，准一功。凡有军官衙门所在，手掌如山积；而成都城内人掌，则更几于假山之万叠千峰矣。尝见一札，付自副将升总兵：其札头空白处，用朱笔细字备注功级：'算手掌一千七百有零。'呜呼惨哉！即此推之，他更可知也。"

"人掌"几于"假山之万叠千峰"的描述，不但为历史铭记成都居民的赫然手掌，而且他无意之间记录了一幢可以彪炳史册的人肉美学叠制技术——放之于苏州园林，可见张献忠的大西军，技高一筹也。

欧阳直亲眼所见大西军中的文书，写下那人一共杀了1700多人，以手掌为凭，从而由副将升成总兵，这一条史料十分可贵。这些人都是"贪官污吏"吗？

沈荀蔚的《蜀难叙略》说过："每贼日须首级，或二三，或四五，多寡以地方大小繁简论，如式乃已；不，则亦杀之。后利其轻。代以手鼻；其数亦如之。死者数千万，骨肉如山，累累相望。"跟明显，这是大西军杀人统计学的进化与改革。

孙锤《蜀破镜》也有类似记载："贼约：凡兵杀男子

一百，授把总；女子倍之。以手足为记。兵以上官，较次进级。不者，当以大逆无道论死，妻孥坐戮……其编裨不忍行诛，多自经于野树。"

看起来，也有不甘心随意杀戮而染红帽顶子的人。这在杀人才配成为真理的大西语境里，难能可贵。他们自绝于大西，显然没有理解大西利益至高无上的道理。

在我看来，"剁手"是张献忠部处理俘虏时的惯行之事。作用有四：

其一，是作为继续对抗大西军队的"天罚"。问题在于，很多老百姓并无半丝"对抗"的事迹，也一律被剁手。

其二，剁掉右臂，是防止这些人以后再持兵器，既无法投靠官军，也无法委身李自成部，从而与大西为敌。《五马先生纪年》里提到：重庆城破，镇远兵逃回，"尽剁右手"，这就是最好的"剁手效应"。

其三，让这些残废人作为宣扬恐怖的好教材，让未征服地区知道抗拒大西的后果，以制造恐怖、扩展恐怖为最高目的，达到震慑远近的功用。

其四，这些剁掉右臂之人无法劳动了，就是行尸走肉，只能白白消耗粮食，借此迅速耗尽这一地区蛰伏的活力。

这些断手的士兵与市民被驱逐出城，四处逃亡而去，他们可能失血过多倒毙于路，他们也可能侥幸活下来，把恐怖的瘟疫免费传播到巴山蜀水的每一个角落。就效果而言，剁手的社会威力，的确比直接杀掉这些俘虏要大得多。

以手臂为记，以人手为功，以手臂数量作为"大西赏功"的唯一依据，成都的大西政权之前的坝子下，我估计一

定有一座巨大的"手山",也有难以尽述的"手势":做双掌合十状,做左手握右手状,做打躬作揖状,做双拳紧握状,做掐脖子状……

在《五马先生纪年》里,我注意到,多次提及的"剁手"活动里,剁手即活命,剁手成为"仁慈开恩",剁手成为唯一的必须通过的窄门。而且,剁手包括了成都城妇女在内。而重庆一地的剁手,没有提到妇女。尤其是他提到"只有一两手俱剁者(因为没有手砍去报功,恨不得对方长出第三只手),故流贼不杀",充分说明一个人只有彻底失去了两条手臂,才是那个血海里唯一的活命通行证。

手,是草民身上多余的肢体,近乎盲肠。简直就是生命的累赘!如果张献忠挥舞大刀,继续剁到老的话,我估计四川那时出生的"时代新人",就是不长手臂的。

崇祯皇帝在自缢之前,挥剑砍下了自己亲生女儿的手臂,他缓缓地说:"愿世世无生帝王家……"可谓是痛彻肺腑之语。放在四川,这些失去手臂的人,来生又该生于哪里呢?!

有意思的是,费密在《荒书》记载了几桩灵异事件:

(丙戌二月),"是月尽屠川西、川北州县,州县以人手为功。凡贼验功之处,聚手如山;焚之。指节之骨,散弃满野。八月,摇黄贼、袁韬同刘进忠困保宁。献贼逆支将终,而鬼物出矣。一日独坐书王宫,方食,空中下无数手夺馒头。又一日,闻两厢有琵琶箫管之音,献忠怒,拔刀起往杀之,又见无头女子十余人共弄乐器。献忠大骇而仆

地……"（何锐等点校《张献忠剿四川实录》，巴蜀书社2002年4月第1版，第433—434页）

可见，堂堂黄虎也有惊慌失措的时候。那些从空中突然伸出的手，是"森林般的手臂"吗？！那些手啊，就像是无数的"飞去来器"，一直飞翔在成都的低空。

蜀王宫的落日，像被砍断的手臂在安静流血，我以我血荐大西。作为杰出的"剁手党"党魁，张献忠于血海滔滔里高举起强壮的双臂，迎接着自己的王后新娘……

张献忠与简州象猪的灵异事件

绛溪河始起有两条河，一条来自仁寿县牛角寨，流入简阳县境西部边缘的三岔湖，经三岔、红塔两区的10乡镇，在县城西北注入沱江，境内流长63.5公里。根据简阳作家杨小

简阳全景图

愿的走访，本地诗词名家曾渊如老先生曾在民国时期采风时得知，另一条支流发源自龙泉山，小名赤水河，流经山泉镇七姑山下，下凡的仙女偷来王母蟠桃交给贫困者种植，这显然是神话里"脱贫攻坚"的壮举。所以，那一带一直有种植水蜜桃的历史。每当春季桃花飘落，花落水红，所以这是绛溪河的得名，富有诗意。两条小河在毛家坨汇合，那里就叫三河口。我估计，还有可能在于河流经过红土丘陵地带，雨季往往裹挟大量泥沙，颜色呈绛而来。

在简阳民间，一直流传有关"象猪"的传闻。说的是一种既像大象又似猪的动物，灵异之物，就给人带来吉兆。在作家巫昌友的《绛溪笔谈》一书里，就有关于象猪的记载。南宋简州籍状元许奕在赴京科举之时，家中饲养的母猪诞下一只象猪，其色纯白，鼻长如象，两天就可以食五谷杂粮，不吃草类。许奕急于渡过沱江而受大水阻碍，象猪毛遂自荐，奋勇将主人驮载过江，最后中了状元……这是"猪凫三江、狗游四海"的具体实践，象猪也自然而然修炼成"状元猪"。这个故事在《简州稗草》也有记载。据说在简阳的河东地区的古渡口边，还存有象猪泛舟的石头造像，人们无论从哪个方向看，象猪均栩栩如生。

其实，古人从没有放过这样的灵异与神启。

《山海经·西次三经》记载：钦山中栖息着一种名叫"当康"的野兽，其外形像猪，长着大獠牙，发出的叫声就像在呼唤自己的名字。因为它像猪又长有獠牙，所以也被称为"牙豚"。传说每当天下要获得丰收的时候，它就从山中出来啼叫，告诉人们丰收将至。所以它虽然样子不太雅观,却是一种兆丰年的瑞兽。郝懿行注:"当康大穰,声转义近,盖岁将丰稔,兹兽先出以鸣瑞。"另据东方朔《神异经》记载:南方有一种奇兽,样子像鹿,却长着猪头和长长的獠牙,能够满足人们祈求五谷丰登的愿望,也可能就是这种当康。

龙泉山有没有自呼其名的当康出没,的确不好妄言。

"牛生麒麟"和"猪生象",原是作为灵异之象记载于史书,这在《宋史》和《元史》中都有体现。那自然不是妖孽,居然是祥瑞。四川民间更有"九猪一象"的说法,暗示了"猪象"总要在猪圈里君临!

巫昌友指出,在龙泉山脉的深处,有供奉象猪的庙宇,所谓庙宇只是几个不大的石头搭建的小屋子,里面供奉着像猪又像人的神物,问当地群众究竟供奉的是什么?群众也说不清楚,反正祖祖辈辈就这么供的,据说供了就吉祥。在简阳的河西地区,民间在相互恭贺的时候,会互相说一句:"今年要整一对,供一对象猪。"可见,供奉象猪的习俗流传甚远。

简阳的绛溪河流域,曾经是张献忠与杨展大军作战的战场,从草池到玉成的关门石,张献忠被杨展的先头部队紧紧咬住,无法脱身。张献忠败兵,被杨展围困在地势险要的滚柴坡。弹尽粮绝之时,"护佑"的神灵终于现身,从绛溪河的香火堂里窜出一只象猪,生力军一般闪烁一身光芒,驮着张献忠渡过绛溪,逃往了仁寿县牛角寨。黄虎骑猪,象猪渡河。后来,人们把象猪走过的地方叫象鼻嘴。数百年来,象猪成了民间津津乐道的传说。

在我看来，这是一个反民间常识的传说。尤其是出现在红壤遍布的成都平原东缘，这仅与梓潼县七曲山的赞美与祈祷，构成了奇崛的二重奏。而这又恰是张献忠的讴歌者们没有注意到的鲜活个案。

象猪其实是一种生物畸形，并非虚构之物。现在出现这种现象可能与周围的环境和饲料有关。近年，有人说简阳玉成乡一农户家中出现了一头象猪。群众听闻后，围观的人络绎不绝……

同样，张献忠率军经过龙泉山下石经寺，也遭遇过一件灵异事件。

石经寺坐落龙泉山脉中段东麓的天成山，历史悠久，气场阔达，历代高僧辈出。石经寺相传始建于东汉末年，曾为蜀汉大将赵云的家庙，以"灵音"之名闻世。

《简州志》及简州石经寺内碑文均有记载："明末寇策马欲入寺，马伏地不起。举火焚寺，三举三灭。贼怯，下马遥拜而去。"

"寇"说的就是黄虎张献忠。按照记载中的情况，很符合张献忠的性格。因为他历来信奉"事不过三"之理。只是，他绝对不会"下马遥拜而去"的。张献忠军中以此为怪，都说是石经寺中的明代楚山祖师肉身显灵，十方信士接踵而至，香火由此而更加鼎盛……每年祖师洞开山之日，香客络绎不绝，灯火辉煌，经幡飘拂，人如潮涌，摩肩接踵。

真实的情况是，石经寺大部分建筑毁于明末兵火，现存的规模是经清乾隆嘉庆年间数次大修而成。

"诗妖"以及黄虎诗作风物分析

锦江的"诗妖"

楚汉相争，项羽被汉军围于垓下，夜闻四面楚歌，以为汉尽得楚地。英雄面对乌骓马与美人虞姬慷慨悲歌："力拔山兮气盖世，时不利兮骓不逝。骓不逝兮可奈何，虞兮虞兮奈若何？"穷途末路，宛如夸父濒临死亡之际抛出的那根桃木手杖，以生命的力量发而为诗，硬语盘空，气吞山河，只此四句，即可壮压千古文人绮丽之作。

中国武人写诗的传统源远流长，最出色的莫过于岳飞岳武穆与太平天国翼王石达开。前者一阕《满江红》传诵千秋；后者《白龙洞题壁诗》里"剑气冲星斗，文光射日虹"的奇句，凸显了那种"气吞万里如虎"的胸廓。1862年底，翼王石达开率部抵达云南牛栏江边的竹林湾，见沿江两岸竹林莹莹碧绿，有红黄青紫的野花点缀其间。翼王有悟，写了

一副对联："无事看花兼看柳，有时长啸复长歌。"这等吞吐大荒的气象，职业文人也望尘莫及。

在《宋诗纪事》中，宋太祖赵匡胤也有一首诗《咏初日》："太阳初出光赫赫，千山万山如火发。一轮顷刻上天衢，逐退残星与明月。"陈师道《后山诗话》指出：宋师围金陵之后，南唐派徐铉为使，希望凭外交辞令予以解围。徐铉对宋太祖说起了武人并不擅长的诗才：您虽武功卓著，但不能为文啊。而我主博学多才，有圣人之能。比如他的诗《秋月》篇，天下传诵。宋太祖笑曰："寒士语耳！吾不道也。"徐铉自然不服，说您只会讲大话，何足为凭。您写一首诗来看看。殿下诸臣生怕太祖出丑，"惊惧相目"。宋太祖缓缓说：我当年没有发迹时，从秦中去华下，偶然醉卧田间，看到月亮出来了，就写了一首诗。然后就将这首诗吟出。徐铉一听，大为惊叹，殿上称寿。他后来也归宋为官。可见赵匡胤不但有杯酒释兵权之能，也有一诗震慑南唐的才华。

袁世凯手下的北洋诸公也颇有赋诗能文之技，当中以秀才军阀吴佩孚最为出众。就连不通文墨的武夫如张宗昌之流，也有"大炮开兮轰他娘"的"名句"流传于世。

武人与诗歌的光荣传统，李自成、张献忠岂能绕道而行！而且他们的言行，一直就是明末清初"诗谶"的主角。

崇祯十六年（1643年），在沅州与铜仁交界处正在修筑官道。当时筑路的民夫在泥地里掘出了一个古碑。古碑上写有两行字："东也流，西也流，流到东南有尽头。张也败，李也败，败出一个好世界。"（杨国宜编《明朝灾异野闻编年录》，安徽师范大学出版社2012年6月版，第225页）民夫不认识字，于是这块石碑被移交到了监工的工吏处，一看就亡魂皆冒，工吏立马上报，这个消息也被严密封锁，直到清朝才有相关内容流出。明朝灭亡，确切来讲应该是亡于农民起义的愤怒之斧，继之是清军疾风暴雪般的铁骑。"张也败，李也败"，讲的就是张献忠和李自成，这两个起义军的魁首后来都失败，身首异处。"东也流，西也流，流到东南有尽头"，崇祯皇帝煤山自缢后，南京建立了南明小朝廷，可是没能坚持多久，后来又有几个小政权，从广东流亡到广西，最后灰飞烟灭，恰是"流到东南有尽头"。

1644年秋季，张献忠占领成都。经过3个月的准备，他在成都昂首称帝，国号大西，建元大顺。黄虎一生迷信"西"方的堪舆，从最早加入反抗体制的阵营，他的营垒就是"西营"。大西皇帝眼见诸事稍定，便在成都雄视古今，阔步西南，并在两位西洋"天学国师"的思想引领下，他的视野骤然大开，在大西国宫廷里深情俯视黄铜铸造的天象仪与地球仪，面对"小小寰球"，开始畅想挥师西进、占领西洋重镇的乌托邦。

某天，他经过成都镇江桥（九眼桥）时，被这座明朝建立的石拱桥的宏伟吸引

成都南河和南门（江桥门）城楼（浣溪楼）

日本人约在20世纪20年代拍摄的九眼桥。郑光路供图

住了。桥如其名，共有9洞，原名弘济桥，又名锁江桥，是锦江之上最大的一座石拱桥。古人喜欢用"长虹卧波"来形容石拱桥的壮丽，可九眼桥却不是一道诗人的"长虹"，在武人眼里，那分明是一张隐喻幽深的"弯弓"。

　　桥南的东侧有一座高挺的回澜塔，桥、塔均为明代万历年间四川布政使余一龙筹资所建。回澜塔共7层（另外有记载略有不同：塔高约10级，后又于塔旁建寺，名回澜寺），塔顶有一个铜锡合金的"宝顶"。每当阳光沐浴塔身之时，远远望去，九眼桥与回澜塔宛如一张巨弓上扣着一支吃满力道的箭，且带银光箭镞，煞是壮观。回澜塔主要功用并非着眼景观，而是为了镇住锦江洪水，取其"回水安澜之意"。这也是成都平原上"以塔镇江"建筑林立的一个历史明证。

　　张献忠登临弘济桥，随后却听到有人在不远处唱歌：

東門外九眼橋回瀾塔

成都东门外回澜塔以及回澜寺古图。图片由郑光路提供

桥是弓，塔是箭，

弯弓正射承运殿。

后人附会说，歌词寓意直指张献忠所住的承运殿。其实，有哪个人敢在大西皇帝身边唱歌呢？为此，张献忠顿感不吉利，命人拆了这座回澜塔。这也是成都民间"桥是弯弓塔是箭"的出典。

高耸入云的回澜桥，塔影映入开阔的锦江水面，逶迤而上，塔影正好从横跨锦江的拱背九眼桥正中穿过，正对城中。张献忠心中一动，似有所悟："桥是弯弓塔是箭，一箭射翻金銮殿。好，好，好得很！"黄虎久经江湖，敏感异于常人，他立即对"诗妖"民谣进行了改造。时值大西建国，

为祝福国运昌盛，大西军经常在成都街头进行宣传，还让土豪劣绅一边走一边敲锣，扯开嗓子高喊：

> 桥是弯弓塔是箭，
> 一箭射翻金銮殿。
> 朱明气数尽，
> 流民坐江山。

后来吴三桂投降清朝领着大军杀来了。张献忠撤离成都的时候，"本地百姓"说："八大王一走，要来癞皮狗。"当时成都赤地千里，哪里来的"本地百姓"？！我估计，这多半是当代人创作的"古人作品"。有点接近于1971年的"坎曼尔诗笺"事件。

更神奇的是，在拆毁这座屹立于锦江南岸的回澜塔时，发现塔基里藏有一首诗，竟然出自"汉元兴元年，丞相诸葛孔明记"：

> 修塔余一龙，
> 拆塔张献忠。
> 岁逢甲乙丙，
> 此地血流红。
> 妖运终川北，
> 毒气播川东。
> 吹箫不用竹，
> 一箭贯当胸。

这自然是附会，但也体现了一种民间文化的价值向度。清代大才子李调元在《南亭笔记》里的记载略有不同，说黄虎曾经在一个地方拆毁一座塔，结果在塔里面发现一个石碑，石碑上面刻着四句诗。诗句如下："造者余一龙，拆者张献忠。吹箫不用竹，一箭贯当胸。"

1646年冬季，黄虎驻扎西充县大营才过了几天，就被清肃亲王豪格手下一箭射死。"吹箫不用竹"就是一个"肃"字。据说黄虎死后，被百姓分尸，其心黑如墨。埋他的地方，生的草都是扎人的，还经常有一只黑虎咬人。

关于这一事件，《明史》予以收录，收在"诗妖"条目之下。

回澜塔被大西军毁后大约一百年，乾隆三十年（1765年），四川总督开泰重建回澜寺，并于寺之东侧建3层亭式楼阁曰"同庆阁"，俗呼为"白塔"，回澜寺也被称为"白塔寺"。相沿成习，遂为街名。清人傅崇矩在《成都通览》一书中，收录有"成都之妖怪谈"与"成都之不可解"两个条目，告诉了后人成都有不少都市传说、怪谈奇事，其中有"东门外白塔寺之白塔不可修"一条（傅崇矩著《成都通览》，成都时代出版社2006年1月第1版，第251页），主要是着眼于兵事的不吉利，屡次毁弃的白塔暗示了凶灾。1945年因附近棚户失火，殃及寺塔，最终毁于一旦。街东原为一大片乱坟岗，丛葬1935年四川军阀混战中的死亡士兵。1953年平整后，辟为望江路，直抵望江楼公园大门口。直到1950年后，九眼桥南岸以东还有一条叫"白塔寺"的街巷。

光绪年间，以经商致富的士绅马长卿认为，因城东回澜

日本人约在1926年拍摄的望江楼。图片由郑光路提供

塔岁久塌毁，所以"省治襟抱亏疏，故人文不振"，因此便在回澜塔以东位置建崇丽阁，形式如塔，因崇丽阁号称本省文风所系，修阁之前，川省在清代从"无鼎甲为地方生色，识者病之"。落成当年，幸运降临，资州骆成骧遂中状元，崇丽阁的风水之说在成都流传甚远。

大西军拆掉锦江回澜塔，并非传说。

博物馆陈列研究部主任梅铮铮指出，旧时九眼桥附近有座回澜寺，寺中有一座回澜塔，隋唐时就已存在。张献忠认为此塔不吉，将塔拆毁。清初，四川按察使宋可发筹建武侯祠，因为当时维修需要官员自己出资或出面募捐，可能当时资金紧缺，又需要大量青砖，就用张献忠拆掉回澜塔时剩下

2013年，武侯祠博物馆的工作人员在刘备殿基台的东南侧，发现一截明代青石砖垒筑的基台遗迹，部分砖上印有"萬歷贰拾年"、"二十年回澜塔"、"拾年造"等字样。历史图片

的青砖来弥补建设中材料的不足。在建筑材料上烧上铭文是那时的惯例，上面的铭文也是天然一体的，"体现了当时的文保意识和再利用"（《成都商报》2013年12月11日）。

屡建屡毁的白塔，似乎成了某种不祥的征兆。诗人向以鲜至今记得一首流行于20世纪70年代之前的成都民谣，恰恰与白塔有关，其诗谶的意义十分明显——

　　　　白塔尖又尖，
　　　　尖得好害怕。
　　　　如果落下来，
　　　　地要遭一下。

成都方言里，"遭"读作"照"，"下"读作"哈"。这首民谣是取自黄虎与白塔、九眼桥的传说。也可以看出，民谣如何对历史往事斩头去尾，逐渐成为脱离历史本事的诗妖。看起来，未必是"地"要"遭一下"，那分明指的是一把悬置在成都人头上的达摩克利斯之剑。

"诗妖"是一种特异文化

"诗妖"是古代指某些描述祸乱征兆的里巷歌谣。竭力追求、放大诗文的神秘之力与歧义，放大为神示天语，一直是古代文人的一大嗜好；又由于时局动荡，"诗妖"应运、应需而生。

"诗妖"是汉朝天人感应、阴阳五行之学突入诗学领域的峥嵘头角。它以童谣为基本载体，以"言之咎征"形态出现。它以阴阳五行、因果报应为出发点和终极点，使原本普通的童谣成为"神道阐幽"的载体；此外亦有若干主"咎征"者，造作了很多"伪童谣"，以示其神验。"诗妖"的本质是文学作品被赋予特定的神学含义，其结果是"诗"性被侵蚀抹杀而"妖"氛甚重，诗学与宿命神学相结合，形成王充所谓"文书之怪"。（徐公持《"诗妖"之研究》，《国学研究》杂志2006年第2期）

西方的"诗妖"乃是炼金术士记载的密码，比如法国预言家诺查丹玛斯之流。中国的"诗妖"是诗体的预言，蕴含着一些未来征象以及不祥之谶。曹雪芹无疑是"诗妖"谱系里的执牛耳者。他把诗妖文体发挥到了极致，他在一首诗中写道:"红装运尽诗妖起,青楼倒入青溪水。亘史仍余季布名,横刀那见碓儿死。"诗歌第一句已点破《红楼梦》成文的由来,其实《红楼梦》里的每一段诗词曲句,几乎都是"诗妖"体!这也平添了《红楼梦》的神秘诱人氛围。

在我看来,"诗妖"是民间对暴虐权力的一种讽刺,并暗示了民间期盼的一种结局。

《汉书·五行志》之上指出:"君炕阳而暴虐,臣畏刑而钳口,则怨谤之气发于歌谣,故有诗妖。"这暗示了它发源于腹诽,发源自民间之怨,具有一种由下而上的发展态势。"诗妖"产生于汉代的"五行占"。按五行与五事的对应原理,五行中的"金",对应着五事中的"听"。"听"的内容自然包括诗与歌。当"金"发生变异之时,这些言辞也会发生相应变异,其变之一,就是"诗妖"的拔地而起!

班固创编《汉书·五行志》,"诗妖"是其内容之一。他收集了6则诗妖的逸事,其中一段是晋惠公时的童谣:"恭太子更葬兮,后十四年,晋亦不昌,昌乃在其兄。"预言的是未来晋惠公的苦难遭遇,以及晋文公重耳的兴起,后来都一一应验。《汉书》以后的史书,大都沿袭了班固的做法,编撰《五行志》,一直保持"诗妖"的记载。

汉桓帝初年,京都有童谣唱道:"城上乌,尾毕逋,公为吏,子为徒。一徒死,百乘车。车班班,入河间。河间姹女工数钱,以钱为室金为堂。石上慊慊舂黄粱。梁下有悬鼓,我欲击之丞卿怒。"《后汉书·五行志》详细解说了诗句,结论:"此皆谓为政贪也。"

学者俞晓群认为,读历代"诗妖",其中好诗不多,但

也不是没有。《隋书·五行志》记载,隋炀帝到达东都时,在长乐宫饮酒大醉,写了一首五言诗,最后两句写道:"徒有归飞心,无复因风力。"令美人再三吟唱,他泣下沾襟,闻者无不唏嘘。到达江都后,隋炀帝又作五言诗曰:"求归不得去,真成遭个春。鸟声争劝酒,梅花笑杀人。"这首诗准确地预言:他将在三月梅花盛开的时候,遭遇弑杀。相传隋炀帝在江都期间还做了一个梦,梦见两个小男孩唱道:"住亦死,去亦死,未若乘船渡江水。"于是他下令筑官丹阳,结果尚未完成他就死去了。(《东方早报》2014年3月2日)

在我心目中,最有气势的"诗妖"之句,诗出现在汉朝与元朝。

甲子年(184年)是汉灵帝中平六年。如果说"太平道"宗师张角发出的密码"苍天已死,黄天当立;岁在甲子,天下大吉"属于"白刀子进",那么元朝的造反"诗妖"就是"红刀子出"。

元朝末年,天灾加人祸,民不聊生,河北栾城人韩山童因祖父烧香信佛,传播白莲教,被谪徙永年。元朝至正元年四月(1351年),朝廷强征民夫修治黄河决口。民工挖河时,发现有一尊独眼石人,石人身上有字:"莫道石人一只眼,挑动黄河天下反。"这其实是当地民谣,如今得以应验!这显然是韩山童、刘福通事先埋于河滩的起义密钥。

东汉末年道教大兴,天道、天界之论深入人心。人有三只眼,额头上那只叫"天眼",就是二郎神那种。凡人一旦开了"天眼",就可以洞穿凡尘俗世的晦暗与迷雾,看到至高无上的大光明。那么石人为何只有一只眼呢?因为两只看世俗的眼睛已经瞎了，代表着红尘已经是满目黑暗，再也看不到任何光明。石人没有俗眼了，代表了天道对现实世界的彻底绝望。这与东汉末年黄巾军所言"苍天已死，黄天当立"完全一致。

至正元年五月韩山童、刘福通在永年白鹿（路）庄聚众3000人，杀白马、黑牛立盟起义，以"红巾"为号，称红巾军，由此开启了一场"东逾齐鲁，西出函秦，南过闽广，北抵幽燕"的急风暴雨。

封闭的巴蜀之地，"诗妖"的历史源远流长。

晋惠帝时，蜀中谣'江桥头，关下市，成都北门十八子'。十八子，李也。其后李雄据蜀，僭号。（彭遵泗著《蜀故》，国家图书馆出版社2017年8月第1版，第111页）

这是我所能找到的蜀地最早的"诗妖"出典。清初彭遵泗进一步指出："汉武元鼎二年（前115年）（成都）立大城九门，故有十八子之称。"（同上书，第111页）城门一般为双扇门，因而附会为十八子。

《华阳国志》："王平、句扶、张翼、廖化，并为大将军。时人曰'前有王、句，后有廖、张'。"如果说这样的民谣还不足以揭示未来的话，那么我们再看一则成都的民谣：

王建据蜀之后，有一僧常持大帚，不论官府、人家、寺观，过即沉扫，人以"扫地和尚"目之。扫毕，辄写云"水行仙，怕秦川"。其后，王衍有秦川之祸，人方知"水行

仙"，"衍"字也。（彭遵泗著《蜀故》，国家图书馆出版社2017年8月第1版，第111页）

王衍为王建之子。王宗衍继位后，更原名"宗衍"为"衍"。925年冬季，王衍领数万大军从成都出发，浩浩荡荡向秦州而去。王衍一行都到达了长安的秦川驿，李存勖诏使率数队士兵前来，宣敕已毕，拉出王衍一族，立即行刑……

我们再看一则清朝流行于重庆的童谣，明显含有"诗妖"的另外一种功能，即以"语焉不详"的密码态势，去记录一段隐秘的历史真相——

城门城门几丈高，

骑白马，挎洋刀，

走进城门砍一刀。

明朝洪武年间的重庆守将戴鼎，决定第四次筑城。他请高人根据九宫八卦，为重庆设置了九开八闭17座城门，其中16座为水门，唯有通远门是陆门。明末，重庆城前后两次遭屠，均是通远门被攻破，然后殃及全城。而正是这座通远门，发生过"进门砍一刀"的历史事件：1644年张献忠炸开城门之后，就处死了守城巡抚陈士奇等官员。有意思的是，张献忠可以"骑白马"，不可能像东洋鬼子一样"挎洋刀"啊。当时努尔哈赤麾下清军们的佩刀，才应该是巴蜀人心目中的"洋刀"。可见，一首童谣记载了张献忠和清兵两次屠城的惨烈历史。

黄虎顺口溜里的风物

崇祯十六年（1643年），黄虎占领长沙、衡州，为巩固和发展取得的胜利，黄虎决定将大西政府迁至长沙，为此发布了一道影响广泛的檄文，檄文说：

孤提天兵临长沙，一日之内，两府三州归顺。副总兵尹先民、何一德带兵效顺，即愿前驱，进取江西，孤甚嘉之。封先民、一德世袭伯，所部将领，皆为总兵。升岳州府知府原任朱朝、通判任维弼为分巡、监军长岳道，升蒲沂知县吕凤起为知府。所属州县士民，照常乐业，钱粮三年免征，军民人等，各宜投册归顺，庶免屠戮。天兵临城，玉石俱焚，毋遗后悔。

这是迄今人们所能见到的大西政府发布最早一份完整的重要文件。语言朴实，一改佶屈聱牙的制式文风，但还不是陕北口语，看不出清晰的黄虎话语风格。文末有文绉绉的威胁，方从笑脸下露出了森森白齿。

四川著名文史学者王治平居士（1920—1992）在《吟边琐记》卷一里，提到了一则黄虎逸闻：

俗传张献忠幼时入塾，师出联命对曰："宝塔千层，直属钢鞭打白日。"张献忠对曰："长城万里，横身牙齿啃青

天。"此联殊有趣,然张献忠不文,早见诸家记载,此特好事者戏为之耳!

这一对联里充溢着天狗吞日的气象,文弱书生根本担待不起,但也未必不是少年黄虎的人生憧憬。黄虎故乡定边县柳树涧堡,即有长城遗址贯穿于村落和荒野,远望箭垛如朝天竖起的利齿,幼年黄虎的这一诗意构想是惊人的。

在巫溪大宁河支流东溪河畔,有一个十分隐匿的自然村庄——肖家坡。这里沟壑纵横、林木参天,与湖北省竹溪县桃源乡相邻。现为巫溪县徐家镇"一线天"景区的岔路村管辖。据清光绪《大宁县志》记载:自崇祯七年起,张献忠数次入川。一次从"一线天"入口,直捣巫溪县城,处死了巫溪大宁知县高日临。"明崇祯八年,张献忠在今徐家镇岔路村肖家坡的满天星溶洞距洞口20米处,留下了七言四句诗刻。"

诗云:

此洞神秘天下无,
风光绝密最突出。
千孔万穴知多少,
胜过天门八阵图。

落款:"张献忠,明崇祯八年。"

明崇祯八年为1635年。崇祯七年(1634年)二月下旬,张献忠率军第二次入川。他由大昌(巫山北)、大宁(巫溪）、夔州（奉节）、开县、新宁（开江），攻保宁（阆中）和广元未果，四月由达县、仪陇县北上返回陕西。所以，黄虎不可能在第二年到达巫溪县境内。而且基本常识在于，敢于掘开朱元璋祖坟的黄虎，就绝对不屑于采用"明崇祯八年"一类的时间标识。我判断，这个落款是后人画蛇添足所为。

尽管诗句具有黄虎喜爱的顺口溜的诸多品性，就像一碗苞谷酒，因为粗糙而直通灵犀，因为简易而直导笑气，而且语气也是典型的黄虎式。

崇祯六年二月十五日（1633年3月14日），黄虎奇袭夔州得手。攻下夔州城后，黄虎红光满面，骑马来到依斗门前。此地是府城的南门，俯瞰滔滔长江，视野非常开阔，取杜甫"每依北斗望京华"诗句而命名"依斗门"。黄虎举目四望，雄视古今。江南白盐山顶，雄伟的宝塔宛如金鞭，直刺苍穹；再看近处，古老的墙垛恰似一排整齐的牙齿。面对破碎的河山，联想起自己南征北战的艰辛岁月，黄虎灵感飞扬，在马背上吟出一联（《中国民间故事集成·四川省万县地区卷上》，内部资料，1988年编印）：

宝塔七层，直竖金鞭打红日；
城墙万仞，横身獠牙啃青天。

语言生动，强悍之气昂然而起。有这等雄浑笔力，怎么可能不出头呢！

根据《蜀龟鉴》《明季北略》《罪惟录》等记载，黄

万县（今重庆万州区）的单拱桥。【英】伊莎贝拉·伯德·毕晓普摄。选自红音等编译《长江流域旅行记：1896年英国女旅行家在长江流域及四川西北部汶川、理县、马尔康梭磨旅行游记》，四川民族出版社2010年版

虎曾把梓潼县七曲山大庙封为自己的"家庙"，前后赋诗3首，于大顺二年（1645年）刻成了一根富丽堂皇的"诗柱"，屹立于七曲山大庙山顶。

第一首为五绝《七曲赋诗》，诗载清初计六奇《明季北略》等野史中。吴伟业编著《绥寇纪略》说，黄虎早"有大志，故于属城不甚残杀，尝题诗黄鹤楼，令其下属和……"这表明他并非文盲，还爱好作诗，并予以了书写，可惜黄鹤楼诗没有流传下来；而黄虎在顺庆四方寨题写的寨名，勒石题额，也可惜毁于几十年之前……不然的话，我们大可以与宋江题诗浔阳楼作一番比较。也就是说，左手诗歌，右手书法，历来是帝王的"标配"。而左右互搏、一心三用，诗歌书法中气不足，又成了草莽帝王的不二法门。

黄虎的《七曲赋诗》是：

高山有青松，

黄花生谷中。

一旦冰雹下，

黄花不如松。

古洛东整理的《圣教入川记》里，收录了两位洋教士记录的这首诗。此诗确有一番来历。

崇祯十三年（1640年）十月，大西军与明朝兵部尚书杨嗣昌所率领13省大军相遇在梓潼县。大西军在梓潼县上亭铺北5华里的倒马坎、庙垭等处埋伏重兵。这一线山高路险，林深丛密，按照张献忠的部署，3万大西将士隐藏于密林之中。总兵侯良柱只顾追击，进入山谷后继续前行。待至倒马坎，大西军突然从密林中齐声发喊，惊雷炸响，檑木滚石，箭雨枪林，铺天盖地而来。侯良柱与副总兵罗象乾、刘贵身陷绝境，最后死于乱箭之下，官军全部被歼。明安庆巡抚张国维向朝廷告急，朝廷派左良玉、马炉、刘良佐等率军星夜驰援。黄虎率军大败明军……

明朝崇祯十三年（1640年），在杨嗣昌率军对大西军在四川跟踪追击的过程里，巴蜀地形复杂，黄虎属于久走夜路而鬼神回避的人物，杨嗣昌只能按部就班。他苦苦追踪诡异的黄虎，就像落单的恋人那样迷失心窍，所以经常追到半路就失去了心上人的芳踪。就这么追了大半年，毫无结果。黄虎宛如猛虎归山，崇山峻岭是他悠游自得的地盘，他用一系列顺口溜予以了韵文式的战术总结与战略提升，这首顺口溜能够流传千古，可见其功力不凡：

前有邵巡抚（四川巡抚邵捷春），常来团转舞；
后有廖参军（监军廖大亨），不战随我行；
好个杨阁部（杨嗣昌），离我三天路。

这是大西军战胜明军的围困追击后欢庆胜利时的歌谣，历史学家袁庭栋认为，这其实是张献忠编顺口溜以激怒明军，最终让对方钻进了自己的口袋之中。由此可见顺口溜就像一棵"消息树"，可以让敌方从中读出误导信息。

顺口溜声震瓦屋，深入民间，具有洗骨伐髓、洗心革面之力，让历史的巍巍天庭掉落下惶恐的粉尘，也让华丽辞藻堆砌的文学殿堂分崩离析。

黄虎根本不屑于平仄、对仗之类小儿科，也毫不介意书卷气质。除开诗歌的范式，他的诗作也缺乏黄巢、李自成、石达开那样的英雄气势；也不具备赵匡胤、朱元璋那样的奇诡之思。黄虎的诗思，显然一直被民间的顺口溜牵引着前行。因而，黄虎的顺口溜创作除了已经佚亡的那本《天书》之外，散落于民间的寥寥几首，尚可一窥黄虎的帝王才情。这就是说，张献忠的确创立了一种帝王顺口溜，不妨标的为"黄虎体"。

清初文人顾景星《白茅堂集》卷三十八《李新传》记录说，曾经担任陕西按察使金事的李新，家住蕲州小西门内凤山坊，蕲州失陷，全家被俘。李新之父李于节，字子高，是秀才出身，他怕李新顾虑父母，于是"争先骂贼，引颈受刃"。黄虎胁迫李新下跪，李新骂不绝口。骂的那些话，以康熙《蕲州志》卷八《人物志·殉难》《李新传》的记载最为详细:"死贼,尔非陕西人乎?本道在陕西,尔喂马贱卒耳,恨未早斩剐尔!此我父,此我母,此我妻及子息,死同死。跪不能也!"张献忠是陕西定边县人,麾下也以陕人居多。李新当初带着朝廷敕书和关防,出任陕西按察使佥事,自称"执节入秦"。他自然瞧不起这些泥腿杆子,说他们仅仅是一些"厮养卒"。李新勇敢地"抱父尸就刃","献忠瞑目视良久,以掌击膝曰:'快哉!老子今日看杀汝等,求生不得。独汝好汉。'令掩诸尸于郭东鹿耳石"(转引自邓之诚《骨董琐记全编》,北京出版社1996年6月第1版,第592页)。

黄虎下令将他"脔割之",就是割成一小块一小块。李新断气后,黄虎佩服李新这种硬骨头,特意在蕲州驿墙壁上题了一首悼诗:

山前山后皆出松,
地平平地柳成荫。
桃李笑柳柳笑松,
千秋万古还是松。

署名是"关西张秉吾题吊李新"。诗是顺口溜,暗藏机锋,诗歌里的"松",可是硬骨头李新的暗喻呢?那么柳、桃李,又是谁?是那些在自己刀口下磕头如捣蒜的官人吗?

顾景星指出:"贼屠蕲时,予家以贞节感贼得免,伏城濠岸无梯破楼,闻楼下贼往来称好乡官,李新才算真死节。"(转引自邓之诚《骨董琐记全编》,北京出版社1999年7月第1版,第592—593页)由此可见,"崇敬孝道"以及"好乡官"

才是黄虎为李新题诗的重要原因，也是他"刀下留人"的标准。黄虎的署名文绉绉的，一派正统诗歌的好学生模样，可见张献忠早期也喜欢舞文弄墨，学习酸溜溜的词语，且有"敬轩"、"秉吾"等雅号，成为大西皇帝，这最后的文绉绉也一并去除了。君子豹变大人虎变，日渐坐大的黄虎，口语入圣旨，出口就是顺口溜。

就是说，生活里的确有一种异人，明知翻滚巨石上山而不可能，却还在全力做着推石上山的动作。当李新知道一切事情的结局，还能不顾结局而为之，正是李新的可贵之处，也是大悲剧的落脚发衍所在。人只有在死亡上空，才能真正看轻生的本相。也许，黄虎也是这样的一种异人。

黄虎的诗歌用力点是通俗易懂，唯有韵脚必不可少，韵脚可以帮助自己的思想不胫而走。也可以发现，顺口溜、民谣之所以指心见性，可以让一个大字不识者立即自愿地纳入到暴动的麾下，恰在于它们指向了血红的乌托邦，其距离书面语越是遥远，所具有的山野气血就更为浓郁。

一言以蔽之，顺口溜的成败，与书卷气成反比。

在中国庞大的文学体系里，没有哪一种文体，可以像顺口溜、民歌那样勃然焕发出暴动的伟力；没有哪一种文体，可以像顺口溜、民歌那样立即获得思想、意识的高度统一；没有哪一种文体，可以像顺口溜、民歌那样立即获得步调一致的收放动力。

顺口溜还具备彻底的执行力。

比如，曾国藩文辞周纳的《缴粤匪檄》一文，体现了其正常的学养。曾国藩素养浩然之气，目不斜视；但也眼观六路，危局之中只能相信胜者为王，他既可以写出《缴粤匪檄》这样针对文化人的范文，也可以写出《保守平安歌》《水师得胜歌》《陆军得胜歌》《爱民歌》《解散歌》等多首顺口溜。曾国藩深入生活大写顺口溜，对湘军文化的形成起到的推动之功绝对在公文之上。比如《爱民歌》："三军个个仔细听，行军先要爱百姓。贼匪害了百姓们，全靠官兵来救人。百姓被贼吃了苦，全靠官兵来做主。第一扎营不要懒，莫走人家取门板。莫拆民房搬砖石，莫踹禾苗坏田产。莫打民间鸭和鸡，莫借民间锅和碗。莫派民夫来挖壕，莫到民家去打馆。筑墙莫拦街前路，砍柴莫砍坟上树。挑水莫挑有鱼塘，凡事都要让一步。第二行路要端详，夜夜总要支帐房……"

可惜的是，太平天国洪天王写作的几百首顺口溜，多是涉及女性心理、行为规范，属于身体政治范畴："因何当睡又不睡，因何不当睡又睡。因何不顾主顾睡，因何到今还敢睡。"（《天父诗》王庆成《影印太平天国文献十二种》，中华书局2004年10月版，第294首诗）洪天王喜欢书写"睡"，犹如黄虎喜欢比附"松"。与曾国藩比较起来，单是行动指南的顺口溜方面，就输了一大截。

顺口溜、民谣以及众多的民间文化，与占统治地位的公共领域形成了一种低姿态的对峙。从巴赫金的《拉伯雷和他的世界》一书中，哈贝马斯认识到民间文化的内在动力。他发现，民间文化显然绝不仅仅是背景，也就是说，绝不是主流文化的消极框架，而是定期出现、反抗等级世界的颠覆力量，具有自身的正式庆典和日常规范。他进而认识到，这一

看法揭示出，排挤机制在进行分野和压制的同时，也唤起了无法抵消的对抗力量。（【德】哈贝马斯著，曹卫东等译，《公共领域的结构转型》，学林出版社1999年版，第6—7页）

巴赫金进一步认为，民间文化具有其不可掩饰的狂欢节文化色彩，民谣口耳相传的传播空间可以说是一种狂欢节性质的广场空间。那么，中国历史上的暴力狂欢的场域却只能在山野空间，顺口溜、民谣就是他们在山野空间里播种的文化。一当暴动者冲进宫阙，糊满牛屎的屁股坐上了昔日皇帝的金銮宝座，他们逐渐开始学习骈四俪六，努力装出锦心绣口之状，创造顺口溜、民谣的才华立马阳痿。铺满华丽方砖的高敞大屋里，自然不能替代山野空间的生命力。对比一下洪秀全进入天王府前后的顺口溜，就可以发现，他那些顺口溜的听众，已经由早期的苦难之民，蜕变为清一色的宫中美女了。

可以说，顺口溜、民歌是一种可以活学活用、吹糠见米的"韵文动力学"。这涉及中文里的韵文革命发生学，如果我们把黄巢、王小波、李顺、李自成、张献忠、洪秀全的韵文予以谱系式考察，就可以发现，造反者早期写作的，往往是生猛的顺口溜；他们后期写作的，就是最不堪卒读的诗歌了。

清顺治元年（1644年）十月间，金风荡涤，百草渐枯，高低错落的黄花反而将山岳装扮一新。黄虎过梓潼县登七曲山时，抚今追昔，山河历历，一晃4年弹指而过，随口吟出这首诗，显然是有感而发。

黄花即菊花，准确地讲是野菊花。秋开冬谢，秋令在金，故以黄色为正，因称黄花。在顺庆、西充、蓬溪、蓬安的村道、山坡、田埂、溪涧旁，秋季随处可见或者一丛丛、一簇簇灿然盛开的野菊花与芭茅草，把整个萧瑟的秋天装点得灿烂多姿。芭茅草的花穗银霜赛雪，小小的野菊花似乎努力要为萧瑟时令注入妙手回春的火苗。越是进入秋风深处，就会逐渐发现，野菊花的阵势，简直就是黄巾大起义的隐喻。

七曲山并不大，山上很多参天松柏，把整个山密密盖住了，就像"风入松"的词牌一样，古意欣然。也许受到山风劲吹的影响，山上的松柏基本上都是斜着长的，一些苍老的松柏大树，迎风一侧没有任何枝丫，劲风在它们身上留下了风的造像，这就是"旗树"。

黄虎《七曲赋诗》并非如后世论者所言那样为"典型的歪诗"，反而是蕴涵了他的观察与独特天道观。他希望道明的事实就是，置身肃杀时节，尽管黄花已经胜于了百草，但与青松比较起来，高下立判。所以，如果做不了"泰山顶上一青松"，起码也要跻身于七曲山上的松林。

松树，是黄虎一再咏叹的重要植物。松树高大挺直的精神向度，似乎是黄虎的自我指认。

崇祯八年（1635年），各路义军被官军围困于河南。作为东路军先锋的张献忠部队，在一个大雾弥漫的清晨包围了安徽凤阳城。不到半天工夫，就全歼了守卫凤阳的两万官军，黄虎又叫农民和四乡百姓，砍光皇陵里的几十万株松柏，还拆除了周围的建筑物和朱元璋出家的龙兴寺（又名皇觉寺），一不做，二不休，干脆掘了皇帝的祖坟，同时将凤

阳富户杀个干净。

可见，种在帝王园囿的松柏不是"咱家的"松柏，黄虎心目中的松柏，是山野里的。

韵脚方面，黄虎尤其喜欢押冬韵，东韵和冬韵是邻韵，可以通押。这一方面，黄虎是亦步亦趋的。"七曲"与"羊肠"构成了黄虎五言贺诗的锁钥。诗过于直白，非常平庸，第三句"人是人神是"欠通，远不及黄虎的顺口溜。

> 一线羊肠路，
> 此地更无忧。
> 人是人神是，
> 同国与天休。

张邦伸辑《锦里新编》记载："自谓文昌之后裔，宜帝巴蜀，诳耀百姓，建太庙于山，铸像祀之。落成赋诗，其中令右相严锡命以下皆和御制，稍迟者斩。诗刻石，置八卦亭内。"太庙建成后，张献忠赋诗一首称贺。之后，七曲山灵应祠，即被世人呼为"太庙"。次年冬季张献忠战死西充县，据说梓潼人为了纪念张献忠，即于风洞楼塑张献忠金身，岁岁祭祀不衰。清高宗乾隆七年（1741年），绵州知州安洪德进太庙拜张亚子，辨认出了张献忠的塑像后，很快予以捣毁。从此以后，人们又将"太庙"改呼为"大庙"。

后来有人（很可能是清初诗人查继佐）把它改成七言，使之看起来更体面一点，标题定名为《拜大庙》：

一线羊肠游天堂，

此处万世永无忧。

神来仙来仙是神，

世世流传与天休。

黄虎原诗里，出现的"国"与"天"，一度被修饰者抹去了，何况黄虎入川以来从未写过七绝，修饰之作并不符合黄虎的一贯思想。原诗里分明是大西国与他念念不忘的呵护自己的"天"，那是祈愿"国"与"天"同寿的。

大西大顺三年冬季，黄虎撤离成都抵达顺庆后，第三次来到梓潼七曲山大庙。见"建太庙归而落成"，诗柱也屹立于天尊殿八卦井旁，他所赋诗和严锡命以下和诗皆刻于诗柱上。张献忠很兴奋，称原文昌祠为"天圣神祠"，又自称"奉天承运皇帝"。封张亚子为"始祖高皇帝"。他以为自己称大西王是有根有据的。

值得一提的，从大顺二年（1645年）刻成诗柱，到康熙八年（1669年），才被清朝梓潼县县令王维坤愤怒捣毁，诗柱仅存在25年。（见《蜀龟鉴》）

黄虎赋诗之后，"和诗"者接踵而至，渴望侧身挤入历史。现代一位学者又进一步深加工，此诗最后变成了下面的样子："七曲羊肠路，一线景色幽。天人皆一体，祖孙共源流。太庙千秋祀，同国与天休。从兹弘帝业，万世永无忧。"已经顺民化、已经歌功颂德化、已经文绉绉化了。

大西国的老神仙

方亨咸其人

为了把某个人物推举至神仙地步,古人的想象力总是在诸如"刀下留人"、"活死人,肉白骨"的正在进行时领域徘徊。这还不够,叙述者常常是脚下一滑,他们干脆把那些"半人半神"式人物,直接供上了云端——应了"送佛送到西"的古训。

我曾经拜读四川大学李祖恒先生于1950年代编纂的《四川医林人物》,匪夷所思的种种奇术绝技,让人瞠目结舌。如果这些记载是真实的话,不仅仅证明了古人睿智,而且还证明我们引以为傲的医学,大踏步后退了。

读到清代张潮辑录的《虞初新志》,其卷二收录了方亨咸笔录的《记老神仙事》,把神仙嵌入于真实的历史事件当中,目的就是要让事端显得合情合理,又不可方物。至于是否如此，真相毕竟没有嘴巴，对此是无从置喙的。

方家是安徽桐城望族，明清两代，出了很多高官贤达，时人有"江东华胄推第一，方氏簪缨盛无匹"之谓。方亨咸字吉偶，号邵村，桐城人。顺治四年（1674年）进士，官御史。能文、善书，尤精于小楷。山水仿黄公望，博大沉雄，力追古雅，与程正揆、顾大申时称鼎足。花鸟意态如生，曾绘百尺梧桐卷，雀雏入神品。平生足迹几遍天下，故其所见无非粉本，不规于古人，所以更胜于古人。方亨咸也写有不少笔记，尚有《苗俗纪闻》等传世。也曾有方拱乾、方孝标、方亨咸父子同观竞渡而分赋词的风雅豪举。

王渔洋《记方亨咸》指出："桐城方邵村（亨咸）侍御，坦庵詹事（拱乾）次子，幼而颖慧，父奇爱之，命小名曰'姐哥'，以娇女况之也。坦翁寓广陵，余时为扬州节推，以年家子见。明日语人曰：'王君才美，胜吾姐哥。'邵村亦语予曰：'吾书画、度曲，事事过子，惟作五七字则远不及。'尝为予画两扇，其一，花树上作一雀雏；其一，子母鸡，小者如豆，意态如生。殆入神品。其诗初未入格，后游汴梁，手书近诗作长卷，寄予京师，风调、格律，无一不合。惜未装潢，今亡之矣。"

由此可见，方亨咸的才华与美貌，近似"好女"才子也。他分明是一大奇人，那么奇人写神仙，俨然熟门熟路。

姚雪垠在《李自成》当中，为了烘云托月，挪用了老神仙的故事，让他成为群伦领袖李自成的太医。姚雪垠描绘，"老神仙"本名尚炯，他不仅跟随大顺军从潼关南原大战中胜利突围，还救过中了毒箭的慧梅。并且暗示老神仙

尽管深入流动朝廷的宫闱，且是高风亮节的清白君子。比如这一段："尽管高夫人对待老神仙如同家人一般，呼他'太医'，呼他'尚神仙'，呼他'尚大哥'，十分随便和亲切，但是尚神仙却对她十分恭敬，始终保持着一分君臣礼节。"由此可见姚雪垠煞费苦心打造出来的这支钢铁队伍的纯洁性。老神仙不仅医术高妙，而且显然具有孔明一类人物的眼界，正是在老神仙的举荐和游说下，牛金星加入起义军成为李自成的重要谋士；在李自成于九宫山为地主武装所害，他继续跟随义军一直战斗到最后一刻……

老神仙尚炯并非是姚雪垠的向壁虚构，他不过是把明末出现在张献忠军中的那位老神仙，凿穿时空，直接空投到了李自成麾下，为农民军鞠躬尽瘁。当然了，姚雪垠无须得到老神仙本人的同意。

"塑匠"的"白水膏"

大西军与老神仙传说，来自方亨咸的文友、蜀人刘文季。

在张献忠入蜀时期，四川的确有刘文季其人，本名待考（刘茝？）。对于南明永历入滇入缅历史的研究具有不可替代的史料价值《也是录》当中，提到刘文季随南明小朝廷入滇，与大西后期领袖李定国交情甚笃。

顺治三年（1646年），瞿式耜等人在肇庆拥立桂王朱由榔，年号永历，称永历帝，是西南各阶层联合抗清的一大征兆。同时，大西军余部则由孙可望、李定国、刘文季、艾能奇率领，继续转战西南，坚持抗清斗争。顺治四年（1647年），大西军从四川退入贵州、云南，联明抗清。顺治十三年（1656年），李定国迎永历帝入云南进昆明，昆明成为永历政权的首府，时号"滇都"。

刘文季也曾到达缅甸，写有《狩缅纪事》一书，记录了风雨飘摇时节南明政权的珍贵秘闻。有评论者指出，《狩缅纪事》语气慷慨激烈，批评全无顾忌，分析其《狩缅纪事》成书时间，约在康熙初年。西南禅宗祖师破山有《语录》行世，其《前录》有刘文季（刘茞）的序言，当是同一人。

反映明末吴三桂在云南的重要史料《吴三桂考》，作者（佚名）曾在云南为官，起始就提到了刘文季：吴三桂"方乱起，余与同志刘文季、林牧士逆料必败，所以我三人始终洁身也"。而逃禅出家乃明末清初士大夫之风气，滇黔为南明最后领地，形成滇黔特殊的禅宗佛教文化景观。

四川梁平县人灵隐印文禅师（1625—1667），晚年住在云南新兴云集寺时，曾与当地名流刘文季居士时相过从，并有诗文唱和。这个刘文季，与上文提到的应是同一人。

破山和尚嗣法弟子、四川三台县人敏树如相（1603—1672年）禅师，曾经有《赠内翰刘文季居士》一诗，注明内翰刘文季居士（别号醉和尚），"内翰"一职，到了清代称内阁中书，这符合刘文季在南明朝廷的身份，所以我估计所指也应该是同一人："公今自称醉和尚，斗酒百篇沧海量。或坐蒲团竹石间，或持竿钓烟波上。闲耕自爱筑茅庐，笑傲云山幽景况。不是风狂不是颠，神通游戏光明藏。亦非罗汉亦非真，可与子瞻无两样。佛印当时轻放过，老僧今日无情

棒。直下承当更不疑，脱略胸中真坦荡。彻底了无元字脚，方能超出离诸相。"

刘文季是蜀人，与老神仙相识，他把老神仙的种种神异之事告诉了方亨咸，听来就仿佛是《聊斋》的雏形："昔献贼中有所谓'老神仙'者，事甚怪，能生已死之人，续已断之肢与骨，贼众敬如神明焉。"

老神仙姓名无考，但来历并不奇特，与蜀地广安州人欧阳直有些类似。

他在张献忠所部的一次征战河南邓州（今河南邓县）的破城战中被俘。张献忠毕竟是"求贤若渴"的，希望发动一切为我所用之人，"如吾彀中"，壮大实力，蚁民就可以借此活命。当被起义军问道：你是干什么的？老神仙就地取材，抓起一把泥土，三下五除二，捏什么是什么，展现了一手泥塑人像的绝技。起义军一见，面面相觑，立即"刀下留人"，还给他取了个职业性绰号，叫"塑匠"。他们认为，"塑匠"说不定这一手艺可以为"老万岁"塑像呢。

有一天，"塑匠"把一栋房子拆了，劈成一堆柴火。然后他烧了一大锅水，加入了神秘的白粉，水沸腾了几次之后，他用木棒搅动，不但没有干锅，反而熬成一锅"白水膏"。起义军不明就里，"争相传"。张献忠久历江湖，精光缕缕，已经遥遥测出，此人乃妖人也，决定斩妖除魔，不然乱了军心。"塑匠"却不慌不忙说："王不欲成大事耶？何故杀异士？"还说，这不是什么妖术，而是熬制一种专治外伤的灵药，无论是刀斧砍伤还是拷打受伤，涂上就能痊愈。

黄虎是从刀锋上蹚过来的,怎能不知金疮药的好歹?立即让"塑匠"一试。怎么试?黄虎下令"榜一人",敷上"白水膏"后,伤口迅速复原。张献忠大喜,才知道"塑匠"是壳,内在实乃奇才也,自此对他颇为敬重。黄虎治军,不外乎严刑峻法,军纪甚严,一旦违反军纪的,挨鞭子、割耳、切鼻、断手是家常便饭。自从大家知道老神仙身怀奇能之后,每天他的军帐前总是排着长长的一队"血肉糜溃"者,等着他治伤。

显然,"白水膏"不但可以修复现实的伤口,而且还可以愈合心灵的创伤。一个抵得过千军万马的奇人,似乎就要在这支军队大熔炉里轰然崛起。

使老神仙真正扬名立万的事件,是他救了孙可望的爱妾一事。

张献忠主要的义子有孙可望、李定国、刘文秀、艾能奇四人。孙可望出生于陕北地区,家里贫困,当张献忠的军队路过陕北时,他慨然加入了起义军。此后凭借勇猛善战,一步一步受到张献忠的提携,后来直接收他为义子,还给他赐姓张。这些经历,形成了孙可望嗜血、阴鸷莫测的性情。

某天,监军孙可望猛喝烧酒,与爱妾发生口角,拔剑而起,剑带风声,爱妾的脖子立即显出一道血槽……孙可望酒疯还没有发够,骑上战马出成都城狂奔30里之后,"醒而悔之"。就在彷徨无计的时刻,突然见到老神仙空降旷野,迎面走来,对他说:"孙将军怎么脸色不大好?"孙可望把事情经过一讲,老神仙道:"你在这里干坐着有什么用?还不赶紧回去把人找回来。"孙可望说:"我那一剑正砍在她

的脖子上，脑袋都快断了，找回来也是个死人，还有什么用啊？"

老神仙一听，指着道旁一座帐篷说："毋过伤！吾今适得一美人，愿以奉将军。"

孙可望将信将疑，下马进入那座帐篷，只见爱妾端坐帐中："星眸婉转，厌厌如带雨梨花，帐中之魂已返矣。"从"星眸婉转"到"带雨梨花"，足见老神仙弥合家庭矛盾的水平，高！实在是高！

应该说，刘文季不谙医理，因而其口述记录者方亨咸只能在笔下躲躲闪闪，有些语焉不详。清初吴伟业撰《鹿樵纪闻》三卷，是一部纪事本末体的史书。所记福、唐、桂三王及张献忠、李自成农民起义史事甚详。对大西军中的名医、老神仙陈士庆还作了专门叙述，而且记载颇详："孙可望杀一爱妾，士庆度其必悔，即持去治之如老脚，衾裹置车中，阅数日见可望曰：'前夜将军何自杀所爱乎？'可望抚膺叹曰：'悔不求君治。'士庆曰：'毋过伤，吾今适得一美人，愿以奉将军。'令人持车至，启衾出之，则前所杀妾也。视其项，红痕环如缕，美丽乃倍于平时。"

可以看出，吴伟业《鹿樵纪闻》的记载更为合理，逻辑上严丝合缝，凸显了老神仙的仁者情怀。

清代王初桐在《奁史》里提到，陈士庆临床治病的一个秘诀是，他持有一面秦地的神镜子，可以照见人的五脏六腑，从而按图索骥。这些记载，俨然怪力乱神。

皇帝的机要秘书"老脚"

可以发现,独裁者一般而言,均以嗜血成性、脾气暴躁、冷酷多疑、行为古怪而名垂史册——我们几乎找不到一个例外。

独裁者在很大程度上,必将合理地演变成自我妄想狂。有些人一旦染指权力就不可求药,有些人不过略略推迟权力病毒的发作——后者俨然已经是"明君"。

我发现,群雄并起的明末,自称叫"虎"的人尤其多,后来连官军里也是虎名迭出,啸声连连。但唯有张献忠之于黄虎,确实处于相互融合、相互赠予的关系,他具有了黄虎的权势、黄虎的色泽、黄虎的咆哮、黄虎的凶猛以及黄虎的机敏,他与"金黄的老虎"构成了一个特殊的超级隐喻。

柄权者之所以可以继续柄权,恰在于他们对威胁和阴谋时刻保持高度警惕,他们才可能随时有效地清除竞争对手。提高警惕、保卫自己的结果,是刀不离身,头下枕剑。鼾声如雷之下,也是目光如炬。

黄虎占据成都蜀王府后,将其扩建一番作为皇宫。他喜欢独处深宫,类似置身权力的迷宫。他悉心研究根据"天学国师"利类思和安文思合力铸造的天象仪、地球仪,以洞察"天象"和"地理"的初衷。

有一天夜里,黄虎正在独处,处于灵魂出窍之化境,全力演绎大西国的未来走向。突然听见身后有脚步声,黄虎高速返回现实,"疑旁人伺,以所佩刀反手击之",只听一声惨叫,身后那人被这一刀"揕胸及腹,洞数寸,肝肺、肠胃

皆划然委地"。张献忠挑灯一看,倒吸凉气数口,这人竟是他的爱妾"老脚"。

法国传教士古洛东整理的《圣教入川记》里,记录了传教士利类思、安文思目睹类似的一桩黄虎在成都误杀女人的事件,估计洋人不便于打听这个女人的名字,不一定就是"老脚",也可能是美女"老脚"之事的一个民间讹传。

我们复原一下梦中拔刀的过程——

成都平原偶尔会有大风掠过,类似于一场醉酒的过程。黄虎在成都的大西国龙床上倒卧于一醉酒妇人。红烛高烧,烛影摇红,一如漫天之血。他突然被一股来自兵器的冷风所惊醒,那些蛰伏于兵器的风总是冰凉而闪动,就像女人的丝绸腰带。他从枕头下抽出了长刀。这把刀来自他掘开的一座皇室坟墓,陨铁的黑,从不发光,从不空泛叫嚷。刀出鞘必见血,刀指挥着他的手臂向前猛然出击。黄虎成了木偶,黑刀成了他的导师,刀向前,向那嘤咛一声、娇喘连连的美梦猛递过去。一个绿腰之女被击中了。腰肢,做了最后一次柳枝。就像柳树涧堡那些耗尽了最后一丝力气,终于在第一缕春风里摧折的高柳。

黄虎耗尽了最后一丝阳气。他在兀自挣扎。

第二天一早,神终于回到了身上。黄金的斑纹在他身上游走而华美。

黄虎才醒悟,原来昨晚自己被抽搐的刀,戏弄了一回。

他勃然大怒:周围的太监为何不阻止这一场演出?这一次,他是清醒白醒的,他拔出佩刀,苍然龙吟。黑刀与刀鞘摩擦，宛如肌肤相亲。刀身没有风暴，黑刀嘤咛一声，就让黄虎痛彻骨髓。他吼声如雷，黑刀奋然勃起，其实还是长刀牵引着黄虎的手臂，突然发出了一道昔日的香气。几个来自蜀王宫的太监，现在，纸片儿一般首身分离。

刀不是如中败革，而是刺中了一床破棉絮。真是扫兴！太监倒地的声音，远没有风暴拔起大树那样壮美。在《圣教入川记》当中，没有老神仙勇救美女、医治皇帝心灵创伤的任何点滴记录，只有吼声如雷，只有继续杀人的暴力循环……

张献忠的这位爱妾，美而艳，皮革一般柔贴，名字确实叫"老脚"，这符合张献忠的语言学修为。张献忠打破武昌府直捣王宫并活捉了楚王，尽取其宫中金银财宝百余万件，装载了数百辆马车。当地百姓为之震撼，痛说当初楚王不肯出钱守城，一误再误至此！而成都的蜀王又何尝不是吝啬如此呢！

宫中美女，就是俎上之小鲜肉，张献忠虎啸平原，直如虎捣羊群。

银簪绾青丝，绫缎系楚腰。在一片来自天竺的浓郁迷香里，他发现了一个颇为特别的美女。方亨咸笔录的《记老神仙事》记载她"美而慧，善书画，脚不甚纤，因名"。更关键在于，美女还有风月媚术之外的压舱技能："凡贼中移会侦发文字皆所掌，献贼嬖之。"此女就是张献忠的机要秘书，伴随张献忠来到成都，忠心耿耿。这一日，内外兼修的美女见皇上在军帐一角独坐，神驰八极，决定"私往侍之"……请注意，这是多么神妙的四个字！谁知，共赴巫山

的桃花意愿，却等来了独赴黄泉！

方亨咸的《记老神仙事》演绎了老神仙妙手回春的神技——

张献忠急得发疯，以至于"悔恨惋痛"，赶紧把老神仙召来，请他全力抢救"老脚"。仁者情怀的老神仙，有些厌恶黄虎动辄就杀的天性，希望借此给他一个深刻教训。佯装无能为力，叹气道："你这一刀开膛破肚，神仙也没法救啊……"张献忠再一次吼声如雷："老滑头！监军孙可望的女人你救得，老子的女人你不救，想死啊你？！"

老神仙伪装出来的肃然正义立即碎裂，只能施展神术以活命了。他把"老脚"扶起来躺在一张床上，"纳肝肠于腹，以线纫之，敷以药。一日呻吟，二日求饮食，三日起坐，又三日，待献忠侧矣"。从这一描述看来，人道主义的大手术有点儿像是木偶装配。

也就是说，一共经过6天生死轮回，美女不但恢复常态，且"美丽乃倍于平时"。后面这句话，方亨咸的《记老神仙事》里没有，反而在吴伟业《鹿樵纪闻》之《老神仙》里出现了，足以见出文人的癖好也。"美丽乃倍于平时"的机要秘书，嘤咛数声，迈开老脚，熟门熟路，继续"私往侍之"。

这一切，真是应了徐灿的词《少年游》："何物似前朝？夜来明月，依然相照，还认楚宫腰。"

据佚名所撰的《蜀记》所叙，张献忠在西充县暴亡时，老脚已有身孕（已怀孕七个多月），要在该年十二月分娩。后又说，所生之女不久死去。

传奇之外的传奇

在任乃强、田闻一等学者和作家的笔下,老脚还有很多曲折多姿的身体风化史。而且出现了一个并不见于寻常记载的卧龙式人物:王志贤。

话说王志贤与张献忠同为老乡,并一道参加了农民起义,后随之南征北战,屡建功勋。在大西军营里他的威望仅次张献忠,也是张献忠最信任者。王志贤文武兼备,足智多谋,再加之仪表堂堂,身材健美,浓眉大眼,一望即知是"天降大任于斯人"的类型。最为难能可贵的是,王志贤感情专一,从不粘花惹草,这在军队里简直是怪物。

王志贤曾有一个爱妻,是大明宗室的玉郡主。那年,张献忠打下安徽凤阳后,从王府俘获了一堆美女,其中有公主、郡主等皇室优良品种。黄虎是体贴兄弟的,就对他说:"志贤老弟,你老大不小了,该成个家了。这些女子中,有不少金枝玉叶,你随便挑一个。"

王志贤觉得不仁义、不地道,委婉拒绝了。张献忠指着一个貌美的女子说:"这女子年方二八,是个郡主,我看就不错,你就领回去吧!"

古人在此关头的表述往往是:你就从了我吧。

玉郡主果然也走了这条路,"我就从了你吧"。她进而惊喜发现,夫君不但品貌俱佳,而且是大好人一个,这是意外中的意外,是传奇之外的传奇。夫妻琴瑟和谐,恩爱有加。第二年,玉郡主就生了个儿子。

可没过多久,玛瑙山战斗打响。在这场大战中,大西军

惨败,除张献忠、王志贤等数十人逃脱外,其余3万人马和张献忠的家眷全部被明军俘获。在押送俘虏途中,明军一位将领垂涎玉郡主美貌,多次想非礼她。玉郡主不堪受辱,纵身跳下悬崖,壮烈殉了大西。

王志贤闻讯,犹如万箭穿心,痛哭了三天三夜,最后化悲痛为力量。他居然继承玉郡主遗志一心斗争,并发誓从一而终。

黄虎的御用美女老脚注意到了王志贤。那时,老脚有一个文雅的名字叫"柳娘娘",是不是依靠一步三摇的身段而赢来的名头?她一直喜欢志贤哥哥。

黄虎阅人无数,阅女人尤有心得。但从来没有惦记过,唯独对老脚难舍难分。老脚是老江湖,当张献忠拥有别的鲜花,她远远走开;当张献忠孤枕难眠了,她就主动嘘寒问暖。一来二去,黄虎渐渐收敛了一些虎威,显示出礼贤下士的亲和力。有一天深夜,黄虎感动地说:"等老子当上了皇帝,就封你为皇后。"

老脚拿捏住了黄虎的习性,心里有数。吃着碗里的,看着锅里的,喝着勺里的,惦记着瓢里的。她每次看到志贤哥哥,她都会感到不能自持。志贤哥哥离去时,她的目光会游离,心思会恍惚。而意志坚如钢的志贤哥哥,只谈工作不谈生活。

志贤哥哥的冷漠,让老脚欲罢不能。这样好的男人,一定不能让别的女人得到。志贤毕竟是男人,世上没有不沾腥的猫,老脚苦苦等待让志贤回头的机会。

这一天终于来了。

大西军攻陷成都后不久，黄虎席不暇暖，带着人马到什邡、绵竹一带巡查，一去就是好几十天。老脚觉得，这简直是天赐良机。

这天中午，有些闷热。老脚打听到志贤哥哥正在加班处理文案，便让丫鬟玉叶去请王志贤到保和宫沐浴。她怕志贤不肯去，她特地吩咐丫鬟："告诉王尚书，沐浴后我有要事找他商量。"

保和宫是张献忠与嫔妃淋浴的地方，其他人是不能进入的。见无法推脱，王志贤只好硬着头皮前往。

走进浴池，王志贤轻轻关上门，然后脱去衣服……不料浴室的门被推开了，走进来的不是别人，正是老脚。

王志贤赶紧穿上衣服请罪："不知娘娘驾到，在下失礼，请多包涵！"

老脚披薄纱，走到王志贤面前："王尚书，你是大王的盟兄，与大王情同手足，大王建立帝业还要靠你，咱更不能亏待你……"

两人颠鸾倒凤。但隔墙有耳，外面的人知道里面的一切。

张献忠巡查归来，一身征尘，仍然虎虎生威。刚到浴室茶桌落座，丫鬟玉叶就送来茶水。端茶时，张献忠见托盘上有一块玉佩。

张献忠反应极快，虎目渐渐圆瞪："这不是王尚书的玉佩吗，怎么在这儿？"

玉叶一下跪倒在张献忠面前："玉叶有罪！皇上去巡查期间，我没有看好娘娘，以致出了大事！"

原来,老脚与王志贤偷情那一幕,门外偷听的就是玉叶。因长期不满主子的打骂,她决计报复老脚。而王志贤离开时落下的玉佩,正好被玉叶捡到作为物证。

张献忠听完玉叶的讲述,反而平静了很多,冷笑道:"这对狗男女,居然敢给老子戴绿帽子!来人呐……"

王志贤、老脚很快被带到。

张献忠指着老脚数落:"婊子!娼妇!真是狗改不了吃屎!你说,你为啥这样对老子!"

老脚理屈词穷,说不出话来。

张献忠吼道:"你既然那么喜欢他,那就为他去死吧!"说完,抽出佩刀,一刀刺向老脚。老脚当场倒地,血流不止,被卫士拖出宫外。

张献忠目光转向王志贤:"你我是兄弟。古人说,'朋友妻,不可欺;朋友妾,不可灭'。你既欺我妻,又灭我妾,多无礼啊。"

接着,张献忠手一挥:"来人,将王志贤绑去蚕室动宫刑!"

蜀王府一直有太监,当时大西政权准备自己制造太监,由于手术不过关,造成大面积死亡。因而不得不继续留用蜀王府的太监。他们懂技术啊。

王志贤受刑后,被发配到成都大慈寺做和尚,淡出了人们视线。

老脚后来虽被老神仙救活,但也被逐出大西皇宫。传说她隐姓埋名,到一个尼姑庵做了尼姑。

为此,黄虎仰天长叹:都是兄弟啊,其实你该早说嘛。

何必偷偷摸摸。你这天杀的。

黄虎一直仇视李自成，斥之为"米脂一乐户"。吊诡之处恰恰在于，李自成的高夫人顶起了大顺的半边天。大西呢，竟然有一个红杏出墙的老脚。这是什么事儿呢！

老神仙即陈士庆

张献忠总是说："我是黄巢后一人。"又说："我比黄巢杀人更多。"

造物主考虑到这样的实情，所以搭配了老神仙。一个嗜杀无度，一个拼命救助。这一饮一啄，岂非前定？但是，无论是嗜杀抑或救助，不过都是血海中的小浪花。

但救一个是一个！这就是老神仙存在的意义。

方亨咸的《记老神仙事》当中，还记载了大西军勇将白文选受伤之事。白文选与左良玉战于玛瑙山下，忽为飞炮击去左腿，"驰归，濒死"。张献忠让老神仙救活爱将，老神仙说了一番自私自利的话："伤甚难治；吾无子，文选能服侍我终身，方如命。"张献忠许之，老神仙先用麻药麻醉白文选的痛处，然后"锯胫骨寸许，杀一犬，取足骨合之，敷以药"。仅仅三天之后，明军发现，白文选威风凛凛地骑在马上，"骑入官军，斩发炮者头！"

需要注意的是，文章里还有一句话："文选足以驰骑速，竟跛。"就是说，白文选的腿，由于长期骑快马，以至于成了瘸子。"跛贼"一词，自此成了官军对白文选的称谓。

还有这样的记载："贼将祁三升为官兵削去颊车，折齿；士庆为断一俘之颊车合其龈，一日夜而饮食言笑无异。"

这是一段什么话？就是说，老神仙活活摘除了一个俘虏的下颌，用来安装在祁三升脸颊上。这一毁一生之间，对于医者有意义吗？

根据几个笔记的情况来判断，张献忠要正式集体跪拜老神仙为大神，是在大西军没有抵达成都之前的征战过程中。

张献忠下令，军中每人搬来一张木几，"顷之，得几数万，累以为台，高百丈"。张献忠让老神仙一步步登到最顶上去。老神仙十分愕然："吾身不能腾空，焉能蹑而上？"张献忠一拍桌子：你不登老子就宰了你！然后下令数万将士"持弓矢环之"，并且说：我喊啥，全军就喊啥！

老神仙双股战战，只好往上奋勇攀登。登到一半，往下一看，未免心惊肉跳，刚刚停住脚步，张献忠命令全军引弓待发！老神仙魂飞胆丧，赶紧勇攀高峰，"直登巅顶"。这时，听得张献忠大喊："老神仙！"

全军一起大喊："老神仙！"声音震动山谷。从此，大西军中的"老神仙"如雷贯耳。

从这些惟妙惟肖的安排来看，完全符合张献忠狡黠、乖张、无常的性格。就像他莫名其妙地喜欢武状元张大受，又迅速将其处死一样。

呼延云先生在《明末起义军中的"老神仙"到底有多神》一文里指出，"到底老神仙的大名叫什么，却是一个历史之谜。笔者权且将三篇记述其事迹的古代笔记做一开列，或能窥其端倪：《虞初新志》中有一段老神仙的自述，说自己'陈姓，河南邓州人，名家子'；《池北偶谈》中则介绍老神仙是'本邓州陈氏子'；记述最为详细的是《陈士庆传》，说老神仙名叫陈士庆，是河南邓州人……清初学者李天根《爝火录》里，记述为白文选接骨之人名叫梅阿四，是唐州人士……"

晚清国学大师俞樾的《茶香室续钞》之第五卷第十二条，对陈士庆确有一番记载，尤其是针对陈士庆的学道、出道的过程。俞樾并未对人事做进一步的道德评判，他在文末提出了他之所以收录陈士庆专文的理由："按：老神仙事他书多有纪之者。此有姓名且详其始末，视他书为备，故具录之。"

我们几乎可以认为，老神仙即是陈士庆无疑。

对此任乃强先生考证指出：

《老神仙传》，桐城方亨咸撰。据亲见者言其医术之奇。避交讳拱乾，隐其名。吴梅村《鹿樵纪闻》亦传其人，而文不同。皆当属第二手资料之夸诞者。其人则实有。近年四川地下发掘有大顺二年礼部铸镏金长方大印，篆"南川县医学记"六字。考旧制：理民官印正方，非理民官印信长方。依秩级制其大小。方者称"印"，长者称"关防"。此长方印大而称"记"，疑即颁赐老神仙者。南川县医学，疑为其人官署之称，地点可能是南川金佛山。此次讨论会上获见大顺年铸的"道纲司印"小方印，为献忠崇奉道教之证。县道纲司管道徒故只小方印。县医学衙门亦当有小方印。惟

此"南川县医学"为大关防而称曰"记",故疑其是赐老神仙印信也。(《关于张献忠史料的鉴别》,载《张献忠在四川》,1981年2月《社会科学研究丛刊》第二期,第207页)

透过这些拨云见日的历史记载,还可以发现,老神仙在不同语境的转述里逐渐变得复杂,事迹越是细腻,就越发出现"章回化"现象,让一个真实人物逐渐成了一个稗官野史间的传说人物。这,不知是否是口口相传的悲哀?!

老神仙啸傲王侯间

古之所谓"高人",我想大体有四种:其一,置身红尘之外,斜睨功名利禄,一副志在名山的气度;其二,识见不同凡俗,别具慧眼;其三,经历困厄,劫波渡尽,锻炼出了一副宠辱不惊的平常心;其四,隔岸观火,还有金针度人的侠肝义胆。如此而观,"高人"多如过江之鲫,老神仙属于哪一种?

所谓"即心即道,即道即心"。但处于仰人鼻息之下,真要做到合二为一,近乎不可能。

依靠医术与名头,老神仙在张献忠营垒里游走,与虎谋皮,虎口拔牙,虎口脱险,竟然能够从黄虎的刀刃上滑过,恐怕是个例外。

1647年1月2日一早,张献忠被清肃亲王豪格的前锋刘进忠部射杀,死于西充县凤凰山大营。老神仙跟随大西军余部退至重庆后,再逶迤南下进入云南,稗官野史的说法颇多,彼此龌龊。

一种说法是他跟随干儿子白文选一起投诚了大清，白文选后来做到太子少保，必不至于亏待这位救过他一命的先觉者慈父。多年后，他死于腾越州。

还有一种说法，张献忠死后，大西军分裂为几股力量，主力"从蜀奔滇"。老神仙救人无数，兼以医术高明，所以将士们护卫着他退至云南。永历皇帝在云南苟延残喘，大西军与南明合力抗清，朝廷于是将义军头领封王封侯，神仙飘然逸出了这一格局，"老神仙啸傲王侯间"。他掏出大把银子买田置地，"累石成山，凿井为池，旁植花木，畜朱鱼数百头。客至浮白，呼鱼出水以娱，醉则高歌而卧，不顾也"。那个时候，老神仙"年老矣，犹日饮酒数斗，御数女"……这是一个钱财、美人、名声满载而归的大团圆结局，民间义士悠游刀山火海后，安然落地，终于抵达了民间的桃花源。

方亨咸在《记老神仙事》结尾，提出了道德拷问：老神仙"挟此术游当世，卢扁、华佗不得专于前矣。惜其狃于货利，遂安神仙之名，而终以贼死。虽然人之遇仙与不遇仙，惟视福德之厚薄。老神仙得其书而不能全其福可知矣。尝见稗官所志侯元者，樵山，遇老人授兵法，卒以作贼，戮其身，事颇类此。常怪仙人不得其人，即秘其传可也，何往往传非其人，以致戕害，仙亦何忍哉！且终南道者，亦未必真仙。闻其膏乃以处子阴户油炼之，火光满室，焰升屋梁，光息而膏成，此岂仙人救人之方乎？《本草》以多用虫鱼，致迟上升十年，况杀人以救人，不独一人，且数十百人。是老

神仙者，则亦始终一贼而已"。

　　张潮的结论还是值得技术流派者重视："仙家有禁方而不以传世，则禁方徒虚设耳。若以杀人、救人为过，何不去此种类，而只有金石草木之药乎？乃计不出此，而往往传非其人以致遗累，是亦授受之未善也。"这涉及技术与道的悖论，传道与解惑，治病与救人。而言行合一的正义论，又恰恰是民间异人最为缺失的。

黄虎向虚无开炮的几次事件

清顺治二年（1645年）十月开始，银杏哗然，金黄满眼，满城尽带黄金甲。见钱眼开者，以为是金箔、金片甚至金板在飞动，让人对这座锦官之城产生无限绮思。张献忠沿水而行，高视阔步，向西蜀群众频频挥手致意。他的所作所为并非过于率性，而是暗含天意。他往往发布的都是深思熟虑的偈语，并且出口成章。他这一段时间的口头禅是："人命在我，我命在天。四方有路，在劫难逃。"

张献忠对"天"还有一套自己的奇妙看法。就是说，他心目中的"天"，既有精神性的一面，却又是物质的，有论者高评"充满唯物主义思想的光辉"。这分明是活生生的"精神决定物质"的先锋！问题在于，张献忠希望"天"是站在自己一边的，自己是爱民若子的。但不幸在于，他往往遇到"天"并不听从自己意志的尴尬情况，这让他恼羞成怒。武人还是决定采用老办法，用武力解决问题，大炮的威

力足以一改山河颜色。

在成都期间，张献忠刻苦钻研"天学"，大耗脑力，鬼神冥冥，一度出现了幻觉。有一天他心情大好，召集两位大西国的"天学国师"利类思、安文思入朝，严肃讨论"天学"学理。出发点就有分歧：张献忠心目中的"天"，乃是命运；洋人心目中的"天学"，就是天主教与天文学。驴唇就是要对马嘴，并且还要谈古论今。

张献忠很想知道洋人的世界观。他甚至不耻下问："何以天圆地方？"

传教士以"详明地体浑圆之理，并引证多据以明之"。说明地球乃圆形，"非方形也"。

皇帝其实洞悉天地早有定数，对方的回答并不符合他的答案，张献忠不得不开始从虚无回到具体，讨论何为物质意义的"天"，罕见而谦虚地指出："地球浑圆之说，吾亦信之，然据中国天文家之理想，地系方形，此理尤通，因地球具方形，中国在中央，四方为外国，故名中国，其坚稳可知。当有八百年之久长。"这又说明张献忠把天看成了一个实体，虽然还存在"地圆"、"地方"之争，但在他心目中，天是物质的，那么张献忠又如何看待"天子"呢？我们从张献忠蔑视封建神权的系列行动中，可以发现他思想上的两重性。

张献忠在谷城蛰伏时，就有举人王秉贞、诸生徐以显等人，"教以团营方阵，左右营诸法；制造三眼枪、狼牙棒、埋伏连弩诸军器，献忠大欢乐之"。

八面轉子百連珠炮

精銅鑄長四尺中
容法藥一升五合

以尾旋動

神烟炮

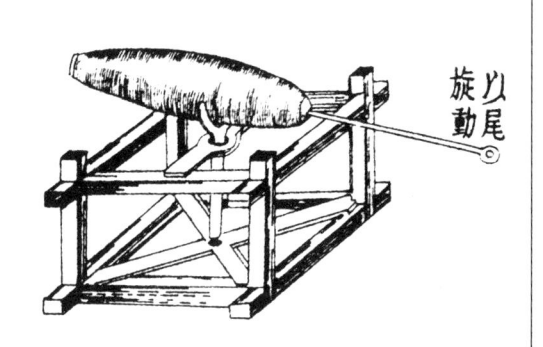

先發毒霧

釘地下

明朝八面转子连珠炮、神烟炮。选自宋应星《天工开物》

万人敌。"凡外郡小邑乘城却敌,有炮力不具者,即有空悬火炮而痴重难使者,则万人敌近制随宜可用,不必拘执一方也。盖硝、黄火力所射,千军万马立时糜烂。"选自宋应星《天工开物》

张献忠喜欢各种便利的军械。尤其喜爱威力凶猛的"牛耳大炮"。

清顺治三年（1646年）九月张献忠退出成都到达顺庆，十月移居西充县金山铺（现金山乡）。数十万大西军利用多扶镇境内的凤凰山作为大本营，在七坪寨、四方寨、打船坝、马横沟、物马岭等地构筑营寨，准备阻击清军。南充的许多乡镇，所到之处，所见之树，基本上是松树与柏树，柏树材质坚实平滑，纹理美观（特别是心材），含有树脂，有香味，有很强的耐腐性，是造船的理想木材。西充县金山乡如今有个库楼坝村，所谓"库楼"，与张献忠驻军有关。而位于金山乡六村的打船坝，当年是为张献忠所部打造船只的地方。坝的旁边有一条小河，大西军当年想开辟水上战线，顺流进入嘉陵江而东下湖湘。

清初顾山贞《客滇述》后附录的佚名编撰的《蜀记》记述："黄虎命工部王应龙于大山中采伐木植板片，打造大战船数千只。船成，命各营兵士备绳索，往山内扛抬下河。造船处离河有四十余里，川北地方步步皆山、寸寸皆涧，或有逢山磕损、遇石擦碍处，督率之贼即叱为无用，暗记姓名，回营告献忠，尽杀之。又立过队之法，凡各营兵妇口大小人等俱赴献忠面前，鱼贯而行；命骁贼数人，手执大棍，两边挑选，所过之人不拘男妇，三丁抽一、五丁抽二。其抽下之人，名曰四班队。过毕，将抽出男妇尽行斩杀，有夫在而妻死者，有父在而子死者、子存而母去者，谁敢回首相盼！十日之内，又杀去数万余。"

这就是说，造船之余，仍然没有放弃杀人的本业。"打

船坝"不止一处，应该是多处造船，才逐渐汇聚在河边。

七坪寨和四方寨地势险要，两山成掎角之势，可相互策应，易守难攻，被张献忠作为阻击清军的前沿阵地。张献忠命义子孙可望率军驻守两山寨，在山上构筑寨墙、寨门，安放有至少8门"牛耳大炮"，其中位于四方寨山顶的两门牛耳大炮遗存至1958年，被当地农民锯为4截送到同仁乡，进了"大炼钢铁"的熔炉。我估计这极可能是在利类思、安文思指挥下就地铸造的，因为过于沉重无法携带而遗留于原炮台上。最大的这两门炮分别铸有"威武大将军"、"威武贰将军"字样，炮身为金属合金，历三百年风雨而无锈蚀，长达4米多，口径20厘米，重达四五千斤。

所谓知己知彼，张献忠深得大炮之三昧谛。据明末思想家、哲学家方以智的《物理小识》记述，崇祯八年（1635

嘉陵府（今重庆）【英】伊莎贝拉·伯德·毕晓普摄。选自红音等编译《长江流域旅行记：1896年英国女旅行家在长江流域及四川西北部汶川、理县、马尔康梭磨旅行游记》，四川民族出版社2010年版

年），张献忠在围攻安徽桐城时，守城官军在城上架炮，张献忠逼迫女人"裸阴向城"，据说城上火炮顿哑，但官军立即"泼狗血、烧羊角以解之，炮竟发矣"。

崇祯九年（1636年）正月，明朝"七省总理"卢象升聚集牟文缓、祖宽诸将与蓟辽镇兵于安徽凤阳、泗州（今安徽泗县）。六日，张献忠会同高迎登、闯塌天、扫地王等7家，拥众数十万人，在皖北主动出击攻打滁州（今安徽滁州市）。滁州东距南京约145华里，是南京的门户，也是明政府设防的要地。知州刘大巩、知太仆寺卿李觉斯率士民固守。据彭孙贻的《流寇志》记载，张献忠在围攻安徽滁州时，也将许多女人斩首，裸体倒埋坑中，使其阴部露出向城，结果城上的大炮，不是一放即裂就是哑不能放。守城官军立取民间粪器挂在墙头，一物降一物，于是"炮皆发"、"贼大创"。

后来闯王李自成进攻河南开封城时，亦以宏大的"阴门阵"攻之。守城官军则以僧人裸体雄立于城墙上，大破之。

兵来将挡，水来土掩，阴阳之道变幻莫测。阴与阳竟然一直在攻防之前闪展腾挪。足以见得，真理并非站在大炮口径大的一边。

有鉴于此，张献忠相信大炮之上的鬼神明明，洞悉一切。

明崇祯十六年（1643年）张献忠率部南下湖南，以20万重兵攻占岳州。《圣教入川记》指出，在岳州期间，"献忠欲渡洞庭湖，卜于神，不吉，投杙而询"。对于不为农民军服务的鬼神，张献忠自然是不相信的，这就唯物了？他只相信保佑自己的神灵，这又唯心了吗？在攻打桐城时，他下令

"毁道旁神祠"，对于这些"邪神"，他是根本不屑于旁门左道的。他反复摩擦几枚占卜的铜钱，双手充满了铜腥味。

我注意到张献忠至少有4次向天空开炮的事件。铅球一般的炮弹不但没有加速雨滴的形成，降下一场熄灭心头狂怒的大雨，反而是一门心思斩妖除魔。在云开雾散之际，呈现一派玉宇澄清之貌。

咱老子欲杀人，天不肯耶？

张献忠第一次向天空开炮并一扫阴霾，这一"人定胜天"的事件发生在夔州。

明崇祯十七年（1644年），大西军领袖张献忠率军第三次入川。正月，张献忠大破夔州（今重庆奉节）。距此十年之前——崇祯七年（1634年），张献忠入川也一举攻陷夔州，进围太平，女总兵秦良玉提兵赶至，献忠慑于秦良玉及其手下"白杆兵"威名，仓惶出逃。阔别十年，这一次张献忠汹汹而来，秦良玉这位女中豪杰也是单臂难敌四手，很快被张献忠军队击败。

如今，今非昔比，张献忠中气十足地回来了。

对于被俘虏的夔州城内一帮富绅和官员、士兵，表情哀泣，张献忠根本不屑评价这些砧板上的死肉。清朝杨国泰撰《豹斑集》记载："拥老少江畔围杀，天忽昏黑，大雷雨。献贼怒曰：'咱老子欲杀人，天不肯耶？'燃巨炮向上击之，雷雨遽止，杀人如故。"

张献忠快人快语，对于不保佑咱老子、顺应咱老子的

"天",他根本不屑于焚香礼拜,他下令燃巨炮向上天开炮。几炮一打,老天畏惧,双股战战,雷雨竟然停止了。尤其需要注意最后四个字:"杀人如故",这才是黄虎的性格使然。

做完这一改变时令的壮举,他溯江而上,来到著名的鬼城酆都上岸。他到冥王殿逗留时,一见鬼神狰狞的造像,黄虎再次怒不可遏,下令"斫神像如粉,夷其庙"(李天根《爝火录》)。当然了,他还将供奉鬼神的全部寺僧斩草除根。

因为洪水阻碍,张献忠在万县停顿了两个月时间,部队借此进行了休整,补充给养。五月下旬,张献忠指挥部队开始投入溯江而上的战斗,兵分水陆两路,水路由忠州溯江西上,步兵在左岸,骑兵在右岸,部队在40万人以上,摆开了威武的40里长阵,浩浩荡荡直奔重庆。为了表明自己的宏大理想,张献忠特意在旗舰上悬挂起"澄清川岳"四个大字的黄旗,顺利在黄葛渡登岸。

民心涣散,朝廷无力,四川的软弱形势对张献忠十分有利。到达长江与乌江的汇合口涪陵城,张献忠吩咐:此地"凡庙之毁不待言,铜、铁之神像亦无不毁裂熔、溃"(同治《重修涪州志·艺文志》)。当地官吏李昭治(西充人。李昭治后来担任过江南仪征县令。在1722年编撰的《西充县志》里,收录其《凤凰山诛张献忠记》,叙述了诛灭张献忠的经过)据实记录说,张献忠目光如炬,一回头"见寺观金石神像,亦必断其项而后快"。这一记载固然有个人情绪,但并非虚构。佛寺、道观里的铜铁造像,均为纯度较高的金属,

现在可以成为熔铸大炮的良材。大刀排头砍去，稀里哗啦，威严的神像全如败絮，身首分离。断口中露出了稻草、泥土和木头，这分明是金玉其外、败絮其中。张献忠一见，分外狂喜！这也说明，张献忠是根本不相信蜀地鬼神的，他自有他的佑护神。

重庆的天，不是大西的天

张献忠第二次向天空开炮，是在重庆。

此时在川东防守的明主将是已被撤职的四川巡抚陈士奇，暂留重庆。由于不在其位，难谋其政。新任四川巡抚龙文光还在川北盘桓，未能到任。这已经不能叫群龙无首，而是一群乱哄哄的苍蝇了。加之粮饷匮乏，士气低落，作为川

法国国家图书馆向中国读者首次开放了属于孤本的清朝《渝城图》电子版图像，图片为局部朝天门

重庆长江江边的吊脚楼。美国地质学家张柏林1909年摄

  东门户的十三隘口防务极为薄弱。这就是说，这分明是蜷缩在栅栏里的一群羊，竟然还渴望栅栏可以阻挡老虎。

  重庆古称巴郡，有一个说法是，以长江、嘉陵江自朝天门合流三折而成"巴"字而得名。城址建于长江和嘉陵江交汇处石头山上，自古通衢所在，为川东最大的城市。两江环绕南、北、东三面，形状像一个乌龟翘尾造型，这一构造与成都"龟城"成为巴与蜀一种极深的地望勾连。历史上曾叫楚州、渝州、恭州，南宋时光宗即位，改恭州为重庆。城墙高达10丈，城周12里有余，有城门17个，平时九开八闭，以与九宫八卦相匹配。城墙均为条石砌成，易守难攻。张献忠带兵攻下佛图关之后，把重庆围了个水泄不通。

  明瑞王等一千人刚刚从陕西汉中逃到重庆，惊魂未定，就见张献忠包围了重庆，更是惶惶不安，立马命令重庆府加强防守。然朝政腐败，军队早已兵无斗志。

嘉陵府（今重庆）西门。【英】伊莎贝拉·伯德·毕晓普摄。选自红音等编译《长江流域旅行记：1896年英国女旅行家在长江流域及四川西北部汶川、理县、马尔康梭磨旅行游记》，四川民族出版社2010年版

招降不成，一味强攻不行，张献忠祭起了农民军的杀手锏：采用爆破术。

大西士兵顶着拆下来的木板、方桌做盾牌，一步步接近重庆城墙根脚，开挖地道。经过一昼夜的开挖，坑道挖成；士兵用中心挖空的大原木，内装火药，用铁皮包装，填入数千斤火药，置于坑道之中，准备爆破。

六月二十一日当晚，长江的湿气蒸腾而上，闷热异常，湿气像一个锅盖，将重庆城包裹在蒸笼里，进一步加剧了恐怖的氛围。张献忠是喜欢夜战的，他一声令下，坑道点火爆破。重庆上空火光冲天，爆炸声震天动地，通远门转角城墙被炸开了一个十余丈的大口子，守卫在此的明副将卞显爵被

炸得粉身碎骨。二十二日晨，大西军像倒卷的长江洪流一般涌进城内，号称天堑的重庆城轰然落入大西军手中。从攻城到克城，只用了6天时间。

瑞王朱常浩（1591—1644），为明神宗朱翊钧第五子，命运多舛。万历二十九年（1601年）被封为"瑞王"，建藩汉中，前后在汉中生活多年。清人刘景伯《蜀龟鉴》有记载：瑞王在汉中时，自己降低衣食标准，并为地方捐济钱粮，为人"不迩声色，洁己爱人"，"有贤王称"。朱常浩好佛不近女色，但爱敛财，除了上缴朝廷的税外，再加课盐税等各种名目的税，加重百姓负担。崇祯七年（1637年）王斌在汉中发动农民起义，瑞王多年积攒的80万两黄金藏在王府中，一下子都被乱兵抢光了。朱常浩和自己的一个妃子逃了出来。瑞王的车马、卫队被冲散，只好花钱雇两个人用桌子当轿子，抬着自己才逃走。瑞王的妃子骑马一直逃到四川的保宁城下，但保宁城的守城官员不开城门，拒绝让王妃进城。王妃无奈，只好暂时住到一艘停在河边的破船里。由于急于逃跑，王妃化装为村姑，头戴小帽，身穿奴婢的粗制衣服，从雍容华贵的王妃沦落至此……后受到总兵侯良柱、保宁上巡道葛奇祚援手，五十多岁的瑞王跌跌撞撞终于辗转逃到了重庆。

大西军很快逮捕了来自陕西的明瑞王朱常浩及其大批随从以及四川巡抚陈士奇、关南兵备副使陈缥、重庆知府王行俭等官员。为了树立威信，也让民众了解尔等的罪行，张献忠在重庆较场口召开了公审大会，他吼声如雷，用陕北方言宣布了他们的万恶不赦之罪，并在较场口处立即行刑。

张献忠勇于推陈出新，不再采用一般方式的处死，而是判处这帮狗官"凌迟"。

奇妙的是，张献忠又决定遵循传统的行刑时刻。行刑定在午时三刻行刑。时候未到，只有枯等。剥除瑞王朱常浩的衣物，"龙体"暴露于光天化日下，就在行刑的绳索牢牢套住他的脑壳与四肢之际，忽然兀自狂风大作，在坝子上扯起了一道道龙卷风，乌云四起，"雷电交作，天愁地惨"（佚名撰《蜀记》），咫尺不见人影。"暴风飘瓦木尽拔，拯刀若至相斫"（徐鼒著《小腆纪年》卷6）。

见到这一罕见景象，张献忠手下议论纷纷，"今天要杀人中有皇亲啊，现在电闪雷鸣，是天老爷在发怒，要我们停止杀人"。人心浮动，立场动摇，大胆者起身去规劝黄虎，希望停止行刑。

张献忠听都没有听完，再次怒不可遏，仰天怒骂，显示了他的坚定立场："天老爷你不公呀，这些贪官污吏鱼肉百姓你没看见？你为啥子不管？老百姓活不出来了，你为哪样不管？老子要杀他们，你却要管，是何道理？既然你老天同这些贪官污吏同流合污，是一家人，老子就连你一起杀！"

他正在含血喷天，恰在这时，又是一个大雷炸响了。张献忠更是气得眼冒金星，他才是人间的炸雷啊！他大声骂了一通后，命令架起大炮，炮口向上，向老天爷这一帮"封建残余势力"猛烈开火。

奇人总能遇奇事。说来也怪，大炮响过后，雷暗电灭、风吹云散，又是一片澄清天宇。面对天空的变脸绝技，张献忠哈哈大笑，吼道："老天，你也是欺软怕硬的东西，哪阵老子把你也捉到了，一样的要把你五马分尸。"较场口上空现在弥漫着张献忠如雷的吼叫，嗷嗷嗷，士兵跟着欢声雷动，高呼八大王万岁万岁万万岁。

《巴县志》载："明崇祯十七年夏五月，张献忠自忠州犯重庆。……六月十八日，贼据佛图关，二十三日，陷重庆。收瑞王常浩、关南道陈縡、巡抚陈士奇、知府王行俭、巴县知县王锡等，皆磔之。"史料记载，陈士奇喜欢"钻研兵书，谈论韬略"，陈士奇被凌迟处死，时年57岁。对于重庆之役，后来的文人也认真总结，认为陈士奇的惨败实乃天意。"陈公即知兵，安能竭既踣之力以胜天乎？"（民国《巴县志·文征篇》）

这即是说，人力不可胜天。

三声炸雷还击三发炮弹

张献忠第三次向天空开火，是在西京成都。

甲申（1644年）十一月初十当日，张献忠在成都搜掠城内居民，赶往成都东门外洪顺桥一并砍头。羊一般温顺的成都人，伸长脖子等着刀带着金风而至。狂喜的砍刀正是运斤成风，天空中突然响起三声炸雷，张献忠大怒，指天骂道："你生下我来就是杀人的，现在敢打雷吓唬我？"命兵士架起炮来，对天轰轰轰地打了三炮。

三声炸雷还击三发炮弹，你来我往，张献忠似乎很公平。是日，杀人如麻，死尸推入河中，死骸激水，连桥都撞断了。成都民间还有一种说法：即今天的九眼桥，就是张献

忠重修的。其实，1587年在府南河上建成的洪济桥，反映了明代工程建设的高超水平，从建成到1991年被拆除的400多年里，洪济桥一直是成都的标志。

"尔放我下界杀人"一句，说明张献忠秉承好汉做事好汉当的古话。这一句话，也成了他提炼进入《天书》中的著名箴言"天以万物与人，人无一物与天，鬼神明明，自思自量"的最好脚注。

如果说张献忠前三次开炮均是轰击天空，那么他第四次则略有些变化，他调转了一律仰天的炮口，以一种俯身的姿势，展示了他渴望"问鼎"的雄才大略。

《左传·宣公三年》："楚子伐陆浑之戎，遂至于雒，观兵于周疆。定王使王孙满，劳楚子，楚子问鼎之大小轻重焉。"禹铸九鼎，三代视之为国宝。楚王问鼎，有取而代周之意。张献忠也难得地面对一次现实主义的"问鼎"事件，他采取的方式却是极其异样的。

向巨钟猛烈开炮

张献忠占据阆中，据说曾经连续三个晚上看见一个黑面大汉手持蛇矛，盘踞城头，脚浸入江水中。他不得不放低身段，低声问："来者何人？"黑大汉回答："吾乃张桓侯。"然后飘然而去……

张献忠虽然读书不多，但从小喜欢听人讲历史故事，对三国人物非常熟悉。传说他天不怕地不怕，唯独怕两个人：一是关羽，二是张飞。关羽、张飞都是三国时蜀汉重要的开国功臣，位列"五虎上将"，忠勇有义，老百姓把他们奉为大神。关羽死后，被后人崇为"武圣"，追谥为"壮缪侯"，道教将其奉为"关圣帝君"；张飞死后，被追谥为"桓侯"，阆中百姓为祭祀他，专门修建气象阔达的蜀桓侯祠（张飞庙）。

清顺治二年（1645年）某日，张献忠到达阆中，听说张飞曾在这里镇守过7载，是老百姓的保护神，张献忠非常敏感，顿时感到异样。张献忠是迷信思想很重的人，他害怕冒犯神灵遭到报应，于是编瞎话说自己连续3个晚上见张飞显灵，还与张飞一问一答，成了意气相投的好友。既然有神灵保佑，那这座城当然不能屠，这样一来，他只好放下屠刀，保宁城的百姓躲过了一劫。

在阆中期间，听说嘉陵江里陷有一口巨大钟鼎，他好奇心大发，决定一探究竟。

《綦江县志·祥异》转引清代汪琬《尧峰文钞》指出："先是阆中有巨钟没于水，献忠命其党率人、牛数千牵取之，不能出。献忠疑钟之有神也，大怒，发巨炮击钟，坏其口二尺余，遂出之。识者或谓，贼名献忠，钟忠音相同，今被击且坏，其献忠将败之征乎。果不半岁死。"这一记载，尽管颇有附会，属于"诗妖"一类，但暗示了阆中与巨钟的某种关系。

我的看法是，这口巨钟与阆中历史的确息息相关。

阆中因阆山四合，阆水纡曲，城在阆山、阆水之中得名。阆中建县已有2300多年的历史。阆中城的历史还可追溯到公元前330年巴国迁都阆中以前。

阆中民间相传，很久以前，阆中山上有一口大钟，每当这一口钟撞响，阆中就会陷入灾祸之中。或灾星降临，或瘟疫来临，或洪水泛滥，或狂风四起，或猛兽横行，人们无不为之受尽苦头。因此无人敢去碰这口钟，一旦钟响，人们将又要遭受大难。为了去除这蛮荒之乱，当地人整日烧香祈祷，希望这口钟永远都不要再响。但事与愿违，还是无法阻止山上那口大钟的再次响起。

人们四处寻找解救灾难的方法，没能找到如何来解决这如同灾难性的诅咒。直到有一天，王母娘娘回到阆中，刚好遇到嘉陵江河水混沌不清，阴风四起，天色黯然，王母掐指一算，得知明日将是大难之日，为了解救百姓于水火，王母化为道人，找到居住在此的族长，王母说：我已算出你们明日必有大难，等待明日钟响之时，你们必遭大难，到时会洪水泛滥，袭击整个村庄民居，狂风四起，吹垮房屋，猛兽横行，百姓无法安身，如果你们想去除这蛮荒之乱，你们必须要在钟响之前砸碎山上那口大钟，可永保你们村庄太平。王母说完后化为一股轻烟消失了。族长不太相信这番话，但王母在临走时又显出了原形，加重了语气："烂钟可去除蛮荒之乱，一定要让后人记住用烂钟来镇压此咒！"

族长组织了村上的人，就连小孩子也参与了这次"烂钟"之列！但是由于这口钟太过庞大，根本无法将之打烂，更何况是在山顶上，于是经过村上人共同讨论后，决定将钟打烂后沉入江底。族人来到山上，取下这口巨钟，欲将钟运下山。但只要钟稍有响动，马上会风云忽变，预示大难将至。但此时的人们也顾不了那么多了，强行把钟运到了山下,族长预想着这次烂钟必将大有牺牲,于是安排好妇女小孩回村到每年的避难处。壮士同族长扛着大锤朝巨钟上面砸,钟声一响,顿时间,风云忽变,洪水涌起了山一般的波浪,狂风大雨倾盆而下……

砸钟的人们看到房屋被冲垮,于是仇恨剧增,用尽所有力气将巨钟砸烂,族长与壮士将巨钟推入嘉陵江,由于壮士同族长耗尽元气,无还生之力,也沉入了江底。第二天,果然迎来了美好的清晨,只是人们还沉浸在昨日失去亲人的悲痛之中,后来人们为了让后人不再有这种灾难,就为这个地取名为"烂钟",以此来镇压魔咒,古称之为"厌胜",让人们永远平安地生活下去。也让后人记住,嘉陵江下的那口巨大的烂钟,千万不要去打捞,确保人们生活太平!烂钟的名字就这样出现了!由于阆中一地为山川龙虎交会及阴阳合和之地,自从沉烂钟之后,当地涌现出很多名人,也被后人看作吉祥之地,故不可再用不吉利的"烂钟"之名,后改为阆中。

这一民俗传说仅能成为谈资而已,但与张献忠大炮击钟事件合而观之,就可以发现,阆中传说里的这一口巨钟似乎存在过。大炮的威力大大压倒了传闻中钟声的威力,而炮弹轰击在巨钟上发出的破裂之响,灾难居然没有降临的原因,恐怕在于,小巫见大巫,大灾难早就随大炮弥散开了。由此,才真正预示了张献忠"问鼎巴蜀"的实质,那就是烂钟与打开的潘多拉盒子的关系。

谁又能说,灾难没有就此缠上张献忠呢?!

……

张献忠向天空发炮的先驱表率，后世自然不乏来者。

1878年农历三月初九正午，广州白鹅潭上空突然出现了一条盘旋的黑龙，黑气中又有白光如练。最先注意到龙卷风的是疍家人，他们惊恐异常，赶紧敲锣打鼓，又在江边焚起大火，驻守江面的水师官兵决定，向天空持续开炮，"军民"合力，试图将龙卷风吓跑。在隆隆的炮声中，龙卷风打了一个圈，直奔西北而去，顿时风声如吼，下起了豆大的冰雹。暴风过处，房屋一排排倒下，有一些建筑还被风卷到空中，旋即又轰然倒塌，场景让人震惊万分。

这段往事载于清末文人俞洵庆所著的《荷廊笔记》中。狂风过后，根据官方统计，死伤者多达两千余人。看起来为民分忧的水师，向乌云发射的进口炮弹，算是打了水漂漂。

围绕黄虎的三次刺杀

中国历代王朝更迭的历史，就是暴力循环的历史。帝王们具有"普天之下莫非王土，率土之滨莫非王臣"的自大意识，为保帝位其手段无毒不用其极。"自家"的宝座宛如马桶，一个屁股让给另外一个屁股，岂能让他人觊觎。民众的鲜血，不过是冲洗马桶的流质。在这个谱系中，明朝可以是中国历史上最为黑暗的时期，但黑暗并非毫无变异，它像鸦片一般连续制造着诡异的噩梦和厚黑盛宴。但我们发现，越是强化暴力的政权，这就像大把吃着"胡僧药"的纵欲者，其衰亡速度总是惊人的。

民国著名报人、作家何海鸣（1891—1945年）曾经指出："予友绍英尝言张献忠奇人也，且愤世之人也。不然，胡爱杀人如是之甚？且献忠之为人别无他种嗜好，即女色亦不甚爱，惟独具此杀人之癖，尝剥女足为塔祭天，竟忍断其爱妾之足为塔顶，虽曰不近人情过于残忍，然世皆人也，胡

独彼一人不近人情如是，甘心残忍如是？或亦其人有满肚皮牢骚不合时宜，且视天下之人皆为可杀，故遂性情尽杀以浇块垒乎？然其人心中之悲怆之凄楚，是当较被杀者为尤痛苦矣。相传献忠有短偈曰：'天生万物以养人，人无以对天，杀、杀、杀、杀、杀、杀、杀！'嗟夫！人果因何种恶德无以对天，遂生怪杰之愤懑，一一以宝刀超度之使趋善地乎？予撰此则，予心大痛。"（何海鸣著《求幸福斋随笔》，上海书店1997年1月版，第67页）

这一段文字，很可以反映出清末忧愤志士的铁血斑斓志向，但有一些论述与史载不符，比如黄虎那口吃者一般的狂喊"杀杀杀杀杀杀杀……"，所谓施杀者"心中之悲怆之凄楚，是当较被杀者为尤痛苦矣"的推断，这纯属何海鸣以己之心逆推黄虎之腹，想当然耳。

暴力一直为黑暗历史的动词，暴力与性、权力的结盟整合了黑暗历史的句法，进而完成了暴力美学的进化，这在秦朝就已经完全实现了其演变。在明朝的暴力氛围熏染下，当暴力也成了黄虎修身持家治国平天下的唯一行头时，他那被怒火烧红的刀，一定会加倍反弹回来。

根据学者王纲的统计，黄虎一生受伤大约有7次。

第一次，明崇祯七年（1634年）在郧、襄地区作战时，张献忠夜间与大西军一起观剧，被明将邓玘潜入刺伤面部。

第二次，崇祯十一年（1638年）正月在南阳作战时，眉部、面部和手指三处留下了伤痕。

第三次，崇祯十一年（1638年）在宜城作战时，面部被敌人砍伤。

第四次，崇祯十二年（1639年）八月在房县作战时，左足被敌人击伤。

第五次，崇祯十三年（1640年）八月在土地岭作战时，脚被敌军砍伤。

第六次，崇祯十四年（1641年）在信阳作战时，股部被敌人击中。

第七次，崇祯十六年（1643年）在黄冈作战时，肩部被敌人射中。（王纲著《张献忠大西军史》，湖南人民出版社1987年3月第1版，第291页）

这些说法里，"敌我分明"。黄虎第一次有明确记载的受伤，却是出自一次有计划的行刺。

看戏正在要紧处……

张献忠有一个审美嗜好，那就是看戏，只看西秦戏。西秦戏源于秦腔，秦腔在明代中晚期已渐成熟，这为其在明末清初的大规模传播提供了前提条件，其中有两次大规模传播，西秦戏就是在这样的环境下传播的。李自成、张献忠的部队转战南方，与此相随的西秦戏曲作为"军戏"同步播迁。西秦戏是如何传入南粤一带的呢？有一种说法是：明末李自成、张献忠领导的武装起义失败后，其败军沿闽南边界进入广东，其中有陕甘的戏班艺人跟随海陆丰聚班演出形成西秦戏。

李自成的部队中一直有戏班编制，并时常有演剧活动。根据陆次云的《圆圆传》记载，李自成自己就能唱"西

调"。吴梅村在他的《绥寇纪略》第九卷中记载："车优及女陬者，亦卢氏人（今三门峡市卢氏县），常在帐中供奉，车优逃归，遇牛之叔，具言金星通贼状，举宗唾骂之。"文中提及的"车优"，应该是李自成的随军剧团，而"女陬"则可能是剧团的女演员，并且是卢氏人。卢氏一地与陕西商洛相邻，而商洛是李自成的根据地。在清代的地方剧种里，很少有歌颂李闯王的剧目，但河南梆子有《炮打雷音寺》。这出戏反映李自成起义初期，雷音寺僧人福庆为非作歹，成为恶势力代表，借庙会之机强抢美女林秀英。秀英之母请李闯王相救，闯王慷慨出马。因恶僧武艺高强，闯王三打雷音寺方才攻下，拿获恶僧，救出民女。据考证这一曲目大概是李自成"军戏"的遗留。由此可见，李自成部队是最早建立部队文工团的先驱。

崇祯十三年（1640年），率河南饥民起义的袁时中被明朝将领黄得功战败后，李自成将袁时中溃军收自麾下。为团结袁时中，李自成慨然将女儿"下嫁"给袁时中。大喜之日，李自成下令在城外搭建戏台10座，张灯结彩，征召10个戏班，"并奏乐技演曲其上"，既为女儿庆贺，也供士兵娱乐以鼓舞士气。李自成进北京后，"即搜优人"，可见他对观剧、演剧的青睐。所谓自古英雄凛然霸气，一夫当关，万夫莫开。但英雄也有儿女情长，却见他火与玫瑰并举的情怀。

李自成掠得陈圆圆后，陈圆圆"奏吴歈"以献艺李英雄。据说习惯了西北"秦腔吼"的李闯王对陈氏所唱昆曲的吴侬软语极不习惯，眉头紧锁，不禁感慨：缘何如此美貌之人而"音殊不可耐也"。他命随军乐人"唱西调，操阮、筝、琥珀,已拍掌以和之"。西调酣畅淋漓、繁音激楚的风格,让闯王颇有"热耳酸心"的审美享受。(刘红娟《明末清初农民起义与北戏南传》,载《文艺研究》2013年第3期)

张献忠麾下的大西军中也常有演剧活动。据《明季北略》记载,崇祯十三年(1640年)九月初十,大西军请戏班为张献忠祝寿,"优人侑觞,凡作三阕,第一演关公五关斩六将,第二演韩世忠勤王,第三演尉迟恭三鞭换两锏。三奏既毕,八音复举。美人歌舞杂陈于前"。可见,当时上演了剧目《关公五关斩六将》《韩世忠勤王》《尉迟恭三鞭换两锏》。安徽人余瑞紫,在张献忠攻打庐州时被张献忠俘虏。余瑞紫饱学诗书,张献忠奉其为座上宾,日夜伴随。余瑞紫的《流贼陷庐州府纪》也提到张献忠寿辰演剧活动:"九月十八日,与八大王贺寿,先十六、七两日预祝,自辰至酉,唱戏饮酒,大吹打擂,正常排列八洞神仙,堂上悬百寿锦帐。""十八日正寿门前双吹双打,大炮震天,说不尽的热闹。十九日亦如是。二十日还要唱戏。"其实,以演戏祝寿的形式在军中比较普遍。再如,为张献忠祝寿后的十二月十二日,"八贼为将军祝寿,唱戏一日。先用男人六名清唱,次则女人四人清唱,后用步戏大唱。十三日,将军正诞,亦复如是"。由此可见戏剧吸引张献忠,所以,审美并非文人的专利,武人武到了张献忠这个级别,他必须从血海里起飞,完成一次又一次的自我洗礼。在皇帝的言传身教下,黄虎手下将领也爱看戏,张献忠的四大义子孙可望、李定国、刘文秀和艾能奇,于1647年进入昆明时,在安排当地俘虏时,就打发男人去打柴割草,将女子"发戏房教戏",

着力提高"军戏"软硬实力……

张献忠征战无数，血染重衣，杀字当头天天讲、日日学，该杀的与不该杀的，狂怒之下往往一刀挥作两段，因而冤魂无数。因而痛恨他、想要他命的人也很多。

史料记载，张献忠曾三次遇刺。

崇祯六年（1633年）冬季，首领王自用作战牺牲后，陕地起义军在高迎祥领导下与明军展开了拉锯战，但损失惨重。高迎祥、张献忠、罗汝才、李自成等24营10余万人突破官军重围，转移到明军力量薄弱的豫西楚北，以郧阳为中心，分部来往穿插于豫楚川陕之间，利用官军分兵守境、互不协同的弱点，进行了富有成效的游击流动战。

曾经担任宣化总兵、密云总兵的唐通（？—1664），陕西泾阳（今陕西省咸阳市泾阳县）人，汉军正黄旗，时任陕西榆林守备，他随同总督陈奇瑜征剿正在郧阳、襄阳盘桓的黄虎。刺杀黄虎的事件，应该发生在这个时节。

据明朝遗民李长祥的《天问阁文集》记载，当时明总兵邓玘镇守荆门，张献忠屯兵襄阳。

鉴于襄阳衙门已经毁弃，黄虎只好在三圣宫驻扎。晚上安排在三圣宫看戏，人头攒动，大家的注意力全在戏台上。主桌用帐篷罩着，与士兵之间有一段距离，一个军官模样的人，慢慢走到了黄虎的主桌跟前，似乎是来禀报公务。

来人进入厅门，一见端坐于八仙桌后的壮汉，黄脸虎领，知道一定是黄虎。来人自报家门："张贼拿命来！我乃大明总兵邓玘也，奉命前来取你首级。但念你我是同命之人，不忍杀你，不过刀要见血，不然不好回去复命。"说话之间手起刀落，在黄虎脸上划了一刀。沉浸于戏剧情节的黄虎还没有反应过来，连人带椅翻倒于地，刺客随即像一块锈铁一般滑入到黑暗中，走了。

黄虎下令紧急捉拿，未果。由此足以看出，刺客连逃跑路线也是早就规划好了的，方可从军营里全身而退。

根据《明史》记载，这个刺客叫邓玘，字明宇，为四川巴县人（现在的巴南区，为重庆市主城区），早年从军，从守备等低级武官做起，升至总兵，先后在河北和湖广一带长期与农民军作战。

邓玘明明有机会刺杀黄虎，为何手下留情？

据说邓玘出身贫寒，曾做过知县的轿夫，一次因为疾和饿，眼冒金星脚杆打滑，把县太爷簸起来几乎摔落轿下，被责罚四十大板。这大概就是他认为自己与张献忠"本是同命人"的缘故。再者，他觉得搞暗杀不太光明磊落，非君子所为，而自己是堂堂军人，不能做这种见不得人的事，因而在关键时候改变了主意。

"当他辞掉轿夫的差事后，便流浪到了蛮荒之地的贵州，最初投身在总兵鲁钦门下做了一名亲兵，因为战功卓著才擢升为都司，后来又屡因战功升为副总兵、总兵、右都督。由于他的骁勇和战绩，赢得了朝廷的信任，以致朝廷曾命他驻守遵化，拱卫京师。这一切都让他对朝廷感恩戴德，所以当其接受刺杀张献忠的命令之后，便义无反顾以身犯险慨然赴命，因为他认为这是他的本分，是为朝廷尽忠。正因为他希望做到忠、义两全……"（王世让著《巴县人邓玘行刺张献忠》，《重庆晚报》2012年10月22日）

邓玘自从崇祯二年（1629年）冬带兵从老家川东千里迢迢进京勤王，就一直盘桓在外，所部将士多年不能回家探望，不停地被朝廷四处调遣作战，从河北到河南再到湖广，都是异地他乡，部队思乡厌战情绪日益严重，却得不到有效疏导。日久天长，军纪开始败坏，所过之处大肆淫掠，甚于流贼，邓玘概不约束。从普通士卒做到总兵，邓玘应该说深知军中疾苦，但对待将士却刻薄寡恩，只顾个人盘剥军饷，中饱私囊，从不抚恤士卒，主帅如此，以下各级将领纷纷效尤，所部官兵矛盾日益激化。

王与允是崇祯元年（1628年）进士，改翰林院庶吉士，授湖广道监察御史，巡按河东盐政，为官清廉，盐课羡银数万两，全部拒绝。视茶马陕西，寻督应天学政，未行。他曾经上疏劾总兵官邓玘，"纵兵淫掠，杀良民，冒首功，请斩之，以正国法，警诸帅。辅臣与有连，不悦，左迁光禄寺署正归"。《明史·邓玘传》记载得很清楚："给事中范淑泰劾邓玘虐（遵化）民，辞连大学士王应熊，（应熊）以乡人阿庇，帝不问。"《绥寇纪略》也记载，邓玘"不死于法死于乱，是佚罚也"。认为他是罪有应得。足以看出，邓玘贪赃枉法，手眼通天，逃过了王与允、范淑泰的弹劾。但躲过了初一躲不过十五，他的劫难很快来了。

崇祯八年（1635年）四月，洪承畴至汝州，令邓玘戍樊城，防汉江。四月二十六日夜，标将王允成部下家丁鼓噪，接着骑兵营哗变，往邓玘驻地冲来，杀死邓玘两名家丁。邓玘闻报赶紧登上高楼躲避，变兵开始放火烧楼。眼看火势熊熊，往上蔓延，烟雾弥漫中，邓玘在贴身亲军的保护下，死命逃下楼来,慌不择路,一足踏空,坠入火中被活活烧死。

邓玘临走时还给黄虎留下了姓名,所以黄虎才会对他的"刀下留人"感激不尽。而且黄虎具有英雄情结,只佩服丈夫所为。

清顺治二年(1645年)大西军攻破重庆,黄虎驻扎12日后出城,在重庆郊外白市驿的大路边,看见一座墓,辨认墓碑后,原来是明朝总兵官邓玘之墓。张献忠下马,恭恭敬敬在墓前作揖行礼,并说了一句话:"好汉子!使此人在,吾安能至此!"然后上马而去。乾隆《巴县志》也记载了此事:"今县西白市驿前十里,有邓都督神道碑,矗立道旁,乡人称为大碑。其地为成渝往来大道。父老相传,献忠行军过此,曾下马瞻拜。"

同治《巴县志》也有《邓玘传》,有一段戏剧性的生动记载:"甲申,献贼寇重庆,过其墓,下马拜曰:'将军若在,吾安能至此'。"可见张献忠对邓玘墓行礼之事,确有出典。

白市驿自明清设驿站于此得名,自古商贾云集,物产丰富,素有"白日场"之称,故而得名白市驿。如今,这块大石碑立在菜地边,碑背后就是十来米高的悬崖。石碑约一丈二高,宽四尺左右,厚八九寸。青石质料,经数百年风吹雨打,风化严重,碑上文字多已漫漶不清。

黄虎的敏锐之力洞穿了酒色

邓玘暗杀张献忠未遂,显然是他心目中忠与义的纠葛使

然。崇祯十六年（1643年）黄虎占据楚即将入川，大杀贪官劣绅，砍掉了无数穷人的手臂。他喜欢大碗喝酒，但对女色的喜好远不及杯中之物。这给想杀他的女性提供了一个窄窄的机会。

崇祯十六年（1643年），张献忠攻破湖北荆州，明神宗第六子惠王朱常润在官军的护卫下逃离惠城，惠城随之被毁。据《江陵县志》记："崇祯十六年，流贼张献忠陷荆州，夷城垣。"这是黄虎多年征战的习惯性动作，一旦离开这个占据之城，他总是要"夷城垣"，自己不用了，别人也休想继续使用。

为了庆祝胜利，黄虎下令召来惠城"乐户"十多人，她们一个个妆容精致，拨琴献唱，黄虎咧嘴开怀，沉浸在胜利的高热氛围里。情色绮丽中，一女子却神色坚决，冰块一般木然。

黄虎对女子发问："你是谁？怎如此大胆？未必以为老子不付钱？"

"小女琼枝。"

"何故不乐？"

"我虽贱，岂肯歌酒陪反贼！"琼枝干脆把琴重重地砸在地上。

黄虎拔刀大喝："你敢不陪老子？"

琼枝冷笑："你不过就会杀人罢了，我不怕死……"

黄虎怒极，他见过不怕死的，但一个弱女子竟然如此强硬，让他有点下不了台。令人刀剐了琼枝，碎块拿去喂狗。

见张献忠坏了兴致还要杀人泄愤，一位叫紫燕的美女赶紧迎上去敬酒，大献娇媚："大王，你是我心中的英雄！今天能陪大王，小女子真是三生有幸！"话虽肉麻，但黄虎听了很受用，渐渐转怒为喜。在国人的观念中，"紫燕"往往是附会帝王及圣贤出世的先兆。黄虎见紫燕长得漂亮性感，这分明是玉人遇到了好名字。黄虎十分宠爱，夜里经常召她去陪宿。

逐渐取得张献忠信任后，这个叫紫燕的美女，却有一手与名字完全相反的心肠。她开始琢磨如何取黄虎性命。黄虎每夜睡前都要豪饮一番，紫燕决定在酒中下毒。

一天晚上，烛影摇红，紫燕端着酒杯靠近黄虎，娇滴滴地喂他喝酒。如此亲密之举，黄虎反而不适应了，他的某种预感立即回到了身上。黄虎的狡黠远胜常人，接过了酒杯，缓缓说："你这小妖精，这杯酒啊，老子要你先喝！"

"大王，这是妾特意给你斟的呀！"紫燕说着又将酒杯推到张献忠嘴边。

黄虎突然觉得，紫燕的手在抖，问："你冷吗？"

"妾不冷，只是近日偶感风寒。"

"那这杯酒你更应该喝！"说完强按着紫燕脖子，将酒灌入她的口中。

很快，紫燕口吐白沫，四肢乱颤，当场毙命。

黄虎的预感是准确的。发现紫燕是要谋害自己，一方面暴跳如雷，一方面也为自己的预感而自得，下令将紫燕碎尸万段。

彭遵泗的《蜀碧》卷三里，记录了这一事件。提到的这位刚烈的刺杀者的名字，叫曼仙。

民国年间出版的署名为丹阳人林慧如编的《明代轶闻》卷四《美人谱》里,作者对于内外双修的美人来了一番大大的颂扬:"噫,当献忠猖獗时,守土诸臣皆望风逃溃,纳款称臣,峨冠世儒,奔走于指挥之下。琼枝、曼仙,均一妓耳,奋不顾身,视死如饴,不更贤于忠臣义士之为邪!若琼枝之死,曼仙之毒贼,

彭遵泗《蜀碧》。肇经堂校刊本

成亦死,不成亦死;成则为国杀贼,而身死于贼众之手。其如天佑贼人,先毙于饮,事虽不成,其烈侠之气,可令千载愤叹也。乃既不得如英烈夫人来朝廷褒赠之典,又不若徐氏获名人词翰之光以风世,惜哉!"作者借古讽今,倒也体现了一番大哀痛。

这个美人刺杀黄虎的故事,到了吴伟业的《鹿樵纪闻》里,故事有了进一步演绎:

"顺治三年(1646年)春,肃王西讨,黄虎迎于平阳关,败还。有曼仙者,本楚府乐户,被掠,其侪琼枝不辱而死。曼仙刻意奉迎,黄虎嬖之,携入蜀。屡欲图贼,不得间。及黄虎自平阳败还,竟忽忽不乐,曼仙乃奉毒酒,清歌以侑。黄虎手挽其颈，曰：'汝先饮此。'曼仙不能却，立饮而毙。贼觉其情，念成都百姓必多因败图之者，夜寝必数迁其处。又选亲信左右千人，号'诇事小儿'，身易服杂其间，夜出周行街巷，听人私语。犯忌讳者，以白垩识门，黎明而收者至。偶闻俚语云：'张家长，李家短。'喜曰：'此吾家独霸之谶也。'未几，卒尽屠之。而益发兵四出，穷搜荒僻，逢人辄杀，如是者复半载。"（转引自韩树明校注《蜀碧注》，内部资料，2017年12月编印，第195—196页）

这就说明，"乐户"出身的曼仙随黄虎到达了成都大西府。潜伏如此深入，在与黄虎彻底"打成一片"之后，才予以动手。这次未遂的谋杀，大大刺激了黄虎的神经，他开始不断改变住址，防止为人知晓；其"肃反"的策略也趋于登峰造极。

顾山贞在《客滇述》里指出，黄虎总是感觉有人图谋自己，一个晚上不断更换休息地点，甚至达到一夜更换十二三处的程度。黄虎有时还潜入寺庙佛像后，在墙下偷听佛门话语……后来发展到黄虎化装成普通一兵，融入成都的妓院，访贫问苦，与民同乐。然后他突然宣布"捉奸"，尽屠佛门与妓院中人。他这种微服私访的侦探方式，为"诇事小儿"们做出了表率。这让人们产生的最大疑问在于：大西国的奸细是否猖獗至此？我想，主要还是黄虎喜欢微服私访这一形式，可以放低身段平视民间，这是老虎顶着大熊猫的皮。就像那个喜欢微服私访青楼的宋徽宗赵佶。但黄虎是立场坚定的，与儿女私情挥刀立绝。

他所派出的一千名"诇事小儿"，就是大西政权的间谍，专门用来刺探民情。大西政权集中营式的控制手段，与野史所记的当时成都景象完全一致。成都街民张成恩晚上没事想到邻居家去串门，他妻子阻止他说："天都黑了，还讲什么张家长、李家短？"就是这两句很普通的俗语，竟被竖起耳朵的"诇事小儿"抓了个正着。次日黎明，这两口子昏昏沉沉地被五花大绑，押解到黄虎跟前。黄虎并非"窥淫癖"发作，而是喜欢当判官，在居高临下的语境里可以获得极大的快感。黄虎一听"张家长、李家短"，哈哈大笑："这是说我们张家的长、李自成他家的短，这是良民啊！"不但释放两人还赏了一笔银子。在这里我们决不能责怪那些可恶的密探。因为《蜀难叙略》补充说："其有不及报而为他处发觉者，则并'查事人'亦诛之。"如果漏报了情况，密探的脑袋也保不住，所以他们必须宁左勿右……这些并未远去的境况，真是让人浮想联翩。

这就意味着，影子不一定就是本体的投射。影子队伍里混入了不少奸细，它们渴望在本体不经意间，发布自己的看法。影子也可能是遵循另外一个主体的旨意，它们的阴影总是比本体更为庞大。

美女许若琼

四川明代先后有十三代蜀王，他们统治四川达267年之久。1423年，朱椿去世，藩王府的红石牌坊陆续迎来送往12位"好学能文"的蜀王，川中两百年来不被兵革。最后一位蜀王朱至澍原本也以为可以一辈子居于"丽春轩",锦衣玉食,美女环绕,不料一个意外彻底中断了他的大梦。

崇祯十七年(1644年)正月,张献忠入夔州后,成都大震。坐拥千万银两的蜀王一毛不拔,并不思考如何应敌,时间延宕,失去了保卫城池的所有良机。他反而欲逃往滇黔,巡按刘之勃谏言制止。

大西军直逼成都,成都县令吴继善写信给蜀王,陈述危急之势,为殿下设想,宜召集境内各官共谋商议,发帑金不瞻戍卒,散朽粟以慰饥氓,出明禁绝厮养苍头,蠲积赋以免流离沟,募民兵以守隘,结夷目以资援,政教内修,声势外震,则可易危为安,转祸为福,若不这样,蜀事莫知所终也。这时,蜀王真着急了,表示愿意拿出银子3万两给守城军兵。又发布悬赏告示,凡能守城修城堞者受赏,可是民众根本信不过他,结果无一人响应。

失道寡助,可见蜀王气数已尽。

到六月底了,极度吝啬的蜀王一行准备出逃,却被万分痛恨他吝啬导致成都失守的门卫拦下,宣布宫女、杂役等可以外逃,但蜀王不得外出。七月间,成都城中人震恐,热汗冷汗交替而下,每晚上有人狂呼高叫,"闯至矣!""献至矣!"在闷热的空气里加剧着湿度。八月九日,张献忠在成都西北城根下挖洞,装上巨量火药,置引线。须臾间,城墙倒塌,瓦石乱飞,城墙裂开十余丈的大口子。士兵洪水一般蜂拥而入,蜀王朱至澍及嫔妃绝望了,只好投井自尽,内江王、太平王等随之而亡。

蜀王府门前有两尊石狮,为唐朝风格,体形硕大,雄健

粗犷。传言蜀地石狮头上的螺发，从来都是少于39枚的，因蜀王宫门前的石狮有40枚螺发。有人戏言，蜀王之威，尽见于石狮也！

咸丰时期的成都竹枝词，仍然可以清晰地描述当时蜀王宫的景象：后"宝川局"前举场，"摩诃池"上故宫墙。石狮双坐"三桥"首，日看牛羊下夕阳（杨燮作，三峨樵子略注：《锦城竹枝词百首》，收入林孔翼辑录《成都竹枝词》，四川人民出版社1982年版，第38页）。19世纪初，当时的皇城外贡院前还在三桥跨环城河道，三座石桥桥头立有石狮，三桥头大石狮本是"王城"故物，"正阳门"侧，悉是回人居住，昼牧牛羊于野，夜晚皆来"王城坝"中。

黄虎张献忠尤其喜欢刚健之物，一见石狮，分明是大西国盛世之兆！他将蜀王府改称皇宫，原蜀王府的太监、宫女悉数留用。实际上，那时的大西皇宫已经是一座缩小版的紫禁城。

到嘉庆十五年（1810年），陶澍典试四川时记录了他眼中的蜀王宫："初二日省城各官来晤，饭后始周览贡院，规制颇宏，古墙犹在，明代蜀王藩邸也，献贼据之自称'西王'，今闱内东西号舍相传义男孙可望、李定国之所居也，闱墙后乃当日内宫……"［陶澍著《蜀輶日记》4卷，《小方壶舆地丛钞》（第七帙），南河清王氏铸版，上海著易堂印行］

可见，历经浩劫的蜀王府，给蜀人造成的震撼，数百年也未能消泯。

黄虎的内宫，自然是禁区。

蜀王有四大美女，都是从华阳县选来的。严兰珍是成都秀才严春茂之女，出身书香门第，自幼饱读诗书。她不仅长相出众，而且擅长诗词歌赋，加上写得一手娟秀之字，很受蜀中文人墨客们追捧，连一些官员家里，都挂有她的书画作品。《华阳县志》记载："献贼攻城，急，兰珍北向再拜，投宫西苑荷池死。"

齐飞鸾也是华阳县人，为富户齐圭的女儿。齐飞鸾、李丽华，长得如花似玉，且能歌善舞，多才多艺。尤其是齐飞鸾，天生一副好嗓子，歌声悦耳动听，每当她在自家阁楼上唱歌时，楼下经过的人都会情不自禁地停下脚步倾听。

张献忠攻陷成都后，晚上要找美女陪宿。太监嘱美女一起去承运殿。因夜黑加之下雨，她们走得很慢。美女说："张献忠是个杀人魔王，送到他那里早晚都会被害死，我们绝不能去！"其中齐飞鸾说："蜀王生前待我们不薄，我们绝不委身恶贼，辱没王室名节！"说完，趁太监不备，齐飞鸾闪身拐入府中一条小径，然后直奔不远处的御沟，奋然投水。《华阳县志》对此的记载是："越数日，颜色未变，面若桃花。"

李丽华是华阳县（今成都市华阳区）人，16岁选秀进宫，可谓国色天香。潘时彤、董淳编纂的清嘉庆版《华阳县志》"节孝篇"记载："李丽华，邑人李旆女。性敏慧，年十二，善属对旆，父友许宽义，当以'吴江月'令对，华即应曰'漠殿秋'，因呼为'漠殿仙'。崇正（崇祯）十三年，选入蜀宫，后侍宴浣花溪。王有诗，令读之末句云'愿歌沃野绝逢山'。"由此可见，李丽华绝非花瓶。

当一脸怒火的李丽华被带到黄虎跟前时，黄虎不禁火冒

三丈:"你这个婊子,瞧不起老子。老子哪一点不如那个蜀王?"一把抓住李丽华头发,将她的头往柱子上猛撞,李丽华血流如注。

李丽华也被激怒了,豁出去了:"恶贼!魔鬼!你癞蛤蟆想吃天鹅肉,我宁愿死也不会陪你!你不得好死……"

黄虎威胁道:"明天给我送到婆子营去当军妓,我让你知道得罪老子的下场!"

李丽华默然。她绝食5日仍未断气,最后吞金自尽,在极度痛苦里香消玉殒。

就在黄虎忙于迎娶来自井研县的陈皇后的过程中,一个特异的美女引起了黄虎的注意。美女名许若琼,原是蜀王朱至澍的四大宠妃之首。

四大美女里,还剩下许若琼。

许若琼红妆亮相,美若天仙,黄虎强令她伺寝。

这晚,黄虎睡在蜀王寝宫里,睡前照例豪饮一番。

黄虎出生入死征战多年,女人的重要性远不及可以救命的战马,但一见许若琼,他还是软了下来。黄虎心痒难耐,不能自持。他说:"好好伺候老子,老子封你当皇后!"

许若琼故做高兴状,娇声道:"谢大王,臣妾再敬大王一杯!"

趁张献忠目迷五色之际,许若琼转身拿起盛酒银壶猛砸张献忠的脑壳,砸开了一道口子。黄虎看上去一副醉态,但反应非常快,一躲一闪,瞬间抽出枕头之下的佩刀,一下砍掉许若琼右臂。许若琼痛叫着,用左手去抓东西,又被黄虎砍掉了左手。屋外卫士听到黄虎叫骂声,立即冲进来一阵乱砍，许若琼早成了一堆肉酱。

清乾隆《遂宁县志》中有《明蜀王殉难四近侍李丽华、许若琼、严兰珍、齐飞鸾合传》，特意标举了这一烈女事件。

四川著名文史学者王治平居士（1920—1992）在《吟边琐记》卷一里，提到了许若琼：

张献忠破成都后，夜宿蜀王府中，招蜀王宫人许若琼侑酒。许手把檀板，婉转悲歌。歌曰："暗抛红豆泪盈把，委珮当年悲艳冶，一抔黄土玉钩斜，切莫烧作鸳鸯瓦。"歌毕，突擎案上烛台，猛击献忠，血流被面，遂遇害，此不让费贞娥专美于前也。（未刊本。引自网络版）

清朝文人王松麓曾作《银瓶击》诗悼之：

锦官城头鼓声死，
铁炮如雷地中起
⋯⋯
宫门开，黄虎来，
殿庭格碟尸盈阶。
呜呼蜀王安在哉？
阿琼仓皇逢恶监。
缚以献贼贼称艳，
趋立宫中陪夜宴。
含羞忍耻受贼封，

决计杀贼酒筵中。

……提银瓶，

奋力击贼贼脑裂，

贼虽未死魂已慑！

黄虎大骂："不料蜀中女人都如此可恶！来人呀，把这蜀王府中女人杀光！"于是军士遍杀宫中老弱女人，只留年轻漂亮者去充实随军妓院"婆子营"。

黄虎受伤，狂怒不已。几天后下令，从八角古中打捞出已泡得浑身浮肿的蜀王朱至澍和邱妃等人。看着浑身浮肿的蜀王，逃过了"身首异处"的宿命，张献忠恶向胆边生，冲上去连砍蜀王三刀，如中败絮，才令人拖出皇城沉入东门锦江中……这一幕，让人联想起黄虎攻破襄阳城后，面对年过

冯苏《见闻随笔》里对张献忠的描述

七旬的襄王朱翊铭，冲上去也是猛砍三刀。

莫非黄虎信奉"事不过三"的天理？

做了两年多时间的大西国朝廷的蜀王府，被黄虎彻底、干净地焚毁后，延续一千多年的蜀地权力最高中心的命运就此断绝。到顺治十八年（1661年）八月，清朝四川巡抚高民瞻，提兵由保宁恢复成都，"时成都城中，绝人迹者十五六年"，"城中豺虎熊貙，时猎得之。而故蜀府内二三年后犹然"（沈荀蔚著《蜀难叙略》，《笔记小说大观》第二编，第七册，台北新兴书局1984年版，第4285—4396页）。蜀王府在康熙初年，也就是郎廷相将其改造成为贡院之前，仍然是虎豹豺狼出没之地……如果说洪秀全的天王府是"十年壮丽天王府，化作荒庄野鸽飞"，那么，成都蜀王府更悲惨，是"故宫荒废连禾黍，万里桥边阳气微"……

黄虎为何几度自杀？

中国传统文化并不提倡自杀。尤其在民间，从来不提供维系自杀的水分与土壤。古人的自杀、自缢原因，主要还是亡国或者是皇上赐死，这是来自体制内的训令；民间敢于走上自杀之路的，只能是人们对于现实彻底的绝念与绝望。既死之，则安之——人到了这一步境地，哪里还有心情来考虑传统伦理的辉光？！

而唯一的例外，恰是春秋烈士聂政的毁容并自杀，义薄云天，开启了传统伦理之中的"自杀正义"。

崇祯十六年（1643年）八月，张献忠亲自率领大西军20万人分水陆两路向湖南进军，一路势如破竹，于十月兵临长沙。张献忠攻破长沙城时，蔡道宪被俘，手下林国俊等9名士兵一直紧跟蔡道宪。农民军命令林国俊等人去劝说蔡道宪投降，林国俊等人回答："蔡大人要是想投降怕死，早就逃跑了，根本不会被你们抓住。"农民军听了怒火中烧，就把蔡道宪一刀刀剐死了。农民军命令林国俊等人投降，林国俊等人对农民军说："我们不投降。希望先让我们掩埋蔡大人的尸体，然后再赴死。"农民军竟然答应了林国俊等士卒的从容赴死，士卒们脱下衣服，裹住蔡道宪的尸骨，并将其掩埋在醴陵坡。祭拜结束后，士卒们就选择在墓前自刎，以报答蔡道宪的知遇之恩。

这一幕，张献忠看在眼里。自刎的楚霸王项羽，乃是他心中的顶天立地第一人。他默许了这一批烈士的自刎之举。

古人以为，自缢与自杀不同。计六奇《明季北略》记载了京城官员高文采一家境况："高文采，锦衣卫千户。守宣武门，城陷，父子一家17人，俱自杀，尸狼藉于路。云京邸之变，文臣大臣缢者多，而自杀者少。予观高公有四难焉。自杀，一难也。武臣自杀，二难也。小臣自杀，三难也。一家自杀，四难也。呜呼！非烈丈夫其能如是也？"

这进一步暗示了古人心目中的抉择，自尽绝路上的弱者与强者之别：弱者上吊自缢，强者横刀自杀。

黄虎自然是巍然"烈丈夫"。

在入主成都之前，黄虎仅有一次面临自刎的严重时刻。

明末余瑞紫撰《张献忠陷庐州纪》里提到，黄虎在谷城蛰伏，然后再次起义，杨嗣昌手下"随征将官则有猛如虎、虎大威者（此将系虎生，故以母为姓），骁勇无比，日夜追贼。贼之奔窜无宁，暑日不暇食，疲困之极"。

"猛如虎"是绰号，而"虎大威"则言明是老虎所生！呵呵，二虎追击黄虎，黄虎已经弹尽粮绝。"兵贼交卧于路，彼此不知；于是贼流入四川山中。奈山险路狭，不便排

兵布阵，只用围困之法。时值大雪，八贼衣貂裘犹寒，其人马所存者仅千余人，是时冻馁交迫，八贼几欲自刎。一贼曰：'胜败兵家常事，且缓。俟兵到再议'。"

当晚黄虎奇袭山寨，抢夺到粮食，顿开枷锁走蛟龙。这一段历险，他是从不提起的。刀头舐血的日子，多得是！

根据古洛东整理的《圣教入川记》记载，张献忠在成都曾两次自杀。

从《圣教入川记》的记载可以发现，进入成都之后的黄虎，喜怒无常，疑似是一位间歇性发作的精神病患者，传统的大规模杀戮与死刑方式的推陈出新，成了他发作期间的必然性选择。这明显是一种严重心理病态，属于精神失控。而张献忠在下达杀人指令之后，心满意足了，创伤心理得到平复，恍然一惊，又后悔不已，以至于后悔得要自杀。

利类思、安文思两位洋"国师"，目睹了张献忠的种种特立独行，不但是老百姓早为黄虎之俎上鱼肉，就连大西政权的官员、军人也处于朝不保夕状态，他们多次提及黄虎的"疯病"发作。

所谓"疯病"，至少是严重的歇斯底里。

张献忠第一次自杀发生在顺治三年（1646年）年初的一日，他威风凛凛出成都城巡阅大西军，"见人数大不如前，且随行官员也不及他刚登极初人数之众。又见城中空无人居，而川省遭其残暴，成为旷野。不觉怒火中烧，狂怒间抽刀自刎，被左右上前拦阻，未得毙命。随将虐待大臣及残杀百姓之罪，皆加诸副阁老之身，怨恨不已"（古洛东著《圣教入川记》，四川人民出版社1981年4月版，第39页）。

这个巡阅的地点，应该是在现在的成都华西坝。

我自横刀，但被人夺走了横刀。如此情何以堪！

副阁老就是汪兆龄，这个巧言令色之辈，承袭了传统文人最为恶劣的全部品行，吮痈舐痔、曲意逢迎、助纣为虐，张献忠在"疯病"中偶然窥见现实的真相后，自然对汪兆麟怨恨不已，阴阳突变，暴雨中升起红太阳，反而合情合理。

我们知道逻辑学著名的"谎言悖论"。这是要求断定语句"这句话是谎言"的"真"、"假"。一旦你只要试图完成这一任务，就会发现自己已经陷入了一个难以摆脱的矛盾怪圈：假如你断定该句为"真"，那便会据此推出该句是"假"；而倘若你断定该句为"假"，那便会据此推出该句是"真"。

黄虎面临的困境是，如果坚信大西国的荣耀来自穷兵黩武与全面专政，可是为什么成都百叶凋敝、百姓变得如此稀少，大不如前？如果这一变化是真实的，那是否意味着，自己信奉的"天"，并不保佑大西国运？普天之下，舍我其谁！黄虎除了发出吼声如雷的"天问"之外，实在不屑于向簇拥在自己周围的佞人问道了。

他猛击脑袋，脑袋发出冬瓜落地的闷声，非常喑哑。他陷入了一种"杀人怪圈"：越是杀下去，"人粮"减少，举目四望必然更为凄凉；但如果金盆洗手，反抗者必将麋集力量，不利于大西。1645年端午节期间，黄虎率领随从，兴致勃勃来到成都锦江边与民同乐，观看了一场浩大的划龙舟比赛，可见他当时是平静的。

透过菖蒲和陈艾的香气，这一切人间的欢乐，怕是一去

不复返了。

横刀，刀身流淌着蜀天白蜡似的阳光，在刀锋向外推移的过程里，他突然渴望触及，刀锋间鬼魅般的一抹清幽。

黄虎敢于抽刀自刎，再次证明了他的奔流血性。这显然是出于"杀天杀地复杀人"之后，他已经臻于普天之下无敌手的程度，刀锋闪烁着成都慵懒的阳光，阳光太轻飘了，汇聚于血槽的阳光无法沉浸其间，柳絮一般，只好四散而去。刀上血槽呈现出绝对的黑暗，就像深渊的裂口，让人产生无限痴迷。

那是一种怎样的失落啊！酩酊大醉的黄虎渴望试验一下，自己的血，是否可以在鬼头刀的血槽里肆意流淌……

血滴入酒，凹陷的液面以下，就是民间，热气随波纹扩张。血就像宝石，从根部开裂，分解的身体，在摈弃声音与精致的环境，排斥、纠缠直至靠近。血散成一把尖锐的丝，光照下铅华褪尽，坚韧的垂立，沿光滑的杯壁升降和横移。偶尔，用针芒对峙，相继折断的刃口，使时间减速，慢到透明。来自不同脉管的血，从液体深处寻找燃烧的身体，旁逸斜出的迂回与破坏的狂欢，逐渐把呼吸匀称地摊开，在血的交错线上，血槽就像一条骨折的伤口。

另外还有一种可能，在于黄虎横刀，是在试探左右的反应。

可惜啊，"我自横刀向天笑"的壮举，被亲兵们终止了，他们经受住了这一次奇怪的忠诚考试。不然的话，历史就将是另外一种走向。

多年行走江湖，习惯于刀头舔血的日子，培养了黄虎一种置身权力顶巅、预知危机的技能。他就像一只安静的老虎，四肢与大地之间，构成了某种神秘的关联，他感觉得到百十里之外的气场。那是一种他非常不熟悉的戾气，正在款步而来。

他决定尽快离开成都。

但是一系列的阴差阳错，使得黄虎再一次自杀，是在顺治三年（1646年）七月。

闷热的成都，河风都像来自蒸笼，锦江汇入岷江的彭山县江口，水面骤然宽阔，就像一个沸腾的大锅。杨展死死锁住了狭窄的锦江，他以逸待劳，等候大西军的几百艘装满蜀地金银财宝的木船。江口大战成为张献忠入主成都后指挥的最大规模战争，事关大西国生死存亡。

清代大学者赵翼在《陔馀丛考》里指出："古来用兵，往往兵多者败，盖兵过多则号令不齐，气势不贯，必不能有臂指相使之用。"这样的道理黄虎岂能不知！他在成都皇宫即指出："吾初起草泽，从者五百人，所至无敌。今日益多，前年出兵汉中，为贺珍所败。非为将者习富贵不用命，即为兵者有所贪恋、怀二心。"

一语中的，由此可见黄虎深谙体制庞大、百病丛生的弊端，这让他忧心如焚。

黄虎亲率大西军十多万人马，乘坐数百艘木船，并且带上了他席卷各地的大部分金银财宝，从成都启程沿桤木掩映的锦江南下。他估计到了杨展部队在此恭候多时，但是他没有估计到杨展的军队在永宁山区得到休整后翼张势大，如狼似虎，伏击战极有章法，雷霆突降，火烧连营，木船在流速

很慢的锦江无法快速掉头，纷纷着火，很快沉没……江口大战造成大西兵力损失过半，水军尽墨，船上所载的大量金银财宝随船沉入岷江与锦江的汇合口。

张献忠见败局已定，顿时仰天长叹："大西完了！老子也不想活了！"说完，拔出佩刀抹向脖子。幸亏身边亲信、中军都督王尚礼眼疾手快，一把夺下了他的佩刀，他才没有死成。

这一次横刀，试验手下忠诚度的可能性很小。

黄虎的两次自杀行动发生在顺治三年（1646年），也就是大西国国运急转直下、黄虎依靠"天象治国"走到山穷水尽的时候。这也说明：长期窥视天象、按照星宿暗示而行事的皇帝，现在恼怒地顿悟：可能昭示于己的天象，也是一场温文尔雅的大骗局！这与黄虎大张一面"澄清川岳"黄旗浩浩荡荡进入巴蜀的情景，完全不可同日而语。

他岂能不憎恨蜀地、蜀天与蜀人！

江口一战，大西国辎重丧失，意味着重振山河的国库资金阙如。黄虎心如死灰，他沮丧到了极点，甚至连活下去的勇气都没有。看起来，"老子不想活了"不是一句简单的气话，而是一种真实的心理反映。

张献忠其实多次面临险境，他于征战途中反复投降就是明证。道德家们指出，"他从来没有丧失革命斗志"。问题在于，此一时非彼一时，事情发展到不可收拾，他心灰意冷，足见江口战役损失惨重。

在此，我们不妨为黄虎作一番精神分析。

第一，"一柱擎天"的柄权者，一般都患有严重的疑心病，暴力是他们唯一依仗的治理药方。如此循环叠加，直至万劫不复。

张献忠在成都建立大西国后，开始阶段的确是萧规曹随，渴望偏安一隅，让巴蜀拱卫西京成都。他实在太欠缺治国之术，加上蜀地历来难治，迅速激起川人的愤怒和反抗。不久，南明势力死灰复燃，各地纷纷举起反张义旗，民意出现一边倒，致使他在军事上连连失利，国土大量丢失。更糟糕的是，内乱未消，清军又大兵压境，欲置大西于死地。

黄虎渴望利用暴力来席卷巴蜀后，继而安顿巴蜀，杀一儆百，但以暴制暴的历史循环只能加速自己的灭亡。

第二，黄虎性格复杂而阴鸷，残暴又乖张，刚愎自用复优柔寡断，既自负又脆弱。他多次呈现出来的"怒不可遏"、"大为狂喜"等症状，其实怒不可遏与脆弱从来就是强人的两面。

黄虎的人格榜样是项羽。

崇祯十七年（1644年）秋天张献忠入主成都之后，为给天下读书人树立人格建设的样板工程，张献忠亲自口述，做了一篇白话文的《万言策》，历评古今帝王，认为一生崇尚武力的西楚霸王项羽，应该排名第一。雄文是否做到了"三分话点破帝王忧，万言策检尽乾坤漏"，那只有天知地知。

以张献忠的出身、经历而言，崇尚项羽是合情合理的，这一言路充分展露了张献忠的最高信仰——唯有暴力能够征服世界、削平人间"群丑"。他下令将这篇《万言策》颁布大西国，让巴蜀的莘莘学子都认真学习，融化到血液里成为人格建设指南。

暴力可以制造恐怖，暴力可以传递人格魅力，暴力还可以树立个人威严。横扫天下无敌手，杀戮立威不要命。稗官野史大量记载了张献忠的暴行，虽有所夸大，但集体性、区域性灭绝是无可辩驳的事实。但人杀多了，特别是杀的很多都是无辜者，他的心里难免害怕，进而产生心理阴影。他又是十分相信"天道"的，为了掩饰日益增加的恐惧感，张献忠不得不继续用杀人来麻痹自己，美其名曰为"天杀"，自己所为，不过是"替天行道"。

当皇帝两年多，他身边的官吏、太监、宫女、嫔妃等，有不少就这样不明不白死在他的刀下。到后来，杀人成了他泄愤、取乐的主要手段，成为他的精神麻醉剂，甚至发展到后来，张献忠"一日不流血眼前，其心不乐"（彭遵泗著《蜀碧》卷三）。杀得四川"无一草一木，一鸡一犬存者……血流川江，数百里不绝"（王家祯著《研堂见闻杂录》）。

这种用杀人麻痹自己的办法，属于典型的自噬行为，就像一条自噬之蛇，抉心自食，欲知本味；但创痛酷烈，本味何能知？！味同嚼蜡的杀戮，它不仅无法让自己得到解脱，反而形成恶性循环，初杀欢喜，继之狂喜，血海深处嗅无人迹，饮鸩止渴，越喝越渴，最终使之坠入地狱，以致产生轻生厌世念头。

第三，幻觉妄想症。

张献忠征战多年，受伤无数，比较严重的受伤共计7次，其中至少有3次面部、头部受创，造成他经常睡不着觉，头痛欲裂，狂躁不安。御医"老神仙"陈士奇认为可能是箭疮所致，专门为他配制"乳香散"、"安神定志丸"两种药，以期减轻张献忠的痛苦，但根据张的狂悖表现，显然效果并不明显。

张献忠经常出现幻觉，说自己看到了鬼。到夜里，他只要一闭上眼睛就看到冤魂野鬼来找他，各种女鬼来抓他，要让他偿命。他拼命挣扎、使劲呐喊，但无力挣脱。为了摆脱噩梦缠绕，他有时整晚都不敢闭眼，失眠成了常态。

由于长期失眠，他精神开始恍惚，大白天也开始出现幻觉，说自己见到了鬼。

清人李馥荣所著《滟滪囊》记载，顺治二年（1645年）正月初一，张献忠正在接受群臣朝拜，突然听到朝堂上有哭声，回头一看，竟然是一群无头鬼，在承运殿上空低飞乱舞。张献忠极其害怕，从此不敢登殿，夜间睡在城楼或城外华西坝的"中园"。

黄虎对身边大臣说了理由："老子在这承运殿杀人太多，阴气太重，看来以后不能再住这里了！起驾，老子去中园。"

中园曾是刘备游幸之地，位于成都南门外二里许。五代时，这里成了王建的蜀宫别苑。南宋大诗人陆游居蜀中时常游于此，其《故蜀别苑》里有"蜀王故苑梨已遍，散落尚有千堆雪"之句。据陆游记述："成都城南，有蜀王旧苑，多梅花，百余年古木。"明末费密《荒书》指出："中园者，蜀王外囿，有梨花千余。孟蜀时老梅卧地，谓之'梅龙'。成都俗以三月三日于此走马饮酒为戏。"近代诗人林山腴有"中园旧说梅林胜"、"冶春故事记中园"等诗句。可惜的是，有园林之美、野趣之幽的梅苑，在元明两代的战乱中毁于兵燹。这就是成都著名地标华西坝的前身。到20世纪初，

华西坝已经是一片水田和坟地。1905年经基督教各差会确定筹建私立华西协合大学之后，1907年首先购地150亩，到1950年占地扩大到1200余亩。所以华西坝多半是因华西协合大学而得名并蜚声中外。

华西坝分前、后坝，虽尚未查到何时出现此地名。

绵延的成都城墙将华西坝与成都城区分割为两部分。此图拍摄于1925年左右。

华西坝，张献忠在成都的御营地

但可以肯定：地缘范围为东起南台寺，南到金陵路及延伸之林荫街，北至锦江，西达万里桥及延伸之浆洗街之间的地域。民国时期，"坝上"一词不胫而走，几乎成为成都的一时代称。

张献忠入成都后，看中了这个大平坝，常在此屯兵、阅兵。昔日文人骚客游赏题咏之地，转瞬变成了舞刀弄枪的练兵场，中园、梅苑名存实亡，最后取而代之的是新称号：御营坝。

顺治三年（1646年）二月，张献忠在成都屠杀平民后，又开始出现间隙性神志不清并产生幻听。他对前来朝拜的大臣们说:"老子咋听到大殿后面有鬼魂在奏乐唱歌?"

一位大臣说:"可能是老万岁操劳国事太累,晚上没睡好,出现了幻听,我们都没听到歌乐之声呀!"

黄虎的确听到了。他起身拔刀展开身法突入"无物之阵",乱砍乱舞,一边劈杀一边狂叫:"你们这些无头婆娘敢在老子的桌案上打乐器,老子砍死你们!"

砍杀一阵,终于脱力了,他终于跌倒在地,昏迷不醒。御医掐了半天人中才把他弄醒过来。

过了一天,张献忠独自坐在屋内吃饭,再次出现幻觉,看到空中忽然飘来无数双手抓他,置身九阴白骨爪的进逼下,他吓得魂不附体,赶紧丢下饭碗跑到室外……

听说老万岁白天看到鬼了,朝野上下和军中一片恐慌,人人都疑神疑鬼。有的大臣说,自己白天也听到鬼说话及鬼哭声,但睁眼一看鬼魂又消失了。有的士兵说,他们夜巡时听到冤鬼的哭泣声,有些鬼还用瓦片袭击他们。一时间,弄得成都满城闹鬼。

这些跟着闹鬼的人,主要是受到一种从众的心理暗示;另外,也不排除采用这种谎言来安慰皇上。而张献忠的情况就不一样了,他完全是一种病态表现。

夜间做噩梦、失眠,白天出现幻觉,这是典型的抑郁症症状。像许多抑郁病人一样,黄虎殚精竭虑,坚强统领大西国,如今顿感万念俱灰、痛不欲生。在无法摆脱的情况下,他只好选择自杀这种最极端的方式。

巍巍帝乡与张献忠家庙

七曲山历史溯源

李希霍芬是德国知名的地质学家，他在1868年至1872年间对中国进行了7次地质考察，足迹遍及当时18个行省中的13个，对中国的山脉、气候、人口、经济、交通、矿产等进行了深入的探查；他名扬中国的最大原因，更在于他是"丝绸之路"的命名者。同治十年（1871年）二月十三日，李希霍芬由剑阁进入梓潼县。他记录道：这是"一个晴朗暖和的春日！连农田里看起来也一派春意，特别是菜园子里，而自然的植被仍旧滞后。在高山山脊上旅行十分惬意，你总能俯瞰山谷，遥望大地……"

上亭铺（Shang ting pu）村位于山巅，可以在那里住宿。颇美的是大庙（Da miao）——一个孔庙，部分是因为它位于翠绿的柏树林里，部分是因为从这里可以眺望远处。下山的时候来到了一个梯地，它把那幅巨大的中国地图上标示的河曲填满了，由碎石和黏土构成，黏土中又隆起孤岛一般的陶土层。由此开始出现较大块的农田。［【德】费迪南德·冯·李希霍芬著《李希霍芬中国旅行记》（下册），商务印书馆2016年6月版，第640—641页］

地质学家眼中的风物，总与大地构造相关。他文中所说的孔庙并不准确，分明是供奉文昌帝君的文昌宫。如此著名的七曲山大庙，他也仅仅是一笔带过，似乎没有一探究竟的兴致。仅仅4年之后，在域外人文学者的视野里，七曲山大庙就有了进一步描述。

光绪二年（1876年）五月二日，日本汉学家竹添进一郎与津田君亮，雇北京人侯志信为向导，从北京出发，历河

七曲山大庙。匾额上题"帝乡"两字。蒋蓝摄

在梓潼县演武乡上亭铺处,国道108线往广元方向5公里的左侧,有"唐明皇幸蜀闻铃处"遗址,为绵阳市文物保护单位。蒋蓝摄

北、河南、陕西后进入四川。沿途的名胜古迹,风土民情,气候物产,皆能征引文献,详明古今,因此他这部《栈云峡雨日记》成了日本国内流传最广的一部汉文体中国游记。经过50天奔波,竹添进一郎一行于六月二十一日由川陕古道进入四川境内之筹笔驿(亦即神宣驿),又费时11日,经剑阁道抵达成都。

1876年6月28日日记里,竹添进一郎详细记录了他眼中的梓潼县七曲山:

过上亭铺。一名琅珰驿,即明皇闻铃处。抵七曲山。有文昌庙,极闳丽。文昌不知何神,道家谓上帝命神,掌文昌府事,并人间篆籍。元仁宗加封"辅元开化文昌司神帝君",其祠曰"右文成化",世遂谓文昌实司科举柄,延入学宫。正学之不讲,人心之卑污,可胜叹哉!

对庙岩上有盘陀石,相传为仙迹,亦祠祀之。祠上古柏一株,盖千年外物。无鳞甲,无枝叶,挺然矗立若虬龙。缭以石栏,攀栏试爪以验其枯否,觉微有津液。下山则送险亭。盖西栈之险至此而尽,所以名也。(【日】竹添进一郎著,张明杰整理《栈云峡雨日记》,中华书局2007年1月版,第53页)

他显然对立庙以求考学的烧香跪拜者,颇不以为然,"正学之不讲,人心之卑污,可胜叹哉!"这也体现出东洋学者的某种褊狭。科学、理性的单筒望远镜,并不能彻底洞悉文化的起承转合,他的注意力似乎过于单一化了。

1898年,英国著名探险家伊莎贝拉·伯德(1831—1904)对此的描述,就多了一份女性的情怀与细腻:

在路上的雪松林里,有两座非常精致的古庙,由棕色的雪松木建成,供奉着文神和武神,周围有最富特色的小山环绕着,一个可爱的场所,香客的潮流势不可挡地朝它们涌去。这里的武神与其他地方一样,非常吸引妇女,在上海的本土旧城里仿佛见过他的一座大庙。永久的香烛点燃在这些祭坛里,僧侣们声称这些庙大概是两千年的古物了。

路上有许多结伴而行的妇女,由10个到30个,衣着讲究,她们有的人瘸脚蹒跚走了15英里,当天还要返回;许多衣冠伟仪的男人,前面有人持一面锣开道,抬着一张点满香烛的小桌,后面有苦力挑着大大小小的红蜡烛、鞭炮、香

柱、戳孔的红纸去祭拜武神。武神庙非常拥挤，香烛的滚滚烟云在空旷的庙前飘上浩渺的蓝天。文神主要是文人敬奉，壮丽的神殿前只有几乘私家轿子及其主人与随从。（【英】伊莎贝拉·伯德著《1898：一个英国女人眼中的中国》，湖北人民出版社2007年1月版，第229—230页）

分布在七曲山一线没有雪松，而是柏树。而且七曲山大庙的木作，均为就地取材的柏木。伊莎贝拉·伯德显然比竹添进一郎更为老练一些，多了一份人文的情怀，她看到的上香者是那么生动而富有地缘特征。距离七曲山不远处的魏城镇，即有关帝村。由此也可以发现梓潼文昌帝君与关圣深植民间的威仪。

伊莎贝拉·伯德的描述里极可能与梓潼县"关公扫荡"的习俗有关。每年春节或关公生日，均要从庙里抬出关公像，在田野、村寨中游走（扫荡），以借关公之威，驱邪纳吉，保一方平安。届时，当地群众，在村头庄尾，设坛迎送，气氛热烈隆重，可谓一大宗教民俗景观。

《明史》的《礼志》称，"梓潼帝君，姓张，名亚子，居蜀七曲山，仕晋战殁，人为立庙祀之。"张亚子即蜀人张育，东晋宁康二年（374年）自称蜀王，起义抗击前秦苻坚时战死。后人为纪念张育，即于梓潼郡七曲山建祠，尊奉其为"雷泽龙王"。后张育祠与同山之梓潼神亚子祠合称，张育即传称"张亚子"。唐玄宗入蜀时，途经七曲山，有感于张亚子英烈，遂追封其为左丞相，并重加祭祀。侍臣中有人留下了"细雨霏微七曲旋，啷当有声哀玉环"的诗句,从此"七曲"之名便名扬天下,也被道教誉为"天下第九座名山"。

唐僖宗避乱入蜀时,经七曲山并亲祀梓潼神,封张亚子为济顺王,并亲解佩剑献神。宋朝帝王多有敕封,如宋真宗封张亚子为英显武烈王,宋光宗时封为忠文仁武孝德圣烈王,宋理宗时封为神文圣武孝德忠仁王。元仁宗延祐三年(1316年)敕封张亚子为辅元开化文昌司禄宏仁帝君。于是梓潼神张亚子遂被称为文昌帝君。

所以在四川,一直流传着一句话,叫"求佛峨眉山,求道青城山,求儒七曲山"。

梓山潼水,天地造化的七曲山位于梓潼县城北。《广博物志》卷四十载,梓潼原名尼陈山,为夏禹治水疏理河道陈放泥土的地方。夏禹欲造独木舟,知尼陈山有梓木,径一丈二寸,令匠者伐之,梓树不服,化为童子,禹责而伐之,先民以梓树为童子所化,故改尼陈山为梓潼。七曲山自东晋立庙以来香火越来越旺,也是"文昌帝君"张亚子的专庙,也是全球文昌宫的发祥地。自元代开始,历经明清两代不断扩建,才成为现在的规模,整个殿宇楼阁共23处。其结构谨严,布局有序,廊腰缦回、曲折。曲折自然,雕梁画栋,莫不精工,为蜀中少有的古建筑群。梁思成誉之为"古建筑博物馆"。庙内还存有罕见的大铁铸造像、铁铸花瓶等珍贵文物。

元明以后,随着科举制度的规模化和制度化,对于文昌帝君的奉祀也逐渐普遍。各地都建有文昌宫、文昌阁或文昌祠,其中以四川梓潼县七曲山的文昌宫规模最大。一些乡间

书院和私塾也都供奉文昌神像或神位，其间虽时有兴废，但因文章司命，贵贱所系，所以一直奉祀不衰。旧时每年二月初三日为文昌帝君神诞之日，官府和当地文人学士都要到供奉文昌帝君的庙宇奉祀，或吟诗作文，举行文昌会。

我偶然读到陇上大儒张质生的《日记》，他的描述填补了有关"帝乡"沧桑巨变的空白。其《日记》中的描述是："（1911年农历十一月）二十二日，又三十里，至梓潼州。进东门，宿焉。李住二公馆，余住斌兴店。饭后，访杨策六二次，一吃茶，一问事。"又记："二十三日，出北门，行二十里，至七曲山。柏林蔚然，郁郁葱葱，气佳哉。将近文昌庙门，石坊横额署'七曲山九曲水文昌胜境'十字。又一小坊，署'帝乡'二字。入庙行礼毕，从关帝庙出，庙有铁像，又有文昌骑骡（实为白特神兽）戴笠像。又二十里，至上亭铺。足心烧甚，乃雇一骡代步。又十里，至演武楼。又二十里，至武连驿。是日午前遇雨，直淋至店。夜往扬策六一谈，而策六、真卿亦来谈。"[黄兆祥著《退思堂诗文选》（上下卷），甘肃民族出版社2002年5月版，第1068页]

文中所描绘景物，应当是辛亥年间七曲山的原始、古朴风貌特征。而近在眼前的七曲山大庙，已无过去"石坊的文昌庙门"，也无"石坊横额署'七曲山九曲水文昌胜境'十字"，更无"又一小坊，署'帝乡'二字"的风貌了。代之而起的是一座三层高、红墙、灰瓦、飞檐翘角的五开间仿古楼阁山门建筑。山门楼阁在两侧延伸对称的"迎祥门"和"保吉门"及北侧古老的"关帝庙"、高高的红墙的陪衬下，显得宁静庄重，气韵不凡。拾级而上，山门楼阁通道前上方正中悬挂"七曲山庙"横匾一通。往上二层正中悬挂"帝乡"匾额，楷书端庄浑厚。题首为"乾隆元年丙辰二月榖旦"，落款为"直隶绵州知梓潼县事王用绥书"。这也许就是当年张质生目睹的"又一小坊，所署'帝乡'二字"的物证。

我来过此地多次，2018年10月再来时，本地恰在举行"七曲山第1091届文昌庙会"，善男信女，莘莘学子，呼啦啦磕头如捣蒜。所谓"北祭孔庙，南拜文昌"的格局，蔚然确立。梓潼文昌庙会也叫"文昌会"，起源于古老的文昌祭祀，清代咸丰年间，文昌祭祀被朝廷列为礼部祭典，升格为国家级祭典，以文昌为支撑点的文昌文化遍播全国，七曲山文昌祖庭的祭祀活动进入到鼎盛时期，文昌祭祀本只有春祭，乾隆四十四年（1779年），在梓潼县令朱廉的倡导下，开始举行秋祭，此后一直沿袭。文昌祭祀是庙会的重要内容，旧时在庙会期间娱神娱人的民俗活动相当繁多，最主要的有文昌扫荡、迎神会、大蜡会、烧拜香等几项。迎神会是官民合祭文昌帝君的活动，正月十二日这天，会把帝君及其父母的神像从大庙抬到梓潼城内的文昌宫供奉7天，唱7天大戏让帝君与民同乐，然后于正月十八日送回七曲山大庙，神像被迎请入城时，各家各户门庭大开，恭敬地在香案上摆好祭花、祭水、祭果，然后焚燃香烛进行敬拜，接着举行全城性盛大祭典。

可见，梓潼文昌帝君由自然神（雷神、树神）、动物神（蛇神、龙神）、星宿神（文昌六星、二十八宿）和人间神等多方面重合，最后终于成为声威名震的大神，这个现象

表明，文昌成神的"经历"开创了我国古代造神运动的新局面，这的确是一个奇迹。（姚光普著《文昌祭祀与梓潼民俗》，绵阳市文艺创作室内部编印本，第21页）

　　七曲山大庙犹如大方舟，陷入古柏青翠的万顷碧波中。放眼望去，皆是跌宕起伏的柏树。在古蜀道沿线，偶尔可以看见直径在1米以上的大树，但像七曲大庙地望里为数众多的并肩大树，并不多见。七曲山有占地400余亩的全国最大的纯古柏林，拥有古柏一万余株，最老的寿星"皇柏"有2100岁，最年轻的"潘家柏"也已200岁高龄，直径均在1米至2米以上的古柏树。当然还有张飞种下的，叫"张飞柏"；还有"晋柏"、"明柏"，等等。置身柏树之下，顿感人生的短暂。

　　但是，为什么没有一棵树叫"黄虎柏"呢？！

　　更为奇妙的是，七曲山的树木，很多均向西倾斜。午后的阳光拉长了树影，它们一心向西。这一幕，让我想起成都惠陵里的柏树，都齐齐朝向了刘备的坟茔，这固然是风向的造化，一个正在扫地的老妇对我讲，这些倒向西方的柏树，其实是心系"大西"的表现！我心头一惊，看来传统教育甚是成功！任何话语，重复一万遍就是真理，就是历史，就是真相。

　　在我看来，真正让七曲山大庙引起世人关注的，还在于黄虎张献忠的强力加盟，这就像一个为"黄金镀金"的奇妙仪式。

太庙即是家庙

七曲山大庙文化内涵丰富，可以用"四古三张"概括。四古者，古蜀道、古柏树、古建筑、古战场；三张者，张亚子、张飞、张献忠。

七曲山文昌太庙的朱红庙墙在绿树之中非常惹眼，显然在最近重新涂染过，丽日之下，鲜丽得有些突兀，让我想起血海滔滔。大门上方高高挂着用金漆书写的"帝乡"二字，显示了此地作为天下文昌祖庭的无俦地位。

"帝乡"一般是指皇帝住的地方，也就是京城；另外也指皇帝的故乡。七曲山敢称"帝乡"，还不是一般意义的帝王祖地，而是犹如巴蜀图语里的"二王并立"或"三王并起"。

黄虎曾经5次入川。梓潼县地处蜀道要冲，黄虎曾先后3次到过梓潼县七曲山大庙。

黄虎第一次只能算是路过：崇祯十三年（1640年）十月，黄虎军入蜀，以每天奔走三百里的速度，高速与明军展开运动战，并在七曲山、倒马坎一带埋下伏兵，与明朝兵部尚书杨嗣昌所率十三省大军于梓潼上亭铺（现演武乡）、八庙垭（现大坪村）大战，一举歼灭明廷十万追兵。史载："梓潼一战……十三省大军，丧殁殆尽。"

黄虎第二次"君临"七曲山，就从容得多了。崇祯十七年（1644年）冬月，李自成派贺珍部入川，取代了庸才马爌。黄虎派孙可望、艾能奇袭汉中。两军在此相遇，结果大西军的三万兵马被贺珍部击败。张献忠大怒，率部支援，在

七曲山大庙里的魁星楼,是来七曲山的朝拜者最为密集的地方。蒋蓝摄

奔赴剑州、保宁方向时,路过梓潼县七曲山文昌庙,他下令扎营暂歇。偶见山门匾额上写有张亚子名号,不禁虎目流泪,他大叫一声:"此吾祖也!"遂有联宗立太庙之议,其时已在成都称帝之后。真实的大西皇帝与虚拟的"文帝"一旦联宗,那必然是强强联手。

我前面说过,等于是为黄虎镀金。

找祖宗必须得找一个体面堂皇的,黄虎故尊张亚子为"始祖高皇帝"。他下令御用文人做一篇受用的祭文,宣谕大西天下。文人引经据典,黄虎看不明白,大为不满,火气冲头,下令"凡涉文义者,斩之",据说一连杀了几个为文玄奥的腐儒。最后,还是黄虎金口玉牙展示了一番惩罚与规训:"咱自做咱念,尔辈书之。"文人记录了一篇充盈陕北方言的口语圣旨:

咱老子姓张，尔也姓张，为甚咏咱老子？咱与尔联了宗罢。尚飨！

在刀与笔、血与墨的选择里，我完全相信记录者的"非虚构"写作。如此奇妙的祝文，历史上是前无古人、后无来者，成了独一份。

民间附会的说法就更多了。说黄虎初过梓潼时，梦到一人以宗弟红柬来谒，告诫以"勿杀邑民"。早晨黄虎起来对手下说起这个托梦之人："此文昌帝君也，神姓张。"黄虎云："咱一家兄弟人，何忍杀之！"如此，梓潼得以保全。这也暗示了梓潼县百姓后来一直祭拜黄虎的一个最大理由。这完全可以理解，似乎并非出于对起义军领袖的缅怀。

文昌不但托梦于黄虎，而且托梦于天下有心人，"文昌托梦"，凡是接收到文昌帝君信息的人，必然是非同凡响之辈。比如籍籍无名的书生常大忠，字二河，清代山西省交城县人，清顺治九年（1652年）进士。任四川梓潼县县令、安徽省潜山县县令、河北保定府同知等。为官清廉，公平执法，百姓立生祠祀之。中举候选在京，梦遇梓潼帝君来拜，后果得梓潼县县令。蒲松龄据此逸事，写成《聊斋志异·梓潼令》，这样一来，是"文昌托梦"使其彪炳青史。

据《蜀龟鉴》《明季北略》《罪惟录》等记载，黄虎在大庙曾赋诗数首，成为他诗兴大发、灵感奔突的罕见时期。黄虎这一次是说话算数的。次年，他发银5万两，征民工数千，兴修太庙正殿以及关圣殿，培修并增饰庙内其他殿阁。

黄虎第三次到七曲山大庙见到其规模，喜不自胜，可见

大西臣工没有贪污，他们牢记教导廉洁奉公。

大西大顺三年秋季，在焚毁成都城后，放眼千里赤地，胸怀勇闯白茫茫世界的万丈豪情，黄虎率数十万大军分两路奔赴顺庆、西充等地，讴歌者一再佐证张献忠是"身负重任，奔赴抗清前线"。

他亲带的老营路过梓潼七曲山，见"建太庙归而落成"，他向柏树与人民挥手致意，立即健步登上七曲山最高处，一览大西山河。

七曲山最高处有天尊殿，前面正中有八方石台，叫观象台，俗名八卦井，是道人观测天象的重要设施。八角形的诗柱也屹立于天尊殿前的八卦井旁，他所赋诗以及大西两位学士癸未进士刘成吉、丁丑进士严锡命也都和前诗韵，一并刻石立碑。

位于七曲山山顶的古天象台。蒋蓝摄

黄虎来回走动，逡巡虚实，突然大笑，声振林木，一改来路之上的焦躁与沮丧，显得异常兴奋。他传口谕：封文昌祠为"天圣神祠"；又自称"奉天承运皇帝"。估计分量不够，再追封张亚子为"始祖高皇帝"，并择日举行了太庙祭祀礼。

黄虎祷告："吾祖助我！"

我以为，置身道家天象台之上的黄虎，通过这一系列努力，他再一次窥视到了天机，尤其是大西国天机出现了令人欣喜的良性转变。他似乎吞食了一枚定心丸，回复了蓬勃的斗志。

这根耸立的诗柱，承载的是大西国的"正诗"，用本地砂岩雕琢而成，高约二丈。从大顺二年（1645年）刻成，一直到康熙八年（1669年），才被梓潼县令王维坤捣毁，诗柱仅存在25年（见《蜀龟鉴》）。这就意味着，经过拨乱反正，时代已经进入朗朗乾坤，但"反诗"竟然巍然屹立25年，传播了多少毒素啊！这分明是本地父母官的渎职。

历史充满因果。捣毁黄虎诗柱的县令王维坤，人生坎坷而充满忧患，后成为一代杰出诗人。

王维坤是顺治十八年（1661年）进士，河南长垣人。他身经丧乱，后辞官西行，在贵州、云南一带流离十几年才回到故里。他颠沛流离的生活与杜甫倒是有几分相似。他崇拜杜甫，把杜诗倒背如流，字字深悟，成为著名的"集杜诗人"。康熙年间的大才子邵长蘅在为王维坤诗集所写序言里指出："方其自秦入蜀，窥剑阁、下潼江，又以事数往来花溪、锦水，其游迹适与子美合。及弃官以后，系怀君父，

眷念乡邦，以至拾橡随狙、饥寒奔走之困，亦略相同。故其评杜也，不撦实，不凿空，情境偶会，辄随手笺注，久之成帙，自题曰《杜诗臆评》。"

我发现，如今在八卦井平台的左右两侧，分别立有两块诗碑，青苔斑驳，镌刻有张献忠研究专家王纲与邑人蔡竹虚书写的张献忠诗歌："高山有青松，黄花生谷中；一旦冰雹下，黄花不如松。""一线羊肠游天堂，此处万世永无忧；神来仙来仙是神，世世流传与天休。"奇妙的是，在落叶卷舒的地上，四周散落着游人抛下的不少敬神的硬币。硬币的色泽，单薄而傻白，远逊于"西王赏功"的滋润。

黄虎的家庙建成后，他命原来文昌宫的司香户裴、贾二姓农民仍继续担任太庙的司香户。在年终节日、冥节生，司香户定时祭奠。裴、贾二姓农民是梓潼县七曲山附近的土著（有族谱保存至今）。从元、明、清以来，家族皆负责七曲

在古天象台右侧，有王纲书张献忠诗歌碑。蒋蓝摄

在古天象台左侧，有蔡竹虚书张献忠诗歌碑。蒋蓝摄

山文昌宫、太庙的祭奠,以及保护庙宇林木。

这一事件,后来在曾国藩讨伐太平天国的《讨粤匪檄》中被提及:"……王道治明,神道治幽,虽乱臣贼子,穷凶极丑,亦往往敬畏神祇。李自成至曲阜,不犯圣庙;张献忠至梓潼,亦祭文昌……"言下之意,是太平天国一干人,尚不及李自成、张献忠的文化修为了。李自成、张献忠直到太平天国的崇拜谱系里,他们十分崇敬的是战神关羽、张飞,出众的武功与深情厚谊,一直是维系江湖格局的黏合剂。由此,我们也可以发现中国历史上造反者的一个规律:造反者"去文化"的程度,与反叛的彻底性成正比。

黄虎尊张亚子为始祖高皇帝,文昌庙又被尊为"家庙",增塑张亚子像是事所必然。当时文昌庙正殿,所铸张亚子巨型铁像,高达4.7米,崇祯元年(1628年)三月由秦地匠人所铸。铸成不到十年,既然黄虎尊之为高祖,于是命人增饰。张邦伸的《锦里新编》提到:"建太庙于山,铸像祀之。"徐鼒《小腆纪年附考》也说"建太庙于山,铸像",《绵竹县志》《成都县志》均载"建太庙于此,铸像祀之"。

张献忠家庙

历史总是似是而非的。在黄虎看来，正是在文昌帝君的护佑下，大西军大败马科于绵州，俘其众，得蒙古兵一千五百人，于是改绵州为"得胜州"。

单檐歇山式大殿内，供奉着雍容高贵的文昌帝君铁铸坐像，方面大耳手持牙笏，头戴冠冕全身鎏金，前方的供案上压了一堆祈福用的鲜红灵符，两旁呈八字形排列着一共8个铁铸侍从神，其中右侧手捧玉玺的是"天聋"，左侧手执铁如意的是"地哑"，传说帝君以此二人为侍者，着眼于他们不会泄露天机。

太庙张亚子塑像，几经再塑增饰，并又在七曲山大庙家庆堂内增塑张亚子全家像，白特殿塑张亚子骑白特像，在关圣殿塑关羽像……都与张献忠尊张亚子为远祖有关。清顺治三年（1646年）冬月二十七日，张献忠在西充凤凰山遇难。梓潼民众得知后，大约在康熙年间就在人迹罕至的风洞楼里，为张献忠塑了一尊像。对于这一现象，清人彭遵泗指出："黄巢之乱，所过多被毁伤，然独厚于同姓。如黄姓之家，及黄冈黄梅等县，皆以黄字得免。盗贼行事，相类如此。"（彭遵泗著《蜀故》，国家图书馆出版社2017年8月版，第475页）

在七曲山大庙启圣宫旁，有一座依石崖而建的高耸建筑，这就是风洞楼，因楼下的白特殿墙壁砂岩上有一个天然石洞而得名。

白特殿里的"特"，是比马还能跑的动物，它马头、驴身、骡尾、牛蹄，相传由竹马所化，俗称"四不像"，古人说"千里马，万里特"。传说文昌帝君的坐骑就是全身纯白的特，即"白特"。白特殿展现的就是这样一个故事：张亚

七曲山白特庙。骑白特的张亚子身后有一个石洞,有风,即为著名的"风洞"。蒋蓝摄

子早年常骑白马从风洞中往返于京都长安,与后秦皇帝姚苌同窗共读,闲歇时白马就变为竹马。一次,张母煮饭用竹马拨火,忽然一声怪叫,竹马跳出灶膛,变为一头怪兽,即现在的白特。后来把白特视为神兽。元明时期,道教还把白特誉为"雪精",加封圣号"鸣邪真神",并将白特殿作为敬奉白特的专殿。殿正中塑有文昌帝君头戴斗笠身披风衣骑白特怪兽的神像。殿内有冯梦龙对联:"三清老子骑青牛西出阳关,梓潼帝君乘白特下临凡界。"

　　文昌帝君身后,就是风洞。洞深约1丈,高约4尺,罡风猎猎,传说是张亚子居住修道所在。依靠风洞之上的大石壁建立的小庙,名风洞楼,即为现在的张献忠家庙,内有张献忠金面阔口塑像。造型中的张献忠为瘦高个子,体格剽悍,

长条脸，戴尖毡帽，身着胡桃衣，脚蹬软筒靴，怒视前方。

这样一来，文昌帝君张亚子、武圣关公与后来梓潼人所塑张献忠像，三神斜睨，据说均长期受到梓潼百姓祭奠。

乾隆七年（1742年），梓潼县官府偶然发现，七曲山大庙有民众私立张献忠塑像，且有人私下祷祝，香火颇盛……

重新粉饰一新的张献忠塑像

风洞楼兴衰

洞楼面阔三间11.2米，进深三间9.1米，殿基自白特殿后墙顶处纵延2.7米，使木楼和地楼同在一平面内。

乾隆六年（1741年）十月，绵州知州安洪德（字硕伯，山东东昌府聊城县人。康熙五十九年〈1720年〉甲辰举人）得到举报，风洞楼竟然有"逆贼"张献忠的塑像，怒不可遏，他连同当时绵州知州杜兰、潼川州（今三台县）知州王成彦，梓潼知县肖维耀、罗江知县李德瀚以及梓潼官绅等人，上报七曲山大庙恶劣丑类的现状。

不久他们上下其手，着手捣毁了这座已有90余年的塑像，把泥塑碾成粉末，抛撒于山门外的大道中，任由往来的人践踏、牲畜在上面拉屎撒尿……为伸张大义，立碑为训，碑名叫《除毁贼像碑记》；同时还把张献忠钦命的"司香户"裴、贾二姓的后人游街示众3个月，即令裴、贾二姓永不得入庙。据宋乾道年间记载，唐代已有裴、贾二姓在七曲山司香管庙了，可见他们是世袭。可惜自此以后，"附逆"之人永远不得再入庙堂。

如今，在风洞楼内的左侧墙壁上，镶嵌着这一块安洪德于大清乾隆七年（1742年）写就的《除毁贼像碑记》：

梓潼文昌忠孝神祇，故千秋湮祀。余洪德，山左人也，来令绵竹。向闻罗江令李公名德瀚者谓，神祠中有绿袍金脸，乃残贼张献忠像也。每悔其未曾除去。盖因贼杀戮至此，见神堂（家庆堂）对联有字适符贼之姓名，故潜冒神族，不敢杀左右民，民畏而媚之，塑像于兹，妄亦甚矣。相衍日久，随昧而不毁，已愚之至矣。复谬为之说曰，此即文昌化像也，又何侮慢神祇之极乎！余奉上宪之委，协平梓潼道路，搜至风洞楼上，见至绿袍金脸，狞恶狠状，大不类神，其为贼像无疑。思以忠孝神祠，而侧此污秽，实大不敬，仍道之不平者，若不速为平除，无怪乎年年啯噜匪类，假借掷会，聚集渴之，求伊冥佑，相谋而为恶也。急明于本州宪杜讳兰，命役万段其像，以正贼大逆不道，毒害生民之罪。更焚而弃于道路之间，使往来乘畜践而溺之，以一泄人忿，以除谣祀，以净神宇，以正风化。使人人皆知乱臣贼子，残忍独贼，虽千百年后遗留尸像，优不免于诛戮，可

风洞楼侧门。蒋蓝摄　　　　　风洞楼门口，立有"重塑张献忠像记"。蒋蓝摄

不，猛省而相劝为忠臣孝子，以游于尧天舜日之忠乎。为此晓谕，使咸知闻。大清乾隆七年（1742年）岁次壬戌谷旦。直隶州知州聊城安洪德撰勒石。

安洪德文笔平实而生动，没有贪功，写出了捣毁"贼像"的前因后果。火眼金睛的官吏发现，家庆堂对联里，镶嵌有"献"、"忠"两字，也成为一大罪证，这就过分了。想想张献忠为了避讳，在成都捣毁一切含有"献"与"忠"两字的古碑，尽管南辕北辙，却又终于回到了同一条起跑线上。

安洪德如此愤怒，还有一个原因。早在距现3年前的乾隆三年（1738年），他还是绵竹县县令时，有感于诸葛瞻父子为抵抗邓艾入川而壮烈殉国，遂在绵竹县城关大西门外特意为之建立诸葛双忠祠，立祠宇三座，牌坊三架，并围以墙垣，种有竹柏。当时启圣殿内，中塑诸葛亮坐像，两侧分塑诸葛瞻父子像。其后每隔二三十年，就要修缮或扩建一次。

并非如古人"谓曲为直忠为奸，谓麟为虎鸱为鸾"那么繁复，安洪德一建一毁，忠奸分明。

如今人们产生的疑问是，张献忠塑像立于何时？何以进入大清近百年才被发现呢？

至于张献忠像何人塑像，既无史载又无碑记，一则怕招祸；二则官方不可能首肯。故许多史料都没有记何人所塑。但仍可从史料的蛛丝马迹中寻见端倪。可以肯定，张献忠像是梓潼老百姓所塑，并且在南明统治四川时期的顺治前期就塑了，故用了"明季梓潼人"一说。

据嘉庆《四川通志》载，顺治十年（1653年）前，绵州、潼州及所属德阳、安县、绵竹、梓潼等地，从没有清朝所派遣的知州、知县坐镇，直到顺治十八年（1661年）李定国病死云缅边境，康熙二年（1663年）才有部分清军入川。直至李来亨等李自成余部将领牺牲后，全川才逐步为清王朝所控制。梓潼与整个四川形势一样，在当局权力处于半真空状态下，农民为张献忠塑像，不致冒很大风险。故《东华录》《蜀龟鉴》《南疆逸史》在客观上作了"川民德之，立肖像于风洞楼"的记载。（《张献忠在梓潼》专辑，中国人民政治协商会议梓潼县文史资料委员会编，1987年8月印制，第17页）

捣毁张献忠塑像的"魁首"是安洪德。乾隆二年（1737年）调任绵竹知县，乾隆七年（1742年）起两任绵州知州。毁像时，他在绵竹知县任期之内。乾隆七年由于他"除毁贼

像"之功，勒石有"绩"，也就升任绵州知州了。参与毁像的策划者杜兰，江西贵池县人，乾隆六年（1741年）前任绵州知州。另一个是罗江县令李德翰，山西人，他路过梓潼七曲山文昌庙时，看见了风洞楼上张献忠塑像，即向"上宪"告发，毁像后不久调任。还有一位参与毁像，并纪其事的，是潼川知州王成彦，他是乾隆四年（1739年）乙未进士，曾做河南知县，乾隆七年初调潼川州知州。再有一位是梓潼当时知县肖维耀，也参与了毁像运动。

然而，官人离开之后，当地民众怀着对"人民起义领袖的爱戴和缅怀"，再次重塑了张献忠像（见胡昭曦著《"张献忠屠蜀"考辨》），重新对他跪拜如仪，磕头如捣蒜。特别是一些地方帮会或者零星的武装割据力量比如啯噜等，对张献忠更为崇拜，他们出去征杀前，都要专程来此，到张像前跪拜，以求保佑。

这一现象令人玩味。关键在于，当地百姓与民间武装，能够代表人民吗？似乎不能偷梁换柱。

如果说当地老百姓为了报答黄虎不杀之恩，朝拜黄虎，可以理解；但黄虎显然又成了地方帮会的崇拜者，部分啯噜尽管在困厄时期加盟过四川一些地方起义，可是他们还做过多少保家卫国的正义之事？！啯噜是近代会党中习武风习最为浓郁的组织之一。"既结伙之后，择长林深谷、人迹不到之处操习拳棒刀铳各艺"，"其艺既精，其党亦固。小则拒捕抗官，大则揭竿谋逆"。（严如熤著《三省边防备览》）难道他们是在黄虎这里，不断获得为害一方的精神动力吗？！所以，一股脑儿歌颂张献忠的学术中人，应该厘定这一起码是非。

王纲先生在《张献忠大西军史》里，说"梓潼劳动人民"把原称"太庙"的"太"字，改成了"大"，以掩蔽清政府的耳目；还把七曲山改为大庙山，说明"大西军在群众中产生了深远影响……"这明显属于个人推测而已，因为其学理缺失，只存在于"情理"推测。

抗日战争时期，曾任成都昭觉寺方丈的梓潼人智光法师，率弟子海灯等人回到七曲山，他们将风洞楼更名为"大悲楼"，在张献忠塑像原址塑了释迦牟尼像，在前楼塑了一尊千手观音像。可惜，1966年两尊佛像均被毁。恰是"灵台无计逃神矢，风雨如磐暗故园"的写照。

1987年9月，全国明末农民战争史学术研讨会暨纪念张献忠逝世340周年大会在梓潼召开，当地政府在此重塑了绿袍金脸的张献忠塑像，为坐像，高约2米，双眼圆瞪，剑眉立竖，怒视前方，他的左前方恰好是《除毁贼像碑记》镶嵌处，似乎即将吼声如雷……并将风洞楼的一半整修为张献忠家庙。

作为张献忠唯一存世的家庙，家庙真小。塑像高居石台之上，高约3米，耸立其中，庙小风大，显得很不协调。新塑像是否仍然是"绿袍金脸，狞恶狠状，大不类神"呢？有人说，啊，真是英武非凡。

与文昌帝君大殿、魁星楼和关帝庙挂满密密麻麻的锦旗完全不同的是，在张献忠家庙里，我看到孤零零悬挂着一面锦旗，上书"有求必应，鹏程万里"；题款是"张献忠大菩萨保佑"。看起来，这一个送锦旗的神秘者，应该是"张献忠大菩萨"虔诚的函授学生，呈现出"吾道不孤"的一脉单传。

我注意到，门楣上"张献忠家庙"的题字者，是四川省杨超于1987年所写。家庙门柱楹联出自王纲之手："七曲旧家庙，金脸绿袍雄姿重显千秋毅力；蜀道翠云廊，古柏青山绵梓永留万世英风"……

正义与邪恶的较量从没停息，魔高一尺，道高一丈，抑或道高一尺，魔高一丈。历史的博弈，既是正义与邪恶的较量，亦是心理、技术与智慧的较量。

在我看来，反倒是张献忠家庙侧门上的对联，更启人深思：

鸣晨钟惊醒愚顽，展经纶宏济苍生。

《道光·绵竹县志》卷三六《艺文志一》记载了张献忠某次面对文昌帝君的祷告：他口称文昌帝君为"大哥、大哥"。这一记载，非常罕见。看起来，既是帝王之尊，彼此熟悉了，难免就是兄弟伙。这叫：大哥不说二哥，都是自家人。

彭山江口聚宝盆

龙盘虎踞江口镇

2005年5月,经四川省政府正式批复,同意将眉山市境内的府河段更名为锦江。更名后的锦江,涵盖了位于成都市中心城区的南河(送仙桥至合江亭,长约5.63公里)、府河(成都金牛区洞子口至眉山市彭山县江口镇,长约97.3公里)。秋蒲芦花渔唱村,门泊川江万里船。作为成都锦江汇入岷江的锁钥之地,昔日桤树、柏树、杉木密植的千年古镇江口,龙盘虎踞,岷江与锦江宛如双臂环抱,在沉默中呵护着一个又一个的秘密。

江口地势险峻,自古为兵家必争之地。公元前316年,秦国名将司马错、张仪伐蜀,与蜀王开明氏的关键一战就在此拉开序幕,开明氏在江口战败,蜀国山河拱手相让。后来秦朝在江口设置武阳县,划归蜀郡管辖。

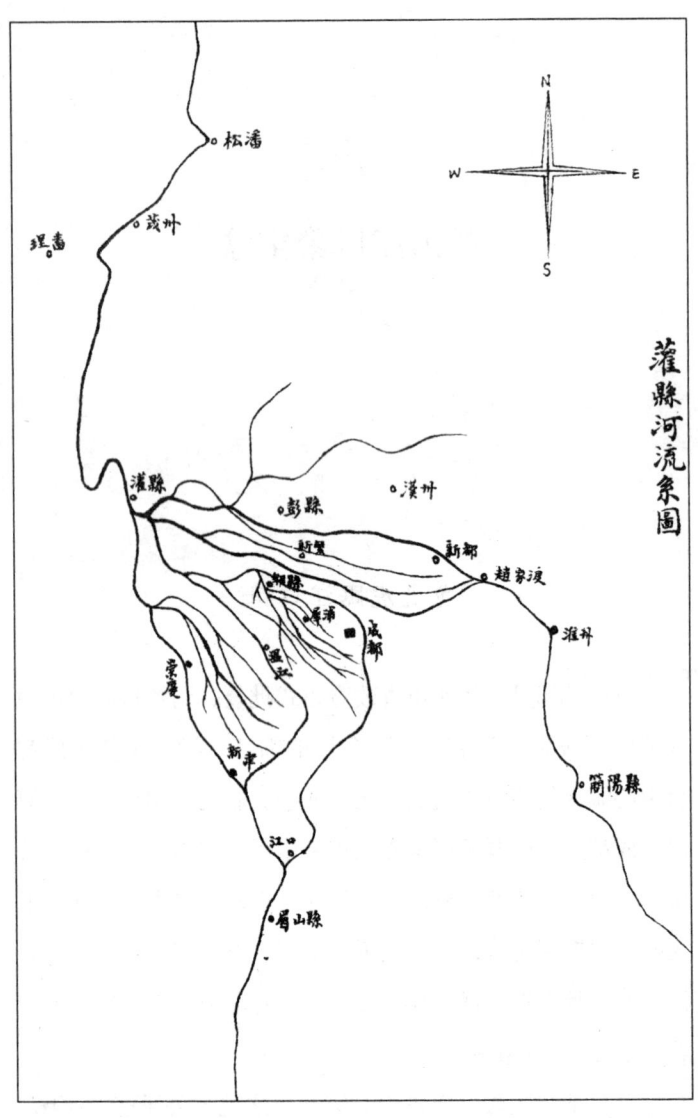

在这张四川大学的学生绘制于距今80年前的水系图上，可以清楚看到江口镇的位置。选自何一民、姚乐野主编《民国时期社会调查丛编》【三编】（四川大学卷），福建教育出版社2014年版

江口在秦汉期间名叫"彭亡聚",刘秀的大将岑彭率军进入武阳,岑彭竟然亡于彭亡聚,让地名的威力得到了空前彰显。晋代称"合水"(亦称彭模、平模),宋朝取名为"安镇乡",明朝始名"江口",曾为犍为郡和武阳县的治地。

从彭山岷江年夜桥东岸桥头起步,算是进入了下江口。这是一座前面对江、后面倚山的"扁担场",一向往北走到上江口,总长约5里,出现"五里长街逶迤江岸"的奇特景象。上江口称为将台村,下江口称为渔唱村,如今已归并为将台社区。

西汉大辞赋家王褒(前90—前51年)才华横溢,也是幽默感极强之人,喜怒笑骂,佯狂傲世。他于公元前59年某日,以事到湔氏,竟然在成都安志里亡友的寡妻杨惠家里休息。因为仆人的顶撞而大怒,决定买下仆人,于是立字为据,这就是著名的《僮约》。其中有"武阳买茶,杨氏担荷"的记叙。王褒所说的"武阳买茶"的处所,就在今天的江口镇桥楼子和横街子一带。郑振铎指出:"王褒在无意中流传下来一篇很有风趣的俗文学作品——《僮约》,这篇东西恐怕是汉代留下的唯一的白话的游戏文章了。"可谓一语中的。

武阳买茶,不但是中国也是世界关于茶的最早的文字记录,因此全球都公认彭山江口镇是有文字记录的世界上最早的茶叶市场和茶叶产地。"武阳茶肆"由此成为世界茶文化的发祥地。

街镇前面的江河不是寻常河道。这里是千里水流"下

岷江"的第二个起源地。发源于松潘岷山南麓的岷江自北向南排闼而来，围绕成都天然分成府河（锦江）与南河（武阳江），而这两条河终于在江口镇外汇合，构成下段岷江，直奔乐山、宜宾汇入长江。两河汇流处，坐镇三江，"江口"也是以得名，成为千里岷江第一镇。

江口是岷江首要的水运集散船埠之一，曾有"日有千里行船数百艘，夜来万盏灯火照船埠"的繁华景致。沿街共有大小船埠50余个，最大的当属龙王庙前的红石梯船埠，高20米，宽4.5米，38级水梯旁边有3平方米宽的平台，宏伟壮阔，这既是嘉定逆流而上抵达成都的最后一个水运船埠，又是成都买船东下的大码头，天天有两三百艘货船、三四千名商人船工进出，三教会聚，九流辐辏。在这里卸载中转的，既有从上往下运的成都京果（糖果）、丝绸和洋布、灌县药材、什邡烟叶以及温江等地大米、天麻和油菜，也有从宜宾、乐山运来的盐巴、煤炭、木柴、土碗、棉纱等。而从江口发往成都府、嘉定府的，首要是盐铁、烧酒、厕纸、箢器、黄鸡、麻鸭、蚕茧、芒硝、沙石、砖瓦和木柴。生逢其盛，极大地激发了江口本地的手工业发展，本地的草纸、船钉、永丰糟房、祥泰轩云片糕、晒芋、大头菜，等等，都是成都府叫得响的土产。

江口崖墓是江口最为知名的文化地标。

崖墓位于彭山县东北5公里的江口镇岷江东岸。顺江口五里长街而下，至锦江、岷江两江汇合处，就可看见公路右边5棵高大挺拔的银杏和一座汉阙建筑，这就是江口崖墓博物馆，也叫彭山县汉崖墓博物馆。1956年被确定为四川省首批重点文物保护单位，2001年被国务院确定为全国重点文物保护单位。

崖墓是汉代流行于岷江流域的一种仿生人住宅、凿山为室的墓葬制形。《后汉书·冯衍传》载："凿崖石以室兮，托高阳以养仙。"这是崖墓最早见于文献的记载。到唐宋时期，因其年代久远，时人不识，崖墓又被附会成了修仙炼丹的神仙洞府。南宋诗人陆游以为崖墓是"古得道之人藏丹之所"，因此，崖墓又被蒙上了幽秘的色彩。

1941年5月初，由中研院史语所、国立中央博物院筹备处、中国营造学社（梁思成当时是该社法式组主任）三家机构联合组成的川康古迹考察团，自四川南溪县李庄乘船溯江而上，沿岷江到达彭山县江口。6月14日，考察团开始对江口崖墓进行发掘，全部工作在1942年12月9日结束。共清理崖墓76座、砖墓2座、土坑墓7座，出土陶俑等数百件。后来南京博物院整理、出版了《四川彭山汉代崖墓》一书，在中外考古界引起了很大的震动。

被郭沫若称为"天下第一吻"的秘戏图，也是在江口汉崖墓挖出来的。川康古迹考察团团长吴金鼎写信给在重庆的李济说，围观群众太多已经踩坏了麦苗，导致田地的主人和觉得秘戏图有伤风化的卫道士厌烦。为保护文物，该浮雕后被运至北京，现存于国家博物

出土于江口崖墓的汉代石刻，号称"天下第一吻"

馆，为国家一级文物。

其实，这并非第一次有记载的学术考察。

英国皇家地理学会会员、前陆军中尉布鲁克（J.W.Brooke）横贯中国内地和西藏，有过两次非凡的旅行。第二次旅行在1907年11月，布鲁克先生从上海启程，游历了川西和西藏东部。1908年11月24日，在偏远的倮罗地区惨遭杀害，导致考察中断。我在传教士、探险家福格森整理的布鲁克中国考察笔记里，辨认出他在江口镇盘桓的踪迹：

"在我们回到嘉定府的路上，我们停留了几天，到路边的洞穴里进行过探险。

"我们在一间汉人的小棚子里安扎驻地。还没有等我们安顿下来，一个中国小贩就走到我们跟前，说：'你们还记得我吗？我是富平（Fupin）客栈里得病的那个人。'他很高兴再次遇到我们。

"在这个地区起伏的山峦上，在红沙砾峭壁上，分布着成千上万的民居和祖坟。所有这些洞窟，虽然在构造上都很相似，但是在大小和装饰上却大不相同。毫无疑问，反映了主人的阶层和财产状况。有一些洞窟，仅仅有一个入口，而且坐落在峭壁上；其他洞窟，则有3个以上洞口的长廊。

"让我们看一看其中一个大洞穴。

"在一片红沙石悬崖（悬崖面上仍然可以看到一些象形文字）上方，人们开凿出一个洞穴。很明显，它是借助金属工具开凿出来的，因为凿痕仍然尖利，清晰可见。要想进入这个洞穴，只有爬着悬崖上开凿出来的脚梯而上，这些脚梯正好容纳下脚趾。

"在洞穴上方的石壁上,一般要开凿一道水槽以排走雨水。有时,门上刻有想象的动物,显然是主人用来作装饰的。走廊也许有30英尺长,12英尺宽,10英尺高。洞门顶上用两根大柱子支撑着,当岩石被凿掉后,两根大柱子就被安放在这里;在它们之间,常常有一个用于煮饭的空间。这条长廊是方形的,环绕整个顶部周围,总有一种图案;几乎所有洞穴也都同样如此。这看起来非常像模仿一栋房子的房梁建造的。我在一个洞窟里发现一个小住处样式,其上面图案和它相像。在洞穴两边中间的门上,常常刻有鹿和马的图案。走廊左边,通常凿出一个小洞,显然是狗窝。一次,我在里面看到一条石刻的狗。一般说来,这些洞门要从主廊里面打开。走廊右边的一洞,大约有30英尺长,笔直的,可以看出用于仆人所住或者关牲畜的。这些洞通常可以看出有一个外门道和一个内门道。从入口起,头一个有几英尺长,第二个有12英尺长。

"这种洞穴大约有6英尺宽,6英尺高,略微往上斜。门有坚固的支柱,开出洞穴后就安放在这里;它们大约有5英尺6英寸高,4英尺宽。在这些门柱里,是支撑门的凹槽,凹槽和窝孔用来撑住横梁。两个较大的洞穴有两三个类似的门洞。

"沿着较大的洞窟爬了大约一半路,在墙上有一些凹进去的地方。其中一边,在坚固的岩石上凿出了大水槽,很明显是用来蓄水的。它的周围开出一个小排水沟,好让多余的水淌走,它的边缘好多地方都破了。在这之下是一个架子,

用来放罐子。在一些水槽里有圆石，圆石上面有经常在火里烧烫的痕迹。在另一边，是一个类似的洞穴，用一大块巨石堵着，这块石头要10个人才搬得动。在这些石洞里面，是一些陶制的棺材，紧紧地封着。棺材都是空的，只是放了一些塑像。再往前走，靠近屋顶是一些小孔，显然是用来放杆子挂帘子的；通过这个地方，洞穴一般敞开进入一两个大得可以当作房间的凹巢；里面也有眼窝，用来挂帘子。

"在洞的尽头，有一个2.5英尺高的小架子。在它旁边稍微矮一些的地方，有两三个从坚硬岩石上开凿出来的小灶台。靠近这些灶台，有一些锅具，它们放在火炉上。在架子下面的地上和墙壁的凹处，通常会发现一些红土陶器和别的遗物；它们不可能是从架子上掉下来的，否则就会摔得粉碎。

"有些洞窟相当开阔，能看到里面，其他则被山上冲下来的泥沙堵住了，挖通以后，可以发现大部分东西，其他东西则被洪水淹没了，小塑像被埋葬在泥浆里。其他洞穴的洞口则很小，损坏也很大，越往里面走越低，在入口处外面才可以看见阳光。其中一些洞穴很干燥，能够看见原来居民留下的手工作品。有一次，我们发现一颗大脑袋的一部分，上面有黑胡须和腮毛，面部涂成红色，从照片上可以看出，样子和汉人完全不一样，也和当今的土著人不一样。

"动物的造型，比起任何现代中国的作品更具艺术性，更生动。因为我们时间匆忙，只有3天时间来考察，因而很多应该做的事情都未来得及做。

"大英博物馆里面没有关于这些人是什么人的线索，但是由于一些东西几乎和古代日本史前墓石碑上发现的一模一样，很可能，正是这种人在某一个遥远的年代迁移到日本去的。"（【英】W.W.福格森著《青康藏区的冒险生涯》，西藏人民出版社2003年3月版，第211—214页）

　　文章里有许多段落引号，来自笔记的整理者福格森对于布鲁克中尉考察笔记的引述，并插入了几幅当时拍摄的崖墓内部照片。在我看来，这一段文字夹杂在书里，没有标明考察地点，所以一直没有引起成都、彭山等地读者的注意。但描述的一点一滴，均可以与江口崖墓逐一对应。如今三号墓入口处墓室左下壁的一只高浮雕石犬，左前足镂空，威武猛勇，为主人忠实地守家护院。据介绍，这只犬是獒犬，属中亚品种，是汉代中外经济文化交流的历史见证。布鲁克中尉对崖墓里洋人造像的描述，反过来也佐证了江口一直就是

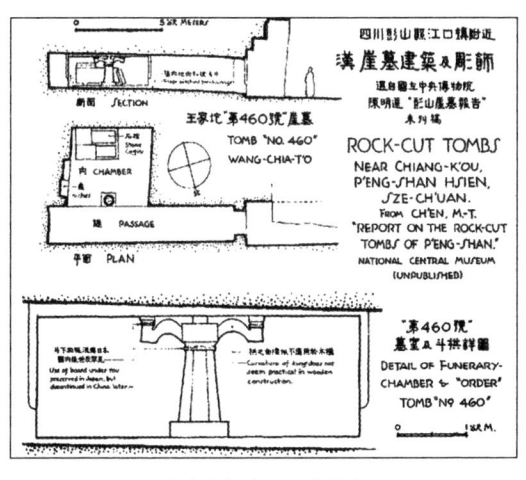

梁思成先生考察江口崖墓手绘图

"蜀身毒道"、西南丝路陆路要津的证据。

本文弥足珍贵之处，更在于百年之前，从来没有任何一个人对江口崖墓有布鲁克中尉这般清晰、细腻的记录。

江口崖墓以江口镇梅花村为中心，在塞子山、长山埂、高家沟、盐井沟、豆芽房沟、打鱼沟、油房沟等地点都有分布，面积30.4平方公里，现存崖墓4580座。江口崖墓的时代上限为西汉晚期，下限到三国时期，以东汉时期崖墓为大宗。

值得注意的是，布鲁克中尉当时就取走了崖墓里不少珍贵文物，伴随他后来突然被杀，这些文物也彻底失踪。

江口风云录

黄虎张献忠征战多年，东奔西走，一直以"打粮"为生。所谓"饥而聚掠，饱而弃走"，是他的生存状态。他曾说过一句实话："我等横行天下好不快活，何必死守一地？"

经过两年多的"打粮"，大西国麾下，赤地千里，房舍不闻鸡犬声，活人都不多了，哪里还有粮食可供军队来抢劫呢？到1645年下半年，面临的困境是，"打粮"范围越来越大，越来越难。派出去的"打粮"分队越来越多，但获粮越来越少。黄虎一再谕旨，杀掉"打粮"无功者。一些士兵怕"打粮"无功被杀头，都纷纷逃跑。

黄虎只好再次地祭起砍头令，并予以株连惩罚："下令各营，每五日、十日轮番出去采粮。一人不回，领人管队受剥皮之刑，同行者一概砍头！"

四川文史学者郑光路认定，张献忠屠杀部下的另一个重要原因，是这时大西军粮食供应已到紧张万分的地步了。大西军多按士兵籍贯编营，这时被派出去四面八方"打粮"的有右军都督米脂人张君用的八卦营，汝州王明的振武营，麻城洪正隆的隆兴营，泾阳郭允的三奇营，凤阳宋官的水足营，台月郢尚义阳三才营，山东蚕又的十城营，六安汪万象的援剿营，宝鸡彭心见的决胜营，周尚贤的定远营，张成的中厂营，万县杜兴文的英勇营，黄岗张其在的天威营，开封王见明的龙韬营……及志义、天讨、金戈、神策、虎威、虎贲、豹韬、虎略等营。这些营的首领都为总兵官。黄虎派他们外出"打粮"，大都无功而返。所以黄虎以此为借口，命令把这些总兵官拖出去"剥皮"，其家眷、部将也一律尽杀。另外，凡不能守住各州县、逃回成都的大西文武官弁及其家眷，也都砍个精光。

杀部将、杀士兵、杀家眷，如此"三光政策"，看来大西国饥肠辘辘，眼冒绿光，已到了危急时刻。

如果说断粮是顶在喉头的一只手，那么还有一只更为凶险的手，正在形成铁钳合拢之势。

顺治三年（1646年）初，进入山海关迅速南下的清军，委派肃亲王豪格为靖远大将军，与吴三桂等统率满汉大军，已入陕西且欲进攻四川。南明督师王应熊以曾英为总兵、王祥为参将，号称30万大军，阻挡大西军东下重庆。杨展占领峨眉、嘉定等川西、川南州县，号称60万大军。范文光、曹勋占领川西南眉州、邛崃、雅安等地。詹天颜、朱化龙、

赵云贵占领川西北的松潘、茂州（今茂汶）、龙安（今平武）……以上各路人马已对成都构成进逼格局。大西国的版图已缩小到成都附近极少数州县，大有瓮中捉鳖之势。

丙戌年七月初二（1646年8月12日），黄虎亲临御营坝演武场，指挥了一场超级规模的屠杀部下的行动。顾山贞《蜀记》记载：

> 至教场内查点各官，方知三人逃脱，欲追无及矣。献忠大怒，将张文秀、马元利、卢明臣等各重责一百。其内、外八路候赏功大小各官，共五千七百余员，俱尽剥皮，从颈窝后剥至臀尾，如门扇样，不令之死，赶出营外；有实时死者，有延至三两日死者，有忍痛不过吊死者，号哭之声，闻数十里。仍遣指挥二百余人，持伪令分头往各营收被杀各官家属，就于各营内处斩，报数一万三千二百有零……

杀戮的数字是如何得知的？不排除有误传，但根据这些数字判断，应该是虎口余生者的回忆。

经过这一场自断手臂一般的杀戮，黄虎突然心情大好起来。他哈哈大笑，面对一帮瑟瑟发抖的士兵予以鼓励，他抛出的并非画饼，而是具体的乌托邦："你们不要担心离开四川就没好日子过！老子有金银无数。大不了出四川咱都不当流贼了，瓜分银子后都到江南去当富翁！"

众人听完，老皇上英明。山呼万岁万岁万万岁。他们知道，还是画饼而已。

我认为，这一段话真实性不容置疑。这可以从另外一个洋人的记载里得到佐证。

卫匡国（1614—1661），意大利人，原名马丁诺·马尔蒂尼，字济泰，所取汉名具有"匡扶明室，以济康泰"良好祝愿之义。明末清初来华的耶稣会士，是17世纪欧洲汉学的先驱、历史学家及地理学家，也是意大利继马可·波罗、利玛窦之后又一位为中西文化交流做出杰出贡献的使者。

卫匡国于1650年在北京见到了从四川解压而来的利类思、安文思两个神父，然后将他们的口述资料记录了下来，写入主要反映清朝崛起以及攻城略地、杀人屠城的历史之作《鞑靼战纪》当中。这其中的不少见闻，并不见于《圣教入川记》，比如大西国的"沉银"事件，从而进一步丰富了涉及大西国的诸多重大事件踪迹。张献忠决定撤离成都之前，曾在较场（应该是现在华西坝上的御营坝）上，召开了一次撤离动员大会，从利类思、安文思的口述里，我们得到的张献忠讲话内容是：

等我赶走了鞑靼人，我要依靠你们夺取天下。我希望你们比以往更行动迅速。你们都知道，为了减轻负担和沉重行装，我已把满载金银的六十只船沉入江里。当我取得了全国时，能够轻易取出金银，奖赏你们的劳苦和功绩（他确实沉了船，杀死船夫，隐瞒沉船地点）。但是还有一个妨碍我们征伐和大业的大包袱，那就是你们的老婆。现在是除掉她们的时候了。如果我们取得全国，那少不了有美女。我是皇上，应有特权，使我这皇帝与你们不同，但我甘心这样做，给你们做出一个首领的示范。（【意】卫匡国著《鞑靼征服中国史·鞑靼中

国史·鞑靼战纪》，中华书局2017年8月第2版，第393页）

妨碍一支钢铁之师前进的羁绊，一是金钱，二是女人，黄虎均拿出了壮士断腕的处理意见。由此可见，在黄虎撤离成都之前，运走金银财宝已经提前布置得当；处理女眷即在这一著名讲话之后立即予以执行。其实还有第三个羁绊，那就是部队面临严重缺粮境地，"人粮"已经在成都悄然流布。

此时，必须注意一个强人。此人就像岷江里顽强的嶙峋怪石一样，突然挺身暴起，决心挡住黄虎的退路。这个人就是杨展。

杨展，嘉定州大佛坝人，明代崇祯朝武进士。史载崇祯十二年（1639年），杨展只身进京应试，途遇剪径强盗，欲劫走行囊。杨展冷眼看了看来势汹汹的蟊贼，轻轻一笑："想要钱财，先比箭法。百步之外，你举箭为靶。我若不中，身上的财物任你拿去。"这叫江湖比试，强盗应允了。相距百步，举箭为靶。杨展开弓引箭，一发将强盗头上的箭竿穿破。蟊贼惊恐万状，跪拜而去。

明末国力衰微天下大乱，杨展先后任游击将军和参将。崇祯十二年（1939年）九月六日，他在成都保卫战中被俘，他与一批战俘被士兵押出城斩首。这一地点就应该在九眼桥一带。他身上的五彩绵甲引起了身边士兵的注意，就对杨展说："汉子，你将这件绵甲送给我吧！"

杨展很爽快："我马上命都没有了，还要这绵甲干啥子？这衣甲自然是你的。我只希望你给我个全尸于河中，不要狼藉地上，这就全靠你们的恩赐。"

临行刑前，士兵将他松绑，脱下了身上的衣甲，刚刚举起大刀，杨展武功出众，空手入白刃，夺刀砍死两个士兵后跳入锦江中，顺流东下一百余里。根据这一记载，应该是杨展到达了岷江彭山县或青神县境内。因为是游泳逃走的，以至于一丝不挂，杨展到了一个村落，被迫"裸体索衣"。当村民得知是"杨展大人"，争着解衣给之，献出酒食犒劳。这一传奇经历，也成为杨展具有"水遁"功夫的由来。

杨展回到嘉定，卖田置兵，毁家纾难，他复仇心切，即刻又下叙州府（宜宾）重组明官军残部抗击大西军，被蜀地百姓尊称为"义军"，绝望的人们望风归附。

弘光帝闻悉后，觉得光复版图的希望之火复燃，遣官带着蜡丸诏书封他为"锦江伯"，挂"荡寇将军印"。他聚兵于嘉定、叙府（今四川宜宾）一带，以永宁卫（今四川叙永）为基地，成为四川抗击大西军最有影响的武装力量。在叙府与大西军冯双礼、孙可望激战数次，为孙可望所败，他逃至遵义，但不久又回到川南，活动在长江沿线，对大西地方势力进行了疯狂报复，相继占领了川南大部分州县。彭遵泗在《蜀碧》里记载：清顺治三年（1646年）五月，"杨展起师，潜兵入犍为，擒杀伪令，州人闻，争开门迎展。太守（大西军"上南道"周士贞）逃去，展遂取嘉定。献遣文秀、狄三品来攻，为展所败，退回成都"。

这就可以发现，在杨展的义军与张献忠的起义军之间，民间道义的天平，是明显倒向杨展一方的。

在富庶的嘉定站稳脚跟后，杨展分军派儿子杨璟新等收

复峨眉各县，杨展势力扩展到了嘉定州以西地区。后来又收复仁寿、简阳、眉州、青神等地，川西及上川南州县尽为所属。

因为蜀人杨展的崛起，极大地制约了大西国的国力，使大西版图内出现许多鞭长莫及的飞地。更何况到了大西国晚期，已经是明显处于"鞭短"时刻了。

顺治三年（农历丙戌）六月下旬（1646年7月下旬），大西军决定沿岷江向嘉定（今乐山）、重庆、湖北千里跃进，实现战略大转移。

大西军从龙泉山、崇州、金堂等地砍伐了大量木材，造好的木船并不追求长大，船只数量众多才体现黄虎的心计。他知道此次顺水而下存在极高风险。

离成都60多公里的彭山县江口镇，是进出成都的唯一水路要冲，自古兵家必争之地。夏日阳光下，锦江两岸茂密的桤木林发出哗哗声，似乎却是风声鹤唳草木皆兵。大西军战船一千多艘，满载多年来在湖广、四川抢掠积蓄的金银财宝，浩浩荡荡而来。

吴伟业在《绥寇纪略》中记载："黄金瑶宝，累亿万……括府库、民、兵之银，载盈百艘，顺流而东。"

以黄虎熟读《孙子兵法》的经历，他岂能不知要预先派出侦察部队查明两岸水路虚实？事实证明他没有这样做，他过于相信大西军设置于江口镇的营垒了。也只能说明，他心烦意乱，只想偃旗息鼓速速离开空城成都，他已经没有往常缜密的思维了。

黄虎对于水战极有经验。

崇祯十六年（1643年）十一月，张献忠攻取岳州，计六奇《明季北略》记载："沿山设伏，藏轻舟于汊港，以巨舰载重赀顺流下。官军邀击之，贼佯走，官军争利，溯流上，尽夺其赀入舟。舟重不能速行。贼轻舟四出，围之夹击，杀溺无算。岳州军民空城走，贼遂陷之。"对于这次战斗，计六奇不得不承认，这是张献忠对《兵法》"利而诱之"、"乱而取之"的具体运用，但是啊，"惜乎庸将不知耳"。

同样在1643年年底，黄虎"分百路并进"攻陷岳州之后，他准备渡过洞庭湖，首先卜问洞庭湖神灵，可是不吉。他感到洞庭湖神灵非常可恶，便将洞庭湖君像推倒在地，踏上一脚，破口大骂了一番。将渡时，不料狂风大作，黄虎彻底被激怒了，下令将一千艘巨船连起来，载上妇女，点火焚烧，水面上照得如同白昼……这是一种残忍的"活祭"方式，最后他竟安然横渡。（楚地有云、梦二泽，云泽在江北，梦泽在江南，即今洞庭湖一带。洞庭湖的湖神又称洞庭君，传说是唐朝书生柳毅，柳毅本是唐中宗时的落榜书生，他回家路过泾阳见到一牧羊女，这个牧羊女见到柳毅后说："我是洞庭湖神的小女儿，嫁给了泾川龙神的次子，后被休妻，受辱至此。请你帮我传书到洞庭湖的龙宫之中。"柳毅不辱使命传书于洞庭君，让龙女获救，龙女见柳毅才貌双全就以身相许，两人皆归于洞庭，后洞庭湖神让位于柳毅。柳毅担任湖神后因相貌文弱不能震慑水族，于是戴上夜叉面具。）

这些与天斗、与地斗、与水斗的过硬"功夫"，如今，已经变成了明日黄花。

从成都进入岷江东下荆楚，一般有两条路可走。一是走路，从成都西门到达新津三渡水，然后下金马河汇入岷江。三渡水自古有桥，最早可以追溯到唐上元二年（761年），温江的李七司马在此地造竹桥。据推测，由于金马河（那时叫皂江）那时流经此处时应不是正流，所以水流不会很大，才能建造竹桥。李司马在此处建造竹桥时，恰逢诗人杜甫应蜀州（现崇州）刺史高適邀请到蜀州，经过金马河，亲见李司马造桥过程，并即兴创作3首诗记载此事。这三首诗是：《陪李七司马皂江上观造竹桥，即日成，往来之人免寒冬入水，聊题短作简李公》《观竹桥成，月夜舟中有述，还呈李司马》《李司马桥成，承高使君自成都回》。

另外一条路，就是走水路。从九眼桥码头顺水下行至江口镇。

根据判断，大西军是兵分水、旱两路，一支到达三渡水，一支通往江口。

千艘木船用篙竿撑着行船，逶迤十几里。从狭窄水浅的锦江刚刚驶入开阔的岷江口，眼见静谧的江水息水无波，突然一连串沉闷的炮声在木船间霍然炸裂，接着发出震耳欲聋的回声，山鸣谷应。箭如蔽天的飞蝗，阳光为之暗淡。

原来，杨展虽然只有几千人马，但用兵神速，不但占领了位于江岸大西军一处军械库，那里本来是大西军控制汇合口的堡垒，而且已经消灭了位于三渡水的大西军守卫部队。杨展得以在江口准备战舟、干草、桐油，严阵以待。

现在仇人相见，分外眼红，当过大西军俘虏的杨展，铁了心不会放过大西军的一兵一卒。他见火候已到，下令水陆夹击。杨展武功极好，身先士卒冲在一线，亲手击杀一名大西先锋官后，下令枪铳开火，万弩齐发。

大西军彻底蒙了。锦江水缓，河道不宽，船要掉头速度慢，左撞右突，乱作一团，整个大西船队顿然像打断了脊椎骨的蛇，毫无招架之力。夏季的江口水面江风浩荡，大西军船队被炮火击中开始焚烧，风借火势，火助风威，这就仿佛是火烧赤壁的重演，木船一旦着火，就在一条江面迅疾播撒……在巨大的混乱里，大西军绝大多数金银珠宝随船沉入岷江……

大西军惨败，还堵在锦江里的残余船队赶紧回头而逃；弃船后侥幸游到岸上的士兵，也丢盔卸甲四散逃命……

黄虎率部分残军逃往成都之北方向。这是从成都西南向直走东北向，完全是一条直线。杨展领兵乘胜追击，势如破竹，直达汉州（今广汉）。杨展令兵士拾野外残骸在广汉西门外筑"万人坟"，竖碑铭记这一段痛史："崇祯十七年，逆贼张献忠乱蜀，将汉州人杀戮数十万。予奉命平寇恢省，提兵过此，痛彼白骨，覆以黄壤，爰题曰'万人坟'。凡我士民，春秋霜露，伤父兄之惨难者，一以恸先灵，一以仇寇厉，拜扫依依。忠孝之思，竖发难昧，宁不勃然而兴乎。"后因清军雷电般入川，杨展军退守嘉定。

不久后，胜利者就开始了问鼎胜利果实——捞宝。

沈荀蔚《蜀难叙略》载："逆之焚舟北走也，一舟子得免，至是诣展告之。"说明大西宝藏是杨展从一位从大西军营逃脱出来的船夫口中得知的，我估计是船夫进一步佐证了杨展的判断。于是，"展令以长枪群探于江中，遇木鞘则钉

而出之，周列营外，数日已高与城等"。士兵打捞沉银的方法很省力，针对木鞘装银的特点，采用长枪"钉而出之"，几天之内收获巨大。

杨展急于打捞"沉银"的目的，主要用于购粮。欧阳直《蜀乱》记载：杨展"募善泅水手打捞江口金银。时无栽插，内地无粮，惟远诣董卜高杨诸边土司籴运。计斗米需值六七十两，尚难寻买"。在一个强者为盗、聚掠男女为脯（即人肉干）售卖的特殊时代，一斗米售价达到六七十两银子，完全可以理解，毕竟金银财宝不能填饱肚子啊。刘景伯《蜀龟鉴》里还有类似记载：杨展"分给兵民，易米于董卜、高杨各土司，南道多全活命"。就是说，江口沉银用于购粮救荒。文中提到了川西宝兴县的董卜土司（又称穆坪土司或宝兴土司）和天全县的高、杨土司，这是一条非常重要

江口出土的大西国部分银锭。蒋蓝摄

的记载,在于这些区域即便在大西军咄咄逼人情势下仍然稳定,一直有粮可调。可见川南百姓之所以得以活命的缘由,竟然是得力于黄虎的"沉银"。

看起来,黄虎成了蜀地孑遗者的"运输大队长"。蜀地谚语说,出来混,总是要还的。

李馥荣《滟滪囊》进一步提到了"沉银"的去向:"初展于江口得献忠所弃金宝运万年寺,募兵屯耕为长久计,令子璟新主之。"峨眉山万年寺成了杨展的银库。这是以江口沉银"益军储",用来募兵屯田了。[唐长寿著《保卫桑梓杨展公》(上、下),《三江都市报》2018年1月12日、1月18日]杨展毕竟是地头蛇,从此如虎添翼,心雄万夫,发展到总督川、湖、云、贵军务的南明尚书王应熊不能控制的程度。自我膨胀的结果,就为自己的未来埋下了祸根。

奇怪的是,如此重大的江口军事事件,在《圣教入川记》《中国新史》《鞑靼战纪》里只字未提。鉴于大西国师利类思、安文思一直被黄虎滞留于身边,离开成都必然会把两位国师一并带走。这就说明,黄虎并没有搭上去往江口镇的运宝船。我判断黄虎的老营走的是旱路,得知水路遭到火攻覆没,立即改道转向川北路。

值得一说的,是杨展之死。

因"沉银"杨展暴富,手中有粮,投奔者越来越多,嫉恨者悄然伸出了利爪。

顺治六年(1649年)的流火七月,袁韬以生日为由宴请杨展。杨展不疑,但部下阻拦,他自信地说:"我有强兵十余万,地方千余里,岂会怕人?"据说杨展出门时,他的爱

马连续几次咬住他的衣裳，想阻止主人，但杨展决心已定。杨展带500人坐船到犍为县，杨展刚上岸，就有人前来送信，是袁韬的妻子冒险送信来阻止他。但浑身是胆的杨展哪里听得进这些"妇人之见"？

一进袁府大门，大门就悄然关闭。杨展的500护卫被关在门外。袁韬等人把杨展灌醉。杨展有即使睡觉也不闭眼睛的习惯，精光射人，力士多次悄悄来到酒醉的杨展身边观察，不敢妄动。不料杨展的童仆也怕死反水，说他是真的睡着了，于是杨展被绑。

杨展被绑住后，知道有变，佯呼曰："酒渴甚，予我水饮。"杨展素精五行遁术，得水可免。可惜，无人会给他一口水了。杨展被杀，时年45岁。

令人感伤的是，袁韬的妻子闻讯自杀。

袁韬命人把杨展尸体弃于岷江的月波乡一带的水面。袁韬、武大定、李乾德火速进军嘉定州，瓜分了杨展的势力。杨展一死，嘉定州顿时陷入一片火海……清军、南明军反复拉锯，这里也不幸成为人间地狱。到清朝，在嘉定府建有杨公祠，并在其牺牲地犍为县也建杨公祠，有"祀明参将杨展，县令袁凤孙建"的记载。（《嘉定府志》）

值得一说的是，在率军抗击张献忠的过程里，杨展戎马倥偬间创作了不少诗歌，傲岸沉雄、悲悯冷峻，他与新繁人著名文士费密的交往，更值得一书。

顺治五年（1648年），杨展镇嘉定，风闻费密之名，遣人致聘，于是费密入杨展幕。杨展很信任费密，费密也试图有所作为，多方筹划并取得一定成效，企图挽狂澜于乱世，保一方安定。费密有《赠杨大将军诗》："高悬玉节拜诸侯，报国丹心事已酬。绣甲入云秋射虎，宝刀含雪夜椎牛。"诗歌里把杨展与郭子仪相比，寄望杨展能有一番大作为，也反映了费密的雄心壮志。可惜他的"报国丹心"难以实现。在费密多方奔走、以图有所作为之时，杨展为李乾德、武大定、袁韬等所害。费密与杨展儿子杨璟新试图复仇，"身自擐甲操戈，左手伤一刃"（《费燕峰年谱》）。可惜杨璟新无乃父之才，在贼众进攻下从嘉定败走，他的妻子陈氏被俘，大骂袁、武二人忘恩负义，直到被杀。杨璟新无路可走，最后投降清朝。

沉银只是其中一个谜底

江口镇五一村地处以西，东临锦江，隔河与梅花村相望，南与姜坝、两河村交界，西与平茯村交界，北与彭山县江渎乡交界。五一村与石龙村、双江村的村民，世代以务农为本业。近年开始挖河沙卖钱，成了一桩致富的好买卖，沙石老板个个腰力十足，走路带风，羡煞村人。但从2000年开始，这些村里不断传出更加令人心旌的消息：在老虎滩周围，挖掘机一铲下去挖出大量金银财宝，抽沙船作业不时抽出几个银锭，一锄头挖出一个金册子，这些似是而非的消息在四川省彭山市江口镇流传，引来大量疯狂的盗宝者……

2017年年初，一条未经证实的消息在彭山市疯传：一个工人在江口镇采沙场挖出一只12斤重的黄金盘。消息传出后，让原本沉寂的江口采沙场人头攒动，众多淘宝人蜂拥而

至，江口采沙场车水马龙，变成了淘宝之地。

记得是2017年冬天的一个下午，我陪同外地作家去江口崖墓参观，有管理人员对我讲，当地河边就有开挖掘机挖沙石的人，一铲下去挖断了一根大松树，发现了里面镶嵌着很多马蹄银锭，最后连挖掘机也不要了，带着家人连夜逃走……

江口镇岷江段"老虎滩"，位于岷江主河道和流经成都市区的府河之交汇点，据说枯水时节，曾有老虎涉水而过。经过多年的冲刷，河沙、鹅卵石遍布，构成一个巨大的扇形结构，水面开阔有三四百米，水深仅三四米，部分地方不足2米。

2016年10月13日，公安部挂牌督办"四川特大盗掘古文化遗址"倒卖文物案宣布告破，警方共计抓获犯罪嫌疑人70名，追回各类文物一千余件，其中包括国宝级文物虎钮"永昌大元帅"金印。有学者认为，虎钮"永昌大元帅"金印是李自成"通好献忠"笼络羁縻之物，反映了李自成与张献忠之间复杂而诡谲的关系。

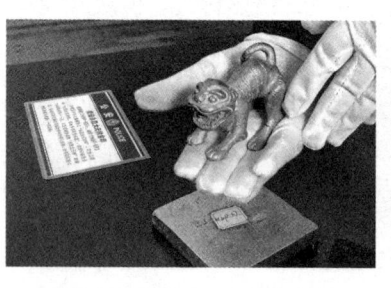

公安部门缴获的江口出水文物——"永昌大元帅"金印的虎钮。蒋蓝提供图片

公安部门缴获的江口出水文物——"永昌大元帅"金印放大图。杨健鹰摄

对此，四川大学教授、四川民俗学会会长江玉祥提出完全不同的看法。2018年11月25日我去他家拜访时，他对我指出："虎钮永昌大元帅金印"之"永昌"不是大顺的年号，仅仅是表达"吉祥"之意；金印的铸造者、持有者，应该是被南明封为"蜀王"的刘文秀。永历十一年（1657年）春，刘文秀在洪雅县天生城誓师不久，就被李定国促归滇，于是失去他实施其战略计划的有利时机。"郁郁不得志，愤而疾"，于次年夏逝于滇，年仅42岁。刘文秀病危亦未忘其抗清战略，希冀能实现，遗表永历帝云："我死，国事可预知。臣精兵三万人，皆在黎、雅、犍、越之间，尝窖金二十万，臣将郝承裔知之……"（徐鼒《小腆纪年附考》卷十九）然而未被永历朝廷采纳，永历仓皇奔缅而加速了南明的灭亡。这一记载，明确了刘文秀"埋金二十万"的事实。

而一般报纸的案情报道大致是：

2012年底至2013年，彭山人王敏伙同宋先明、徐成云以及梁建波，共同出资购买潜水衣、金属探测仪等工具，于夜间在彭山市江口镇老虎滩进行盗掘，盗得59两的银锭1枚、金册6张，其中3张金册及1枚虎钮"永昌大元帅"金印被王敏和宋先明私藏。"金老虎印"后确定为国家一级文物，6张金册系国家二级以上文物。

2013年底至2015年3月，徐成云又与儿子徐业、陈翔（另案处理）、梁建波等人组成新的挖掘团伙，共盗得4枚50两银锭，其中两枚系国家三级文物。

江玉祥教授至今都不相信这一过程。他认为，虎钮"永昌大元帅"金印不是来自江口镇老虎滩，而应该在黎、雅、

利用原木剖开而藏银，犹如对扣的独木舟，叫"鞘银"。蒋蓝摄

犍、越一线，极可能是刘文秀经营多年的洪雅县。（详见江玉祥未刊论文手稿）

其实，江口挖宝的历史至少可以追溯到清代。

古人以为，金银埋于地下，就像长白山的人参一样不能被惊扰，否则它们就会悄然而走，不翼而飞。黄虎的金银踪迹如同一个辐射万端的复杂谜面，江口沉银就像一个谜底，在我看来，它还应该有另外的甚至几个谜底。

在大西军撤离成都前夕，有过一次秘密的藏宝行动。清人夏燮《明通鉴·附编》记载：张献忠"又用法移锦江，涸而辟之，深数丈，埋金宝亿万计，然后决堤放流，名'水藏'。曰：'无为后人有也'。"最后一句，同样也昭示了黄虎撤出成都时彻底毁灭成都城的真实动机：我得不到的东西，别人也别想得到。

沈荀蔚《蜀难纪略》详细记录了大西军将抢劫而来的金银水运而走的过程。1646年，张献忠把将"所聚金银，以千余人运之江干，三月始毕。至是，测江水浅处，多支流以杀其势，一如决河法；水涸，于江底作大穴，投以金银；而杀运夫于上，后覆以土；仍决江流复故道。后续有所得，俱刳木成鞘，运至新津江口，载以千余艘，将为顺流计至巫峡投之"。

这一段记载，说明黄虎早已经在江口、三渡水一带做了精心的转运布置。只是他没有料到，大西军在江口处的营垒，已经被杨展攻破。

刘景伯《蜀龟鉴》综合各家传说，所述更为详细。在1646年夏历五月后，他记录道："锢金。献以财货妇女累兵心，令有妇女必杀；……有金银必缴。藏一两者斩，十两剥皮。凡金银、器物、首饰沉井窖屋，发觉者连坐一营；告捕者赏以其家器物。前门外铺席满地，金银山集。盛木鞘数万（《蜀碧》）。测江水浅处，开支流如筑决河法，水涸，掘大穴，投以木鞘，杀运夫而实以土。乃决江流，复故道。续得金银亦盛鞘，至新津江口而覆。（《叙略》）"

这就意味着，大宗金银，是在成都锦江以"锢金"方式深埋于江心。然后，才把陆续抢劫到的散碎金银首饰，用船运到江口。

刘景伯《蜀龟鉴》记录："明副将杨展大败献于江口。""献率劲兵十余万，金宝数千艘，顺流东下，将变姓名走楚作巨商。展遂于彭山江口纵火，焚其舟。展身先士卒，殪其前锋。风烈火猛，展登岸夹攻，枪铳、弩矢齐发。（献忠）士卒辎重丧失多，急走成都。展取所遗金宝益军储，富强甲诸将。居民时于江口获木鞘金银。"

根据这些稗官野史，黄虎"埋银"和"运银"到"沉银"，分明是前后三个连续性的行动。

所谓"锢金"，是指埋银于成都城中的锦江。民间

一直传有歌谣，几乎人人耳熟能详："石牛对石鼓，银子万万五。有人识得破，买尽成都府。"但"锢金"至今没有被大规模发现，所以并不能肯定有这一事实。锦江"锢金"极可能是黄虎的"障眼法"，真实的地点，江玉祥教授以为，可能是在江津三渡水桥下的河心。

关于江口沉银，欧阳直《蜀警录》记录的时间为1646年的六七月间："金银山积。收齐，装以木鞘箱笼，载有数十巨舰。令水军督押，赴彭山之江，沉诸河。献贼移师出城，驻营于郊。令各营纵火，烧毁房屋。"八月，张献忠放弃成都北走。次年正月，"杨展奉旨晋广元伯。遣塘马四营，分镇成都四城。募善泅水手，打捞江口金银"。

费密《荒书》则记于1646年的正月："献忠尽括四川金银作鞘，注彭山县江口。杨展先锋见贼焚舟，不知为金银也。前后渔人得之，展始取以养兵，故上南为饶。"此事也见载于清《彭山县志》卷六。

根据以上记载，黄虎安排的程序是先埋银，后运银。而沉银又有两说，一是战败覆舟所致，二是主动沉江。

清人孙棋编著的

费密《荒书》节选

《蜀破镜》当中，将这两件事前后予以颠倒，说是在1646年："七月张献忠闻杨展兵势甚盛，大惧。率兵三十余万，载金宝千艘，顺流东下，与展决胜负。拟乘势出峡，变姓名作巨商。展闻，以兵溯于彭山之江口。大战，顺风纵火，烧贼舟无算，士卒、辎重丧亡略尽。复奔还成都。展取所遗金宝，以益军储。"1646年："八月既望，张献忠将前自江口败回所余蜀府金宝，用法移锦江，锢其流。穿穴数仞，填之，下土石，并凿工掩筑，然后决堤放流，名曰'水藏'。"

这里的叙述前后关系，基本依据彭遵泗的《蜀碧》："献自江口败还，势不振。又闻王祥、曾英近资简，决走川北。将所余蜀府金银铸饼，及瑶宝等物，用法移锦江，锢其流。穿穴数仞，实之。因尽杀凿工，下土石掩盖，然后决堤流，使后来者不得发，名曰'锢金'。又尽毁宫殿，坠砌堙井，焚市肆而逃。"

文史专家冯广宏以为，其次序是先沉银，后埋银；看来究竟孰先孰后，已难定论。《蜀碧》又补充指出，江口有所沉银两："至今居民时于江底获大鞘，其金银镌有各州邑名号。"

《彭山县志》载乾隆五十九年（1794年）冬季，渔者于江口河中获刀鞘一具，转报总督孙士毅，派员赴江口打捞数日，获银万两，并珠宝玉器等物。《清文宗实录》咸丰三年（1853年）翰林院编修陈泰初奏：曾经眼见彭山居民在江中打捞到"其色黑暗"的银子。于是令成都将军裕瑞"按所呈情形悉心查访，博采舆论。若知其处，设法捞掘"。

由此可见，江口银沉，铁板钉钉。即便经过杨展军队的大肆打捞，到了乾隆年间，一次打捞还可以"获银万两"，足见沉银数量之巨。

奇怪恰恰在于，多年来专业文物考古部门对此一直保持着沉默，甚至认为这都是子虚乌有之事。

盗宝团伙则坚信不疑，他们一再得手，收获惊人。直到大案告破，才"倒逼"文物部门启动了江口沉银的发掘工程。

2005年4月20日上午，彭山县江口镇岷江大桥附近老虎滩河床引水工程建设工地上，挖掘机从河床3米深处，掘出一批银锭。每锭重1800余克，呈船形；正面刻有铭文，如"崇祯十六年八月纹银五十两"、"沅陵县征完解司载充兵饷银五十两崇祯十年八月银匠姜国太"、"京山县十五年饷银肆十两"、"巴陵县榆口饷银五十两"，等等。出土银锭均藏于木鞘内；木鞘是两个半圆形木块，长118厘米，外径18厘米，中间挖空，银锭放入其中，然后合在一起，两头用铁丝箍紧。其中6件有铭文的银锭，经鉴定为二级文物。（《张献忠"千船沉银"谜将解开》，载《华西都市报》2006年4月26日）

2015年12月25日，李季、杨林、毛佩琦、高大伦、江玉祥、袁庭栋等10名国内考古、历史学专家齐聚彭山江口，实地考察江口沉银遗址，参观出土文物后，共同出具《四川彭山"江口沉银遗址"考古研讨会专家意见书》，从而历史性地推动了国家尽快立项进行抢救性发掘。

2017年1月5日经国家文物局批准四川省正式启动岷江水下考古发掘工作。水下考古在两个多月后取得重大进展，出水文物超过一万件；到2018年年底一共出水3万多件文物，

《四川彭山"江口沉银遗址"保护和考古研讨会专家意见书》第1页。由江玉祥、高大伦提供

《四川彭山"江口沉银遗址"保护和考古研讨会专家意见书》第2页。由江玉祥、高大伦提供

包括西王赏功金币、银币、大顺通宝铜币、金册、银册、银锭以及戒指、耳环、发簪等各类金银首饰和铁刀、铁剑、铁矛、铁箭镞等兵器,由此否定了主动沉银之说。

可以发现,戒指、耳环、发簪等各类金银首饰,绝大多数规制普通寻常,显然是民间之物,这应该来自大西军屠杀平民后从身体上撸取的物证。

尤其值得一说的文物,是1页金册残页和2枚金册残片。据彭山区文物保管所公布的材料,金册残页长12厘米、宽10厘米、重730克。背面无字,册文正面30字:

维

大西大顺二年岁在乙酉五月朔日壬午

皇帝制曰朕监于成典中宫九御

此册页文字年号完整，语义清楚，记事与文献记载完全相符。翻译过来是说，在大顺二年（1645年）五月初一这天，大西皇帝张献忠宣布关于"中宫"的成典，即皇帝后宫的传统制度，佐证了稗官野史里迎娶皇后、配置女妃等记载。

所谓皇帝，就是大西皇帝张献忠。所谓"监于成典，中宫九御"就是关于"中宫"的成典，即皇帝后宫的传统制度"九御"，当为后宫某一等级的妻妾之数。黄虎入蜀称帝，曾册封皇后，后宫制度也应随之建立。乙酉春，礼聘明内阁大学士陈演之女为皇后，黄虎问左右以册封皇后之礼，大西礼部具仪注进。张献忠见其礼数繁多，怒曰："皇后何必

大西朝廷册封嫔妃的金册

大西朝廷颁发的册封皇后金册

仪注！只要（咱）老子毬头硬，养得他快活，便是一块皇后矣。"

中国人民大学毛佩琦教授认为，张献忠身边不乏熟悉历代典章之士。在后官制度建设时，一时也想不出别的花样来，遵循"成典"，也不意外。有记载说，张献忠入川后，后妃多达300余人。（《绥寇纪略》，参见顾诚著《明末农民战争史》，中国社会科学出版社1984年版，第309页）册文"中宫九御"，只是一个论述性的开头，下面要说什么不知道，要册封什么人、予什么名位也不知道。如果拿明朝制度来比，金册只用于册封皇后、皇太子妃……可见，这份金册的规格是很高的。它是张献忠政权建立后宫制度的物证，定为国家一级文物，是妥当的，但有的介绍说它可能是张献忠在成都建立大西国后颁布的法令，显然是不对的。它只是后宫封册的一页，颁给被册封人，收储于后宫，也不会广泛发布。（毛佩琦著《张献忠江口沉银目击记》，载《中国史研究动态》2017年第1期）

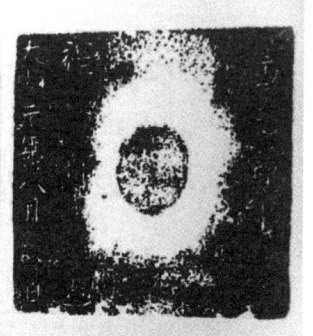

大西朝廷颁发的基层官员官印

2017年江口出水的另一册封金册上，刻有"思媚用册为修容。朕德次嫔嫱，匪由爱授，螽羽和集，内教以光，钦哉"26字。然后将金册颁给册封人，收储于后宫。金册长21.1厘米、宽8.6厘米、厚0.33厘米，重760克。"修容"为古代"九嫔"之一，亦即册封的主体。"嫔嫱"指皇帝妻妾。"螽羽"则形容子孙众多而和睦。《诗·周南·螽斯》："螽斯羽，诜诜兮。宜尔子孙振振兮。"孔颖达疏："此以螽斯之多，喻后妃之子。而言羽者，螽斯羽虫，故举羽以言多也。"此处"螽羽"也是此意。

这些金册为大西政权建立后宫制度提供了确凿的物证。

探访石龙与石虎

2017年夏季的一个下午，我在诗人、江口古镇开发项目总策划师杨健鹰陪同下，考察了江口镇两处涉及埋银传说的地点。

"什么？还有两处藏银点？"我觉得有点不可思议。

"一般人仅知道一处。正所谓一山更比一山高，很值得探访。"杨健鹰是最好的向导。他已在这一带踏探了一年多时间，跑遍了山间的旮旮晃晃。他开车行驶在蜿蜒的山道上，一边不断为我指证从江边盘桓上山的历史小道。

20分钟到达江口镇寿泉村，山间小庙寂照庵悄然屹立于茂密的丛林深处，暴热的暑气被挡在红墙之外，古庵一派幽静。寂照庵历史悠久，观音洞侧有彭山县人徐原烈于民国三十三年（1944年）石刻一副，题为"吴君探掘岩墓记"，

记载1942年川康古迹考察团来江口发掘汉崖墓的始末。吴君即吴金鼎，字禹铭，山东安丘人，英国伦敦大学考古学博士。当时以川康古迹考察团团长身份，率团在彭山县江口、赵家山附近，发掘东汉崖墓76座，出土文物现存南京博物院。

彭山江口镇的石龙雕刻，保存非常完好。杨健鹰供图

彭山江口镇的石虎雕刻，虎头已经遭到破坏。杨健鹰供图

上完香之后，我们与寂照庵85岁的住持进行了一番交流，谈到了当前的江口沉银的发掘，聊到了寻银诀"石龙对石虎"。老住持表情霍然，有点激动，她说：多年前她在寂照庵山前开凿"清凉境"山泉，扒开山崖上的藤蔓和杂草，发现了崖壁上有一对巨大的"石龙和石虎"。她也将这一发现告诉了一些乡镇干部，可惜一直没有下文，她希望我们能将她的发现转告外界，并得到相关部门的重视。为了证明她的发现，老人拉着我们，来到了距离寂照庵70多米外的"清凉境"之下。

在小道左侧的一面砂岩夹赭红色页岩的陡崖下，随着老

位于彭山江口镇寿泉村的石龙。杨健鹰供图

彭山江口镇岷江边露出的北江水洗淘的岩石。杨健鹰供图

住持手指的方向,在十米高的崖壁上,藤蔓密布间,我们用竹竿挑开一些枝叶,可以看到一条巨大的石龙隐现其间。由于杂草藤蔓遮盖,若没有老人指引很难被人发现。在石龙对面的几米开外,同样是崖壁藤蔓之下,一头石虎正张口咆哮,粒粒巨齿都清晰可见。石龙与石虎,都是典型的明代雕刻手法,大气雄浑,简洁内沉。

这是何人所刻?又成为沉银、藏宝谜团之中的谜团。

距地表高3米的崖壁上,有石刻17副。第一副镌刻"清凉境"三字。傍联:"表山常万古,绿水永千秋",款题"道光九年(1829年)六月僧会胜福刊"。另一副为诗:"暂罢烽台谒大方,清祠纤丽景偏长。天机自得山川气,法眼同参智慧堂。妙笔指成千军力,空林且具一匙香。浣肠最怕催风雨,迈步凝神韵夕阳。道光己丑年(1829年)僧胜福题。"

在彭山江口镇石龙沟以西,仍然流传着与张献忠宝藏相关的民谣,产生了成都锦江沉宝谜踪的第三种民谣版本。

当地人版本是:"石龙对石虎,金银万万五。谁人识得破,买到成都府。"最大不同之处,是"石牛"和"石鼓"换成了"石龙"和"石虎",而民谣的格式一模一样。在江口镇为何也有一首类似锦江的民谣,这难道只是单纯的巧合?我以为,这还是"沉银"魅力太大,众口铄金,民间附会所致。这就像我在写作《踪迹史》过程里,在石棉县紫打地、汉源县、高县、长宁竹海、兴文县石海洞乡等地,均有石达开藏宝的传说……

在江口镇的石龙沟中,石龙与石虎遥遥相对。石龙沟位于江口镇石盘山,山上有石碑,刻有"石龙对石虎"的民谣,在曲折的山路尽头,可见一条石龙赫然立在岩壁上。石虎于"文革"中被毁,部分头像已被毁坏,但虎身仍清晰可见,现已恢复虎头。这条石龙凿刻于宋代,距今已逾千年。凿造于原宋代伏虎寺山门之外。

石龙依山壁而造,身长17.4米,身径0.7米,它鳞甲披露,曲折盘桓,虽历经千年,但风采依旧。彭山县县令张凤羾于嘉庆年间主修的《彭山县志·杂识》有载:"石龙,彭山县治东十五里。其形肖龙,首爪蜿蜒,鬈髟迸露,鳞甲峥嵘,有持雨拿云之势,长三四丈许。若经神工鬼斧者然,与石虎山相对。谚云:'石龙对石虎,金银萃山薮',盖即此也。"

2001年,江口镇的石龙、石虎雕刻被列为眉山市文物保护单位;2002年12月,江口石龙又被公布为第六批四川省级文物保护单位。

黄虎在顺庆金山铺首鼠两端

黄虎大为狂喜

初夏五月，南充大地深陷于跌宕的花海中。我们乘坐的车出城区后，沿新复乡西河畔的山间道路盘旋而上。一早细雨初停，西河流水裹挟山地泥沙，有铜色的古意。西河发源于西充县青狮乡，全长约121.7公里。流经西充、嘉陵、顺庆，分为虹溪河、桓子河、滑滩河3个河段。流到顺庆区在张关垭处进入南充城区，绕城半圈在桓子河大桥处汇入嘉陵江。近年经过当地政府大力整治，琢石为玉，西河两岸已经演变为景观廊道。我们停车观赏一路水灵灵的马鞭草，紫中透亮，带来山林梦一般的气息。透过一排排修篁与枫杨林，汽车很快到达了一个山顶平坝。一问，说是黄虎张献忠大西军的堡垒——七坪寨到了。

我用登山表测出，此地海拔400余米，仅高出山脚200

米，坡度平缓，说是山丘恐怕更合适。顺庆区到西充县一线为山丘、平坝、深谷、河道镶嵌。并无山系，要把这样的馒头山丘作为军事锁钥，那么它具备的人工施为就一定非同寻常。

七坪寨前临西河，隔河与嘉陵区双桂镇相望；西北与同仁乡境内的四方寨相连，远接西充县金山乡、多扶镇及其著名的凤凰山；北望大林乡境内的插旗山、大营山；东北连回凤山、回龙场；南望新复乡、青龙山及顺庆城区。七坪寨亦作旗坪寨，山顶平坦，可以跑马。由西北向东南缓缓倾斜，纵横交错的沟壑切分成了7个草坪：鸡公岭、回凤山、元宝山、牛儿山、白石岩、苍鹰岩、斗金观。我以为，这一地名应该是"旗枰"讹音所致。西河两岸摆旗枰，各占山头决死生，也符合大西军与清军对峙的情形。

南充顺庆区七坪寨、四方寨交界。张献忠大西军曾经驻扎在此。蒋蓝摄

四川顺庆的稻田。美国地质学家张柏林1909年拍摄

2017年夏季,作者在南充考察

本地村民多为清初湖广移民后代,他们并不清楚这一大片赭红色的页岩地表之上,在旅游经济开发必经的繁花、翠枝、停车场、亭阁、玻璃栈道之外,还掩藏着一段引而不发的雷声。但耿直的村民纷纷给我翻出了底牌:"张献忠大西军据守七坪寨、四方寨等要塞,多次与清军激战……"

大西军据守七坪寨、四方寨等不假;但"多次与清军激战",这是子虚乌有的事情。

顺治二年(1645年)九月前后,有一股李自成的溃兵,由潼关回到汉中,张献忠从这些溃兵中得知大清正位燕京,且大顺军连续战败,李自成下落不明。这样一来,陕地显得十分空虚,黄虎认为,这无疑是大西军绝佳的返秦良机。为此,他命令大西前军都督李定国与镇广元先锋刘文秀领兵出师,并写信给李自成部将李来亨、李赤心、刘二虎、袁宗第等人。当时的具体情况是,七月份马科夺取保宁;八月又夺取顺庆；九月马科在绵州（今绵阳）击败艾能奇。黄虎亲率大军前去征伐，击败马科，夺回上述地区，迫使马科退往汉中。十月，李定国驻扎于保宁，按照黄虎意见，写好一份招降书，送递马科：

> 方今明运式微，江山分裂，所在群雄角逐，各思正号。但今争天下，为我主与尔主及大清耳。近闻尔主被清兵所伤，百万劲旅，一时瓦解。始信勇不可恃，势不可久，惟在天与人归。今我主自河南永宁与尔主分兵南北，江南八省，尽入版图，兵不血刃，正位西蜀。果然君圣臣贤，将勇兵强。从古未有之盛也。今与建瓴之势，收破竹之功，特先发先锋张某某、前军张某某统兵五十余万，首取西安，接应麾下，况麾下及将兵人等，皆同功一体，何分吴越？且良禽择木，自古所重，愿麾下深思熟虑，早决从违，兵到之日，各率所部聚会军门，共图大举。慎勿徘徊歧路，坐昧先机可也。

此信虽然是以李定国名义发出，显然出自黄虎的韬略。黄虎信誓旦旦，"始信勇不可恃，势不可久，惟在天与人归"，真是绝妙好辞。如此"天人合一"的观点，高瞻远瞩，暗示了自己"收破竹之功"的决心。

这是如今能够见到的大西军对清策略的一份正式文件，也是大西军提出对清策略的重要证据。在此之前，大西军从没有与清军交锋。

黄虎毕竟是多年征战的行家里手，他深谙瓮中捉鳖、狡

兔三窟之理。在占领顺庆城之后，在城之北的广大丘陵之间开始精心布局，一方面是准备以逸待劳打一场阵地战，如果无法固守就北上入陕，甚至遁往西北；另一方面根据当地丛林密布木材众多的特点，他下令广造舟楫，便于从顺庆可以直走嘉陵江而下，回到自己十分熟悉的湖湘流域，由此可达东南沿海，那一带是南明政权与清朝鞭长莫及的区域。这才是黄虎在顺庆首鼠两端之目的所在。

明末，七坪寨、四方寨等场镇，均属于西充县金山铺（俗称金山堡）管辖。籍籍无名的金山铺，因为黄虎大西军的驻扎而孤悬史籍，有点儿像我眼前矗立在山头上的不锈钢制品"发现之眼"，高达十几

在四方寨山下，遗留至今的大西军用于碾制火药的石磨盘

米，毕竟过于夺目，成为他殒命凤凰山之前雄视虎步、气吞八荒的高台。

黄虎是如何来到金山铺的？

大西军由成都出发进军川北的时间，各书说法不一。

清代史料中有大量关于黄虎张献忠事迹的报道，较早的一种是吴伟业的《绥寇纪略》，完成于1652年，仅在黄虎死后5年。比如《明季南略》指出："七月乃拔营尽起，相率走川北，驻扎西充山中。"《蜀龟鉴》说："秋八月，……

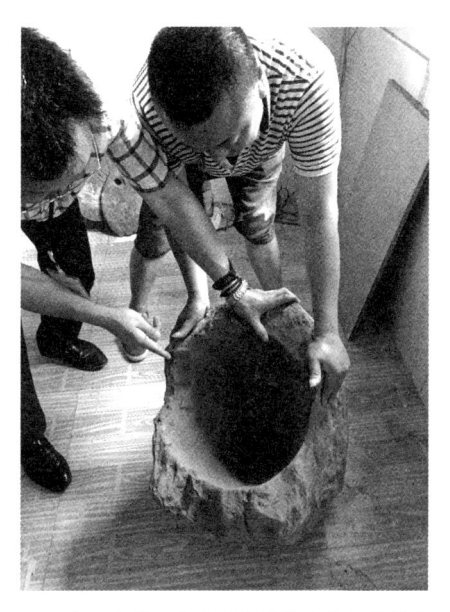

献奔顺庆。"《客滇述》亦说："八月,献忠毁成都。"同此说的还有《蜀破镜》等书。但《蜀记》却说张献忠"择九月十六日离成都,……北行。"另外还有记载认为张献忠是从遂宁而来,在顺庆城外与成都而来的大部队会合。这些记载一般按编年体记述相关事件,或者以笔记体加以零散记录,所以

在四方寨,当地村民近年发现大西军用于夯火药的石头对窝。因为底部很深很小,分析用于火药夯筑。蒋蓝摄

始终不清楚他们依据的是何种目击者的报道。由于作者均不是亲历者,我由此非常重视葡萄牙人安文思、意大利人利类思在《圣教入川记》以及顺庆府人韩国相的《流离传》。毫无疑问,只有两位大西国的"天学国师"以及诰封的"登仕郎"韩国相,才是大西军离蓉北上占领顺庆的亲历者。

存立两载的大西国扶摇直上,到1646年,成都平原竟成为千里赤地,粮草严重不足。大西军余部人员在清初所写的回忆录《大西通纪》二卷当中,的确有黄虎曾在成都四郊荒芜后办过"屯垦"的简略描述,但这对于数十万大军、家眷的需求而言只是杯水车薪。北面清军在几个月前剿灭李自成

的百万雄师，已南下于汉中集结，开始觊觎秦蜀栈道。

眼见大西国岌岌可危，黄虎大为不安，陷入了噩梦不断的失眠状态，双目血红，性情日益狂躁。现在，再没有什么"土豪、劣绅"可以宰杀了，他一旦陷入阴郁的深水，就只好调转刀口屠杀自己的士兵。某一日，他从深水里浮上岸，大刀如鱼翅一般怒挥，将跟随自己多年的老丈人一刀两断……显示出他六亲不认的钢铁意志。

明末西充县著名的"三李"之一李昭治先生，在《凤凰山诛张献忠记》里使用了罕见的"聊斋笔法"，描绘黄虎退出成都之前的情况："丙戌（1646年），逆贼（张献忠）恶贯满盈，成都鬼物幻出，逆方食，空中千万手下垂夺食。独坐闻两厢乐奏，拔刃入厢，则见无头妇女数十，敲击金石，大骇扑地。黄昏处处皆鬼，巡夜者俱为鬼击，心怖甚，遂移营东门外。"（李昭治著《西充县志》卷十，《凤凰山诛张献忠记》）

这一段记载其实在成都早有传说，对于黄虎的心理描写倒也合理。阴影并非要出现在有光的所在，其实阴影就是光的必然产物。对于一个一心向往光明与荣华富贵的人来说，光芒太烈，烈到要熔化自己，足以把光芒携带的阴影酝酿出最大的黑度。

即使移居出晦气弥漫的皇宫，可是成都的天空，只有一个太阳。那么所有的影子，总是如蛆附骨。

黄虎只好再次乞灵于天。

《圣教入川记》指出："献忠称帝后，每行一事，必谓奉天之命，以证其实为天子。""天子"现在准备去祭拜

"太上老君",恭听神秘指示。黄虎带着队伍离开成都时,特意去祭拜了锦江边的"老君庙"。根据成都城内情形,应是青羊宫。随同的传教士利类思、安文思记录了当时的肃穆场景:黄虎双膝跪李老君像前,行三叩礼。朝拜毕出庙,张献忠站到锦江一大桥高处(这里应该是望仙桥),高声祈祷:"道教祖师爷张道陵,也是咱张家祖先人!咱此次拜老君菩萨之庙,实为以天子之尊拜上天。第二才是拜李老君及河神。老子一求保佑我大西军出川沿途顺利,二为阵亡将士求福,好让孤魂野鬼们早日去超生!"

在危急之时去求助道教祖师爷,这叫"急时抱君脚",可见迷信甚深的黄虎解决心理压力的特别方式。

解决了自己的心理危机,黄虎轻装上阵,撸起袖子迈开虎步,大干快上。

既然自己带不走这座城市,那就必须毫不留情予以毁弃。黄虎首先下令仔细拆除成都四面坚固的城墙,接着纵火,焚毁民宅和大西国官室。沈荀蔚《蜀难叙略》记载:"王府数殿不能焚,灌以脂膏,乃就烬。盘龙石柱二,孟蜀时物也,裹纱数十层,浸油三日,一火而柱折。"如此耐心地、细致地毁弃这些前朝旧物,可见粗人也是心细如发的。2012年年底,考古人员在天府广场蜀王府遗址发掘出一头石犀及大量属于官府级别的建筑构件等,重达8.5吨的石犀应即《蜀王本纪》所载李冰"作石犀五头"、"二枚在府中"之一,是被人用金属凿子击打后掀翻,呈四脚朝天状埋进土坑,推测应该也是出走前大西军的所为。

我相信《圣教入川记》的记录是真实的。不久后,随大

部队撤出城外的两位洋人看见，黄虎在"城外见浓烟腾空，火光烛天，大为狂喜。复令将全城四面纵火。一时各方火起，公所私地，楼台亭阁，一片通红，有似火海。大明历代各王所居之宫殿及民间之房屋财产均遭焚毁。转瞬间，川中首城已成焦土，人畜同化灰烬，实属可惜。欲恢复旧观，非数千万银两不可"。

对此记录，传教士古洛东的《注释四十三》补充了一条重要信息：那就是黄虎下令杀掉随军妇女，包括黄虎自己的爱妃、女官。"献忠杀妇女后，狂喜欲舞，并向各官称贺，谓已脱离妇女之轭，身无挂累，前行无阻，定得天下。次日，即由成都城下拔队起行。"不少军士入川后已成夫妻家庭，并生有子女。黄虎这道军令一发，都呼天抢地大哭起来……

显然，普天之下，还能够"大为狂喜"者，只有黄虎了。

在彭山县江口镇，大西水军遭到全军覆没，其实失败是早已注定了的。因为水路上最大的城市重庆，早已不是大西所能控制的区域了。即便江口镇没有杨展，那么重庆还有另外一个更为强悍的石敢当式的人物——曾英。

曾在涪州被大西军击败脸部受伤的明参将曾英，因为愤怒导致脸部倍显狰狞。他被刘麟道救起后逃到綦江县。一直在积蓄力量，到了大西大顺二年（1645年），收罗各地溃兵，甚至"驱民为兵"，在南明四川巡抚马乾的协助下，利用大西军重庆防守力量薄弱之际，事先将一部分兵丁化装混入重庆城，里应外合，攻占重庆。大西军重庆守将刘廷举败逃成都,向黄虎求救。收复重庆就是一个重大征兆,曾英、刘麟道乘时招兵买马,拥兵达十万之众。黄虎接到报告,再次吼声如雷,派出抚南将军刘文秀率3万兵力赴重庆"平叛"。

刘文秀把大营设在抗元时期的堡垒多功城内。多功城在重庆近郊花朝村翠云山顶,南北呈纺锤体形状,依靠一座山丘顶部而建,山不高,也不险,如今在外面也看不到丛林中城墙。

三月,刘文秀到重庆,水陆并进。曾英派遣部将于大海、李占春、张天相分头负责水陆防务,曾英率领精骑五百直捣刘文秀老巢。他们从小路而来,混入多功城,竟然夺得大西军的旗帜。这样,打着大西军旗号的曾英,绕到刘文秀主力身后,出其不意与于大海、李占春夹攻刘文秀,刘文秀左支右绌,大败而逃。去时3万人,逃回时"免者仅三千余人"。曾英从此声威大振,川东一带起兵者尽归其节制,兵力总数扩展到20万。南明弘光小朝廷加封曾英为"平寇伯"。

可以认定,刘文秀多功城之役的失败,是大西国最终失败的关键一战。出川水路彻底失去,出川就只有一条危机四伏的陆路了。可见,自以为用兵如神的黄虎,在进军成都之后,没能留下足够兵力固守重庆,犯了一个战略性的绝大错误。重镇重庆的丢失,成都之东屏障尽失,使得大西军东下之路断绝。

……

大西军约60万部队(见费密《荒书》)分批开拔北上。

先头部队于农历七月出发，后卫部队或八月才全部撤离成都。明末清初的佚名之作《蜀记》中记载了撤离成都的最后时间："……千里赤地，人影绝迹。择九月十六日离成都，率贼北行。"往事历历在目，因此往事变得尤其珍贵。这一离别的时间，距离黄虎攻破成都的1644年8月9日，刚好满2年。

黄虎屠顺庆

黄虎走走停停，延宕如火山岩浆洪流，北上之路似乎非常漫长。

四川的一些地主民团武装知道清军逼近川北消息后，盼星星啊盼月亮，决心不当缩头乌龟，纷纷予以出头。可惜他们一旦逆风挺直脖子，都被大西军歼灭了。原明四川总兵贾登联，固守中江县城。大西军在进军川北途中，刀锋所及，将中江县城一举荡平，贾登联只身逃跑。

大西大顺三年、清顺治三年，（1646年）九月，大西军到达川北重镇顺庆。川北重镇顺庆本来是掌控在大西军手里的，情况发生了意料不及的变化，这让情绪不稳的黄虎，极度狂躁，决意赤膊上阵，这就像在狂火之上撒了一把硫黄粉一般。

明崇祯十七年（1644年）八月初一，李自成部将马科率大顺农民军1万余人占领顺庆城。黄虎闻讯，当月即遣兵争夺川北。到大西大顺二年（1645年）正月，黄虎委派都督刘进忠和将军马元利前往川北，驱逐原闯王在保宁（今阆中市）和顺庆一带设置的官吏，并袭击李自成守将马科的部队。后来令刘进忠镇守保宁，马元利镇守顺庆。

当时，明朝的顺庆知府史觐宸已投降清军；总兵谯应瑞、冯有庆及顺庆府报房殷承祚投降了农民军。"报房"为各地衙门里复制—传驿—分送—传抄来自省城、总兵驻地的地方、乡里邸报情况的低级文职人员。不久后，马元利奉调带兵去镇守遂宁，殷承祚同往。殷承祚暗中煽动冯、谯二人说："张献忠要杀尽全部川兵！"冯、谯二人觉得有理，于是奋起自救，他们火速禀告了史觐宸，请他约清兵来取顺庆。

这个计策立即得到了实施。

史觐宸来不及联络清军，自己率兵攻打顺庆，冯、谯二将暗为内应，里应外合击败守城的大西军。由于在大西国麾下收复了重镇顺庆，群龙无首，众人便拥立史觐宸继任知府。张献忠闻报大怒，这还得了！速令刘进忠率兵拿下顺庆雪耻，他要让这批反复无常的小人知道反抗黄虎的灾难性结果！不知道是顺庆军民凭城抵抗太过顽强，还是刘进忠本来就对黄虎屠杀川军心存芥蒂，他接连攻打了7天，皆未攻下，遂率军回到了阆中。

刘进忠一再吃瘪，这一股闷气一直让黄虎怒发冲冠。如今面对城门紧闭的顺庆城，他的怒火就像火焰喷射器一般疯狂。九月初七，张献忠亲率大西军攻打顺庆，下令："畏缩不前者砍头！"

当日马元利将军为先锋领兵攻城，不料在城西的马屎溪战死。张献忠更是怒不可遏，赤膊上阵，奋勇攻城，日夜炮

火不绝。九月初九,大西军攻破顺庆北门。知府史觐宸纵火烧城,然后在南门城楼上吊自尽。黄虎见到了那个殷承祚,吩咐凌迟处死;冯有庆、谯应瑞二将战死城中,算是得了个全尸。

孔子曰"知其不可而为之",这就是血性的所在。保卫顺庆仍然是顽强的,死于顽抗守城的罗为恺之弟罗为赓,记录了这次战乱中的悲壮细节:

丙戌秋九月,余兄三十三岁,同嫂何氏、子双儿住城中。张贼尽发其兵号(称)百万,初七日迁道攻果(顺庆称果州)。……而余叔兄乘隙御敌,冥身锋镝炮石之中。相去二日,度(预见破城)不免。初九日,城中俱纵火自焚。嫂妯携子同史孺人、内子藏复壁中被焚。兄仍引兵登城……忽而城陷,愤不能胜,跃出城下,连数创,卒为贼伤(死)……(民国《南充县志》卷十三《艺文志》)

史料记载,黄虎令大西军士在顺庆城中张贴布告,大骂川人为"蜀獠":"朕待蜀獠最好,而蜀獠每每要反,负朕之极,故尽杀之!"也就是说,黄虎的所作所为,均有理由。

"獠人"是黄河中原地区对古代中国南方人的蔑称,也称为"蛮人",发源于湖南、湖北、重庆交界处,后逐渐向四川、贵州、广西、云南等地扩张,诸如四川的沱江就是因"獠人"而得名。河或江在獠语称"沱",目前这一读音还可以在壮侗语族里找到。秦汉以来绵延唐宋的汉人入桂地,以及南北朝时期的獠人入蜀，包括更广泛的分布于两广云贵等地区。

韩国相的《流离传》

在顺庆城内，有一个本地人不但目睹了大西军攻城情景，还写了一篇实录《流离传》（亦作《流离外传》），此人叫韩国相（是否也呼之为"韩一韩"，待考），自号"栗坡居士"，为明朝嘉靖年间著名的兵部尚书韩士英的后裔。（李荣普、李果著《锦绣高坪》，四川人民出版社2008年1月版，第188页）

顺治三年（1646年），时年24岁的韩国相在顺庆城内，经历劫难，九死一生。他后来写就"追忆流离生涯"的《流离传》，可以算是一篇重要亲历文献。点校如下：

余生于明天启三年癸亥岁（1623年）。越崇祯七年甲戌（1634年）流寇入境，邑人杜邦才率众御之。十七年甲申（1644年）李自成陷北京，僭号永昌，其党马科（李自成部将）八月据顺城，献党郝云祥（张献忠部将）入夔门，破重庆，遂破成都，僭号大顺。马科至绵州，遇献兵与战，败还秦中（陕西境内）；献党二千岁等掠顺庆。

国朝顺治二年乙酉（1645年），伪都督刘进忠、马元利（二人皆张献忠部将）至顺庆时，有报房殷承祚者，号显吾，三原人，降贼。倚元利为虐，一时缙绅多死其手。继而元利偕承祚至遂宁，会献贼欲尽杀川兵，承祚私告伪帅谯应

瑞、冯有庆，二人奔回，遂逐伪官，复顺城，献贼即将承祚凌迟之。是时城中，文则一史公（知州史觐宸，云南石屏州人）；武则惟谯冯（谯应瑞与冯有庆），败"姚黄"、诛李六，冲甘营拒刘进忠，进忠亦惧。献贼逃至重庆，将与曾总府英合，曾欲分之（明将曾英渴望与大西共同瓜分顺庆），遂来攻顺城。

丙戌（顺治三年）正月，诸生罗为恺集义勇败之，刘（刘进忠）遂破远山，屯木坝，为入秦计。至九月，拨兵守塘，住蓬邑（今蓬安县）。余于初七日偶出城（顺庆城）至大松垭，献贼前锋猝至，余夜宿火观峰顶。

初八日走赵家山，初九日城陷，焚杀几无孑遗。贼兵屯都尉坝，历二十四日，移金山堡，日以杀人为事，备治舟楫，声言取南京。幸刘进忠遣吴之茂投诚，迎肃王入川，诛献贼于西充凤凰山，入顺城，置官吏，抚遗黎。

丁亥（顺治四年）六月，官兵以水土不便，北去；有播州王祥（明将）者，遣其党王命臣（岳池人）复据顺城。其始每家给免死牌一张，需银若干，其继，每牛给牛票一张，需银若干。未几而牵其牛，掠其人，掘其粮，焚其室，胥西南之民而兵之（西南百姓皆受兵灾）。

戊子（顺治五年）春，王命臣出小林镇，与官兵战，留杜君恩（南充人）监营，及还，君恩不纳（闭门不纳），命臣奔夜郎，君恩降清。

重庆镇卢光祖、叙南镇马化豹、永宁镇柏永馥复守顺庆。己丑（顺治六年）斗米银十二两，斤肉银一两六钱，皆自北来者，时虎豹入市食人。

辛卯（顺治八年）官始给牛种，壬辰（顺治九年）平西南下，有郝案台名浴（四川巡按）者，按临保顺（保宁与顺庆），请旨补行乡试于保宁。贼帅刘文秀（大西名将，这时已降南明）屯保宁梁山关，郝按台击败之。

甲午（顺治十一年）渝城（今重庆市）有白文选（原大西将军）来攻顺城，李总督国英破之，戊戌（顺治十五年）官兵取滇黔（云南与贵州）。

康熙二年癸卯（1663年）至癸丑（1673年），十年间，地方少事，余于是年（康熙十年）正月赴廷试，七月乃还。甲寅（康熙十三年）五月，大兵入关，六月城中大火。丙辰（康熙十五年）七月，大水入城。己未（康熙十八年）冬，复惊传逃兵为乱。自甲戌（崇祯七年，韩一韩12岁随父母逃难）以来，余走白鹤山、石峡口、水磨场、荆溪龙归院、陈潭子、双柏树、龙阁沟、螺溪坝、蒙家岩，流离奔窜三十六年，犹幸免于杀戮也。时康熙十八年己未，粟坡居士书。

（民国十八年重修《南充县志》，卷十六）

任乃强先生早年判定："《流离传》，南充韩国相记丙戌逃避大西军流转事。大抵当时幸存人物所记祸乱之书。"秘本《流离传》其实是在民国年间重印《南充县志》时才首次予以公开的。在我看来，这不但是一个人36年的"流离史"，而且是顺庆城充满苦难、灾变的断代史。苦难与厄运似乎过于眷恋此时此地，接踵而至的欺骗、抢劫、杀戮、火灾、水灾、虎豹入城，似乎反复验证着祸不单行福无双至的古训。

黄虎在顺庆的绵绵秋雨之中没有吟诗作赋，而是拉开了攻打顺庆城的大幕。《流离传》这一记载与真相完全吻合，说明黄虎并未沉浸于丝绸之城的绮光丽影，他后来仅在顺庆城内停留了24天，就移居西充县金山堡。

值得一说的是，清顺治十四年（1657年）韩国相中了进士，任夔府奉节县教谕。康熙四十二年（1703年）卒，终年81岁，葬于顺庆城郊的桂花坪，乾隆元年（1736年）诰封"登仕郎"。登仕郎为文职散官名。唐朝始置，为文官第二十七阶，正九品下，宋朝为正九品。徽宗崇宁二年（1103年）用以代知录事参军、知县事；政和六年（1116年）改为修职郎，为文官第三十六阶。元朝升为正八品，明朝正九品初授将仕郎，升授登仕郎。清朝正九品一律授登仕郎。

另据蜀汉将军王平的后裔王乘六（清初为"文林郎"。文林郎不是职官，而是散官，清朝时为正七品文官所授的散官名）的"墓志铭"记载："明末流寇肆毒，合族陷危城，无一脱者。公（王乘六）适先一日赴乡为乳母寿，幸免于难，得匿山谷，茹草食木，以度朝夕。本朝（清朝）定鼎，寇乱削平，然空庐瓦砾，田园榛莽，孑然一身，重来乡井。"（《李荣普、李果著《锦绣高坪》，四川人民出版社2008年1月版，第194页）

这两则本地人的亲历性记录，可证历史的残酷。

大西大顺三年的八九月，大西军已相继开赴川北前线，构筑工事、铸造枪炮、碾制火药、打造船只、征集粮食，与日益南压的清军形成对峙。据《明季南略》记载，黄虎"进入西充的山间，列四大营"。这四大营指的是孙可望、刘文秀、李定国、艾能奇四大将军的营垒,下辖120个营,在今南充市顺庆区七坪寨、四方寨和西充县金山乡、凤凰山一带方圆50平方公里的区域,锁钥机关、遥相呼应,攻守一体、渊渟岳峙。

秋雨连绵,铅灰色的天空宛如锅盖罩定了这个空寂之地。那个时节,顺庆大地榛榛莽莽,如天地初辟。近60万大西军浩浩荡荡,旌旗满野。大西军拥有以逸待劳的天时与地利,形势似乎并不悲观。顺庆、西充的山岳沟壑之间,飞鸟遁迹,百兽逃逸,草木充满了戾气,渐渐长作刀剑之形……

金山铺地望

数百年来,南充到西充存在一条官道。起于南充马市铺,经坦山铺、回龙铺、金山铺、洞天铺,最后到达西充。过去农耕社会,土地资源重要,在山沟平原处修建官道,一来占用土地,二来铺路采石费用很高。这些官道依山而建,沿山梁而行,采石方便,不占耕地。这些铺相当于官道上的客栈、驿馆,人们修建铺面,沿街设市,场镇渐次兴起。西充县金山乡,就是因金山铺而得名。

顺庆同仁与金山铺接壤,两个乡赶同一个场。过去有"三耳巴子打出一个同仁"之说。话说当年四方寨村民谢长河到金山卖米。由于升斗不公,与人理论,被人打了三个耳光,族长来"吃讲茶"也不行。后来谢氏家族在金山靠近顺庆一侧修建了铺面,开设集市,逐渐兴盛起来,取名为"赛金山"。后来找县衙登记造册,县令主持公道,为两边和睦

相处，取"一视同仁"之意，将新场镇命名为"同仁"。

同仁乡环境优美，山清水秀。青木桥村有两棵古红豆杉树，历经数百年兵燹、山河更迭而不毁，算得上是稀有之物。

乾隆三十三年（1769年），南充县府经顺庆府批准，成立了回龙铺。因回龙场这个地方与周围的6个店铺距离相当，大约都是7里路程，又因为此地是位于几座大山环抱中的一处小平台，所以称之为"七里坪"。

七坪寨上大西军的饮马池。蒋蓝摄

相传七坪寨上大西军的藏宝洞。主要是囤积粮食。蒋蓝摄

艳阳之下，我来到七坪寨鸡公岭新近修建的玻璃栈道上。举目四望，山岳、田畴、村舍、河流宛如一个大手印，在反光中缓缓展现它们藏匿于掌纹的秘密。此地为大西军的瞭望台，一度还残剩一些军事建筑，石头、瓦块如今已湮没于荒草丛中。

斗金观遗址位于七坪寨地势最高的山头上，地面为平石坝，是坚硬的泥质砂岩，经过多年日晒雨淋，基本没有泥土。相传大西军赶走了道观里的道士，在此囤积了很多军饷，同时开凿了3口四方形水池，用于饮马。距今已经荒废了三百多年的斗金观，荒草丛生，蛇蝎众多。可以看到很多碎为小块的石头雕像，不像是自然风化所致，更像是饱受火药之力的粉身碎骨。

2017年，作者在七坪寨山顶考察。何永康摄

这样的军饷传闻，又为七坪寨带来了一个民谣：

上七里，下七里，
百个人头千担米。
金银就在七坪里，
谁能识破就归你。

这些民谣，与洪雅县七里坪镇的历史地理传闻大同小异。可以发现，在巴蜀地区，大凡局部地形近似区域，就有近似的民谣出现，这就像川北的土壤盛产红苕，而川南同样也可以获得高产。

我下山再来到七坪寨山踝一线，有一个凿在地面石头上

的石碾基座，已经长满青苔。直径约5尺，周围有一圈不长草的小道，显然是以骡马牵动碾子来碾细火药的作坊。

当地村民在附近还发现了一只本地石头凿制的大石臼，直径2尺，高3尺，重逾200斤。石臼底部还有一个3寸深的槽口，这就不是农家寻常的石臼了，而是用于火药锥碾。这足以说明，七坪寨作为大西屯兵之处，不是空穴来风。

在新复乡的七坪寨老寨门，由青色砂岩构筑，左右门柱镌刻有一副对联：

养威摧敌一邑军戎，
设险卫乡四效人□。

最后一字漫漶不清。我估计对联不是出自大西军之手。

从七坪寨山脚穿过一片农田与村舍，我们再次开始上山，直奔四方寨。

地处新复、双桂、同仁交界处的四方寨远近闻名，其山形昂首为龙，俯卧为虎，历来为兵家战略要地。"建威将军"徐占彪回乡探母，建大院于同仁乡泥屋垭村，至今保存完整。徐占彪随左宗棠西征，保家卫国，传奇的事迹代代传承……

四方寨位于顺庆区同仁乡境，距市区约20公里，海拔510米，为顺庆区域内最高之处，山巅可雄视蜀北大道的进出口，是自古以来通往顺庆、西充、南部、剑阁的必经之地。所以，南充方向而来必经七坪寨，西充方向而来必过大佛寨，而四方寨位居其中，构成了掎角之势。

四方寨得名充满传奇。据《谢氏族谱附录》记载，明成祖永乐四年（1406年），陕西4位得道高僧任忠善、任忠德、任忠悌、任忠孝云游山寨，见其山势奇伟，便决定于此全寨筑庙。任氏兄弟择日设坛，组织200余名工匠，历经两年有余，在山寨四周悬崖上筑起

进入四方寨有多道寨门。这是其中一道。蒋蓝摄

长约4公里的条石寨墙，并用巨石砌成东、南、西、北4座寨门。又在中岭堡下建起数座巍峨雄壮的四神宝殿，将山寨命名为"四方寨"，并将庙宇定名为"四神庙"。

大西军占据四方寨后，黄虎下令加固寨门以及城墙，另外建立了指挥棚和观察哨所。张献忠为此地命名为"四方山仁义寨"。清嘉庆四年（1799年），建有4块大青石板围造的"张献忠纪念碑"，现仍伫立山顶。根据四方寨村民谢爱平对我的讲述，黄虎将寨门的对联铲除后，新写了一个意义直白的对联镌刻于寨门：

踞四方豪杰抗清狗，
吸八方英雄兴大西。

这样的造句，出自喜欢写作顺口溜的黄虎之口，似乎是成立的。

我几乎可以判定，黄虎离开顺庆前往西充皇营之前，他就在四方寨调度军马，并再次下令，让两位"天学国师"立即铸造天象仪和大炮。

张献忠对于大口径金属炮十分迷恋，即使住在四方寨，他念念不忘的还是铸造。《圣教入川记》里记录他并非耳目塞听之辈：黄虎与传教士谈及利玛窦，"前利玛窦在北京时，亦欲效其番王所行，用铁铸一最大战炮，其中满贮火药，以火燃之，巨炮忽裂，炸成粉块，伤杀多人。而利玛窦亦在死中，被炮炸成数块，血肉横飞。万历皇帝饬令，将其尸块弃于荒郊，以饱禽兽之腹"。这体现出黄虎的道听途说再加上自己酿造的"阴谋论"，但也说

四方寨寨门上可以辨认出漫漶的对联

在四方寨山顶，大西军可以转动的炮台遗址。大炮毁于1958年。蒋蓝摄

明他深知西洋大炮的威力。

而在四方寨山巅平台四周，一共安置有8门"牛耳大炮"，正对蜀北大道，直线距离大约五六百米。至今炮台遗址宛在，炮架转动的石槽装满了雨水，就像一个被扣去了眼珠的黑洞。我以为，这些大炮正是在本地铸造的。大西军开赴西充前线，带走了6门，放弃了2门最大的大炮。炮身上铸有字，一门叫"威武大将军"，一门叫"威武二将军"。炮身长4米多，炮口可以钻进一个小孩，重达数千斤。本地村民告诉我，他幼年就与小伙伴在炮台玩耍，炮身锃亮而细腻，显然不是生铁，而应该是合金铸就。1958年大炼钢铁期间，本地村民将大炮锯成4截，抬到乡里，投入了大熔炉……

但这一次"出川抗清"，他似乎有了非常诡异的预感。

作为一个黄昏时分的散步者，从他背影看上去，是热爱生活的，与樵夫、农夫并没有多大不同。但山野间盘结的道路是出于反抗孤独而结成的联盟，一个抱团取火的集体主义孑遗。空手的散步者是离群出走的人，他坐在山间水塘热爱生活到黑夜漫上了天穹，他起身，直接走到了水中，准备进入水中的星群……

两位传教士采取的分班制度是，一人在帐篷里读经、侍奉上帝，另一人去作坊铸造赶工，轮流工作……传教士晚上用西语念经，被细作认定是"用奸细语言在讨论"，被举报了。

因为黄虎早有军令，任何人不得在军营内私自交谈。他闷了半晌，才说："吾饶尔等之命，因尔等是外国人；若尔

等是此地人，定受千刀万剐之刑。"黄虎所言，实事求是。

天球，那是他心目中一窥国运的仪器。看在天象仪的分上，黄虎说："此天球乃其国祚攸关，如工人漫不经心，略有损坏，须以人命偿之。"

十几天好不容易将天象仪赶制出来，黄虎叫来了一位中土的堪舆先生上朝评析。他以老江湖的眼光，严厉审视这个赶制出来的作品，必须显示自己的门道与精湛法力，不然就有性命之忧。他指出，这个出自毛子之手的天象仪完全不对路！甚至没有显示太阳赤道，这分明是故意淆乱国家大运所为。天象仪预示着大西朗朗国运，而大西国眼下出现这么多乱子，显然是这两个洋人预以加害昌盛国运呐……

张献忠一听，怒不可遏，吼声如雷，但显然已经不能声震屋瓦，至多是声撼竹篷。他终于认定，洋人故意胡乱制作，扰乱大西国运，犯此滔天大罪，不唯害国，且害己身。

黄虎当场判决：将两个洋司铎处以极刑。

回到杀人上，他的思维又是严密细致的，考虑的是如下几道身体工艺：时而欲活剐司铎；时而欲鞭死司铎；或以炮烙全身，不使流血出外；或以毒刑致死，以致肉尽骨销……洋人一听，倒伏在巨大的恐惧里，双股战战，闪电雷霆加身，气都不敢出了。

就在洋人被拉出营帐时，黄虎突然大喊："且慢！姑且留下尔等狗命。"

我估计，黄虎虚张声势，主要是观察洋人的反应。见他们委曲而绝望的表情，他心里明白，他们还是忠诚的。那么，看在铸造天象仪、地球仪的分上，也许他真希望大西军占领遥远的西半球，重振大西河山之际，再让两个洋人国师来重新制造他心仪的宝贝。可以发现，黄虎在奔赴西充凤凰山皇营之前，一直在悉心温习玄奥的融入了风水堪舆的天文学。他宛如一副锋棱凸起的磨盘，把东方的神秘主义与西方的科学技术予以对撞生成。黄虎真是"温故而知新"、"洋为中用"的样板。

具有狂妄暴君型人格之辈，他们往往是诡诈的，身怀宝镜一类的秘器渴望觊觎命运，加上高度敏感，所以具有预知危机的出众技能。但由此他们内心也累积了太多的阴谋论，这很接近蛇自噬其尾的循环。每当有人指出暴君的不是，暴君首先会推卸责任，并有一整套奇妙的宏论；继而吼声如雷，大动干戈。他说的永远是真理，他做的永远是替天行道。暴君就是真理。

权力的病变生殖在黄虎身上体现得酣畅淋漓。也就是说，他就是要以暴君的气血，去塑造一个前无古人、后无来者的特立独行者。

这一点上，暴君言行一致。黄虎说到，而且的确做到了。

据四方寨村民谢爱平的田野调查，在四方寨山下立有一碑，名曰《四方寨记》，记载了在四方寨的大西军活动遗迹和自然、人文景观以及发展现状等情况。记如下：

观夫山寨拔起，雄霸群峰而观嘉陵小舟，目空苍穹若华盖。溯明崇祯末日之硝尘，张献忠屯兵于上，旌旗翻动而闻炮声惊天宇。壮哉！鏖战数月啸啸战马逋于西充凤凰山。

异日，四高僧云游山寨迷其瀑布飞溅林荫滴翠之胜景，然设坛筑庙于峰下，名曰：四神庙。时与高凤寺古庙对峙而立，钟声互答雕栏相望焉！清康熙三十二年春，老祖谢公时富携文元、文举二子出湖南永州府零陵县永泉乡八甲地入川南充都京坝。又康熙四十一年文举公入住东路黄莲场。文元公与李氏婆入住西路沙树坪，次年插业于长延沟脚四方寨脚下。嗟夫方圆千亩沃野：东含四方寨古战场名震巴蜀之恢宏；西眺大虎脑昂首天宇之胜状；南觅高凤寺卧龙吐艳之奇观；北传长岭岗震摩天灯之佳话。真乃人杰地灵之所也！故乐业其间。谢、罗、程、唐、蒋、严六族众生互敬为胞弟，近四百年繁衍生息十六代，善德仁居至今也！清嘉庆四年谢公长清重修四方寨以御军阀割据之乱。同治年间谢氏继安、少安、世邕、世祥乃入文学之林。光绪五年谢华堂击桌三拳赌气兴建赛金场，越明年更名同仁场。民国三年设立同仁乡……

（谢爱平编著《西河中上游地区历史资料汇编》，2018年编印本）

……

黄昏时分，麇集在地表的暑气渐散。我与十几位作家一道登上了四方寨山巅，去探访四神庙遗址和古炮台。一路上杂树丛生、野趣盎然。一阵风扫过，带来山凹深处的气息。凉意很容易让我想到那些深处的、藏匿的、躲闪的、阴鸷的事物，那是它们没有得到呈现的本来面目。上苍无所谓有情与无情，它赋予山岳、植物、动物的绮丽色彩，总是让沧桑延宕为无限，成为凉风的主语。

民国十八年重修《南充县志》记载："蜀保（宁）、

顺（庆）二府多山。遭献贼乱后，烟火萧条，自春徂夏，忽群虎自山中出，约以千计。相率至郭，居人移避，被噬者甚众。县治学宫俱为虎窟，数百里无人踪，南充县尤甚。"（卷十六，《外纪》）由此可见，黄虎的到来，成为本地老虎蓬勃强悍的药引。人祸与天灾从来就是厄运的正面与反面。

相生相克的世界充满了定数。而那个即将与黄虎在凤凰山遭遇的满族亲王"豪格"，翻译过来，就是"虎口"的意思。黄虎张开血盆大口，即将落入"虎口"……

一只松鼠从柏树上下来，竖起身子打量我，表情懵懂，但目光却是刀刃一般锋利。我心头一凛，不禁想，这只松鼠显然一直处于惶惶不可终日的情态之中。它必须举起它的利齿予以自卫。

这个道理，深谙天道的黄虎，尽管口诵"天有万物与人，人无一物与天。鬼神冥冥，自思自量。大顺二年二月十三日"的圣旨，也许他并没有勘破命运的谜底。

山间的断壁、残垣和城墙，经过时光细致的装扮和植物的点染后，历史的沧桑和现实的静谧交相辉映于夕光之中。大炮、地球仪、铁骑、咆哮震瓦和猎猎旌旗，存在过，盘旋过，火星四射，并在岩石的缝隙里，蓄满了引而不发的惊雷。

树叶翻转它们的裙子，露出了叶子背面的嫩光。

啊，起风了！

黄虎纵横凤凰山

凤凰山地望

蜀北古驿道位于古蜀道北段。古驿道在南充境内沿顺庆、西充、阆中，抵达广元剑门关，经昭化而出川，在陕西勉县褒城附近向左拐，之后沿褒河过石门，穿越秦岭，出斜谷，直通八百里秦川。

这一条"蜀北古驿道"对川北地域文化和地域经济产生了重要影响。在三千年的历史变迁中，驿道沿途分布很多驿站、建筑、场镇，无数的政客商贾、文人兵卒行进在这条古道上，留下了很多诗歌和故事，让静卧于森林与雾霭之中的古蜀道，浸淫为一条打通秦蜀的文化之路。清乾隆二十六年（1761年），顺庆府要修一条官驿道至阆州（今阆中），经测量决定由现今南充市的三公街出发，经赵家铺、坦山铺、回龙铺、四方寨进入西充县的金山铺、洞天铺；另一条路由

位于西充县凤凰山,昔日大西军的大营所在地。现在在山顶建立的圭峰禅院大门。蒋蓝摄

华凤铺、新复铺、长远沟铺与前一条路在四方寨会合,其中华凤铺至新复铺,水路和陆路均可通行。

从古驿站金山铺(现西充县金山乡)到达西充县凤凰山,大约不到20华里。

黄虎对于西充县充满不祥的记忆。

早在崇祯十六年(1643年)八月,西充县人、时任湖南巡抚的李乾德在岳州曾三次大败黄虎,"歼其前部"。到了崇祯十三年(1640年)督臣杨嗣昌在川围剿张献忠时,西充人李兆"乞假归,值献逆初寇蜀,公捐资修葺城垣,募兵储粟,为固守计,以总兵谭大孝为外援",在西充县堵截过大西军。张献忠部查抄他的家眷时,只有其次子李映庚逃脱,免于一死,李家其余几百口人束手就毙,惨遭灭门。

张献忠入川建国时,决意对峙到底的李完又在西充

县"孤忠感愤,招募健勇,训练有方,将往诛群盗以靖国难"。

西充县乡绅陈好问,曾出资雇请武林高人,预谋杀害大西官员——西充县负责人高凌云。高凌云的"锄奸"意识在黄虎长期教育下,没有丝毫松懈,他力挽狂澜,果断地对陈好问一批人进行坚决镇压,及时粉碎了暗杀颠覆阴谋。另外,还有地主豪绅将大街上大西告示中,凡是有张献忠名字以及大顺年号者,均用牛屎马粪涂去,改作弘光年号……

黄虎为何将老营驻扎在此?这同那时军事对峙形势,以及渴望将"三李"在西充县的残余势力碾为齑粉愿望密不可分。

距西充县城11公里的凤凰山主峰海拔415米,耸立其间,因两翼山势徐徐展开,如一只凤凰,故名。山势谈不上

2018年11月,西充县的何源胜等几位作家陪同作者考察凤凰山

雄伟，绵亘十余公里，直通西充县城的鹤鸣山，而鹤鸣山的山踝一线，又是李兆、李完的家乡。黄虎扎营此山，有利于继续消灭"三李"的

西充县为典型的农业县，多扶镇镇政府所在地，原为多宝寺，寺院地基尚在。蒋蓝摄

孑遗势力。同时可以发现，红壤遍布的凤凰山，朝向多扶镇方向坡度平缓，马队可以直上山顶。凤凰山的东西、南面高筑坚实寨门，四周悬崖陡壁，刀劈斧凿，仅中有一道石门通道（寨门等毁于1958年）。山上有一大片宽阔平地，约50多亩。岩前有重叠的青石三堆。山顶有一巨石矗立。东南面有陡峭的深山沟。东面岭下，太阳溪泛着碧绿，潺潺流过。

凤凰山虽绝对海拔不高，但起伏较大，进可攻，退可守，又紧靠金山铺的古驿道，可以北通广元、汉中，从容窥测清军南下动向；此地南通重庆、夔门，可洞悉川东明军行止。黄虎在此挨山傍岩，列营自固，对安内攘外似乎十分有利。

清顺治三年（1646年）十月，黄虎从顺庆移师西充县凤凰山驻扎。

黄虎健步登上凤凰山，深呼吸，吐出一长串白气，显示出深厚的肺活量。他双手叉腰，手指死死按住脊柱两侧的肾俞穴，源源不断的斗争活力蒸腾而上，汇聚于额头，他看上

去红光满面，印堂发亮，犹如完成了一个醍醐灌顶的仪式。放眼美丽山河，尽管山河间人迹荒疏、虎豹纵横，但这一蓝图，可以绘制"最美的图画"。

黄虎陷入了沉思。

眼下粮食不足，是黄虎最大的心结。

黄虎让军队四处"打粮"，明确规定每五日、十日出去一次。到达西充县后，各营派人出去寻找粮食的频率大大加剧，定例回营时，每人背细米2斗，一匹马驮细米4斗，交本管将令处逐一查验，少升合者，皆杀勿赦。蜀地历经大西、摇黄、大顺、晚明政权梳头一般的反复洗劫后，绝大多数村落空无人烟，哪里还有粮食？！因此每次寻粮都有一部分士兵因完不成规定任务而遭杀戮，部分士兵开始逃亡……

《圣教入川记》记载了黄虎来到西充县后被焦虑所煎熬的恶劣心态，杀人，杀士兵，杀传教士的亲信，甚至杀掉了自己的岳父。这种戾气直上云天，已经无人敢劝阻半句。也许云烟四合的山间气象，被阔达的山风荡涤，呈现出一派葱绿之景，这让黄虎纠结的心情突然为之一开，他似乎意识到团结的重要性。顺治三年（1646年）农历十一月十五日，他借举行大朝之际，向众官宣布："自十七日起，朕一人也不杀了。尔等要团结起来，赤心报国，勿怀二心，相互猜忌。"

《平寇志》提到黄虎还讲了一番推心置腹的话："我等造反十七年，转战十余省，百万农民跟随我们剿兵安民，我等誓和敌人奋战到底。"

众人山呼万岁。

这一时段，距离黄虎一命归西，仅有两天了。

顺庆区潆溪镇内有潆溪河，故以潆溪为名其镇。源出西充仙林场，流经共兴镇、潆溪镇、多扶镇，经荆溪镇汇入嘉陵江。在西充县多扶镇境内有其支流阳溪河，为嘉陵江的二级支流，也是潆溪河的一级支流。河道长约42公里。

阳溪河从凤凰山南麓山踝流过，这一段小地名叫太阳溪。不论冬夏，溪里的山泉常年流淌。溪水从山顶的一个岩洞流出，向北流到山腰，然后向西一直流去，到了山的北面，又向下流经山谷。曲曲弯弯，就像一个水性杨花者的花花肠子。2018年11月，我在多扶镇三面峰村太阳溪一线，至少向五六位当地老龄村民询问太阳溪的具体位置，奇怪的是，没有一个人说得出来，而且他们都不知道"太阳溪"一名从何而来。他们只是说，这就是阳溪河的普通一段。其实"太阳溪"地名在明末清初肯定存在，因为本地人李昭治在

这就是著名的太阳溪，当地村民则称之为阳溪河。蒋蓝摄

收入《西充县志》中《凤凰山诛张献忠记》里就已经提及，足见后来的湖广移民反而不识本地面目了。

　　黄虎将老营设在太阳溪边的半山上，绵延五六里。原考虑在山顶上修筑工事。那一线全是泥质砂岩夹页岩的丘陵构造，施工并不困难，主要是他举棋不定，无法决定在此逗留的时间，所以便放弃了。但他命令在南麓的山坡建起许多寨子，每个寨子有自己的独立防御设施，如拒马、栅栏、壕沟等，使其互为犄角，形成联防体系。南面山腰的溪坑，又平又直，两岸古木参天，便于部队隐蔽。他命令在凤凰山的水师各营，控制上游，坐观形势变化，以便由水路由嘉陵江绕出川东入楚（此时重庆已非大西所能控制，所以我判断黄虎并不完全知晓重庆的实情）。他还将平东将军孙可望麾下19营、抚南将军刘文秀麾下15营、安西将军李定国麾下16营、定北将军艾能奇麾下20营的大部队摆在潼川（今四川三台）、太和（今四川射洪）、南充一线，主要严防从成都方向追赶而至的明军。黄虎的中军府有都督王尚礼、前军府都督白文选、后军府都督王自奇、水军都督王复臣、王自羽等镇守。

　　让我感到不解的地方很多。比如，自从刘文秀从重庆大败而归，黄虎就知道重庆已经不是大西政权所能控制的了，为什么还要在金山铺、西充县一带安排士兵打造大量船只呢？这些船队怎能顺利通过长江、嘉陵江的锁钥之地重庆？

　　数十万大西军在西充县铺天盖地，为当地造就了一系列血肉凝成的地名。

　　凤凰山上，大寨门、小寨门、南寨门和城垣，射箭、

图片前方的山间小平台，为张献忠老营驻扎地，他应该就在河边中箭

插旗、扎营、练兵、放哨的遗迹，如今依稀可见。山南，那水兵驻地"打船坝"，骑兵驻地"马槽沟"被大炮击穿的"穿洞子"；山东，那堆放财宝的多宝寺，堆放物资的"三堆石"，两军交锋的"太阳溪"；山北，那扎连营的鹭鸶山寨，悬挂军旗的插旗山，山顶有墓地"将军坟"，驻地"将军湾"，湾口"挟大山"（扶大西政权之意），山腰义军墓地"八见坟"，多宝寺前义军坟地"万人坑"的名字一直沿用下来……（李仲华著《张献忠殉难西充凤凰山》，见西充县县志办公室等主编《张献忠在西充》，1987年7月内部印制，第38页）

刘进忠的蜕变

刘进忠是大西军的重要将领之一，陕西汉中人。早年与大西军将士浴血奋战，取得黄虎信任。随着斗争形势的变化，两年前他在川南与杨展、张文灿作战时，就表现了某种

"通敌"的迹象，私自放走敌军。后奉命镇守泸州，因指挥错误，作战失利，逃归回营，张献忠闻知，欲治刘之罪，刘畏惧，便叛变在合州投降了杨展。随即他与安岳诸生张象叔合谋，企图前往重庆投降曾英，因意见不合，遂引兵出走保宁顺庆，曾英命于大海追到了遂宁，可惜于大海战败。刘进忠转与"摇黄"袁韬会合，尊称他为"新天王"。

不久后，他被黄虎委任镇守川北门户朝天关，防御李自成部南下。由于他的轻敌，擅自出兵攻打汉中，数战数败，折兵大半。为此受到张献忠的斥责，黄虎那一名垂青史的口语圣旨，就是写给刘进忠的。大西军进驻金山铺，黄虎大肆锄奸，锄来锄去，连岳父都杀了，可是发现"奸人"杀不胜杀，不可计数。就在这一严峻时刻，刘进忠却劝谏黄虎："生灵不可妄杀也。"

这引起黄虎不快。他历来强调"锄奸"斗争意志，现在，刘进忠竟然以"妇人之仁"来扰乱这一斗争的持续深入推进，不可原谅啊。黄虎认为，这起码是斗争意志软弱的表现，他产生了撤换刘进忠的念头。当时刘进忠驻守朝天关，而大西"打粮"无功的士兵，被迫出逃，多人越过朝天关而遁往北方。逃跑者络绎不绝，显然在于刘进忠并不忠于职守。黄虎为此嫉恨，遂想调刘进忠回成都，只要一弄回来，看老子如何收拾了你！大西军部的催促檄文一日内连发数次，刘进忠大感惶恐，知道这一回去，怕是凶多吉少。这时，他注意到清军肃王豪格的部队已经在汉中集结。

刘进忠对部下讲了一番话，把自己的耳闻与推测，变成了一种紧迫的现实："张献忠曾言，先屠儒，次屠民，再屠蜀中新附将卒。今军令紧急,行将对新附将卒下手。这该怎么办?"

众人一听,沉默了。大体猜到了结局。

顺治三年(1646年)深秋。天气转凉了,朝天关万里萧瑟,唯有芭茅草挺身玉立,已经浑身凝霜,如同愁人一夜白头。这一天傍晚,有一位商人来营禀报,希望拜见刘将军。

这是汉中而来的商人严自敏。严自敏告诉他,大清已命肃王攻取四川,早晚当发汉中。刘进忠此时一筹莫展,眼前光明大亮,于是一拍即合。刘进忠带吴之茂等百余人前往汉中投靠清朝,在百丈关驿迎接豪格。肃王率领1万人马,从汉水上游的略阳辗转而来。他显得温和,对于刘进忠的"大义之举"十分称许,赐袍帽靴带马匹,即日留宴,并向他询问有关张献忠在四川潜号、屠民及川中形势,他逐一做了回答。

豪格问:"献忠今在何处?"

对云:"今在顺庆西充县金山铺。"

豪格又问:"速行几日到达?"

进忠云:"一千四百里,倘疾驰五昼夜可到矣。"

谁也不认识黄虎张献忠面目,何况肃王征战多年,经验丰富,他必须进一步甄别刘进忠的可信度,提出要刘进忠充当向导随军而行。刘进忠俯伏在地应诺,补充说:"救民水火之师,宜速不宜缓,祈请能早临蜀地一日,多救生灵无限。"

这一血泪之言,正合肃王之意。于是翌日黎明,肃王即令部队出发,进入朝天关、广元,看到的是一片极目荒残之

景，他命令部队不许入城。要求刘进忠、吴之茂以最快的速度从瓦子滩过嘉陵江。因冬水枯，阆中沙溪上游的瓦子滩窄得一脚就能踩过去。先头部队一昼夜行程达到300华里，经保宁而不停息。十一月二十六日，到达南部县。

问题在于，刘进忠如何得知，黄虎的大部队目前在何处？

历史学家任乃强的长篇历史小说《张献忠》对此所做的分析是合情合理的：清军"到南部地界知献忠已离顺庆，塘报久断，不知究在何处。方踟蹰进退间，恰有四方寨逃难百姓奔到南部界内，闻得清军纪律严明，秋毫无犯，遂迎降军前，指出献忠所在，愿做向导。"遂马不停蹄直驱金山铺。

有学者以为这是刘进忠的"哗变"。完全不确。哗变是指武装力量的突然叛变，也用于非军事性质的反抗或攻击。哗变之哗，是喧闹、人声杂乱。刘进忠是渐次蜕变的，刘进忠是蛰伏的一把刀，拒绝了一切炫耀的闪光。至于他的选择是百炼成钢抑或回炉为铁，见仁见智吧。

铁骑奇袭凤凰山

就在大西之国运飘摇之际，席不暇暖的黄虎，仍然在凤凰山的荒坡上搭建起临时性皇宫，于北风呼啸间，与两位传教士纵论世界诡谲风云，展示了他对于"西洋东洋"的独家判断：

四百年前，西方有一番王欲谋中国之财宝，遂遣某大

凤凰山下。清军从左侧而来，张献忠大营在道路右侧山上。蒋蓝摄

臣为钦差，赍各贡礼来献中国。贡礼中有一巨烛，名为"福烛"，其中暗藏炸药，做工极精，使人不疑。待烧至炸药处，炸药忽然爆裂，能致皇宫坍塌，自兆焚毁，皇帝压毙。然此种奸计，未能欺哄中国贤王。贤王知计，未燃"福烛"之前，令破烛验之。果然在烛中寻出炸药，未中番王之奸谋。贤王怒，遂将钦差杀毙，前利玛窦在北京时，亦欲效其番王所行，用铁铸一最大战炮，其中满贮火药，以火燃之，巨炮忽裂，炸成粉块，伤杀多人。而利玛窦亦在死中，被炮炸成数块，血肉横飞。万历皇帝饬令将其尸块弃于荒郊，以饱禽兽之腹。（古洛东著《圣教入川记》，四川人民出版社1981年4月版，第47页）

　　这是一段骇人听闻的话。前一个事件与基本历史说法大体相符，后一个事件很大部分就是来自黄虎高度警惕性下

的虚构，可见黄虎对于历史秘闻极感兴趣。对于两位传教士念念有词、崇拜有加的名人利玛窦，黄虎心细如发，岂能不知。他心中有恨，就予以了一番罪行罗织。这足以看出，他从成都就开始推进的"锄奸"斗争，已经潜移默化，成为他的下意识。

犀燃烛照，洞悉其奸，成了黄虎的意识形态。

黄虎讲述的第一个秘闻，其本是出自朱元璋亲自编写的《大诰》中。

崇祯八年（1635年），张献忠率农民军攻破、抢掠了朱元璋的老家凤阳县，还毁掉朱元璋的祖陵。他酷爱朱家江山，但对朱家恨之入骨。他自然不会提及朱元璋，因而以"中国贤王"代替。既然已经臻于同一境界，反过来说，我老张也是其中之一。

中国历史上的封建集权者都是"锄奸"高手。朱元璋自不例外。靠白莲教红巾军起家的朱元璋，登基后立刻取缔白莲教，并发动群众深挖这些异教徒。眼前实在没有奸细了，引蛇出洞就是计策之一。朱元璋从洪武十三年（1380年）发起史无前例的清除胡党的伟大锄奸运动，不但要给丞相胡惟庸扣上谋反的帽子，仍要破绽百出地罗织罪名，开列各种蹈虚的罪名，诸如通倭、通虏，等等。从揭发胡惟庸阴谋造反、谋杀圣上，到胡被杀，前后只有4天。4天时间内抓了一大批人，当然不可能审出什么眉目，均是"从重从快"。作为中国历史上最后一个丞相，胡惟庸反而成了冤狱研究的个案。

洪武十九年（1386年），朱元璋在他亲自编写的《大诰》中，公布胡惟庸通倭的罪状。指出在洪武十年（1377年），胡惟庸与其死党明州卫指挥林贤密谋，让他借打击倭寇为名，袭击日本朝贡船只，然后由胡惟庸上奏朝廷，以破坏中日关系的罪名，将林贤贬往日本，暗度陈仓的目的，是让他暗中联络，请日本政府派兵刺杀朱元璋。3年之后，由胡惟庸派人把林贤秘密召回。林贤回国后，日本国王派遣如瑶藏主以朝贡为名，率四百余名精兵，把火药兵器藏在贡品巨烛中，来中国伺机作乱。朱元璋燃犀烛怪，一举粉碎了阴谋集团。

无论是利类思、安文思，还是《圣教入川记》的整理者古洛东，并不知晓中国历史上的确有"把火药兵器藏在贡品巨烛中"的这一事件（尽管是朱元璋虚构的）。这也体现出，他们敢于把自己完全不懂的张献忠话语予以记录下来，

此地名叫"带箭垭"，相传是身负重伤的张献忠经过之地。蒋蓝摄

恰恰体现出《圣教入川记》的真实性。

无论黄虎还是传教士，当时绝对不会知道，利玛窦与李自成的大顺军，还有一段神奇交往。

在大顺军进入北京之前，外国传教士纷纷逃离。但有一位教士拒绝传教会长龙华民（意大利人）的忠告，决定留在教堂内，此人乃汤若望。汤若望就成为李自成进京后的历史见证人。后来他在自传《生活回忆录》中，予以了生动的记述。据汤若望记载，大顺军进城后，有过局部盲目的屠杀行为，汤若望就把教堂大门紧闭。但屠杀旋即被大顺军领袖制止。教堂的门重新打开。一些大顺军来到教堂，如刘姥姥进大观园，并未发生唐突举止。只是经过教堂的允许，他们取走了一条绒毡。第二天在教堂门口，出现了一个告示："挂有牌示一方，上书'勿扰汤若望'的命令。"此后，教堂一直受到保护。汤若望说，虽然人们努力查访，但是终究不能确定这牌示是什么人所挂的。其实，这一个告示牌应是大顺军保护耶稣会士的明证。

在李自成进京的3天之后，汤若望应邀进宫去见了大顺军的一位高级领袖，受到他的茶酒款待，并留晚餐。这位领袖是谁？汤若望没有说明。根据情况，极可能是刘宗敏。因为汤若望在回忆此事时说过，他走进第一间屋子时，瞧见许多明朝的高级官员，正在被严酷"拷问索饷"。而走进召见他的那位领袖的房间时，又看到一些女优伶正在歌舞。而当时大顺军负责拷饷追赃的正是刘宗敏。

比较起来，还是黄虎的大西政权，对待基督会传教士更为妥帖，更为热心。

远离这一段利玛窦的历史就缺乏比较。生活在蜜糖罐里的利类思、安文思，他们心目中的张献忠，此时已经彻底变成了失去人性的"虐王"。"虐王"难免胡言乱语，但黄虎即是驻扎凤凰山上，除了念念不忘"锄奸"体现出来的种种谵妄状态外，他似乎并没有失去理智。

我想，黄虎在凤凰山上之所以讲述这一冷僻的历史事件，体现了他阅历与见闻的丰富性，真实目的在于提醒洋人：你们献出的各种仪器和洋书，我早已经明察。在忠臣与奸细之间，尔等勿怀二心，我已洞悉一切。更不能嬲。不要以为你们两个鸟人，就可以在我眼皮子下"嬲"来一气！

北风凌冽，在帐篷缝隙间呼叫。像鬼叫，欲悲闻鬼叫，我哭豺狼笑，如同清军的战马喷出的道道白气。黄虎难以入眠，披衣举起蜡烛，死死盯住地球仪，地球仪均是熔化寺庙佛像而成，铜质的仪器并没有从前世佛像的慧光里回过神来，显得很不配合。烛火在金属上跳起团团反光，他什么也看不见。一抬头，帐篷外伸手不见五指，夜空里没有一颗星辰，真是气煞老子也。

……

晚明时节，黄虎的战术是一流的。《国榷》指出，其"疾如风雨，出没不常……官兵每侦其老营而后击，不知老营已在数十里外疾走矣"。为达到速战速决的目的，在每次战斗之前，大西军一定先进行详细的侦察，掌握敌情，然后击其不意。"多行金钱，布奸细，有信先知。官兵出，贼不意击之，必在四五十里外。"他们尽力避免打被动的阵地战，每遇官军，则令数骑诱之深入，予以围歼。

按照大西军驻营的规律，扎营时总是将队伍集中，或几股队伍联合起来，形成一个临时的、坚固的阵地。其兵连营数十里，止则布幕数千，堂室俱备。外植木为垣，以索系之，周以壕堑。方圆数里，如同城郭。崇祯八年（1635年）十一月，张献忠和高迎祥诸部"大会于龙门、白沙（均在今洛阳南），连营六十余里"，次年底，张献忠和罗汝才等在安庆连营百里，都是建立大营盘的典型例子。尽管是连营而居，又植木系绳，周以壕堑，始终将宿营安全放在首位。"要安营，即发马四路侦探，一里一拨，直至二百里外，有警即知。"如果宿营旷野，则要在营中点起无数火堆，以防敌军突至，便于转移，明辨去向。他们在宿营地以外数十里，也点着一些类似的火堆，叫作"空火"，专门用来迷惑敌人，"官兵以为贼营在此，不知尚在数十里外"。（王兴亚著《狡黠的张献忠》，中国社会科学出版社2013年4月第2版，第97页）

为何黄虎没有按照惯常布局，在凤凰山老营周边做如此安排呢？

费密《荒书》记载很清楚，当时在凤凰山外围，并没有设置侦察部队，仅在凤凰山山踝的几个大路口，设有哨兵。我以为，这一看似松懈的布置，充分体现了黄虎对镇守朝天关的刘进忠的高度信任。

看起来，一直坚持以"锄奸"斗争为己任的人，竟然没有发现，铁打的堡垒早已经门户洞开。

应该注意的是，顺庆金山铺与西充县凤凰山，是两个不能重合的地点。

《和硕肃亲王豪格传》里说，顺治三年（1646年）清军"十一月入蜀,至南部,侦贼张献忠据西充县,令护军统领鳌拜先发,大军夜继进,诘旦抵西充,献忠悉众来拒"。《清史稿》里有很多将领在西充县"血战"的"可歌可泣"的记录。我以为,这含有夸大战功的可能性。如果不这样铺排战功,战将们情何以堪?

12月11日清晨,凤凰山大雾迷漫,满山的柏树、芭茅丛就像游走的疑兵。经过"衔枚疾驱"5个昼夜的清军骑兵,进入凤凰山区,借大雾掩护,主力隐蔽在栗家大山的背后。清肃王豪格等5骑,在刘进忠带领下,小心翼翼一步步深入至张献忠老营旁,隔着一条二三丈宽的太阳溪,窥探山腰大西军的动静。

大西军一共有120个营,分布在几十平方公里范围。其实刘进忠、带路的老百姓也不知道御营的具体位置。这恰是一种命运的机缘,恰恰就在这"对望"的一瞬间,尘埃终于落定。

黄虎飘浮不定的作战方式,一再让明军头痛不已。明朝官员马世奇为此曾经感叹:"彼之情形在我如浓雾,而我之情形在彼如列炬。"(《明季北略》卷十九)现在,这个说法,刚刚掉转过来了。

浓雾笼罩的这天早晨,一夜未睡的黄虎心情不佳。因为他接到报告,昨天夜间又有一名大西官员逃跑了。《圣教入川记》说,"贼僭位之初,朝官计千人,东走时尚有七百人。临死时,仅二十五人"。一种情况是被杀,另外一种情况是逃亡,朝官尚且如此,士兵的大量耗散情况就可以推测了。此时,黄虎已经无力暴跳如雷了,他显得很平静,立即

提讯这名逃官的妻子。

这就出现了一个与历史记载相抵牾的事情。

两位传教士亲眼所见，大西国后妃、宫女有300人左右。黄虎撤出成都时，以身作则，敢于打破坛坛罐罐，一并清除掉浪费粮食的女眷和太监，仅仅留下后妃20人，权作大西国礼仪象征，可谓无情无债一身轻。至各营所有妇女，则采取了集体屠杀的方式。当时不仅屠杀妇女，即其不愿同走的老弱、官吏、军士与其家口，以及带不走的牛马、猪狗等牲畜，亦皆屠杀，不留活口。

一切都在天意的掌控之中。他绝对不能容忍自己抛弃的城市，还有一丝生命。

那么，这个临阵逃跑的大西官员，竟可以随营携妻，可见职位很高。没有黄虎首肯，绝对不可能成行。

黄虎拍桌子打板凳，突然侦骑入营报告，大营对面山上有清兵四五人，各骑骏马从山谷中迎面而来。张献忠闻报，因为这个侦察兵打断了他对逃亡官员妻子的询问，当即大怒，斥责道："清兵怎么能到这里？"他突然怒不可遏，要将报信者杀头，幸好有人讨保，才未加罪。审讯继续。可是报告袭营的侦察者又来，前后有三次。

黄虎坐不住了，他起身来到马棚，注视着他的两匹西域良马，马背闪耀着缎子的辉光，静静伫立，但眼睛里似乎有云翳飞荡……他为什么要去马棚？我以为，他是希望从久经沙场的战马反应里，推测潜伏的危机。恰在这时，哨兵再次高呼：禀报敌情。

他问都不想多问了，动如闪电。来不及穿盔甲，带长矛，也没携弓箭，只穿随身黄袍，竟没系腰带，随手抓起一柄短矛，飞身上马驰出营外，身边只有小卒七八人和一个太监紧紧跟随。

雾气正在缓缓消散，芭茅草在雾气里剑戟须张。站在太阳溪对面坡地上的豪格见对岸大营内跑出十来人，可是谁并不认识黄虎。刘进忠泛着死鱼眼睛，突然眼前一花……他指着对岸，那里出现了一个骑高头大马者，激动地对豪格说："这就是八大王张献忠。"

豪格知道，机遇来了。不要以为机遇会第二次降临。可是机遇怎么来得如此容易啊，让人猝不及防！急令身边的蒙古人神箭手京雅布兰射之。雅布兰张弓搭箭……黄虎耳听八方，感觉到了什么异样，他微微一挪身，那洞穿薄雾的一箭，正中黄虎左胸，箭头直透其心。中箭的黄虎从马上一头栽倒在地，敞放的血温度很高，后人感动了，说这叫"血沃凤凰"。

黄虎一生征战中，受伤七八次之多。其实，他还有一次严重愤怒下的自伤。柴小梵《梵天庐丛录》中卷里说，黄虎少时，常有目疾，又与人斗，右手伤去一根中指。后来起义，辄自夸曰："咱张老子一指天谁敢当者！"群雄因以"一指天王"称之。

那是一次痛彻心扉的幼年体验。舍得一身剐，敢把皇帝拉下马。可是，现在自己就是马上皇帝啊。这一支利箭直接扎入了心肺，他突然觉得滚烫的回忆正在离开自己而去。

那一瞬间，他获得了异乎寻常的清醒，他的所有疑虑必须得到证实。他是猛士，攥住箭杆奋力拔箭，箭矢上的倒钩

生生扯起了一大坨肉，他移到眼皮下看了看，说了一句话："果然是清兵！"

当时清军的装备箭与明军不同。一般使用枪头箭、水箭、索伦箭、射虎鈚箭等，当然还有著名的齐鈚箭。全长二尺九寸，箭头铁制，呈平头铲形，长一寸七分，宽七分，杆以杨木制，羽以雕羽制。此种箭杀伤力很强大，可一箭切断对手动脉，直至血喷而死。

对于这一场景，历代文人没有放过这一重大时刻。附会者写道：献忠此时高度概括了自己的一生："咱生在燕子岭，死在凤凰山。"

这是黄虎最后说的一句话。同样是"语谶"，也是他的遗言。

他鲜血喷涌，在地上乱滚，双脚如兔子一般乱蹬，痛极了。跟出来的太监见皇帝倒地不起，转身奔回大营。太监早已见过蜀王的绝望投井，如今见到了蜀王的掘墓人中箭了。他不得不高声尖叫，竟然发出了咆哮之声："大王被射死了！"声音尖锐，却将笼罩凤凰山的雾气撕开，响彻大营。毫无准备的大营将士惊呆了，顿时大乱。

事实是，局部遭遇战在老营之外的很多地方陆续展开。

大西将领高汝励当时据守三寨山（现南部县境内）。高汝励字献捷，榆林佳县人，原为明朝总兵，李自成入关后销声匿迹，不料他作为大西军的部将出现在此。豪格派遣古朗阿，大破其众。这时，也有大西军率队前来增援。这就说明，大西军基层还有一定的战术维系。古朗阿奋勇直冲其阵，大西军阵被冲开，未几又复合，反而把轻狂的清军层层包围。古朗阿和瑚里布拼死反击，冲出包围。在大西军马队、步兵分三路进攻下，古朗阿与巴扬阿一同阵亡。高汝励后来走投无路，投降了清军。

值得一说的是，康熙十三年（1674年）吴三桂叛乱，高汝励率部去救沅州。沅州城陷后，四川都抚举城投吴。高汝励锐意讨伐，又挥师北上。康熙十四年（1675年）因随靖逆将军张勇（洋县人）讨伐陕西提督王辅臣有功，特授总兵。康熙二十年（1681年），吴三桂、王辅臣等俱被扫平，朝廷追论战功，授高汝励凤翔、宝鸡等处总兵及都督同知，后又调任贵州、安南驻防将军。晚年告归故里，病逝于家，后人为颂扬其功德，立碑祀之。

《清世祖实录》顺治五年（1648年）二月，记录了西充之战："初击流贼张献忠时，护军统领哈宁噶被贼围，护军统领阿尔津、苏拜领兵往援，出之。阿思哈尼哈番希尔根实居后，不往救。及师还，又与阿尔津、苏拜争功，不决，下部讯问。护军统领噶达浑、车布尔俱供希尔根在后是实。于是部议希尔根冒功妄争，应论死。"此事上传到朝廷，多尔衮下令让兵部调查。护军统领噶达浑、车布尔都认为，希尔根落在最后是事实。于是兵部结论：希尔根冒功妄争是实，按军法应当斩首。同时，朝廷决定分别给多罗贝勒尼堪、固山贝子满达海以罚银三千两、两千两的处罚。

过了一个月，肃亲王豪格遭到构陷而"犯事"。摄政王多尔衮主持朝中议论豪格罪状，就说到希尔根"冒功妄争"，豪格作为西征军统帅"将其冒功事，竟未议结"，成为豪格一项罪状。

黄虎的最后匿身处

黄虎在凤凰山什么地方中箭的呢？据考察，中箭之地，在凤凰山东南面太阳溪侧边的元台（宝）山。

《圣教入川记》说得很清楚，黄虎站在一个"小岗"上正"探看"之时，突然中箭。根据西充县的历代考据，以及2018年11月西充县作家何源胜、杨胜应陪同我进一步的实地踏勘，凤凰山距离太阳溪最近的一个"小岗"，只有多扶镇三面峰村的元台山。奇怪的是，当地村民谁也不知道"元台山"，他们只说本地有"元宝山"，分析应该是读音所传造成的。我们越过阳溪河上的桥，对岸是空顶山，以及更为高耸的栗家大山，这一线应该是肃王藏匿兵马之地。左转，我们沿阳溪河边村道行走了大约300米，紧靠薛家大山的，就是元宝山。此地为两山之间一块突出的平台，海拔280米左右，山形很像一个元宝，故名。距离太阳溪大约有四五十米。与金元宝、银元宝的持有者顽强斗争毕生的黄虎，中箭之地还叫元宝，这又是一个"语谶"吗？！

元宝山与芭茅草丛生的太阳溪对岸，两者相距不到百米，应该在职业军人使用的硬弓射击的有效射程之内。

《圣教入川记》又说："谓在营前高山上，见有满兵四五人"和"满兵大队已匿营前大山反面矣"。这里说的"营前高山"和"营前大山"，应该是凤凰山对面的扶君山。旧时，凤凰山到南部县有一条捷径小路，就是从凤凰山经多宝寺上扶君山，过仙林场、古楼场到达南部县境的流马场，直至南部县城。清兵从凤凰山对面扶君山奇袭大西御营，其行军路线和方向，完全符合凤凰山一线的地形和地貌。（赵明宇著《张献忠在西充史事考辨》，西充县县志办公室等编《张献忠在西充》，1987年7月内部编印本，第26页）

黄虎中箭，并未立即身亡。

据说，在生命的危急关头，黄虎置生死于度外，他拔出了胸口上的箭矢，交给亲兵说："赶快去罗江县，找，找，找……"以黄虎一贯的性格而言，临死关头还会深切怀念那个婴儿吗？

原来黄虎退出成都北上途中，一个妃子即将临盆。当时扎营罗江县艾家坝，因战事紧张，便将爱妃诞下的婴孩托付给当地的一农妇，并赠一面宝镜为信物，上面有"大唐天宝元年御制"字样。亲兵明白了皇帝的意思，有两位亲兵化装后来到罗江县艾家坝，找到了这个农妇。农妇身负抚养天子骨血之重任，自然不敢怠慢，遂与两位装扮为本地村民的亲兵一道，呵护幼子成长。

这个孤儿在十几岁时，接过斗争的传家宝——宝镜，终于知道了自己的曲折身世。见天下之大，却难有容身之处，便出家当了和尚，将宝镜供奉于当地寺院内，青灯黄卷了却一生。据说他死时，宝镜幻化出万丈光芒，将整个寺庙笼罩其间。之后宝镜不翼而飞，有人说它随和尚一起飞升了，于是后人便将此寺称之为宝镜寺。

在《圣教入川记》里，传教士提到黄虎有一面宝镜叫"千里镜"，他偶尔用来照射大众，镜子具有辨认忠奸的神妙之功。黄虎的宝镜，是否与宝镜寺的属于同一面镜子，只有供人猜想了。

现在，我们再回到凤凰山间，看看生死未卜的黄虎。

彭孙贻《平寇志》说："肃王前锋发矢中献忠坠马，诸贼将力救之，扶创走死，贼将王尚礼负其尸走……"

王尚礼（？—1651）为大西国中军府都督，一直负责直接处理言论、风化。黄虎派出打探兵丁，化装成平民于大街小巷往来巡查，发现有"讥讪新朝"言论者，立即绑赴交由王尚礼严加惩办，他俨然是"话语管理者"。王尚礼背负皇帝而逃，并不能坐实黄虎已经断气身亡。

《鹿樵纪闻》记载"贼众以锦褥裹尸，埋于僻处而遁"。看起来，事态越发严重了。

多扶镇当地人传说中，这个地方以前叫多宝寺，后来改名多福镇。之所以从"多福镇"变成"多扶镇"，源于张献忠受伤后，亲兵扶张献忠来到多福镇，却在这里迷路了，东躲西藏，最终导致黄虎血流而尽。亲兵是故意绕路还是真的迷路，不得而知。但从那以后就有了调侃的说法：这段路是"多扶"了一段。多福镇就有了"多扶"如今这个名字。其实，这也暗示：此地绝非黄虎的多福之地。

可以发现，西充县境内还有资福寺、百福寺等带"福"字的古寺，西充佛文化源远流长。在西充方言中，"福"与"佛"同音，"求佛"就是"祈福"。

在原多宝寺原地之上，为现在的多扶镇政府所在地，多宝寺的原石头地基，露出地表的5层条石清晰可辨。大门左侧为戏楼，正面曾有一棵老黄葛树，树边就是掩埋大西军的"万人坑"。后当地平整操场时，曾在这里掘出大批人骨。

流传在西充县民间的传说是：黄虎在太阳溪中箭后，

他的部下便将他抢走，背至凤凰山东寨门下面的山岭，黄虎长啸一声，才气绝而亡。传说后来已经被涂抹了意识形态色彩，说西充人民深深怀念"八大王"，将这个山岭称为"带箭岭"，后将他的尸体埋葬在凤凰山顶"营房地"上面，人们把这个墓地称为"将军墓"。以后，"西充人民"路过此墓，都要向坟墓添一把土，或投一个石头表示敬意，因而坟墓越来越大，石子越堆越多。"投石致敬"的习俗一直流传至1950年夏季……

针对这一"习俗"，我问当地几位村民，他们笑。再问，他们回答：不晓得。

据说，黄虎死后，遗物里留下铁盔一顶，高约二尺，有三十来斤，原存放在凤凰山对面的三清庙里，本地老人在20世纪三四十年代在庙里读书，还看见过。后来官府拆毁了庙宇，打碎了铁盔，连埋葬在山顶上的大坟，也被捣毁。只存一座土丘，依稀可辨。四周桑树林立，油桐丛生。

1983年3月13日，西充县人民政府公布张献忠殉难地凤凰山为县级文物保护单位，予以封山育林。2018年11月我来到凤凰山顶"营房地"，这一带以前属于多扶人民公社二大队的丰产田园，现在属于多扶镇二村辖地。丰产田园早已荒芜，如今是一大片荆棘丛生的野地，根本无法进入。在山道泥巴路左侧土坎上，见到一块水泥制作的长方形碑，上面隐约可见"张献忠"三个白油漆书写的字。正在附近为圭峰禅院种植"庙产"的本地村民对我说，的确有一块张献忠殉难的纪念碑，立于刺丛当中。

有荆棘与芭茅严密守护的灵魂，既不易进，更不易出。

康熙六十一年（1722年），西充县人李昭治任江南仪征县（今江苏仪征）知县时，编纂《西充县志》，后地方上数次增修县志，皆保留其《凤凰山诛张献忠记》，详载张献忠殉难史实。其中说：张献忠被肃王砍下脑袋，枭其首于成都。尸体呢？"西充人寸

作者在凤凰山山顶，据说张献忠就在这一片荒林之中断气的。程征摄

脔（切成块）其肉而食之，或以祀其先之被害者，顷刻而尽……余西充人，少闻里中父老言，当年手割献忠事，犹有憾极称快者。迄于今过其结营故处，春冬间，原后枕骸遍地，不可胜瘗（埋藏）。每昏夜风雨，满目阴磷，号泣啾啾，如怨如诉，尚有产无头猪者，其余孽犹未尽。因略记梗概，以见古来寇贼之叛服无定，莫如献忠；屠戮之广而惨，莫如献忠；冤魂之索命，莫如献忠；死后仇人脔肉而食，然后大快于心，亦莫如献忠，可以征天道之不爽矣。"

看看，本地竟然出现了"无头猪"，这与黄虎埋葬于此扯得上关系吗？吴伟业的《鹿樵纪闻》更是记录的是"营房地"周边的奇怪事件：黄虎"厥后埋尸之处生异草，触之者辄生大疽，或致死；又有黑虎白昼噬人，人不敢过其地"。

清同治《成都县志》卷六《纪闻》的记录，具有细节，明显更符合制式的文体："是日擒献忠，献忠中矢将死矣，犹瞋目怒其部曲之降者，降者犹列拜之。王乃拔刀仰而视天曰：'献忠罪恶滔天，毒流万姓，予受天子命，奉行天诛，谨敢为万姓复仇。'祝讫，王亲加刃于献忠身，遂磔杀之。"

我沿着"营房地"走了一圈。没有发现"异草"，倒是有茂盛硕大的芭茅草不断以尖利的叶片拉扯着我回头。一只被村民遗弃的纸老虎风筝，色彩衰败地躺在芭茅丛里，它与历史隔草而立，隔荆棘而居，就有一种永恒的孤独。

最早记录芭茅的是《本草纲目》。在"白茅"条下云："芭茅丛生，叶大如蒲，长六七尺，有二种，即芒也。"又云："五月抽短茎，开花如芒也。"即芒草中长有短穗的一种。在医家看来，芭茅清热通淋，祛风除湿。芭茅最显著的特征有两个：其一，剑状的叶子边缘锐利；其二，粗壮的茎秆填满海绵状的髓。芭茅十分柔韧而挺拔，它从各种茅草里峭拔而出，风却没有摧折它。芭茅不仅仅成片生长在水边，田埂地头、房前屋后、坡边悬崖处处可见它的踪迹。几十株为一丛，年年长出即遭刈割，砍了又生，生命力极其强悍。以前芭茅是川北乡村一日三餐做饭的主要燃料，现在人们对它的需求已大不如以前，更有甚者，在春天就将它灭掉，因为它生殖力太强，农民认为它们"吸走了地力"，但是被铲除或火烧之后，芭茅的根茎照样能长出新芽，种籽触地即生根。顽强而执拗，简直像巫峡盐水女神对廪君的化作漫天飞虫的爱情，顽强如黄虎钟情

张献忠死于这片荒林，如今长满了荆棘与芭茅草，根本无法进入。蒋蓝摄

的"锄奸"。芭茅纠结为一团，兴风作浪，难怪江南、四川民间有"芭茅养虎"一说，茂密的芭茅一直是老虎的隐蔽所在，芭茅花虎纹斑斓，就像是老虎的兄弟。

在我看来，芭茅林不但是老虎的栖身所在，也是乡野空间里传说的大本营。

芭茅叶子的边缘锐利有锯齿，很容易割伤皮肤。俗话说"芭茅是个鬼，就怕滚开水"。受伤后舀滚水泡手，伤口容易愈合。刚抽出的芒穗娇嫩，称为"茅针子"，微甜，在贫瘠的岁月里是小孩喜欢的零食。成熟的芒穗形如芦苇花，可用来制作扫把。芭茅茎秆可编草帘，通常充作柴火。我母亲幼年在资中县乡下生活，她曾经采集过十几天的芭茅花，才填充成一个枕头。由于耗费太大，芭茅枕头已经绝迹了。

对于人们的镰刀与冷落，芭茅倒也不予计较，依然顽强生长，傲然挺立在天地间，迎风俯仰，却从不会被劲风折断。植物的生命力，不禁让我联想起巴人、苴人那种强悍、坚韧的民风。用草的名头来张扬地望，就像西王母头上的"戴胜"，真是实至名归。

相传朱元璋登基后，一天他正在批阅奏章，发现有一份来自故乡的帖子，再看内容，是一首诗，内有如下句子："手拿钩镰枪，杀尽土霸王。打破罐头城，拔掉汤元帅，活捉窦将军……"朱元璋看完，恍然大悟，忆起写奏折人，竟是儿时与自己一起放牛的伙伴。朱元璋念起旧情，当即封了那人的官职。这几句诗貌似描述战斗情景，其实朱元璋心知肚明，写的全是放牛场景。前两句是说拿镰刀割草；后几句叙述某次有趣的经历：一群放牛娃趁放牛之机，偷来人家黄豆，用瓦罐煨着吃。争抢中不小心摔破了瓦罐，泼了汤，豆子也撒了，伙伴们满地捡豆子呢！诗中提到的"霸王"，正是芭茅的俗称。

到了秋冬季，冷风赋予草木以不同的风的形象。那时芭茅花盛开了，秋风入林，万叶闪动，一派沙沙之声。芭茅花固然是西充县山野里的一道风景，而在秋风打开的景致之外，我站在凤凰山的坡上，看到成团滚动的"飞蓬"，在风里疾走，就像一个施展地趟刀法的强人。

沧桑肃王庙

爱新觉罗·豪格（1609—1647），清肃武亲王，清太宗爱新觉罗·皇太极长子，母为皇太极继妃乌喇那拉氏。

爱新觉罗·豪格像

豪格为清初名将,有"虎口王"之称,皇太极长子,满族。后金时于锦州等地击败明军,封为肃亲王。皇太极改后金为清后随多尔衮攻锦州、朝鲜,败明宁远兵,杀明将金国凤。后围洪承畴于松山,克之,俘洪承畴等,进驻杏山,复偕济尔哈朗克塔山。清兵入关,参与平定中原,复攻陕西、四川,击杀张献忠。旋被摄政王多尔衮构陷下狱,削爵。肃王历来高傲,仍不低头,又对人扬言:"将我释放则已,如不释放,勿谓我系恋诸子也,我将诸子必以石掷杀之。"(《清世祖实录》)"诸子"是指自己的儿子。这是一种报复的发泄方式!按理说,他报复的对象应当是他的仇人多尔衮,可是对多尔衮既无法报复,便发泄在他儿子们身上,这是一种何等可怕的心理。后来他死于狱中,时年39岁。报复总是一报还一报。多尔衮后来竟然强迫豪格的福晋(妻子)博尔济锦氏做自己的妃子,又怕此事贻笑后人,秘密布置大学士刚林在史档中不要留下痕迹。

顺治八年(1651年),顺治帝亲政后,为豪格平反,重新封为和硕肃亲王,并立碑。顺治十三年(1656年),豪格被追谥,追谥号"武",成为清代第一个被追谥的亲王,称肃武亲王。乾隆四十三年(1778年),配享太庙。

光绪六年（1880年），清朝廷为彰扬肃王豪格围剿张献忠以及大西军之功，在西充县城晋城镇西铁印山下，建立了三重殿四合院的肃王庙。（西充县县志办公室等主编《张献忠在西充》，1987年7月内部印制，第38页）

在西充县西街，与三义祠一墙之隔的肃王庙位于西街尽头，耸立着全国唯一的一座纪念肃王豪格的肃王庙。里面大堂曾经供奉有肃王豪格的彩色塑像。他一身戎装，是清朝武官的打扮。据老人回忆，这是专为纪念豪格在多扶凤凰山下太阳溪边，射杀八大王张献忠而修建的肃王庙，以供人们凭吊和瞻仰。

该建筑原为四合院布局，坐东南向西北，占地350平方米。现存大殿建于1米高的基座上，座宽20米，深14米，周围用条石包砌，大殿为穿斗式梁架，面阔5间16米，进深3间10.4米，8架椽屋，分心柱高9.2米。梁架上有清光绪六年（1880年）修建时留下的墨书题记。屋顶为重檐歇山式铺筒瓦。

位于西充县西街的"肃王庙"，非常破败。蒋蓝摄

住在肃王庙几十年的老人,为作者讲述他们的记忆。蒋蓝摄

肃王庙前的合影。程征摄

我判断,之所以到了光绪六年才获得清廷赐予建庙,应该是豪格后人爱新觉罗·善耆(川岛芳子父亲)与慈禧的密切关系不无相关。

伴随清朝的垮台,有关清朝的礼仪迅速在民间土崩瓦解。肃王庙里的诸多设施被人拿走,房屋开始被一再切割。民国三十四年(1945年),西充县卫生院成立,院址就在晋城镇大西街肃王庙里,陆续改造大庙为病房。

1950年以后,肃王庙逐渐成为居民的大杂院。目前除最后一重大殿建筑完好，另外两重已经消失。至今还有不少老年人居住于此。

今年93岁的任之俊老人和73岁的李国玉，已经在此居住多年。因为那块西充县人民政府所立的"县级文物保护单位"的红字石碑早已漫漶，他们只好用毛笔重新写了一遍。字不佳，但有人看护着，就好。我们站在空荡荡的大殿台阶前，分行而立，中间留空，拍下了这几张纪念照……

噩梦与美梦具有不同的流向，让我回到现实的方式迥然不同。噩梦用冷汗与绝望让我庆幸，我终于回来了，从而对肃主庙的拱顶产生留恋；美梦利用了虚无主义形容词不及物的特征，铺排出了一个豪华的花园，让我陷入了无从着力、被迫就范的公式。

我陷入了长久的无奈。这往往是梦境对现实的对抗性分泌，是一种必需的清醒剂。

大西军麾下的战象

据文献记述，在长江中游的荆楚地区，广泛出现过大象作战的实例。《吕氏春秋》记载商朝有大象组成的军队。《左传·定公四年》指出："针尹固与王同舟，王使执燧象以奔吴师。"这是中国古史上记录的经典象战之一。杜预注指出："烧火燧系象尾，使赴吴师，惊却之。"这是指楚昭王与吴王阖闾对阵失利后，为了逃避吴军的追击，昭王让针尹固用火炬系在象尾上，这便是"燧象"，受到刺激的大象拔足狂奔，冲进追兵大队里，由此阻止了吴军的追击，昭王因战象而脱险。根据此，学者认为楚国驯养有战象，应当有象军建制。

古蜀王朝一直有野生大象生存，并有蛮族向周王朝进贡大象的记载。据此推测也应该包括蜀地的奉献。蜀字无论怎样进行"过度诠释"，我以为"蜀"字的本体来源于巴蜀图语，接近一个人牵象鼻而行，很近似于汉字的"爲"。

"蜀"被汉字吸收而去后，徒生繁多歧义。"為"、"豫"等字符都是远古地缘记忆的遗存。历史学家徐中舒就认为："想象"的词源正是来自于此。也就是说，古蜀与豫地，是"想象"（缅怀圣灵、祖先）的发祥地。

明末的不少战争场景里，战象的身影不仅出没在南方的五岭地区，而且也不断北上，在长江一线的四川、湖北、湖南等地出现，这是空前绝后的事件。

张献忠的大西军队一路西进，直至占领成都，并没有出现使用战象的记载。但在随后的岁月里，战象那列维坦式的庞大身影已跃然奔驰于历史地表。

李定国与战象结缘

李定国生于1621年，陕西延安人。处于兵荒马乱时节，陕地又遭遇大旱，年仅9岁的李定国就参加了张献忠领导的起义，并被张收为养子。历经军旅生涯的磨砺，成年后李定国英勇善战，深得张献忠的欣赏，是张献忠麾下四大猛将之一，人称"小尉迟"、"万人敌"。

1646年8月，张献忠率大西军准备退出四川境，不料在西充县凤凰山营地被清军一箭贯胸毙命。李定国与孙可望、刘文秀、艾能奇四位将军收集残部，"骑不满千，弓刀脱落，所至杀马而食，马食尽，人尚日驰百余里"。

然而，仅过了4个月，他们由綦江县南下贵阳，再入驻昆明之后，很快就得到滇黔两省少数民族和部分上层人士的支持，人马立即增添到20余万。各处土司先后归附大西军，

《李定国纪年》为"国家清史纂委员会"研究丛刊之一种，是中国人民大学前任校长、著名明清史专家郭影秋的代表作，本书凡二十余万言，以丰富翔实的史实，记述了明末农民起义军领袖李定国一生的光辉业绩。本书虽名《李定国纪年》，其内容实际上是大西军的编年体战史，是国内外第一部全面、系统的关于大西军及其领导人物的史料性专著，有很高的学术价值。

丽江土司、宁州土司、新兴土司、盏达土司、孟连土司等，尽归于四将军部。在此之后的5年里，大西军的兵力增至30余万，并在战斗中投入了象战。

大西军转战贵州，随后又占领云南，征调了大量傣族人的大象，训练为战象，演练了傣族传统的象阵，平定了沙普洲之乱，打开了抗清新局面。1646年11月，桂王朱由榔在肇庆称帝，李定国表示归顺南明政权，支持抗清复明大业。

元明清时期，西南边疆民族处于土司统治麾下，在600多年的统治时间里，傣族土司通过常年不断地训练，使士兵熟练的驾驭战象，使之成为杀敌的利器。"象术"萌发于土司军事战争，最终随土司政权的倒塌而消逝。

"象术"俨然已经成为决定土司成败与否的杀手锏。孟连第十四代土司刀派忠，与其余傣族土司一起，给李定国的部队送去了50头大象和一些善于象战的指挥官，使大西军可能组建起一支威力无俦的战象军队。

据说一位叫“布闷展”的训象师曾带着十几头大象来到大西军中，他不仅豢养大象经验丰富，而且经由他调教出来的战象，威猛善战，善解人意，用他的话讲，“大象比他的儿子还要听话，比他的妻子还要贴心”。

李定国将几个傣族军官集中在战象训练基地，向他们求教象战教训，他将各地的经验总结起来，取长补短，制订出一套能与骑兵和步兵相配合的作战计划，并按这套方案练习他的军队。

根据黄聪《中国古代北方民族体育史考》，记载了象战的三大威力：

一是冲锋。利用大象冲散敌阵，蹂躏敌骑；

二是冲撞。战象可以凭借硕大的身躯撞碎敌营，甚至身上绑上大树干，以此撞开城门；

三是鼻卷。用大象的长鼻子将敌人兵将卷起，摔死或夹死。

《中国古代北方民族体育史考》进一步指出，象战阵法也有两种：“一是鸟铳当前牌，次之枪，又次之象。象乃凸起，中华人马未经习练者，见象必惊怖辟易，彼得趁其乱也。”这种阵法以步兵在前，战象殿后。战前把战象埋伏起来，等到敌我厮杀之际，战象突然出击，施展冲锋威力，践踏敌军。此阵法实用于在丘陵或小块平原上进行的阵地战。

例如顺治十一年（1654年）六月，李定国围攻广东顺德，清兵来援，战于城外，李定国将精锐骑兵和战象全都潜伏起来，而以步兵迎战。他出征广东的战象，都分别有名字，还封象为"大将军"。两军相接时，李定国的步兵向左右两侧避开，50头战象突然出现，在清军阵地排闼而入，所到之处血飞脑溅，地上挣扎着的是被象踩过的兵士，空中抛飞着的是被象鼻卷起的骑兵，惨叫声不绝于耳，将天涯涂抹成血色傍晚。李定国的步兵和骑兵配合大象伺机杀敌，清军死伤遍野，大西军缴获兵器枪械无数。

需要指出，李定国的象军并非战无不胜。在惨烈的新会战役中，清廷援军趁机杀到，八旗清兵会同平、靖二藩军队对李定国部队前后夹击，清军火器凶猛，大象惊慌四窜，致使李定国阵脚大乱，最终遭到惨败。战后大象被清军俘获并赶入城中。一头大象整日悲鸣，绝食而死。《新会县志》记载："自被围半载，饥死者半，杀食者半，子女被掠者半。天降丧乱，未有如是之惨者也。"岭南志士屈大均闻讯后写了长诗《义象行》歌颂不屈的象兵："……皮可寝兮肉可食，死为雄鬼游八极，从来骥也称其德，人不如兽徒千亿！"

第二种阵法与前一种正好相反：明朝朱孟震《西南夷风土记》记载："象居前，次挨牌、长枪，次區刀，次鸟铳。"这是把战象当成巨无霸，战象在前，掩护手持盾牌、刀枪、鸟铳的步骑兵，发挥其开路先锋作用，以象撞开敌营大门，继而以步骑兵毁灭其有生力气。顺治九年（1652年）七月，李定国在桂林战役中，将两种阵法灵巧应用，大显神威，使之成为这次战争决胜的要害。

开始之际，清定南王孔有德发兵于桂林，与李定国军争取桂林东北门户严关。李定国所部诸军奋进，以战象突阵，恰逢一场大雷雨。一时空中电闪雷鸣，暴风刮得人难立，暴雨如天湖翻倾，清兵眼难睁、气难喘，像缩头乌龟。而来自热带雨林的大象和它们的驾驭者，反倒感到又凉又爽，一往无前，践踏敌军就仿佛踩死蚂蚁。清军大败，横尸遍野。

数日后，两军再战于大榕江，李定国将战象列于步骑兵之前。战役开端，50头大象并列而行，大象鼻子扬起的黄沙遮天蔽日，吼声如雷贯耳。结果，清军的马一听到大象的吼声，全都受惊颠蹶，无力迎战。而紧跟在大象后面的少数民族士兵：步兵能赤脚出战，手持标枪大刀，面对迎面飞来的箭矢，习以为常，不以为动；骑兵善用火器，骑在无鞍象背上也娴熟发射鸟铳，"取人于百步之外，人马俱洞穿。"一场仗很快分出高下，清军除了孔有德一人得以逃脱外，竟然全军覆没。

越日，得悉孔有德逃进桂林，李定国所率诸军逼至桂林城下，城里才叫闭门，大西军已将四处围个水泄不通，四周同时受攻。被清军称为"蛮兵"的少数民族士兵，动作迅速，神勇难挡，他们有的爬城而入，有的则驱逐战象撞开城门，扼守城池的清兵被杀得罄尽。定南王孔有德晓得自己未免一死，于宫中纵火自焚，将自己和妻子一同葬身火海。

这一年，李定国所率的东路军，以人马10万、战象50头，仅7个月时间，便打下了16个郡、2个州，开辟疆域近三千里，创造了前所未有的战果。

大西军失败退至中缅边界，象官和侥幸活下来的战象也回到了故乡。后来李定国率部奔赴缅甸救驾，惜天不遂愿。结果永历帝被缅王交吴三桂，在昆明"逼死坡"被绞杀。李定国闻讯，感觉天塌下来了，病死于缅甸景栋。

战象东征之路的大战

顺治八年（1651年）四月，孙可望委派大将冯双礼等人率领步骑兵数万人、战象十余头，大举由黔入湘：一路由铜仁、麻阳，一路由平溪、便水；一路由大小梭罗出发，合攻沅州（今湖南芷江）。清沅州守军三营合计只有士卒三千，赶紧退入城中。孤城立即被围成铁桶。

1652年4月，孙可望、李定国在贵阳举行了声势浩大的明军东征誓师大会，由李定国为主将，马进忠、冯双礼为副将率人马10万，战象数十头，挥师东进湖南南部、广西一带。李定国善于用兵，连战皆捷，收复许多城市。在桂林之战，李定国大破清军，击杀清朝的定南王、平南大将军孔有德（原明朝将领，后投降清军），并收复广西全境，取得抗清以来前所未有的巨大战果。

在湖南留守的清军主将沈永忠发给孔有德求救急令！孔有德赶紧派兵增援，一再申明坚持住，我等速来！可是还没等援军到来，李定国就将沈永忠的部队一举歼灭！

这年6月，李定国兵分三路，出兵全州、严关、桂林外围。取得全胜后，三路大军全部进逼严关。就在此处，恰与"定南王"孔有德相遇。

严关位于桂林以北,为广西兴安西南的狮子山与凤凰山之间的峡谷,这是通往桂林的锁钥古关隘,两山对峙,中为通道,形势非常险要,自古以来为中原进入广西的必经之路,是扼守"湘桂走廊"陆路和灵渠水路之咽喉。严关之名一说为秦始皇发兵南戍五岭时期,另一说是汉武帝平南越国时期,不论哪一说,严关已有两千年以上历史。明末时期,关垣在明崇祯十一年(1636年)重新以巨石砌成修筑。

战斗就在严关之前展开。孔有德渴望一举占领严关,突然发现一头头披挂有铠甲的战象猛冲过来,地动山摇,清军的战马一见立马掉头就跑,或者双股战战……李定国带着部队以战象突破清军阵地,一路追杀,孔有德负伤弃甲,仅有他和少数清军逃逸。

李定国穷追不舍,直逼桂林城下。7月初,又开始夹逼孔有德。他上天无路,入地无门,最后一股脑砍杀自己的妻妾,放一把大火,玉石俱焚。

李定国依靠战象的纵横,连续攻克湖南、广西州县的消息传到北京,朝廷震动急忙派和硕敬谨庄亲王尼堪(努尔哈赤的长子褚英的儿子)为定远大将军,统数万八旗精兵南下。当年11月,尼堪率大军日夜兼程抵达衡州,不料却掉进了李定国早已设好的埋伏圈。尼堪指挥军队进攻,大破晚明军队,向北追击20余里,俘获大象3头、战马800多匹。显然,这一次尼堪使用了大量火器,战象的血肉之躯,在大炮威力之下败下阵来。

当然,清军绝非一味防守,他们也有自己的战象。

明朝天启年间,云南人龙在田决心为国纾难,慷慨

奋起。他不仅募集精兵、战象和战马，而且上疏愿意统率滇兵力扫流寇，发誓捐躯报国，如不见成效，甘受刑罚。龙在田上疏曰："臣因流氛震陵，奋激国难，捐赀募精卒九千五百，战象四，战马二千，入楚、豫破贼。贼不敢窥江北陵寝，滇兵有力焉……"可见，当时，战象俨然已经是晚明朝廷的军事配件，与物资一样可以予以调拨。

龙在田一度率领两千滇兵与两头战象与李定国对峙。这两头战象在李定国骁骑的弓箭威胁下，也不敢冲得太靠前，只是随着其他兵马，在战线上来回掠阵……

刘文秀与保宁大战

明末清初，保宁（今阆中）发生过三次大战。

第一次是清顺治四年（1647年）秋天，清军首次入川，张献忠中箭死，清军占领保宁、顺庆、达州等地。张献忠余部归顺南明永历帝，联明抗清。这年冬天，明将赵荣贵自龙州率师猛攻保宁，清军大败，全军退出四川，据守汉中。

第二次是顺治八年（1651年），吴三桂率清军大举入川，与赵荣贵决战于保宁。赵荣贵战死，保宁复为清军所得。

第三次是顺治九年（1652年），农民起义军大将刘文秀亲率义军号称10万人，自三台、盐亭而来，决心与清军决战……

眼看清军收复四川大部区域，顺治九年七月，南明刘文秀与王复臣率兵6万入川，战象60余头，他复仇心切，所向披靡。当时吴三桂驻守叙州，被南明军重重包围，还是他的心腹大将都统杨坤从危难中将他救出。吴三桂挡不住南明的凶猛势头，率残部败退……刘文秀看到吴三桂等望风逃窜，却没有看到入川清军主力基本完整，仍有相当的战斗力。他团团围住了川北重镇保宁，形成一个长达30余里的包围圈，力图全歼鞑虏。刘文秀认为，"三桂坐守孤城，即日可下"。当时，四川的临时省会保宁只有巡按御史郝浴和总兵严自明部下一百多名士卒。由于郝浴的坚持，李国英、吴三桂、李国翰终于决定回守保宁，在顺治九年七月十九日统兵进入保宁。清军在撤退过程中，遭到刘文秀、讨虏将军王复臣的追击，损失颇大。史载："刘文秀之入蜀也，善抚恤军士。蜀人闻大军至，多响应。于是，重庆、叙州诸府县次第皆复。吴三桂迎战辄败，敛军以奔，趋保保宁。"由此可见，刘文秀并非莽夫，而是深谙民心的。

"保宁大战"的时间是在清顺治九年（1652年）十月十一日。在此之前，吴三桂已三封"平西王"。据《清世祖实录》记载：三桂一封在顺治元年（1644年）四月。吴三桂剃发降清，迎清兵入关，清摄政王多尔衮以顺治的名义册封他为"平西王"。

吴三桂二封在顺治六年（1649年）五月。三桂在受命携家西迁戍守汉中南郑的途中，被授以平西王"金册金印"，并专为他颁布了礼服规制和仪仗规模。"三桂三封"是在顺治八年（1651年）九月八日。顺治皇帝明谕："今特授金册金印，仍封为平西王。"就在同一天，敕令吴三桂出征四川，谕旨明确："……其应用粮饷，会陕西、四川总督、巡抚料理支给。地方既定之后，凡军机事务，悉听王调度，其

一应民事钱粮，仍归地方文官照旧管理。文武各官有事见王，俱照王礼谒见。"

吴三桂一向"骄恣部下，淫杀不法"，入川后，三桂军队更是"残暴无纪律"，在首攻占保宁后，便对当地民众大行劫掠。

保宁城三面环水，西、南两个方向面临嘉陵江，东面为东河，江河对岸是连绵不断的山脉。明军占领了城外各山头，凭借"长技在鸟铳，铳之胜势在高山，延山放铳，据险凭城，不谓不张"。

顾诚先生的《南明史》对此分析指出：灭虏将军王复臣对这种部署深为忧虑，向刘文秀建议集中兵力攻打保宁城的薄弱部，破城以后吴三桂等部清军虽不能全歼，但必然逃往陕西，四川全省可以平定；而包围全城，分兵把口势必暴露出己方弱点，给清军以可乘之机，这一正确意见遭到刘文秀断然拒绝，从而导致了保宁战役的惨败。

保宁战役的经过是：十月八日明军主力齐集保宁城之北，刘文秀登上东北山头指挥攻城。吴三桂通过侦察得知攻城明军中张先璧部战斗力最弱，决定集中兵力先打张军。李国英为了迷惑明军，命部下绿营兵改打八旗正兵旗。十月十一日黎明，刘文秀麾军攻城，兵马"蔽山而下，炮声震天"，"南自江岸，北至沙沟子，横列十五里，前列战象，次用火炮、鸟铳、挨牌、𠜎刀、弓箭、长枪，层叠里许，蜂拥攻城"。战象确实勇猛，南明军希望利用战象身上捆绑的大原木去撞击城门，但战象被护城壕沟阻挡，无法靠近城门。有人认为攻城的时候用大象，还不如用大炮，由此说明当时南明军的火炮威力的不足。据史载，此次战斗异常惨烈。吴三桂率部从沙溪、兰家坝一带进攻保宁城。辰时，吴三桂命令开门出城，直攻张先璧军阵，由此形成了"夹心饼干"。张部抵敌不住，纷纷逃窜，败兵把王复臣等部的军队冲得乱成一团。清军趁势鼓勇奋击，明军阵势已乱，立脚不住，到这天中午，即已全面崩溃，刘文秀守城的13支部队几乎灰飞烟灭。撤退时由于浮桥已被砍断，致使大批南明将士无法过江，被清军追杀或落水溺死。

南明灭虏将军王复臣、总兵姚之贞、张先轸、王继业、杨春普等被清军擒杀，损失士卒大半，另外损失了战象3头、马骡2300余匹，甚至连刘文秀的"抚南王"金印也被清军缴获而去，这是何等丢脸的事情！最后，刘文秀骑着剩下的战象渡河仓皇而逃。刘文秀率领残部撤回贵州，孙可望极为愤怒，下令解除他的兵权，命其回云南赋闲。导致南明军惨败的张先璧就没这样的好运，他后来被乱棍打死，以儆效尤。

事后，吴三桂于险胜之余，叹息道："生平未尝见如此劲敌，特欠一着耳。"（黄宗羲《永历纪年》）

保宁之战，是战象在四川最后一次现身。自此，战象退出了历史舞台。

2019年3月底，我参加南充市散文学会举办的"名家看阆中"笔会，当地导游张楚凡告诉我，两年前在阆中城郊一个地下河的暗洞里，就挖掘出几箩筐象牙，立即被人哄抢殆尽……这一发现，引我联想起，那些来自西南山地的傣族的战象。

《阆中县志》载：原明阆中庠生刘达，曾为李国英帐下幕僚。清顺治四年（1647年），奉命赴西宁口外购买战马。清顺治十五年（1658年）才返回阆中。一见到家乡被清军烧杀抢夺，早已面目全非，愤然给李国英写信辞职。刘达在信中写道："……汉南一饿夫……受知文宗，吹嘘片言，遂登幕府……曩出极塞，办买战骑……返乎三巴。见夫尸骸遍野，荆榛塞途。昔之亭台楼阁，今之狐兔蓬蒿也；昔之衣冠文物，今之瓦砾鸟鼠也；昔之桑麻禾黍，今之荒烟蔓草也。山河如故，景物顿非。里党故旧，百存一二。握手惊疑，宛如再世。……与老农老圃，课雨谋晴，富贵功名，讵我所知也哉！……"这才是在大清铁蹄之下阆中社会最真实的写照。

大西政权的"新语效应"

乔治·奥威尔在《一九八四》里指出，高度集权的"大洋国"发明了一种新的语言，叫作"新语"或"新话"。新话是为了适应"英社"的意识形态需求而发明的。虽然新话还不能成为大洋国唯一的交流工具，但新话正在代替"标准英语"。新话之所以被发明出来，核心的作用是控制思想尤其是所有异端思想，即与"英社"相违背的思想，将完全不可能被想到，更不可能有相应的评语来表达。大洋国的字典编辑兴奋地宣告，新话是世界上唯一词汇量逐年缩小的语言。《一九八四》里的一个对话就是："你难道不明白，新话的全部目的就是要缩小思想的范围？最后我们要使得大家在实际上不可能犯任何思想罪，因为将来不可能有任何语言来表达这些思想。"

在英国作家乔治·奥威尔笔下，一个政权的强力程度，总是和它麾下的词语丰富程度成反比。越是强权者，其语境

里的新词语就越少，而且得到许可的合法词语越来越抽象化。但是，在权力集中能力远不完善的古代中国社会，情况并非如此。暴力的倡导者首先运用暴力宰制万民的身体，然后才考虑控制他们的思想，落地的方针，就是运用异常丰富的民间话语，去嘲弄、去污化、去篡改既定主流话语，最后达到净化语言、剪除异己、步调一致、万众一心的目的。

中国古代社会崇尚"温良恭俭让"，似乎从不鼓吹暴力。但鉴于维持秩序的权力就是暴力的规训，暴力成为权力播撒的种子。每每遇到王纲解纽、分崩析离之际，与秩序对垒的异端暴力，就企图取而代之。因此每一次王朝的剧烈变动，一直就是暴力循环的直接结果。暴力的军队，暴力的意识形态，暴力的管理，暴力的掌权者，最后熏陶出一代又一代的暴民，没有哪一个国家可以达到古代中国那样迷恋暴力。暴力作用于语言，就会出现暴力的语言。有些脏字恶词，可以存在是因为其情感价值。恶俗的词语正好成为暴徒的拿手兵器，这就是暴力语言中的词语暴力。现在学术界认为，所谓语言暴力，是指以语言为武器进行人身攻击与生命摧残的暴烈现象，也可界定为暴力在语言中的表现。

语言暴力并不一定要出现在"语言学革命"的时期。陈独秀在宣言式的《文学革命论》中一连提出三个"推倒"。在文化上把"推倒"一切视为革命圭臬，"这在过去中国的传统话语中是前所未有的。或者说，这种话语方式仅仅出自史书里所记载的一些农民造反者之口"。（刘再复《论语言暴力》）在我看来，造反者并不会文绉绉地大谈"推倒"，他们更为火爆，更为激烈。权力话语与话语权力经过暴力的红炉组合在一起，权力专制与语言专制成为剑身上所向披靡的双刃，吹毛立断。到了政权大动乱时期，独裁者的语言暴力与播撒于民间的暴力，在"改朝换代"的口号蛊惑中上下其手，酝酿出一场短暂而癫狂的暴力狂欢。

权力依靠暴力，权力迷恋暴力，权力信仰暴力，暴力成为语言暴力的"第一推动力"。

中国历史上草莽出生的帝王，往往具有把民间话语带入权力中心的特殊生命经历，他们赋予了民间口语"天降大任于斯人"的委派，口语异军突起，从生杀予夺的圣旨到具体战术安排以及官方文书系统，街巷俚语倾巢出动，指点江山，完成了从阡陌直达宫阙庙堂的飞跃进程。民间口语雄姿英发，散发泥土的芳香，但似乎沐猴而冠，又有点儿手足失措的意味。权力口语化的伟大进程里，朱元璋就是一大典型。

朱元璋大力追求吾笔写吾心，本无大错。但旁观者感觉到的抵牾与陌生化，在于口语承载的民间与民俗，似乎与习惯的官方文书语境南辕北辙。

在戎马倥偬之中，朱元璋的确写过不少公文，文风独特，是一种与以往的"奉天承运皇帝诏曰"完全不同的口语体。他的老部下看到朱元璋的手令，就像听到他那凤阳口音在说笑。他无意之间赋予了刻板公文的生动性。请看他给大将军徐达的手令："说与大将军知道……这是我家中坐着说的，未知军中便也不便，恁（引者按：恁同您）只拣军中便当处便行。"再看他给李文忠的手令："说与保儿、老儿……我虽这般说，计量中不如在军中多知备细，随机应变

的勾当，你也厮活络些儿也，那里直到我都料定……"

看看这些出自"御口"与"御笔"之作，口语似乎还带着体温，一个活脱脱的朱元璋已经跃然纸上。在有意无意之间，朱元璋开创了一种口语体的"圣旨"。

对于朱元璋恨之入骨的张献忠，不会看在同是民间出身这一点上放过朱家子孙。崇祯八年（1635年）张献忠攻占安徽凤阳，他命部下组织农民和四乡百姓，砍光了朱家皇陵的数万株松柏树，还拆除了周围的建筑物和朱元璋出家的龙兴寺（即皇觉寺），然后掘了朱元璋的祖坟，摧枯拉朽，将凤阳富户杀个一干二净。

这叫什么？这叫一报还一报。

"粗识文字"的张献忠，他对官方文书的熟悉，主要来自短暂的地方兵经历与章回小说的熏陶。清代刘銮的《五石瓠》里说：张献忠"日使人说《三国》《水浒》诸书，凡埋伏攻袭皆效之……"他一方面是学习兵法，一方面也学到了治理天下的话语经验。他并不需要高参，他需要的只是一个制度的酒瓶，就可以装自己酿造的烧酒。

崇祯十四年（1641年），草莽英雄烽火四起，各地义军已发展到近100万。李自成部连克洛阳、南阳重镇，并围困重镇开封；张献忠部连克襄阳、光州、随州，但却在信阳受挫，被明总兵左良玉击溃。荒落过程中，张献忠只好"屈尊"投奔低自己一个辈分的李自成。李自成部得势不饶人，连克许州、禹州、临颍、新郑等十几座州县。张献忠心情复杂，写了一篇《与李自成劝进表》，鼓动"李闯王"筹谋皇业：李闯王"两条劲腿马赶不前，一部胡须蛇攒不入。白帽戴额,依稀秦始之皇;黄袍加身,仿佛汉高之祖"。先是说李自成有"皇者之相","一双飞毛腿,马都追不上;一部浓密胡须,蛇都钻不进",接着引据朱棣"白帽戴额"和赵匡胤"黄袍加身"的典故,建议李自成开创秦始皇和汉高祖那样的大业。此文形容生动,引典通俗易懂,一改历史上"劝进表"的陈词滥调。

复社领袖周钟,曾经谄媚李自成早登龙位,写了一篇《劝进表》,文中鼓吹李自成"比尧舜更多武功,较汤武尤无惭德",贬抑崇祯为"独夫授首",猛吹李自成登位是"四海归心"。周钟比起张献忠来,人格更低一级。虽然张献忠文中"秦始之皇"和"汉高之祖"的两个"之"字属多余,但也是为了彰显斯文,四字结构,抑扬顿挫,具有一种磅礴的虚张声势。但大体符合"劝进"的文体,不能不承认,此风格的《劝进表》妙趣横生。

大西部将刘进忠驻兵四川遂宁,屡次想进攻清兵占据的汉中,张献忠告诫其不要轻易发兵,刘进忠不以为然,执意出兵,最后导致大败。张献忠闻讯大怒,下旨责备之。《明季南略》记载了他怒吼的圣旨:"奉天承运皇帝诏曰:'咱老子叫你不要往汉中去,你强要往汉中去,如今果然折了许多兵马。驴球子,入你妈妈的毙(屄)!'钦哉。"

张献忠的口语里,会出现"妈妈的"这样的词语吗?如果有,那就是晴空霹雳。

民国文人柴小梵在《梵天庐丛录》里记录的是:"奉天承运皇帝诏曰:咱老子叫你不要往汉中,你强要往汉中,果然折了许多兵马。骡卵肏死你娘的屄。你回来,咱老子问

张献忠塑像。蒋蓝摄

你。钦此。"（柴小梵著，栾保群校点《梵天庐丛录》中卷，故宫出版社2013年11月第1版，第372页）比较起来，《梵天庐丛录》可能更接近张献忠的凌厉语境。

针对迎娶井研县陈演的女儿为大西皇后，鉴于礼节繁多而铺张，张献忠开始不耐烦，继而大怒，他的《册皇后诏》指出："皇后何必仪注！只要嗒（咱）老子毬头硬，养得他快活，便是一块皇后矣，钦此。""一块皇后"的陕北方言，快人快语，个性毕露。

对于"肩不能挑、手不能提"的读书人，黄虎从来就是极度鄙夷的。《蜀碧》记载："献自为《万言策》，历评古今帝王，以西楚霸王为第一，命颁布学官。"他决心教训一番四川所谓的读书人，不过都是一帮头脑冬烘之辈，他命令将自己的《万言策》广为颁布，让广大读书人认真学习。

《蜀碧》还记载，又传资阳某藏有诏书云——"奉天承运皇帝诏曰：王珂你回来，饶了夹江那个龟知县罢。"又谓张献忠祭梓潼县七曲山文昌帝君文："咱老子姓张，尔也姓张，为甚咏咱老子？咱与尔联了宗罢。尚飨。"

历史学家任乃强认为，"此则似当时近臣录其口语，不敢改窜，非献忠不解文艺也。"这就是说，黄虎心目中口语的重要性，自然要大大高于讨厌的文艺腔。

张献忠的口语圣旨，与朱元璋比较起来，似乎均出自同一课堂，而且更有长江后浪推前浪之势。

针对汗牛充栋的历史文书，黄虎是极端鄙视的，他除了高扬"天"的律法之外，必须另起大西国的炉灶来烹制自己喜欢的菜肴。在一帮吹鼓手、诌媚者的烘托下，他开始进入到自导自演、自说自话、自吹自擂、自证自明的巨大幻觉当中。

但是，历史上为皇帝避讳这一"陋习"，他却是大力捍卫并继承的。占领成都后，他下令各地恭避御讳，不准人们使用"献"字与"忠"字，甚至连以往历代留传下来的石碑上的"献"和"忠"字，都一律要予以铲除，以致到了清朝，人们才惊觉"蜀无完碑"。

明朝成都知县吴继善，是明末清初名诗人吴梅村的兄长。归降大西后被张献忠封为礼部尚书，算是"古为今用"。但张献忠对于"贰臣"并不放心，认为吴继善不是真心降他，派人暗中对吴继善进行监视。有一天，张献忠让吴继善写一篇向天的《祝文》，没等写好，他就过去扫了一眼，发现《祝文》表笺是用两张纸粘接的，顿时大怒："这

分明是不想让老子一统天下！"当即下令把吴继善脔割处死。须知，张献忠对于向天祷告的《祝文》，从来是高度重视的。《祝文》事关大西国运啊。

重新定义既往官方文书里的词语、官职，只是黄虎挥刀阉割语言的一种方式。2011年，在彭山县江口河道清淤时，在挖出大西军银锭的附近又发现了一页金封册，一枚刻有"西王赏功"的金币以及一些碎银。这页金封册长12厘米，宽10厘米，重730克，上刻"维大西大顺二年在乙酉五月朔日壬午"和"皇帝制曰朕监于成典中宫九御"。专家认为，这是张献忠在成都称帝后，颁布的某种法令的第一页。考古学家给出了解释：它的规格，比圣旨还要高，重量达到730克。圣旨皆说"皇帝诏曰"，它却刻"皇帝制曰"，由此足见张献忠的词语方面的标新立异。

张献忠于清顺治元年（1644年）十一月十六日在成都建立政权，国号大西，建元大顺。在"天学国师"协助下，造新历，其名为《通天历》。张献忠手中，有一件秘不示人的宝贝名叫"千里镜"。传闻它的功能十分神奇，据说是上通天庭，下达九幽，可以同神仙对话，更可以役使鬼卒。从名义上着眼，《通天历》应该是他手里"千里镜"的窥视所得的记录。他以成都为"西京"，自称为"西王"，亦说称"秦王"。命令成都臣民一律称自己为"老万岁"。不拘良贱之家，都要立"西朝皇帝万岁"牌位于大门，并供奉时令香花。轰轰烈烈的自我造神运动，深入每一个社会细胞。可见张献忠心目中对于"西"之地望，是何等重视。

大西国的话语宰制，是通过弘扬与镇压两手来体现其异端文化的。历史学者王纲归纳为几个方面。（王纲著《张献忠大西军史》，湖南人民出版社1987年3月第1版，第247—248页）

其一，凡是书写刻印书籍、碑记、牌场、匾额、中梁，题柱等，"晓谕远近居民"，一律通用大西大顺年号。凡有原明年号者，一律铲除。大西国对待语言的另一种激进方式，则直接取消某些既定词汇的存在，万不得已就必须涂改碑刻或典籍。《滟滪囊》记载："凡碑碣坊梁以'大明'、'大顺'纪年者诛。及一方文字称谓有误及'献忠'一字者，十家连坐。"

其二，大力刊刻记录大西军功绩的石碑，一律面北背南。一反历史上"南面而立"的王朝训令。刊刻勒石一直是彪炳功勋、进入历史的壮举，大西政权对此岂能沉默？

张献忠　潘独鳌　阮之钿　张大径　王秉真

选自《张献忠反谷城》，山东人民出版社1979年版

其三，民间话语直接进入政体，成为官方认可的文体。

黄虎下令，废除明朝的官廷礼仪和制度，禁止大西政权的官员奏对引用《大明会典》，一旦发现违反者，至少责打100军棍。

大西政权的诏书、告示以及上下文等，一律用白话文书写，怎么说就怎么写，反对咬文嚼字、佶屈聱牙、华而不实。比如"大西骁骑营都督府刘禁约碑"的碑文，是刘进忠所立。文告碑中列举官员、军人不许违犯的纪律有：不许擅自招兵，不许扰害地方，不许擅自动用驿站人夫马匹，坐守武职不许擅受民间诉讼，不许无赖进入军队，不得娶本地妇女为妻等。就是用比较通俗的白话文体，识字者都能看懂，不识字者也能听懂。力图做到家喻户晓。因为根据《平寇志》记载，大西立国后张献忠反复重申了大西军纪，颁布不擅自招兵、不擅受民词、不擅娶本土妇女为妻为妾等军纪，若犯依律严惩。可见，"大西骁骑营都督府刘禁约碑"正是对于皇上指示的严格执行。但这些法律，对于万人之上的黄虎，则毫无意义。

其四，大西政权大力提倡使用简笔字。在"大西骁骑营都督府刘禁约碑"中，一百多个字的碑文，就有"断""数""捆""营""管""扰"等简笔字。这与张献忠提倡口语文书的动机一样，有利于大西政权法令的宣传。大西政权尚未发展到使用汉字偏旁来重新组合"创造文字"的程度，200年后，太平天国就实现了这一宏伟的文化夙愿。

其五，翻刻书籍。

张献忠在成都建立大西政权后，曾命令曹士伦翻刻记述陕西华山情况的明万历本《华岳全集》十三卷。翻刻这本书的目的，一方面是为了向军事作战提供参考资料，同时也因张献忠是陕西人，有抒发怀念乡土之情的意义。该书有一篇跋文，署名"大顺初元开国第一令曹士伦"。

华阴令曹士伦，重新补修刊行了明嘉靖年间李时芳撰修、万历间张维新续修的著名山志《华岳全集》。书前附有曹士伦的跋语："不朽之脉，文章是也。明序姑存，因笔损益之，道也。斯文未丧，百世可知，愿后有识之者……"署名"大顺初元开国第一令曹士伦"，无疑是张献忠建立大西政权时期的蜀刻书。从跋文来看，曹士伦所做的工作只是就明人序言做了些增删，还如实加以了说明。这也是我国现存仅有的一部农民起义政权的刻书。

如今我们看到的太平天国于癸丑甲寅年间（1853—1854）印刷出版的"四书""五经"，就对文字做了形式上的改变：一是在文字上做改变。例如，将经书中的"上帝"改为"皇上帝"，把《论语》中的"夫子"改为"孔某"，"子曰"改为"孔某曰"；二是删掉部分太平天国认为与上帝教相违背的典籍内容。清人李圭指出，太平军将经书中涉及"鬼神丧祭"的内容去掉。汪士铎也记载，太平军把"四书""五经"中有关鬼神、祭祀、吉礼等迷信的内容一并删掉。可以说，大西政权开创了阉割词语、涂改经典的先声，太平天国无疑成为这一谱系的集大成者。

以下罗列的"新语"，一种是出自大西政权麾下的词语，一种是明末清初产生于巴蜀地区的特殊词语。这些词语

一如碎裂的镜片，反映出大西政权前后巴蜀大地的种种诡异之象。

捡院子

明末时节，战争的绞肉机多次在巴山蜀水轰响：大顺军、大西军、清军、吴三桂部、"摇黄"土匪反复厮杀，以血磨刀……一方面是意外死亡的老百姓太多；另外一方面是大量的百姓避祸流亡到外地，加上战后尸横遍野，瘟疫随即大面积暴发，使得四川人口急剧减少，赤地千里，几无鸡鸣。以富庶的温江县为例，"人类几灭，……仅存者范氏、陈氏、卫氏、蒋氏、鄢氏、胡氏数姓而已。顺治十六年（1659年）清查户口，尚仅32户，男31丁，女23口，榛榛莽莽，如天地初劈。"（见民国版《温江县志》）；而简阳，"简州赋役，……明末兵荒为厉，概成旷野，仅存土著14户"（见民国版《简阳县志》）。

天府大地，"蜀自汉唐以来，生齿颇繁，烟火相望。及明末兵燹之后，丁口稀若晨星"（见清嘉庆黄廷桂《四川通志》）。到了清初顺治十八年（1661年）时，四川全省人口仅仅只存约50万。

康熙七年（1668年），四川巡抚张德地到四川赴任。他进入四川，经过广元、顺庆、重庆、泸州、叙州，后去奉节、永川、璧山、铜梁、定远等州县，"沿途瞻望，举目荆榛，一二孑遗，鹄形菜色"，"境内行数十里"，"居民至多者不过数十户"（见清康熙《四川总志》卷三五《筹边》），

"蜀省有可耕之田，无可耕之民"。（见《清圣祖实录》卷三六）。于是向康熙皇帝上了一道奏折，建议招徕移民入川开垦土地，重建家园，除此似无别的良方上策。皇帝采纳了这一建议，从清康熙十年（1671年）至乾隆四十一年（1776年），历时105年，开始了大规模的移民入川。

四川师范大学文学院教授黄尚军提到了川东方言里的一个词语，叫"捡院子"，即指"有时候农民开山斩荆棘时，拨开荆棘丛发现一个保存完好的院子，常常看到床上森森白骨。原来这是因为明末清初四川频发瘟疫，很多大院的男女老少都害疫病没法得到治疗而死，又因疫病使人们不敢靠近，院子荒废多年，四周长满茂密的杂草和荆棘。这也是为什么川东人能够'捡'到院子的原因。"（《华西都市报》2017年2月21日）

其实，院落空虚，迅速被疯长的草木所壅塞，并非仅仅缘于肆虐的战争瘟疫，更多的原因，还是原住民的大规模逃亡以及中途死亡，他们的家园反而成了无人知晓的所在。十几年之后，入川移民在开荒过程里偶然发现了这些匿身于荒草野林间的无人院落，"捡院子"之事不断发生，逐渐成为特殊方言。

重庆大足珠溪区老瓦屋基："相传清初由湖广移民入川在荆棘中发现一老瓦屋故名。"江津李市区熟田沟："早年耕耘过明末清初因兵患荒芜后为湖广入川者发现故名。"（向学春《四川地名与移民文化初探》，《文教资料》2015年第13期）涪陵县城郊区老屋湾："明末湖广移民于荒林中发现此房子，故名。"蔺溪区楼房湾："传说清代乾隆年间湖广填四

川此地荒芜唯此楼仅存。"我暑假在通江八家坪村考察见到从荆棘中砍出来的老房子。我家乡巫山平河乡老湾刘长海家老房子，也是明清时期从荆棘中砍出来的老房子被当地人喻为"千年老房子"。上面的地名均反映四川明清战乱人口耗损到处荆棘丛生村庄成树林的事实。（黄权生、蓝勇著《"湖广填四川"社会经济与生态效应的地名学研究》，见《中国农业》2007年第4期）

从中可以发现，移民们不但"捡"到了院子，而且还发展出了不少铭刻着特殊历史的地名。因为在"捡院子"之外，他们还有很多收获。

移民根据其入川后在移居地看到的情形，命名其立脚地。

奉节的河水田：湖广填川，此地无人，发现野兽在此喝水，谐"喝水"为河水。

蒿治坝：明清时，湖广移民入川，此地荒无人烟，坝里长满蒿子，谐音得名。

经历长期大规模的战争之后，四川土著或死或逃，不少地区荒无人烟。乡野凋敝，杂草丛生，战乱对四川地区造成的空前破坏，从这些地名中可得以印证。

合川县有一小地名叫"株子沟"，系移民来川"插占"时，原主人为敬老母，不惜以一匹沟的土地，从后来移民手中换得新织袜子一双而得名。[孙和平著《"落担"、"插占"：湖广填四川的早期民俗记忆》，《成都大学学报》（社科版）2008年第4期]

贾登荣曾经担任南部县委宣传部部长，他对我说了一段自己的经历，南充南部县也有不少地方，清初移民来驻扎后，"捡"到了空院子，比如南部县碑院镇七里村周家沟。在它之上有一个"鱼王寨"，传说是张献忠驻兵所在。

在成都平原的双流县、崇州、温江、大邑县、金堂县等地，也有"捡院子"的事情，只是这一方言没有川东那样流行。

"捡院子"之所以能够成立，还有巴蜀特殊的乡村地理构成。

当外省移民大规模进入巴蜀之后，依据各家庭的劳力状况自由圈占荒地，俗称"插占"。接着，移民们单家独户随地散居，或邀约数户聚居为村落，这就是"院坝"的来历。康熙时陆箕永《锦州竹枝词》："村墟零落旧遗民，课雨占晴半楚人。几处青林茅作屋，相离一坝即比邻。"诗句道出了四川乡村民居的基本建构特征，三五户人家聚落分布，栽种竹子或树木，竹木互为依托，成为理想的屏障，形成密集的竹林或树带，俗称"林盘"或"林藩"。"每一家即傍林盘一座，相隔或半里或里许，谓之一坝。"（林孔翼、沙铭璞编《四川竹枝词》，四川人民出版社1989年版，第86页）

川西林盘是由农家院落与周边的竹林树木以及外围的耕地、河流等形成的有机生态体，它是成都平原田园风貌的典型画面。成都的林盘多数是竹子、乔木等构成的混合林带。所谓"江深竹静两三家，多事红花映白花"（杜甫《江畔独步寻花》其三），形象地展示了人们伴竹临水散居的蜀地特征。

林盘在蜀地古已有之，起源于开明王朝时期。事实上，川西林盘的进一步发达与移民量力"插占"荒地的方式密不可分。但是每一个林盘的间距不是凭空划定，是依据每户劳动力在最大限度时可以耕种及预留耕种的土地（30—40亩）而确定的。一当毗邻林盘农户发生意外时，能彼此照应，接济缓急。在各自林盘空间内部，每户住宅又用竹林或树林围绕，构成独立的院落，呈现出"鸡犬之声相闻"的自我保护状态，又能彼此照应、守望相助的聚落格局。由于林盘内外以竹林或树林间隔，遮挡了人们的视线，很难透视其中玄奥。可以说，林盘产生了天然的保护效果，起到隐藏的特殊作用。在这样的格局下，加之成都平原雨水丰沛，草木长速快，十几年无人看管的竹子与树木，迅速包围了其中的房屋，甚至将房屋"包裹"起来。就像谜面彻底吞没了谜底，成了一个谜团。移民们"捡院子"的事情，恰是在如此环境里才能产生。

虎　患

每当发生大规模战争之后，瘟疫猖狂肆虐，潘多拉的盒子不会就此自动关闭。在西南地区，明末兵燹之灾导致的结果就是——人退虎豹进。凶相、凶险、凶恶、凶残，竞相成为生存的通行证。对于张献忠大西政权在成都仓促建立，直到这批权力黑客仓促撤离成都，这一人与动物的博弈就变得尤为明显。

顺治三年末（1647年1月2日）上午，张献忠被一箭穿心暴死于四川西充县太阳溪，一直到康熙二十年（1681年）开始向四川大规模移民，这三十多年里，横行交错在巴山蜀水间的虎痕豹迹，达到了空前绝后的程度，而兵役、瘟疫进一步激发了兽性。按一般生物情理而言，华南虎与豹子出于猛兽的自我特性，并不会轻易见面，但因为城市、乡村的一片荒芜，尸横遍野，赤地千里，反而改变了虎与豹的彼此禁忌，它们在默契之中横行无忌、纵横交叉，反而相安无事。根据记载，鉴于人尸太多了，成都平原上的虎豹已经变得挥霍成性，它们啮人，人死辄弃去，不吃尽，这为豺、狼、野狗、豹猫、狻猊、乌鸦留下了口福。在向仅存的人类发起的进攻中，老虎总是正面强攻，虎蹈人群；豹子无声逡巡，风一般奇袭弱者的咽喉。

当时成都城内，虎与豹白日可以随意出没。清军入成都城时为了防备野兽，只好夜宿城墙之上，阶梯、隘口处堆满木柴灌木加以堵塞。待到后来张献忠兵败被杀，清军渐渐收复四川，发现成都城内绝人迹已经十几年：瓦砾颓垣，不识街巷，四处林木丛杂，宛如荒林。走兽野犬游走其间，城内外两万余口水井，均被尸骨、人头填满与地齐平……《明史》提到："城内杂树成拱，狗食人肉若猛兽虎豹……民逃深山中，草衣木食，遍体皆生毛……"

一切兽性被彻底激发了，反而刺激了野兽的高速繁衍。如此毛骨悚然的记载，并非个案。吴梅村《绥寇纪略》卷十记载："蜀乱久，城中杂树皆成拱，狗食人肉，多锯牙若猛兽，聚为寨，利刃不能攻。虎豹形如魑魅饕餮，穿屋逾城，逾重楼而下，搜其人，必重伤且毙，即弃去，又不尽食也。

荒城遗民几百家，日必报为虎所暴，有经数十日而一县之民俱食尽者。其灾如此。叙州人逃入深山，草衣木食久，与麋鹿无异。见官军以为献忠复至也，惊走上山，步如飞，追者莫及，其身皆有毛云。"在凶事之秋，孑遗的活人已经成了"白毛女"，野狗吃起人肉就像虎豹那样的凶猛，看来不是奇怪的事情。

欧阳直的《蜀乱》记录了四川的虎豹之患："蜀中升平时从无虎患，自献贼起营后三四年间，遍地皆虎，或一二十成群，或七八只同路，逾墙上屋，浮水登船爬楼，此皆古所未闻，人所不信者。"

彭遵泗《蜀碧》卷四记载：顺治初年四川"遭乱既久，城中杂树蓊郁成林……多虎豹，形如魑魅饕餮。然穿屋顶逾城楼而下，搜其人必重伤，毙即弃去，不尽食也。白昼入城市，遗民数十家，日报为虎所害，有经数日，而一县之人俱尽残者"。顺治七年（1668年）四川地方官员向朝廷奏称，顺庆府"查报户口，业已百无二、三矣！方图培养生聚渐望安康。奈频年以来，城市鞠为茂草，村疃尽变丛林，虎种滋生，日肆吞噬。……据顺庆府附廓南充县知县黄梦卜申称：原报招徕户口人丁506名，虎噬228名，病死55名，现存223名。新招人丁74名，虎噬42名，现存32名"（《明清史料》甲编第六本）。

沈荀蔚《蜀难叙略》记载：顺治八年（1669年）春"川南虎豹大为民害，殆无虚日。乃闻川东下南尤甚。自戊子（顺治五年）已然，民数十家聚于高楼，外列大木栅，极其坚厚。而虎亦入之；或自屋顶穿重楼而下，啗人以尽为度，亦不食。若取水，则悉众持兵杖多火鼓而出，然亦终有死者。如某州县民已食尽之报，往往见之。遗民之得免于刀兵饥馑疫疠者，又尽于虎矣。虽营阵中亦不能免其一二。"乾隆版《富顺县志》卷五记载，清初"数年断绝人烟，虎豹生殖转盛，昼夜群游城郭村圩之内，不见一人驰逐之。其胆亦张，遇人即攫，甚至突墙排户，人不能御焉。残黎之多死于虎"。

这种战乱对四川破坏空前绝后，康熙年间陈祥裔《竹枝词》指出："芳树烟笼闻豹啼，汉家陵寝草萋萋。"反映战乱后的环境状况，故有进一步描述："崖悬青石接猫坪，一片荒山虎豹生。"

成都历史学者郑光路认为，张献忠死后大约50年内，是四川历史上最可怕的虎豹横行时期。

清初，在成都以东低矮绵长的龙泉山脉也是虎豹时有出没。几十年后的康熙年间，各省移民到来，开始大量捕杀虎豹。及至20世纪40年代，老虎已绝迹，但有极少豹子出没，还有独狼偶尔出现，山民称之为"毛狗"。每年冬令时节，平原周边都有几拨打猎队伍上山捕猎，名为"为民除害，支援国家建设。"到20世纪70年代，包括成都以南的二峨山区，这些苟延残喘的野兽被捕杀殆尽。仅有金堂县山区、都江堰山区、崇州鸡冠山、大邑西岭一线，尚有少量金钱豹子遗。

从这些有些言过其实的历史记载里可以发现，"虎豹"并称乃是汉语双音词语构成的普遍现象，而虎豹分布与其所嗜食物的分布有着绝大关系。野猪、牛羊生息之处，就为虎

豹出没之地。但人间兵疫、瘟疫反而成为"虎豹生殖转盛"的绝佳条件，由此可见兽性的勃发，实为人间所引发的。

张打铁，李打铁

这首《打铁歌》，是流传深远的民谣，有些地方将之编入了儿歌。在南方尤其是西南流传更广。基本词句是：

> 张打铁，李打铁，
> 打把剪刀送姐姐。
> 姐姐留我歇，
> 我不歇，
> 我要回去学打铁。

此谣究竟始于何时，似不可考，不过可以确定的是，在明朝天启年间（1621—1627）《打铁歌》已经问世，明代著名地理学家徐霞客之幼子李介（李介之母为徐霞客侍妾周氏，刚刚怀孕就被正室罗氏驱逐，周氏无奈改嫁李姓人家），在《天香阁随笔》卷二中记载："天启时，南直有童谣曰：'张打铁，李打铁，打把剪刀送姐姐；姐姐留我歇，我不歇，还要回家去学打铁。'皆连臂而歌，手做打铁势。"（李介著《天香阁随笔》，中华书局1985年版，第49页）

文中的"南直"，即为现在的江苏和安徽一带。近年从彭山县江口镇岷江中发现张献忠沉银等文物已逾数万件。其中发现的大量银锭上都刻有铭文，铭文所刻的州府名称有四川、湖南、湖北和南直隶（相当于今江苏、安徽两省）各州府，与张献忠进军路线完全吻合。

李介指出的说唱动作，回忆起来，我在儿童时代也是这么做的啊。两个孩子相互拍手而高歌，手舞足蹈，无休无止。据道德家解释说，具有"对儿童进行劳动教育的含意"。是否如此呢？

民间传说中，认为《打铁歌》另有深意：张，指张献忠；李，指李自成。一种流行说法是张献忠幼年因为学过打铁，他要高举造反大旗时，他姐姐劝他说："你造起反来我们还能活吗？"张献忠说："姐姐不用着急。唱《张打铁》歌可免难。"这就暗示，《张打铁》首先具有宗教经文一般的不凡性质，可以消灾去魅。既然念念有词就可以免除灾祸，于是这首歌便不胫而走，传散开来。黄虎聚义起事之时，会唱此歌的即为义军，《张打铁》又成了确认同门的秘密"口令"。可见这首民谣原初的名字就叫《张打铁》。但历史上没有关于李自成曾经学习过打铁的记录，只是有李自成成年后偶然展示打铁技术的传说。趁热打铁，铁匠之身，他们像打铁一样打人、打天下，渴望锻造铁打的江山。《清稗类钞》中载："张李者，即献忠、自成之谶。"〔徐珂编撰《清稗类钞》（第10册），中华书局2010年版，第4693页〕近代学者朱天民在《各省童谣集》中也指出"'张打铁是指张献忠而言'，'李打铁是指李闯而言'"，但他也认为可以"姑且不管"。

第二种说法是歌中"姐姐"应读作"孑孑"，为清代某皇帝的乳名，此歌预示了明末张、李起义后明亡，满人做了

皇帝。

第三种说法是"姐姐"暗指清朝,欲招降张献忠、李自成,二人不肯"歇",且"继续回去学打铁",再与清朝决一死战的意思。

第四种说法更为笼统,认为民间的俗话有"张李半天下",意思是说姓张、姓李的人口众多。信手拈来作为比附也是很自然的,比如"张三李四","张家长、李家短"(张献忠在成都时,还听军队探子汇报过这个俗语),尤其是唐朝"张公吃酒李公颠"。

《打铁歌》在三百余年的流传中,不断演化出新的版本,"劝诫"意义明显,在各地均有很多异文,有的地方还与《十二月歌》联唱。吊诡之处在于,歌谣藏匿着鲜血淋漓的历史隐喻,却成为填补儿童心智的游戏。

四川成都等地区,《打铁歌》是孩子拍着巴掌念的。不是自己拍巴掌打拍子,而是两个孩子相对而坐,自己双手拍一下,再用右手拍对方的右手,然后自己双手再拍一下,再用左手拍对方左手,如此一直循环下去,这叫"对掌"。他们念着念着,最后一句就变成了"我不歇,我在桥洞底下歇"——这就是"睡桥洞",又牵扯出一个晚清的成都世相。成都老九眼桥有九个桥洞,最靠近两岸的桥洞,因为长期淤积河泥,渐渐高离了河面。乞丐、流浪汉、暂时找不到活路的穷苦人,都住在这里,当上"桥洞客"。这里整天臭气熏天,肮脏无比,有时路过,就能看见一张破草席下盖着一个人,露出两只枯瘦的脚,惨不忍睹⋯⋯他们既成不了大隐隐于市的狗皮道士,更不会成为在狗洞里窥视世界的古希腊犬儒。

到了民国,语文教科书开始收录了《打铁谣》。旅美散文家王鼎钧幼时所读课文即有一篇:

> 早打铁,晚打铁,
> 打把镰刀送哥哥。
> 哥哥留我歇一歇,
> 嫂嫂留我歇一歇,
> 我不歇,
> 我要回家去打铁。

一日,王鼎钧在家中温习功课,正当他高声朗诵此歌谣时,一位宗亲长辈来串门,听了之后,非常生气,厉声对王鼎钧喝道:"有那么多的事情你不干,偏偏要打铁!你太没有出息了!"(《昨天的云:回忆录四部曲之一》,生活·读书·新知三联书店2013版,第91页)

风化与伦理正在一点一滴地"改写"真实,张献忠与李自成退出历史舞台,民谣成了正大光明的劳动颂歌。我想,自《诗经》以来,还有多少民谣属于这类被反复粉饰、反复规训的情况呢?

调事小儿

吴伟业《鹿樵纪闻》指出:在成都建都之后,黄虎为了进一步加强舆论控制,捍卫大西政权,要确保铁打的江山

不能生锈，肃反工作一如水银泻地无孔不入，必须先行。于是黄虎"又选亲信左右千人，号'诇事小儿'，身易服杂其间，夜出周行街巷，听人私语，犯忌讳者，以白垩识门，黎明而收者至"。

诇，本义是知处告言之。此字亦作侦。

在大西语境里，"诇事小儿"也称作"查事人"，属于大西政权从军队里抽调出来的身体轻健的青年，组建的一支几百人的侦察队伍。

"诇事小儿"任务是，夜里悄悄潜伏在老百姓窗下、梁上偷听，这显然属于刺探"语言犯罪"的专项工作。夫妻、父子、兄弟间有"私语时事"者，则用石灰在大门上做记号，第二天侦察部门按图索骥。他们不像克格勃那样立即破门抓个现行，而是让嫌疑犯睡到天明，似乎又显出几分奇妙的"仁慈"，说明大西政权拥有胜券在握的雍容气度。

当然，这个盘查过程里也有人惊魂未定之余，反而有了意外之喜："街民张成恩到邻人串门，其妻止之曰：'夜暮矣，尚说"张家长，李家短"何为？'贼诇知，侵晨执见献忠，问之，民以实对。献忠曰：'我家长，他家短，是良民也。'赏而释之。"

语言的巫术里，具有多么奇妙的"语谶"之力。

个中主角，《滟滪囊》中记载为"张成恩"，《蜀龟鉴》作"张承恩"，说是"张家长，李家短"出自妻子之口；《蜀龟鉴》里写为"张承恩"，说此语出自己丈夫之口。这对张家夫妻，晚上议论之事，竟因此受重赏，岂非意外！连当事人的真名实姓都有，可见这事不是向壁虚构。

顾山贞《客滇述》记载了"受剥削的下人"举报财主的事件，财主被捉拿到成都，竟然敢在皇帝面前请求："今日当死，当容一言。"黄虎回答："不必多言，自有死法！"下令把财主按倒，用钉子钉其手掌，然后以大石滚滚之，顷刻遂成肉酱。

我们似乎不能过多责怪那些放弃了自己的睡眠而一心刺探别人梦境、梦话的密探。因为《蜀难叙略》记录对于"诇事小儿"玩忽职守的处罚："其有不及报而为他处发觉者，则并'查事人'亦诛之。"如果漏报了情况，密探们的脑袋也是保不住的，所以他们必须宁左勿右。因此，大西阵营不仅实施"连坐法"，而且有更加严酷的"反坐法"。其实大西语境里，"诬告"并不成立，"诬告"的唯一可能是没有查实到举报的财产，这只能证明"敌人很狡猾"。仅凭这些典型材料，我们很快便能感觉到在大西集中营式的管理下，任何人的脑袋处于随时可能不翼而飞的境况，人们只能山呼"老万岁"，用祈祷来塞满了城乡的每一个石头缝与私人梦境。禁止梦话，禁止做梦，最后干脆禁止睡眠。

大西刀锋语境之下，隔墙有耳，梁上有眼，人们毫无自由可言，更谈不上什么人格尊严。

敲竹杠

1644年3月19日，李自成进京。面对富得流油的京城官绅，3月27日农民军开始了一个凌厉举动，即"拷掠明官"！开始"拷问"和"掠夺"明朝官员的全部财产！这无

疑是对唐朝黄巢"淘物"之举的推陈出新。

明朝末期国库空虚,而官员们却贪污发家,这也是明朝亡国的一大主因。据史料记载,经过大顺军短短40天深入基层、触及灵魂的拷掠,成效斐然。据统计,李自成从这些官员处共搜刮了大约7000万两的白银,珠宝就装了6000车。当然,这里面记载比较含糊,估计黄金和白银加起来,等值于7000万两。至于珠宝、古董字画等,就无法计算了。

相传李自成责问部下"何不助孤做好皇帝?!"不料,他的铁匠兄弟刘宗敏直言相告:"皇帝之权归汝,拷掠之威归我,无烦言也。"[钱��只撰《甲申传信录》(外四种),古籍出版社2002年9月版,第61页]

快人快语,真是亮出底牌的真言!

对于"拷掠"之威,久历江湖的黄虎早已经是熟门熟路。

清人刘景伯在《蜀龟鉴》中说得很清楚,黄虎"籍富民大贾,饬各州郡籍境内富民大贾,勒输万金,少亦数千金。事毕仍杀之"。屠湖北蕲水时"饶夫妇跪请曰:'愿出金廿万免死。'献忠括其家得卅万,卒杀之"。《明季北略》记载,蕲水当地人痛恨有钱不养兵的饶宦,认为"献忠杀之快矣。但百姓亦何罪哉!"黄虎这种绝不"言行一致"的一刀切行为,使得黄虎攫取到更多的财富。

获得楚王朱华奎的数百万两王室宝藏后,继续沿长江逆流而上,黄虎把"好掠好焚"的传统来了个芝麻开花节节高,长江后浪推前浪,威风凛凛地向巴蜀进军,沿途州、县官员乱作一团,非但不阻抗贼寇,一部分人"望风狂逃",

一部分人采取"望风送款"之贿赂，和老百姓一道，热烈迎接暴力主义降临，甚至到了大西军"传檄而定"的程度。入川时，黄虎几乎打劫了四川所有的官府和土财主，将川中金银财宝悉数纳入一己之手。从"望风狂逃"到"望风送款"，我们可以清楚地注意到黄虎凌厉、决绝的气势之下，蜀地"民脆"的劣根性。

黄虎曾经顾盼自雄道："朕自江南、湖广以至四川一路来，所获金宝不止十百万！"即便如此，在干柴上继续强力刮油，就是他们余下的工作。

大西军四处设置关卡，岂能放过漏网之鱼？

弘扬举报传统，成了大西军甄别财主、官员的一大策略。顾山贞《客滇述》指出，占领成都后，黄虎"拘集文武各官，时各官多鱼服求生，贼函悬重赏购百姓认之，各官遂无得脱者"〔边大绶著《虎口余生记》（外十一种），古籍出版社2002年9月版，第92页〕。

"鱼服"一词甚妙。张衡《东京赋》："白龙鱼眼，见困豫且。"白龙化鱼而遭射，本比喻贵人微行具有危险性。后借鱼服指人未发迹扬名之时，或指微贱而不被人知。这样的反讽意味深长，好不容易混成了王公贵人，现在拼命往草民群里钻，渴望成为脑壳入地的鸵鸟，但他们肥硕的屁股高高耸起，宛如标志。

那些渴望带着金银财宝准备偷偷运送出成都城逃亡川西北山区的富裕人家，不可能如愿了。黄虎下令，严守城门，对出成都城的人尤其是所带箱笼包裹等，一律严格检查。哪个胆敢放走携带贵重财物的人出城，格杀勿论。

财主们想出了一个明修栈道暗度陈仓之计。把竹子截成丈把长的竹杠，打通中间的竹节，将金银珠宝放入其中。将竹杠封好后，把家人与自己乔装打扮成老百姓，想将装有金银珠宝的竹杠运送到乡下，暂避风头。

装有竹杠的车马，来到城门口时，被看守城门的大西军拦下。

士兵问："你们干什么的？"这些人连忙上前点头哈腰地说："我们是做小本生意的，贩点竹子，准备运回乡去卖。"一个士兵上前围着车子仔细看了一遍，见车上装的都是大楠竹，没什么贵重东西，就想挥手叫他们出城。这时，一个在旁边抽旱烟的老军头觉得奇怪。老军头一边吸烟，一边想：楠竹出产在乡间，做生意的人都是从乡下拉竹子进城卖，哪有从城里头拉竹子到乡下去卖的？想到这儿，就拿起烟袋杆儿走到车子边上，举起烟杆对着车子上的竹杠要敲掉烟锅里头的烟灰。

这些人一见，大吃一惊，有个机灵地赶忙上前拉着老军头的手，塞给他两锭银子，说："两位辛苦了，这点小意思，请两位喝茶。"

老军头一见，更觉得竹杠里头有鬼，还要去敲。此时正好遇到事必躬亲的黄虎来巡查，这帮人来了个恶人先告状，跪在张献忠面前。说老义军向他敲诈财物。张献忠一听，勃然大怒。老义军见此状，便上去与张献忠耳语几番。张献忠一听，拔出大刀，将竹杠一分为二，金银珠宝散落一地。当然，所有偷运者的脑壳，随着珠宝也落地了。

于是，便留下了这么一个"敲竹杠"的故事，风靡南北。在四川方言里，"敲"发音"拷"，读阴平声。

"敲竹杠"一词的内涵逐渐演变，成为利用他人的弱点或找借口来索取财物或抬高价格，等于将眼观六路的敏捷蜕变成小人的伎俩，是不是有点埋没黄虎呢？

酒肉穿肠过

在东方人的视野中，有关竹子的精神传奇数千年来一直高蹈在历史的天空。竹子不但使中国文化得以彰显，竹子还以绵密的竹节与韧性，与我们的脊柱构成了某种意味深长的联系。被竹子密密围合的四川，人们的智慧与技艺所演绎出来的繁复竹艺，可算是对竹子养育之恩的一种报答。这突出在几个产竹区：川东梁平大竹、川南长宁江安、川西崇庆邛崃。春夏之际，我在大竹县五峰山下，可以清楚听见竹笋的拔节之声。

此地在唐武则天久视元年（700年）始置县，因"竹地竹多、竹大"而得名。大竹县并非僻壤，在没有公路的时代，因急事需出入成都，就不是走水路，而是在万县或涪陵登岸，翻越山岭，经大竹县到遂宁再趋成都。1879年，一代大儒王闿运应四川总督丁宝桢之邀来到成都担任尊经书院山长，他正是从万县上岸、步行经过大竹县的黄泥塝来到成都的，从此使得蜀中学风大盛，名家辈出。

2012年5月，我和一批散文家在大竹县参加笔会，一天清晨来到春雨笼罩下的五峰山。山踝一线空无一人，细微的雨声与嫩竹嘎嘎作响的拔节之声相互缠绕，让一座空山充盈

着自然的韵律。穿行其中，竹影婆娑，仿佛有一个背影以绝世轻功踏叶而舞。我想起了那个如竹节般峭拔的奇人：破山禅师。

在明朝万历二十五年（1597年）的阴历六月十九这天，五峰山下的双拱乡蹇家碥，一个男孩呱呱出世，父亲为其取名蹇栋宇。名字寄托了乡下人的希望。栋宇18岁时结婚，19岁生日的前一天晚上，他做了一个怪梦——慈眉善目的长者告诉他：有两个友人明天午时将在五峰山上的小石林与你相会，你务必要去。记住，这是天机，你不能将这事泄露给任何人。

翌日，栋宇独奔五峰山小石林而去。栋宇以前经常在五峰山上游玩，对五峰山上的每个地名烂熟于胸。来到小石林，果然看到一僧一尼闭目打坐。以前这里并没什么和尚与尼姑啊！栋宇正自惊疑时，紧接着发生的事更让他吃惊不已。和尚开口："海明你来了，阿弥陀佛！从今天起，你就是海明了。"

我想，这故事多半是后人附会的，但来自"梦启"的神力在历史上已经多如牛毛，如同洪秀全落第而高烧昏迷四十余日后，焕然以"天王"的名头徒手升起铁血浓云。反正从这天起，海明开始云游四方，遍访名师，苦研佛经。据说他到湖北的破头山闭关修禅，立誓以七日为限，刻期取证。在闭关到最后一天，他发誓："悟不悟，性命在今日矣！"竟于中午，信步举足，坠于万丈悬崖之下，将左脚跌伤而豁然开悟。

破山和尚因为源于佛门中影响最大的天童派，最终成为身祧临济、曹洞两宗的一代宗师。他不仅是明末清初西南以至全国的佛坛领袖，也是一位声名远播的诗人、书法家、绘画大师。

破山和尚在1633年到梁山县（今梁平区，1950—1953年隶属大竹专区，属大竹县）弘法，修建寺庙双桂堂，广收弟子，弘扬佛法，前后逾30余年，使西南地区的佛教兴盛到历史顶点，成为佛教发展史上的"最后活跃及其终结"。双桂堂落成后，方便了破山和尚每年与师兄、师姐在五峰山小石林的相会。为此，破山和尚有一首偈语："万竹山中无剩言，拟开口处便还拳。连连打彻自家底，胜遇诸方五味禅。"（《破山明禅师语录》卷十四）大竹县史料记载，他们之所以要在小石林相会，是缘于此地有石、竹、兰——石是破山化身，竹是破山师兄的化身，兰则是破山师姐的化身。小石林便被易名为"三友园"。

让我惊心的，还是破山那句"酒肉穿肠过，佛祖心中留"的出典。

崇祯十六年（1643年），黄虎大军逼近开县，破山避乱回乡住持姜家庵，并将他在此剃度出家的姜家庵修整一新，更名为佛恩寺。在佛恩寺期间，破山被张献忠部将误以为是达州唐进士予以逮捕，经过严刑拷打后，放回梁山，遂建活埋庵。

据清代吴伟业的《鹿樵纪闻·卷中》以及清代张邦伸的《锦里新编·卷九》等记载：八大王张献忠攻打保宁府，在城外的庙里驻扎。大西军悍将李鹞子扬言欲尽屠保宁，破山和尚得知后遂前往为民请命，李鹞子正吃着喷香的狗肉，便

对破山和尚讲："敢吃即从汝！"

破山即答："老僧救百万生灵，何惜如来一戒？"于是"为啖数脔"，从容而食。保宁及其府属百姓才得以幸免于难，让"有宋格局，明朝风貌"的古城阆中侥幸躲过一劫。

破山和尚一边吃肉，一边说出了"酒肉穿肠过，佛祖心中留"这句话。这是一句多么悲痛的话呀，可惜往往被人们儿戏为诡辩之辞。如佛祖所言："我不下地狱，谁下地狱"，心如竹空的破山，其实是以自己的利石，打通了所用的竹节，他承度了万千人的性命！

明朝灭亡改元大清后，局势无可挽回，破山接受"夔州十三家"之一秦良玉的邀请，住持石柱司忠县三教寺；顺治四年（1647年）佛诞日，张近宸居士迎请入住天佑寺；又在军中度化南明政权吕相国大器，据《破山年谱》载："东川吕相国专书迎入司中一晤，初以老病为辞。吕因军务所羁，不能趋榻，强请再三，师乃策杖而往。"在破山的棒喝威逼之下，吕大器被破山的大机大用所折服，执弟子礼。吕大器归依破山后，许多地方武装首领也纷纷拜破山为师。顺治七年（1650年），禅师54岁，"夔东十三家"之一的李立阳李总戎屯兵涪陵，延破山到军中住锡，并在军营中传播佛法。破山破戒止杀的公案就是这时发生的。另一位地方武装于小山，字大海，也亲自礼请破山到黄化城署中，频频请示佛祖因缘。破山在这一时期，斡旋在各路兵马之间，常为他们宣说罪福报应之事，或以不杀为至德，尽量减少战乱，救民于水火。（《破山年谱》）

破山写诗甚多，有《永庆寺》一诗：

踢倒须弥镜影空，

逢人徒鼓舌尖红。

黄鹂不识吾师意，

叫落庭前一树风。

置身五峰山的无垠竹海间，一轮一轮的波涛把山巅送往云间。与其说我听到的是拔节之声，不如说是破山打通竹节的那种噬骨之音，有撼动天灵之痛。

石牛对石鼓

2015年端午节当日，我带11岁的女儿从九眼桥走到望江楼公园。记得20世纪90年代初期，成都当时还组织划龙舟、抢鸭子的民俗活动。如今"弘扬传统文化"的口号惊天动地，但整个锦江水面静悄悄的，唯有几只野生的白鹭展翅，带动着古老的流水，孤影如河灯，让我想起"化作荒庄野鸽飞"的诗句。

在望江楼公园邻近锦江的河滩上，有一段未修栏杆的河边自然保护区，被称为《多自然型护岸试验工程》，是中日合作建设的维护河川自然生态的试验区，有一对体格巨大的石牛卧于荒草丛中。与天府广场出土的战国石犀一样，为圆雕作品，浑厚而古朴，石牛长约2米，连基座高1.5米，估计一头石牛的重量约1000公斤。材质为成都平原上典型的赭红色粗质砂岩，不耐风化，牛角、脸庞已经漫漶。女儿很好奇，搂着石牛要我跟她拍摄了几张照片。2012年我采访望

静卧在锦江边的石牛。2005年蒋蓝摄

江楼公园管理处时,管理人员告诉我,1999年年底清理河道时,不但发现了这对石牛,还发现了一对大石鼓,因为觉得石鼓无用,挖掘机就把石鼓扔回了江中。因为发现地点就在望江楼附近,公园管理处才将石牛放置在河滩上。

成都人都知道一段关于九眼桥——望江楼的古老民谣:"石牛对石鼓,银子万万五。谁能识得破,买个成都府。"传说张献忠离开成都时,在九眼桥码头上船,临走时把抢来的金银财宝秘密埋在九眼桥一带的河中,并以"石牛、石鼓"作为将来找寻宝藏的暗号。当时锦江没有修砌堤坝,水面距离街面才三四米,要筑坝拦河才能在河心开挖,我估计还没挖掘多少深度,就水漫金山了。分析一下就觉得秘密的由来不足为信。尽管如此,四川至少有5个地方,拥有这一藏宝诗歌的不同版本。

据《成都市志》记载,1938年,成都陕西街陕西会馆住有杨白鹿先生，他有一张秘藏多年的"藏宝图"，这是他家用人几代相传的宝物。晚年之际，杨白鹿把藏宝图纸交给了当时赫赫有名的"傻儿师长"范绍增，由他来主持掘宝行动。按照"藏宝图"的指引，藏宝地点应在望江楼往下、河流对岸的石佛寺下面的三角地带靠江心位置。师长令民工一边抽水，一边开挖。在锦江两边的河岸上，每天来看热闹的成都市民观者如堵——

据成都市档案馆收藏的《工程经过记略》称：1939年3月1日，招工96人，开始在"望江楼与兵工厂（今南光机器厂）相对河流正中沙堆间，开始淘掘"。至12日，"从砂堆右边挖进，距水面四尺深左右（约1.3米），发现无数枯骨，并枯骨人头四具，相隔尺许，知非由江水冲来"。据多数专家考察，显然是张献忠当日所杀石工及运夫遗骨。"同时，又挖得血浸砂石一层，厚约五六寸，面积颇宽。"专家认为

位于望江楼公园的石牛。这是1990年的老图片，似乎出水不久，还沉浸在水下的梦中

也是当时牺牲的民工血迹，推断下面必有石条。13日下午，在枯骨和血石层下，"深约二尺上下，掘得红色石条数根，横江排列。前后左右相接处，均有桐油石灰。"有一块条石上还刻有"张"字。这种条石砌体，沿右岸伸展，到17日，共挖出92根条石，上面大都刻有单字。21日已将条石全部取出，再向下深挖，"距石条下二尺许，又发现桐油石灰、砂石凝结之三合层。再将三合层起出，又发现无数朽黑木"。4月8日，"工程周围，突涌现白光，状似月色尤明，约十余分钟始灭"。当放光之前2时，"掘壕发出河岸崩溃声，车水夫惊骇，及持灯视之，无恙"。

随后，在"凿深二丈余"（约7米）的地方，"水色黄黑，气臭，类似死尸"。这时"石牛对石鼓"的民谣果然应验了。"于工程右岸，挖出石牛。形式睡卧，头向东北角。详加视察，牛约数千斤，睡卧形式，似非水冲倒的，疑有作用。""乃命工人向东北角牛头相对处挖掘，果然挖出一石，与众不同。半边圆形，半边方形，石之平面，左右凸而中凹。该处仅此一石，其他无石。或取石面鼓出，以为鼓乎？未可知也。"推想张献忠思想离奇，决不循规蹈矩，鼓是圆的，偏不使它为圆，也未可知。

到5月2日，在工程右岸发现石牛的背后，又挖出条石70余根，仍有刻字，"石条下，均有平铺无数朽木"，下面又挖到张献忠铸造的"大顺通宝"数枚。这说明条石砌体下铺枕木，都是张献忠所为。《工程经过记略》的记录到此为止。（冯广宏著《张献忠埋银悬案——张献忠帝蜀实情考之七》，载《文史杂志》2011年第1期）

工人把铜钱取出来后，再没有进一步的发现了，未免让人扫兴，历史谜团不但没有破解，似乎更添歧义。地点就在如今四川大学南校门与望江楼公园之间的锦江河畔。如此大的河道开挖工程，兴师动众，我估计锦江不会再有第二座。

下游对岸处的分流堰（分水功能与都江堰原理一致），地名因势利导，就叫"洗瓦堰"，也就是现在的石牛堰。在古蜀历史中，石牛的作用与战国晚期沉入水中的石犀一样，它们都是蜀地强悍的"避水兽"。

明正德年间所修《四川志》记有华阳县的万年堤，位置在"治东府河岸，承奉宋举等修筑，三百余丈，置石人、石牛各九，以镇水恶"。天启《成都府志》补充，此堤是蜀王府主持修建，应该就是今望江楼锦江右岸河堤，长约1公里，当时平均每100米左右立1具石人和石牛，成为一道特殊的风景线。

嘉庆《华阳县志》记载，"九里堤：治东三里洗瓦堰侧。旧《通志》：堤长三百余丈，置石人、石牛各九，前人以之镇水患者。按明万历十六年（1588年）王士性《入蜀记》'成都故多水患，是处为石犀镇之。城东，有十犀九牧立于江边'，盖指此也"。同书又云，"石人石牛：治东城外万年堤，石人、石牛各九，盖前人以之镇水患者。今惟石牛一头，余无存"。

水利专家冯广宏认为，洗瓦堰附近的石牛，也就是明代后期万年堤上的唯一残余。而洗瓦堰本身，应是明末清初所修建。洗瓦堰附近的石牛，就成为"石牛对石鼓"谚谣的地面依据。近代锦江中挖出的两具石牛，应该是明代那九具石

牛的孑遗。黄虎"锢金"时，九具石牛可能大部分健在，经过随后的战乱，到清初只剩下最后那二具了。

这类来自民间的"藏宝图"在四川一直广有流传，并成为敛财的独门绝技。20世纪80年代中期，就有人约我出资参加一个类似的"会"，有非常严格的"入会"规定，烦琐不亚于现在进入组织，唯一的信心就是某个相貌奇古的高人手里，有一张张献忠或国民党高官的"藏宝图"。戏剧效果更好一些的，还会将图绘制在羊皮上，这就更为高古。我没有入会，我看见发展我的人印堂发亮，双目大放光明，太阳穴高高冒起，不像传说中的内功高手，倒很像电影《追捕》当中的横路劲二。

秘密由谜面与谜底构成。如果谜面与谜底翻转，或者两者合二为一，那么，石牛还是一个谜团。石牛是突出谜团的唯一硬件，它见证了三百多年的沧桑与寻找，石牛像谜团一直在漫漶，在风化，也许再过二三百年，它连牛都不像了，它只是一块无法推测造型的石头。我女儿再一次去搂住石牛的脖子，这一次我没有按动快门。我说："今天是端午节，你亲一口石牛吧。"她低头说："我闻到一股青苔的味道……"

挂陈艾

端午纪念屈原习俗的传播路线，是以汨罗、武陵为中心的湖湘向四面八方扩散而开。可以分为"食粽"与"竞渡"两大类。巴蜀文化的特质在于包容而创新，巴蜀移民把带来的客家文化、岭南文化等也融入节日活动中，使端午节在四川落地生根。二十四节气一般不作为民间的节日，但民间对"立春"和"端午"这两个节气很看重，是民间当节日来过的节气。《郫县旧志》中记载："望丛祠，即二帝陵边，端午日，游人如蚁。农民竞田歌，声闻数里。"在成都部分农村，端午节还流行"送伞"；成都端午节民俗活动里还有著名的"打李子"。而"挂陈艾"仪式，不见于明朝之前的本土记载，恰与黄虎屠川有关。

古人用于引燃的火种就是艾草，因为艾草易燃，而且火力大。由于钻木取火之法很费劲，人们在实践中发现把冰块削成椭圆形进行聚光，来点燃艾草更容易，人们把这种取火方式称作"冰台"。自商周时候起，冰台成为艾草的代名词。人们不仅在取火过程中应用艾绒，在保管火种以及火种迁移过程中也大量地采用了艾绒。

但到了端午节，艾草的正义叙事功能被突然放大，我以为还是地气上升，阳气回复所致。于是，端午节仿佛就是艾草上的一串露珠，在突然庄严的一天时间里，展开了它逶迤的水痕。因此四川有"端午百草是药"的说法。成都人在这天是一定要用陈艾、菖蒲等草药熬汤沐浴的。老成都有句民谚"端阳不洗艾，死后变妖怪"，说的就是这个风俗。

1644年，大西军入川，风声鹤唳草木皆兵，百姓望风而逃。那天正是五月端阳佳节，黄虎酒后在成都老营外闲逛，看到对面小山坡上有几个逃难者。黄虎是游戏人间的高手，他仗着酒性准备玩一玩，跃马扬刀就追了上去。百姓们没命地逃，张献忠率先追上一个老妇。老妇腿脚不便，老眼昏

花,背上背着一个十来岁的女孩,手上还牵着一个五六岁的男孩。黄虎的社会阅历精湛,看出了蹊跷,便收住了举起的大刀,吼道:"咄!老妇速速道来,为何背大的牵小的、背女的牵男的?"当时社会极为重男轻女,应该背男孩牵女孩才合常情,何况男孩还要比女孩小得多。

老妇吓得浑身乱抖,跌坐于地,把大女孩拉到身后,把小男孩揽进怀里,结结巴巴地说:"军爷有所不知,这大闺女是我邻家的女儿,双亲都被八大王杀了,这小男孩是我的亲生孙儿……"

就像遭遇一头凉水,黄虎的酒意立即醒了大半。玩的兴致没有了。他一眼看到老妇脚下有两窝野草,一窝是陈艾,一窝是菖蒲,便对老妇说:"我看你心好,饶你不死!快快回家,把这两窝草扯回去挂在门上,可保全家无虞!"说罢回身纵马而去。

他对部下传下号令:见到门上挂了陈艾、菖蒲的人家,不得侵犯,违令者斩!

老妇回到家里,立即把刚才死里逃生的故事告诉了四邻。消息很快传开,一时间家家户户门上都挂起了陈艾、菖蒲,不少家庭才免除了没顶之灾。时至今日,每逢端午节,四川广大城乡依然还保留着在门上挂陈艾、菖蒲的习俗。

讲究一些的人家,会用艾草结成草人或草狗,这叫"艾人"和"艾狗"。自然了,这与口语里的"爱人"、"爱狗"并无任何联系。艾人、艾狗显然是地下判官钟馗的助手,在主人无法分身时,单独行使着天然的祛魅工作,就仿佛一个思想者以枭鸣的方式打开黑暗。

种植在巴蜀地望的艾草，具有一种低伏的、顽强的、无法折断的德性。而且从质地上看，草与思所呈现的方式，具有一种不可言说的灵犀之通。草以粗糙的身体，承载着比死亡还要缓慢的思，它纤弱得随时都可能被意外肢解和粉碎，接受不住托付的秘密。它在沉默里打开，然后又合上，续接上那些飘浮的、无根的、麇集的单字残词，用一种光的造像，呈现为思想之流上的一片花叶。

置身于西语里的帕斯卡尔从草叶上看到了思想的摇曳，置身于汉语中的人们，从草叶上看到的是趋吉避凶，这并不能证明谁就更睿智，大概也只是见智见仁的分野吧。只是，有时想起屈原在《离骚》里感叹："何昔日之芳草兮，今直为此萧艾也"，就不免从心里升起一股苦涩，就仿佛是满城飘浮的艾草味……

这个展示黄虎仁义的故事，在成都县、彭山县、梓潼县、南部县、南充市、罗江县、广元市以及川东、川南等地，均有大同小异的版本流传，流传的地域与大西军扫荡的巴蜀重合，足以见得并非虚构。比如罗江县新盛镇，又名"艾家坝"。大西军入川后蜀人逃的逃、死的死，而艾家坝的百姓却保住了性命，"艾家坝"由此得名，那天恰逢农历五月初五，于是端午节挂艾草以逢凶化吉的做法便世代相传，并且有了当地村民是真正四川人后裔的说法。

至于黄虎与挂杨柳的逸闻，在巴蜀也流传甚广，四川、重庆至少有二十个县市有类似杨柳街的传说。故事结构与挂陈艾差不多，不同之处是，还有一首歌谣流传下来："丁大嫂，回娘家，背起大娃牵小娃；张献忠，来盘查，知她心肠

四四九

好，叫她把草挂，齐保平安四百家，还把铜钱发。"

黄虎的家乡为定边县柳树涧堡，因涧内多植柳树而得名。有人说，陕北与外地最不一样的植物就是柳树了。柳树涧堡的沟里、坡上的柳树都是硬立枝直，叉出的每根树干都是直指蓝天，直的像长矛、像旗杆，没有一点弯曲，经过风吹雨打几十年也是倔强异常，屹立不倒。也许，柳树就是黄虎望乡的消息树。蜀地柳枝袅娜，似乎让他的虎胆，分泌出了几丝柔情……

"圣谕碑"谱系学

关于张献忠的"七杀碑"，相关文章、坊间议论已经很多，近乎尘埃落定，本不需要再撰文讨论。但学者们均判定为碑文"无中生有，纯系伪造"，则恐与事实有背离了。

关于张献忠与"圣谕碑"的记载，具体地说，涉及"杀字碑""七杀碑""德政碑"的不同记录与演绎，其实不难梳理：因为这涉及三块完全不同的石碑。

首先要谈一下"七杀碑"。

成都老报人邓穆卿在1992年12月12日，撰写了一篇文章极有代表性：

"1924年邓锡侯任四川省长驻重庆，杨森任"督理四川军务善后事宜"驻成都，杨森便以督理职务监管民政，不顾反对，在成都拆民房修马路，把清代臬台衙门改建为春熙路，在少城公园内开办通俗教育馆，馆内修体育场（今露天

位于四川省广汉市房湖公园内的圣谕碑，为明末张献忠攻克成都，建立大西政权后，于大顺二年（1645年）所立。目前仅存于广汉的圣谕碑是研究张献忠起义的宝贵资料，该碑已被收入《中国历史名胜大词典》一书。1991年4月被德阳市人民政府公布为德阳市文物保护单位。碑高2.1米，宽1米，厚0.2米。碑首刻有龙文，额题"圣谕"。正面碑文楷书竖排阴刻"天有万物与人，人无一物与天，鬼神明明，自思自量"。字径0.1米，字距3厘米，落款为"大顺二年二月十三日"。圣谕碑反面原为张献忠的丞相阎锡命写的圣谕六言注释，后被南明平寇将军杨展于明隆武二年（1646年）改刻为"万人坟碑记"。碑文为"崇祯十七年，逆贼张献忠乱蜀将汉州人杀戮数十万，予奉命平寇复省，提兵过此痛彼白骨，覆以黄壤，爰题曰万人坟，是用立石。挂平寇将军印左都督杨展题。隆武二年仲冬月吉"。图片由陈修元提供

位于广汉市文庙里近年新树立的原碑复制件。图片由陈修元提供

舞场一带），又开辟陈列馆，委卢作孚为首任馆长，把当时成都庙宇及衙署内的古物汇集去陈列，如文庙西街江渎庙（今卫干院）内明代所铸很大的江渎太子及其两妃三座大铜像等，均搬入该馆陈列。他听说那时署前街成都县衙门内，有张献忠的"七杀碑"，便命县长(那时叫知事)林宝慈送去陈列。实际上该衙署内哪有那通碑，但对这位专横督理的命令，又难以违抗。林宝慈左思右想之后，便把衙门内一通早已风化剥蚀、看不清楚字的旧"德政碑"送去冒牌顶替，了此差事。那通碑上除了有点残缺模糊不成字的笔划外，更没有碗大的七个"杀"字的痕迹，是一通"无字碑"。

20世纪30年代，华西大学博物馆林名均先生曾写过一篇《四川张献忠碑记》（见1937年7月出版之《逸经》第33期），对这通"七杀碑"的真伪倒是篇可靠的记载："本文作成之后，曾就正于刘藜仙先生（华西大学教授），得到先生复书，所见与余相合，复承告成都少城公园民众教育馆之碑，系属伪造，……蜀中并无'七杀碑'，盖由张献忠之'圣谕碑'误传耳。吴梅村先生《绥寇纪略》内载：'献贼自为一文，历评古帝王以楚霸王为最，谓之御制万言策，颁布学宫，自为圣谕六言，刻诸石，严锡命（张献忠的右丞相）作注解发明之，谕曰：天生万物与人，人无一物与天，鬼神明明，自思自量。'其文与《蜀碧》同。兄幼时曾到成都县署，见有碑一通，以土拥之，外围以栅，相传为'七杀碑'。迷信人言，偶有开视者，即不利于县官，故人多不敢观。民国元年（1912年）废成都县，归并于成都府，民国三年又恢复成都县，废成都府，彼时但怒刚（懋辛）做府知

事，以成都县署办团练讲习所，唐仲寅君为所长，与兄旧交，一日，兄往成都县署看'七杀碑'，唐君云：'因全体学生破除迷信，打成粉碎抛弃矣。'兄深惜之。彼时兄尚不知其文，后读《绥寇纪略》与《蜀碧》始知之。少城公园教育馆所陈列之碑，杨森将军做督军（应为督理）时，索'七杀碑'，成都县的知事林宝慈，即将一破毁之'德政碑'冒牌送去。又，张贼之'圣谕碑'不止成都一处。汉州所发现者，仅其一也。"（《成都旧闻》，成都时代出版社2005年版，第33—34页）

出自张献忠之口"天以万物与人，人无一物与天。鬼神明明，自思自量"之语，记录在张献忠语录体的小册子"天书"里。而如今见到的第一出处，应是古洛东根据"大西国国师"安文思和利类思的回忆资料整理的《圣教入川记》。

但邓穆卿混淆了一个事实："德政碑"固然是张冠李戴，但与"七杀碑"不是一回事。这就说明，顶着"七杀碑"名头而恭列展览的，不过是一块模糊不清的"德政碑"。

晚清著名政治家和思想家薛福成，著有《庸盦笔记》，其中"轶闻"部有《杀字碑》一篇：

"四川成都府署中有杀字碑，连书七个'杀'字，别无他字，相传张献忠手笔。每知府到任，必祭碑一次，否则必受奇祸。平时，终日关闭，不敢开视，否则必有刀兵之灾。余谓献忠固天地间之沴气所钟，当时全蜀被其荼毒，今其遗碑，尚能为祟，是不可解。或者人心畏之过甚，至数百年而不衰,足以感召斯异欤。是当毅然决然投之水火,虽能为祸,亦不过一次,而其祟则从此销灭矣。"(《庸盦笔记》,江苏人民出版社1983年8月版,第58页)

杀气四溢的石碑,显然是文人们赋予其乱力乱神的力道。老作家、文史学者陈稻心在《漫话"七杀碑"》一文里说:

"我听说'七杀碑',大约是1939年,据说此碑还摆在少城公园展览。出于好奇,有天我约同学去参观,确有一块高不过四尺、宽不到三尺的红砂石碑,陈放在陈列馆外的一间展房里,标牌上写着'张献忠七杀碑';而石碑本身则风化严重坑坑洼洼,一个字都看不见。从此,'七杀碑'在心中成了解不开的疑团。"

陈稻心翻查历史文献,发现"七杀碑"记载首见于清同治十二年(1873年)续修《成都县志》卷十二"纪余":"治署东偏草莱瓦砾中,有一石碑,相传即献贼自制圣谕,命严锡命注释者,连写"杀字七"。清宣统二年(1910年)傅崇榘编著的《成都通览》,其中有两处提到此碑。一是《成都之古迹》:"张献忠七杀碑,在成都县署内,石碑上有"杀杀杀杀杀杀杀'七字,张献忠书。"二是《成都之妖怪谈》:"成都县之张献忠书七杀碑不可",说拓下来会遭祸事。清末曾任华阳知县的周询著有《蜀海丛谈》,其中《凤威憨公》一节,谈到此碑不但不能摹,连动也不能动:"张献忠七杀碑旧在县署,禁人移动以动者辄有祸;故嵌碑

于二堂右侧墙根，外围以石栏，使人可望不可即也。（凤）公忽思移置僻处署中人争相谏阻，卒不听，竟掘移之。时公长公子完婚有期矣，成礼前数日，忽暴病死。距移碑未一月，人以此咎公，公仍不信。曰，偶然耳凶残之余石岂果能祸福人耶？"

光绪三十一年（1905年），凤全担任省城警察总局会办，后调任驻藏帮办大臣，在巴塘时，因处事躁急傲慢，被忌恨他的土司头人杀害。这一记载证实了人们对"七杀碑"的畏惧感。

这一条记载，与薛福成所谈的"杀字碑"，显然是同一回事。那么，抗战期间，被四川大学的学生们打成粉末的石碑，必然是这块"杀字碑"无疑。

这块威力极大的碑，估计可以搬到边地，去抵御外敌之船坚炮利。上面究竟写了何等符咒呢？文化界往往只有一些人云亦云的揣测，传播着种种版本。例如："天赐万物以养人，人无一德以报天，杀杀杀杀杀杀杀！""天生万物以养人，人害万物以逆天，杀杀杀杀杀杀！"

最妙的是蜀地所流传的一首古风：

天生万物以养人，世人犹怨天不仁。
不知蝗蠹遍天下，苦尽苍生尽王臣。
人之生矣有贱贵，贵人长为天恩眷。
人生富贵总由天，草民之穷由天谴。
忽有狂徒夜磨刀，帝星飘摇荧惑高。
翻天覆地从今始，杀人何须惜手劳？

不忠之人日可杀！不孝之人日可杀！
不仁之人日可杀！不义之人日可杀！
不礼不智不信人，大西王日杀杀杀！
我生不为逐鹿来，都门懒筑黄金台。
状元百官都如狗，总是刀下觳觫材。
传令麾下四王子，破城不须封刀匕。
山头代天树此碑，逆天之人立死跪亦死。

　　诗歌文采斐然，估计张献忠写不出。这位作者是想代张献忠立言，同时抒发胸中的愤懑，具有反讽的修辞意味。人们疑惑的是：为什么是七杀？而不是八杀、九杀、十恶不赦者大杀特杀？诗中已经回答了内容：那指不忠、不孝、不仁、不义、不礼、不智、不信的七种人物，显然，杀得合乎天道与人道。这种理想化的解释，纯属书生之见。

　　以上是两块碑的情况。也就是说，成都的"杀字碑"，无论是否出自张献忠手笔，历史上曾经的确有过！

　　存世的第三块碑，是德阳广汉的"圣谕碑"。

　　圣谕碑，俗称圣旨碑。位于广汉市广汉公园内。相传明末农民起义军首领张献忠立。高210厘米，宽101厘米，厚18.5厘米。碑文楷书20字云："天生万物与人，人无一物与天，鬼神明明，自思自量。"落款为大顺二年（1645年）二月十三日。碑周饰龙纹，上方刻"圣谕"二字，碑文已部分剥蚀，有亭庇护。

　　邓穆卿指出：

30年代广汉基督教福音堂,有位牧师名董笃宜者,加拿大人,第一次世界大战时参过军,尔后成为虔诚的基督教徒,他在广汉期间,笔者当时在广汉编《新汉周报》,与董有交往,董喜汉学又喜欢访探古迹,他在西安看见过《大秦景教中国流行碑》,他想在那时古老的广汉城郊,寻得出类似景教碑的古碑碣,便常去郊外走走。"一日,偶于附郭一茅屋墙壁中,发现了一碑,式甚奇古,后约当地《新汉周报》主编邓穆卿君,一同往观,知为张献忠碑。石工正拟毁以筑路,乃亟告县府(县长罗延瑶)设法运至公园保存。此碑高凡六尺二寸,广三尺,碑面上端左右镌布龙纹,上截书'圣谕'二大字,绕以龙纹。下截有文孛共三行,首行为'天生万物与人,人无一物与口'二句,次行为'鬼神明明,自思自量'二句。末行字体略小,为'口口二年二月十三日'诸字。二年上两字不甚明显,然隐约中尚可辨其为'大顺'二字,首行次句之末,循其语势当为'天'字。"(见林名均《四川张献忠碑记》)。

这通"圣谕碑"的碑阴中间还有竖刻的"万人坟"三个大字,并育明末与张献忠作战之明将杨展的题辞。碑文虽有漫灭,但碑阴中"万人坟"三个大字很清楚,碑阴之右侧分行有"崇祯十七年奉命口口逆贼戮数十万余奉命平寇提兵过此题曰'万人坟'"。碑阴之左侧有"凡我士民宁不勃然"。碑末提行为"隆武二年(明崇祯帝已于李自成攻破北京时在煤山自缢死,'隆武'为唐王继崇祯死后在福建称帝年号)仲冬月吉,钦命挂平寇将军印,副"等字。(《成都旧闻》,成都时代出版社2005年版,第35—36页)

1645年秋季，明军诸路逼向成都，张献忠于八月弃成都走川北。九月，展与曹勋入成都，报恢复。兵至广汉，乃拾聚野骸作万人坟，碑曰："崇祯十七年，逆贼张献忠乱蜀，将汉州人杀戮数十万。予奉命平寇恢省，提兵过此，痛彼白骨，覆以黄壤，爰题曰万人坟。凡我士民，春秋霜露，伤父兄之惨难者，一以恸先灵，一以仇寇虏，拜扫依依。忠孝之思，竖髪难昧，宁不勃然而兴乎。"

由此可见，"圣谕碑"的谱系学，绞缠着复杂的社会与民情。但三块碑来路泾渭分明，去向也清清楚楚，不可混为一谈。

参考书目

嘉庆版《四川通志》。

光绪版《名山县志》。

咸丰版《广安州志》。

民国版《崇庆县志》。

《清代野史》，巴蜀书社1987年版。

《中国野史集成》，巴蜀书社1992年版。

《中国野史集成续编》，巴蜀书社2000年版。

【清】谷应泰著，《明史纪事本末》，中华书局1977年版。

【清】陈祥裔著，《蜀都碎事》，齐鲁书社1996年版。

【清】彭遵泗著，《蜀故》，国家图书馆出版社2017年版。

【清】张邦伸著，《锦里新编》（上下卷），巴蜀书社1984年版。

【清】张烺撰，胡传淮注释，《烬余录》，中国文史出版社2010年版。

《明代野史丛书》（全套11册），北京古籍出版社2002年版。

《中国地方志集成·四川府县辑》，巴蜀书社1992年版。

《成都城坊古迹考》，四川省文史馆编，四川人民出版社1987年版。

《四川古代史稿》，柯建中等著，四川人民出版社1988年版。

《清代四川史》，王纲著，成都科技大学出版社1991年版。

《张献忠剿四川实录》，何锐点校，巴蜀书社2002年版。

《张献忠在四川》，《社会科学研究丛刊》第二辑，1981年印制。

《张献忠大西军史》，王纲著，湖南人民出版社1987年版。

《大西军抗清史略》，王纲著，燕山出版社1991年版。

《明末农民军名号考录》，王纲著，四川省社会科学院出版社1984年版。

《明末农民战争史》，顾诚著，中国社会科学出版社1984年版。

《南明史》，顾诚著，中国青年出版社1997年版。

《晚明史籍考》，谢国桢著，华东师范大学出版社2011年版。

《李定国纪年》，郭影秋著，中国人民大学出版社2006年版。

《中国农民战争史》，朱大渭著，中国人民大学出版社1985年版。

《李自成、张献忠起义》，胡允恭著，南京大学出版社1986年版。

《明末农民战争》，袁良义著，中华书局1987年版。

《秦良玉史料集成》，秦良玉史研究编纂委员会编，四川大学出版社1987年版。

《张献忠屠蜀考辨》，胡昭曦著，四川人民出版社1980年版。

《巴蜀历史文化论集》，胡昭曦著，巴蜀书社2002年版。

《巴蜀历史考察研究》，胡昭曦著，巴蜀书社2007年版。

《张献忠剿四川真相》，郑光路著，云南人民出版社2016年版。

《旭水斋存稿》，胡昭曦著，四川大学出版社2017年版。

《张献忠传论》，袁庭栋著，四川人民出版社2018年版。

《狡黠的张献忠》，王兴亚著，中国社会科学出版社2008年版。

《剑阁历史年表》，母林生、何伯伦主编，四川大学出版社1994年版。

《四川人口史》，李世平著，四川大学出版社1987年版。

《历史时期西南经济开发与生态变迁》，蓝勇著，云南教育出版社1992年版。

《李劼人说成都》，李劼人著，四川文艺出版社2001年版。

《巴蜀移民史》，谭红著，巴蜀书社2006年版。

《清代前期的移民填四川》，孙晓芬著，四川大学出版社1997年版。

《"湖广填四川"历史解读》，陈世松著，四川人民出版社2006年版。

《张献忠屠蜀记》，任乃强著，成都中流印刷厂1950年印刷。

《张献忠》，任乃强著，陕西人民出版社1986年版。

《大西皇帝梦》，田闻一著，四川人民出版社2002年版。

《张献忠》，潘传学、潘传孝著，中国三峡出版社2006年版。

《明朝灾异野闻编年录》，杨国宜编，安徽师范大学出版社2012年版。

《张献忠本传》，慕塞著，定边县史志办公室2017年印制。

《清代地方城市景观的重建与变迁：以17—19世纪成都为研究中心》，田凯著，巴蜀书社2011年版。

《成都话方言词典》，罗韵希等编著，四川省社会科学

出版社1987年版。

《四川方言与民俗》，黄尚军著，四川人民出版社1996年版。

《四川方言词语考释》，蒋宗福著，巴蜀书社2002年版。

《四川方言词源》，蒋宗福著，巴蜀书社2014年版。

《张献忠研究论文集》，王纲编著，四川师范大学电子出版社2010年版。

《张献忠研究文集》，马骥主编，四川师范大学电子出版社2011年版。

《张献忠在西充》，四川西充县文教局等编，1987年内部印行。

《张献忠在梓潼》，政协梓潼县文史资料委员会编，1987年内部印行。

《张献忠文史资料》（1—5卷），陕西三边文化研究会选编，内部印制。

《〈蜀碧〉注》，韩树明译注，大雅文化系列丛书编委会2017年印制。

《中国新史》（外两种），【葡】安文思、【意】利类思、【荷】许理和著，大象出版社2016年版。

《黄虎张献忠》后记

汉代蜀地才子王褒与西道孔子扬雄被后世并称为"渊云",单是王褒一篇《僮约》就足以灿烂千古。记得小说家马平至少问过我两次,王褒下榻的"安志里"到底在哪里?遥想才子精骛八极,旁有玉人杨惠幽幽伫立,就像巫山云雨与武担丽春可以对峙为巴蜀的两大情欲高台一般,"安志里"显然与"琴台路"构成了一种文学地理意味的互嵌与对望。

"安志里"在西汉时属成都县辖地,曹学佺《蜀中广记》卷五十一指出,该地在明代位于温江东八里。曹学佺又在《蜀中名胜记》里指出:"《汉文范》:'资中王子渊以宣帝神爵三年有事湔上,作《僮约》文。'即此县也。"王褒奉汉宣帝命持节迎请谁也没有见过的金马与碧鸡,从成都出发前,他在杨惠家多有盘桓。他的踪迹和金马、碧鸡的传说在当时的温江广为流传,显然温江才是金马与碧鸡之名的

滥觞。也有人认为：王褒是在杨惠家逗留时，写成了《移金马碧鸡文》，并于三渡水江畔遥祭金马、碧鸡之神。但王褒在西蜀祭祀金马碧鸡之神的事迹确曾在川西地区广为流传，如嘉庆版《崇宁县志》便有"（王褒）曾到唐昌昭告蜀人来归，并作祭金马碧鸡文"的记载。2017年盛夏时节，应小说家李永康邀请，我到温江举办讲座后，我来到金马河、温江永盛镇连二里市的金马河西岸古渡口，那里有碧鸡台，此地为王褒在杨惠家逗留期间的文化遗留，不禁徘徊良久。在大西王张献忠1646年撤离成都后，温江一地虎豹纵横、罕有人迹，王褒、杨惠之韵，早成了芭茅草尖的残花……这些混杂着历史与现实的场景与气息，成了我写作《黄虎张献忠》的一个机缘。

在接下来的一年多时间中，我沉浸在大西国的诡谲氛围里，渐渐忘记了王褒，忘记了杨惠与安志里，也疏忽了我14岁的处于叛逆期的女儿，我一意孤行，在一种悖论写作的曲折文体间渐次抵达了大西国的"新语"语境。看来，写作颇似猴子掰苞谷，写作是一种对即时情绪的疏离与失守，因为我必须独自远行。现在，《黄虎张献忠》完成了，我又失去了很多。

我的蜀光中学校友、胡昭曦教授曾经赠送我多部他的新著，尽管我不同意他大力褒扬张献忠的诸多观点；学者江玉祥、袁庭栋为我详细讲述了江口沉银的来龙去脉，不乏有很多至今无法公布的曲折；作家郑光路是我的忘年交，不但惠赐大作，而且提供了一些罕见的历史图片给我；陕西省定边县是张献忠故乡，当地宣传部李强部长得知我在写作此书后,陆续寄来了两批蜀地学界不易见到的史料,极有参考价值;诗人、策划家杨健鹰陪同我考察了江口镇,探寻了很多历史秘闻;感谢四川师范大学陈小平教授,为我找到了洋洋千页的《张献忠研究文集》;著名散文家何永康提供了让我考察南充境内多处大西军遗址的难得机会;西充县作家何源胜、杨胜应等多人,则带我详细梳理了张献忠在西充县的多处踪迹;我在雅安天全县考察期间,当地作家赵良冶、何文、李存刚、高富华等为我提供了很多方便……而为我提供史料、观点的,还有作家杨小愿以及学者匡宇、梁昭等十几位朋友。

感谢《江南》《黄河》《金城》《黄河文学》《看历史》《散文海外版》等期刊第一时间推出《黄虎张献忠》的主要篇幅;感谢《封面新闻》《华西都市报》《四川经济日报》《四川政协报》等媒体不吝篇幅刊发了《黄虎张献忠》的诸多选章。感谢四川人民出版社、《成都日报》对我的关照。

西谚曰:凡是石头,都要说话;凡是有耳的,都应聆听。在伸手不见五指的时候,在摸着石头过河而置身于摸不到石头的深水区之时,我相信头顶的星光,或者黑暗。

一个黄昏时分的散步者,从背影上看上去,是热爱生活的。从背影上看上去,他与跳广场舞的大妈并没有多大不同。但广场舞是出于反抗孤独而结成的联盟,一个抱团取火的集体主义孑遗。散步者是离群出走的人,他坐在九眼桥的河边热爱生活到黑夜漫到了天穹,他起身,直接走到了水中。尽管没有关联,有一天,我读到卡夫卡的一句话"艺术的自我忘怀和自我升华:明明是逃亡,却被当成了散步或进

攻"之时，我觉得，回到水里的方式，可以囊括逃亡、散步或进攻。

再说一次，作为作家我一直行走于大地深处，我深爱我的祖国。

蒋蓝
2019年1月4日于九眼桥

图书在版编目（CIP）数据

黄虎张献忠 / 蒋蓝著. — 2版. — 成都：四川人民出版社，2024.1
ISBN 978-7-220-13520-0

Ⅰ.①黄… Ⅱ.①蒋… Ⅲ.①张献忠（1606—1646）Ⅳ.—生平事迹 Ⅳ.①K827=48

中国国家版本馆CIP数据核字（2023）第214663号

HUANGHU ZHANGXIANZHONG

黄虎张献忠

蒋　蓝　著

出 品 人	黄立新
责任编辑	石　云
封面设计	张　科
版式设计	李其飞
责任校对	韩　华　舒晓利
责任印制	祝　健
出版发行	四川人民出版社（成都槐树街2号）
网　　址	http://www.scpph.com
E-mail	scrmcbs@sina.com
新浪微博	@四川人民出版社
微信公众号	四川人民出版社
发行部业务电话	（028）86259624　86259453
防盗版举报电话	（028）86259624
照　　排	四川胜翔数码印务设计有限公司
印　　刷	成都东江印务有限公司
成品尺寸	146mm×208mm
印　　张	15.375
字　　数	356千
版　　次	2024年1月第2版
印　　次	2024年1月第1次印刷
书　　号	ISBN 978-7-220-13520-0
定　　价	79.00元

■版权所有·侵权必究
本书若出现印装质量问题，请与我社发行部联系调换
电话：（028）86259453